普通高校"十二五"规划教材
教育学系列

发展心理学

刘爱书　庞爱莲　主　编
张修竹　田志鹏　副主编

U0329945

清華大学出版社
北　京

内 容 简 介

从受精卵形成的那一刻起,人生长河就开始了奔腾不息的流淌,时而宽广,时而曲折,时而波涛汹涌,时而静静流逝。发展心理学就是研究个体一生心理发生和发展过程中的特点和规律的科学。本书从生理发育、认知发展、人格和社会性发展三个方面描绘了人一生心理发展的历程,较为全面地介绍了个体心理发展的基本理论,既有各种经典理论,又有近些年颇有影响的新理论,同时也在相应章节介绍了用于阐明具体心理发展问题的微型理论。

本书的突出特点是介绍了个体心理发展的最新研究成果,不仅关注国外的热点研究,还特别重视改革开放三十多年来我国儿童心理发展研究中的新进展,搜集能反映我国当代儿童心理发展的新数据。"阅读栏"则介绍了一些有趣的研究成果、经典研究的具体细节、发生率较高的心理障碍、促进个体发展的教育建议等,以增强本书的趣味性、拓展读者的视野。

本书集学术性和应用性于一体,既可作为"发展心理学"或"儿童发展心理学"学科的教学用书,又可供中小学教育工作者和相关专业人员阅读、参考。

图书在版编目(CIP)数据

发展心理学/刘爱书,庞爱莲主编. --北京:清华大学出版社,2013(2025.1重印)
普通高校"十二五"规划教材.教育学系列
ISBN 978-7-302-32283-2

Ⅰ.①发… Ⅱ.①刘… ②庞… Ⅲ.①发展心理学—高等学校—教材 Ⅳ.①B844

中国版本图书馆 CIP 数据核字(2013)第 091804 号

责任编辑:彭　欣
封面设计:汉风唐韵
责任校对:王凤芝
责任印制:曹婉颖

出版发行:清华大学出版社
　　　　网　　　址:https://www.tup.com.cn, https://www.wqxuetang.com
　　　　地　　　址:北京清华大学学研大厦 A 座　　邮　　编:100084
　　　　社　总　机:010-83470000　　　　　　　　邮　　购:010-62786544
　　　　投稿与读者服务:010-62776969,c-service@tup.tsinghua.edu.cn
　　　　质　量　反　馈:010-62772015,zhiliang@tup.tsinghua.edu.cn
印　装　者:天津鑫丰华印务有限公司
经　　销:全国新华书店
开　　本:185mm×230mm　　印　张:21.75　　插　页:1　　字　　数:450 千字
版　　次:2013 年 6 月第 1 版　　　　　　　　　　印　　次:2025 年 1 月第 10 次印刷
定　　价:59.00 元

产品编号:051162-03

目 录

第 一 章

绪 论

【学习目标】

　　通过本章的学习,学生应了解发展心理学的研究对象、研究内容、发展历史,掌握心理发展的基本规律、发展心理学研究设计。

【关键概念】

　　发展心理学(developmental psychology),心理发生(psychogenesis),社会化(socialization),发生心理学(genetic psychology),纵向研究(longitudinal research),横断研究(cross-sectional research),序列研究(sequential study),微观发生法研究(microgenetic study),毕生发展心理学(life span developmental psychology)

　　当我是一名大学生时,人们经常问:"你是学什么专业的?"当得知我所学专业是心理学时,人们的第二个问题往往是"你知道我现在想什么吗?"。一开始我老实回答"我不知道"。然后补充道"随着心理学的发展,总有一天我会知道的"。后来问的人多了,我的回答就变成了"我知道你在想如何让我猜不到"。现在我是一名高校教师,人们经常问:"你是教什么的?"当得知我教的课是发展心理学时,人们脸上往往现出疑惑的表情。若补充解释"以前它叫儿童心理学"时,人们的表情由茫然转为释然。那么,什么是心理发展? 发展心理学是研究什么的? 它经历了一个怎样的发展历程? 学习本章内容后你会得出答案。

第一节　发展心理学概述

发展心理学(developmental psychology)是研究心理发展过程及其规律的科学,是心理学的一个分支学科,属于基础理论学科。

一、心理发展

任何事物都有发生和发展的过程。发生是指事物从无到有的运动变化过程,发展是指事物由小到大、由弱到强、由简单到复杂、由低级到高级的运动变化过程。世界上万事万物都在不停地运动着,从而不断产生着变化。心理也有发生和发展的过程。

(一) 心理发生和发展

1. 心理发生

心理发生(psychogenesis)指种系或个体的心理由无到有的变化过程,包括心理的系统发生和个体发生。心理的系统发生指的是在生物有机体的进化过程中心理的发端和起源过程。一般认为,心理是物质运动发展到高级阶段的属性,是生物有机体在适应和改造环境中出现的。

心理的个体发生指人类个体心理的发端和起源过程。个体的生命始于父母精卵结合形成合子的那一刻。十月怀胎,一朝分娩。随着一声响亮的啼哭,胎儿来到这个世界上,成为一个独立的个体。一般认为,个体心理是在从受精卵到胚胎、胎儿直至出生的发育过程中开端和起源的,是随着胚胎的不断发育而出现的。由于每个人的遗传禀赋和胎内环境不同,新生儿的行为表现虽有共同点(如一出生就啼哭),但也有很大的个体差异,如有的哭声洪亮,有的哭声微弱。

2. 心理发展

心理发展(psychological development)指心理的变化过程,包括种系心理发展和个体心理发展。种系心理发展指人类心理的变化过程。科学研究表明,在动物进化的漫长过程中,随着它们与环境的相互作用,其逐渐发展到有意识和语言、有抽象思维能力、能使用工具和制造工具的人类。人类在出现后的一二百万年间,由于社会生产方式的发展,科学技术的进步,人类心理不断地向前发展;反过来,人类心理的发展又推动社会进步,创造出日益进步的物质文明和精神文明。

个体心理发展指个体从出生到死亡的有规律的心理变化。新生儿来到这个世界上,是十分软弱无力的,没有独立生存的能力。经过十几年的变化,这个婴儿就成长为具有独立学习能力和工作能力的社会成员。再经过几十年的变化,这个朝气蓬勃的青年经过精力充沛的中年逐渐进入老年期,生理和心理能力慢慢衰退,并走向死亡。个体一生经历了成长、成熟、衰老的变化过程,其中心理的变化也是巨大的。个体心理发展包含两种相反的心理变化过程,即前进上升的变化和衰退下降的变化。在不同的年龄阶段两种变化同时存在,但可能某种变化占优势,如在成年期以前,前进上升的变化占优势,而到了老年期则衰退下降的变化占优势。

心理的发生和发展密切联系,难以截然划分。因此,一般来讲,若不明确指出,心理发展包含心理发生。

(二)种系心理发展和个体心理发展

广义的心理发展,包括种系心理发展和个体心理发展。

1. 种系心理发展

所谓种系心理发展(phylogenetic development of mind),指的是动物种系进化过程中的心理发展,包括两个阶段,一是动物心理的发展过程;二是人类心理的发展过程。

(1)动物心理的发展

心理现象是在动物长期进化的过程中产生的。心理是脑(神经系统)的功能,在漫长的进化过程中,机体的组织结构不断分化,其中最重要的标志是神经系统的出现。神经系统的出现不仅使动物能够应答外部环境的刺激,而且能发动、控制、调节自身的行为以适应环境变化的要求。动物在适应复杂外界环境的过程中,自身的神经系统也不断发展,反过来也促进了心理水平和环境适应能力的不断提高。一般认为,动物心理发生的标志是出现了明确而稳定的条件反射。

根据动物神经系统的结构和功能的发展水平,动物心理发展可划分为四个基本阶段。

① 刺激感应阶段:原生动物是动物界中最低等的一类真核单细胞动物,由单个细胞组成一个生命个体。这一类动物,如变形虫等,具有刺激感应性的各种特点,即能在一定的范围内按照环境中的刺激调整自己的动作,以维持新陈代谢的正常进行。感应性是有生命的标志。与原生动物相对,由多细胞构成的动物,称为后生动物。单细胞动物进化到多细胞动物,开始出现散漫的、无意向的、无中枢的网状神经系统,有了能专门负担传导功能的感觉细胞,但此时的反应形式仍然处于刺激感应式阶段。

② 感觉阶段:网状神经系统进一步发展,进化到梯形神经系统。不但产生了头神经节,而且还出现了在形态上彼此独立的神经元,神经元之间的突触联结使神经系统出现了新的功能。这时动物能够对那些起着信息作用并有利于动物适应环境的刺激物的个别属性形成稳定的反应,标志着动物心理发展进入了感觉阶段。如环节动物蚯蚓能对光形成条件反射;节肢动物蚂蚁能对刺激物的某种化学气味产生反应,使它能"认路"、"觅食"、"存食"。由于动物的神经系统只达到初步的中枢化水平,分析和综合功能很不发达,因此它们的心理发展水平也只能处于感觉阶段。

③ 知觉阶段:动物进化为脊椎动物,其神经系统有了很大的发展。脊椎动物的脊椎

骨中有空心的神经管,管的后端是脊髓,管的前端膨大为脑泡,并出现了脑。这一阶段的动物为低等脊椎动物,包括鱼类、两栖类、爬行类及鸟类和哺乳类。它们的行为可以逐渐脱离感觉冲动的直接控制,由综合各种感觉冲动的大脑半球新皮层的复杂过程来控制,能对刺激物的各种属性进行分析综合,依据个体经验对刺激物作出综合的整体的反应,即实现了从感觉阶段到知觉阶段的飞跃。

④ 思维萌芽阶段:哺乳类动物中的灵长目动物的脑相对于自身体重显得大而且重,并且很复杂,其中最有代表意义的是类人猿。类人猿的脑无论在形态和结构上都很接近人脑,其分析综合能力已相当发达,不仅有感觉、知觉和各种情绪反应,而且能思考事物之间的关系,具有初步的解决问题的能力,也表现出复杂的社会行为,这表明它们进入了思维萌芽阶段。动物心理学家的研究发现,黑猩猩不仅能使用工具,而且还会制造简单工具,例如黑猩猩折取草叶或细枝进行加工,伸进白蚁巢穴引诱美食上钩;黑猩猩还有感情,会为亲属的死亡感到悲伤,群体成员会慰问死者的兄弟;它们有自我意识,照镜子时知道里面那个家伙正是自己;甚至还学会认识阿拉伯数字,听懂几千个单词,借助键盘等工具"说话"。

综上所述,在漫长的进化过程中,随着动物神经系统特别是脑的结构和功能的不断完善,动物的心理也不断地由低级向高级、由简单向复杂发展,直到思维萌芽的出现。了解动物心理的发展过程,对于认识人类心理的发生和发展具有重要意义。

(2) 人类心理的发展

① 人类的进化。从动物心理进化到人类心理,是心理发展的质变。一般认为,人类先后经历了"猿、猿人、人、现代人"四个阶段。

第一阶段是以黑猩猩为代表的猿类,它们生活在非洲的原始雨林中,拥有自己的生活空间,整个种群并没有因环境变化而发生变化。

第二阶段是猿向人的转化。气候干旱使一些热带雨林变成稀疏的草原,一部分"古猿人"不得不离开原始雨林,其中少数的"古猿人"成功地适应了草原环境。考古研究发现,生活于120万—400万年前的南方古猿(也称南猿)脑容量可达 400~500 毫升,趾行(哺乳动物中的猫和犬等都是用前肢的指或后肢趾的末端两节着地行走的,这样的行走方式称为趾行,趾行是直立行走的基础),食草,能使用工具,处于猿和人之间的位置上,更像猿类而不像人类。

第三阶段是直立人阶段。直立人生活于距今 200 万—20 万年间。他们自己打猎,食肉,高质量的食物可以提供更多的营养,有利于直立人大脑的进化,直立人的脑容量已达 800~1200 毫升。考古发现,直立人虽与猿类一样有 6 个腰椎,但有明显的"S"形弯曲,这是直立行走后的一种必然适应;直立人的头骨前方有一个隆起,对应于布洛卡(Broca)区,推测直立人有类似语言的交流方式,而猿类没有这样一个隆起;直立人的鼻子突起,有利于吸入更多空气,也表明肺活量增加,有利于狩猎活动,而猿类的鼻子是扁平的;科学家还相信直立人使用火种，能制造复杂的工具。多数学者认为直立人是人类的祖先。

第四个阶段是智人向现代人的转变。据人类学家的研究，从直立人进化为智人，可追溯到 20 万年前。在解剖和行为上的变化是：骨骼粗壮度降低，牙齿变小，运动功能改变，脑容量增加，大脑与现代人的一样完善；有更复杂的工具制造技术，更精细的工艺，更有效的谋生策略，更复杂的社会组织，语言和艺术表现力全面发展。

现代人距今 5 万～3.5 万年出现。现代人是如何起源的？有两种相互对立的理论。一是单一地区起源说，认为现代人类起源于 20 万年前非洲的一小群人，即"走出非洲"假说；二是多地区起源说，认为现代人都是由当地的早期智人甚至是直立人进化而来的。但这两种学说都存在难以克服的论证上的困难。

现代人之所以能够出现，人类演化的后两个阶段起到了至关重要的作用。

② 人类心理的特点。人类在长期进化发展的过程中，在动物心理的基础上形成了人类所特有的心理，表现在如下三个方面：

第一，有意识的心理：所谓意识是指人脑借助于语言对客观现实的自觉的、能动的反映，是高级的心里反映形式，包括客体意识和自我意识两种。人不仅能够认识事物的外在特征，还能够认识事物的本质特征和内在联系；不仅能认识客观事物，也能够对自己的认知过程有清醒的认识，使认识活动具有目的性、组织性、计划性和预见性，还能够根据需要调节自己的行为。这是心理发展的质变，它使人与动物的心理有本质的区别。

第二，社会性的心理：人类心理受社会历史因素的制约，不同历史时代的人有不同的心理。作为个体，人不能脱离社会而独立存在，总要成为某一社会的成员，个人所属社会的政治、经济、文化、历史等各种社会因素无不在个人心理的发展上打下深深的烙印。印度"狼孩"的事实告诉我们，脱离了人类社会，即使有人的大脑，也难以形成人的心理。

第三，有语言功能的心理：语言是人类交流的主要工具。在长期的劳动和社会实践活动中，人们有沟通交流的需要，最终促成了人类语言的产生。语言也担负着记载信息、传承人类文化的任务，后代通过学习已有的知识经验，使自己的心理得到快速发展。对个体心理来讲，语言有概括作用和调节作用。有了概括化的语言，人类才能打破感觉器官的局限性，反映事物的本质和规律，实现抽象思维；正是利用了语言的调节作用，才使人的意志行为具有更大的自觉性和能动性。没有人类的语言就不可能产生人类的心理。

综上，人的有意识的心理正是以语言为基础的人的个体经验和社会经验的总和。

2. 个体心理发展

个体心理发展指人类个体从出生到成熟、衰老直至死亡的生命全程中的心理发展。个体诞生前在母体内经历了一个发展阶段，称为胎儿期。此时胎儿尚未与母体分离，所以还不能称其为个体。胎儿期是个体心理发展的准备期。

个体的心理发展，同时包含着两种相反的心理变化过程，即前进上升的变化和衰退下降的变化。在不同的年龄阶段上，这两种变化中的某种变化占优势，如在成年期以前，前进上升的变化占优势,而到了老年期,则衰退下降的变化占优势。但是,并不是所有的变化都是心理发展。身体一时有病或暂时疲劳引起的心理上的偶然变化,就不能称为心理发展。只有在个体身上发生的那种有规律的心理变化,才能称为心理发展。

人的一生要经历胎儿、婴儿、幼儿、童年、少年、青年、成年和老年各个发展阶段,每个阶段都有其典型的心理特征,都有其特定的发展主题。从受精卵形成开始历时 10 个月,胎儿经历了从单细胞、多细胞,到胚胎,再到胎儿的发展过程。随着组织和器官的不断分化,胎儿出现了感觉、知觉,具有一些无条件反射,为个体心理发展做好了准备。个体出生后,在无条件反射的基础上,各种心理机能不断出现。在婴儿期学会直立行走,手的动作也越来越灵活;可以用语言与人交流,与父母形成亲密的情感联系,有自我意识。上幼儿园后,儿童的主导活动为游戏,在游戏中儿童的心理不断发展;儿童对事物的认识可以摆脱对动作的依赖,凭借表象来进行;情绪易激动,不稳定,社会性开始发展;有了简单的道德认识,道德感和道德行为开始出现;自我意识笼统模糊,只能按照成人的评价来评价自己;可以建立良好的同伴关系。入学后儿童的主导活动从游戏变为学习,在学习要求下儿童心理逐渐从低级向高级转化;思维的主要特点是从具体形象思维逐步向抽象逻辑思维过渡;情绪比较稳定愉快,社会情感不断扩大、丰富;自我评价的独立性和批判性逐渐增加,评价的内容也从外部行为扩大到心理品质;同学之间可形成友谊,逐步具有集体观念。少年期是一个身体迅速发育、心理充满矛盾、半幼稚半成熟的时期;抽象逻辑思维逐渐占主要地位,但还常需感性经验的支持;情绪不稳定,内心体验丰富;自我意识高涨,对父母和教师的控制予以反抗,特别关注自己的精神世界,但自我评价有很大的片面性和不稳定性,有时自我膨胀,有时自我贬低。青年期接近身心成熟,抽象逻辑思维由经验型逐步向理论型的过渡,开始形成辩证逻辑思维;情绪相对稳定理性;自我概念逐渐稳定,能较为全面、客观、辩证地自我评价;"理想我"和"现实我"的差距使他们内心矛盾,也使他们控制自己的言行,大部分高中生处于自我同一性探索中,有了初步的专业和职业规划;高中生的独立要求仍很强烈,但能较为理性地处理亲子矛盾和冲突。

总之,个体心理发展过程就是社会化(socialization)的过程,即由自然人到社会人的转变过程。个体在与社会相互作用中掌握社会规范,获得知识和技能,建立社会关系,形成独特个性。社会化的过程其实是人类学会共同和谐生活和彼此有效互动的过程,也是个体与社会环境互动的过程。社会化有些方面要贯穿人的一生,需要"活到老,学到老"。

3. 种系心理发展与个体心理发展的关系

根据达尔文进化论,霍尔接受了生物学上的复演说来说明儿童心理的发展,提出了复演说(recapitulation theory),认为个体心理发展反映着人类发展的历史,应该把个体心理发展看作是一系列或多或少复演种系进化历史。他具体地分析了儿童与青少年复演种系发展的过程,指出儿童在出生前的胎儿时期复演了动物的进化过程,儿童出生以后心理的发展就是人类的进化过程的再现。例如,出生前胚胎期像蝌蚪形状,代表人类最初在水中生存的时期,甚至有一个阶段是有鳃裂的,复演了鱼类;婴儿期的爬行代表人类进化的猿猴时期;青年期情绪不稳定代表人类进化的混乱期。

这一理论因缺乏充分的科学依据而引起了很大的争论。人作为社会关系的总和,既是生物实体,更是社会实体。将个体心理发展同动物和人类心理发展完全等同起来是不正确的。

事实上,人类心理发展既寓于个体心理发展之中,也是世世代代无数个体心理发展的累积。人类心理发展不可能抽象地进行,只能通过个体心理发展而发展。而个体心理发展也不可能脱离种系心理发展,任何新一代个体心理的发展都是在种系心理发展的基础上进行的。

二、发展心理学

每门学科都有自己特定的研究对象,这是一个学科能够独立的前提。例如,物理学是研究物质运动规律的科学,化学是研究物质变化的科学,生物学是研究生命现象的科学。顾名思义,发展心理学是研究心理发展及其规律的科学,是心理学的一个分支学科。

1. 从心理的发生和发展看

从心理的发生和发展看,广义的发展心理学包括发生心理学和发展心理学(狭义)。

（1）发生心理学

发生心理学(genetic psychology)是研究人的心理实质的发生过程的科学。如人类起源和心理发生,人的思维能力的发生过程,人的智力机能的发生过程。心理发生包括心理的系统发生和个体发生。

在发生心理学中苏联心理学家维果斯基和瑞士的心理学家让·皮亚杰的贡献是巨大的。20世纪20年代末至30年代初,维果斯基提出了"心理发展的社会文化历史理论"。维果斯基把人和动物的心理机能分为两种:一种是作为动物进化结果的低级心理机能,即个体以直接的方式与环境进行互动作用时表现出来的特征,如感知觉、记忆等,受生物进化规律所制约;另一种则是作为社会历史发展结果的高级心理机能,即以符号系统为中介的心理机能,如记忆的精细加工。人的高级心理机能是社会历史的产物,受社会历史发展的规律制约。人的高级心理机能是在人的活动中形成和发展起来的,社会交互作用对心理发展起着重要作用。正是高级心理机能使得人的心理从本质上区别于动物的心理。维果斯基不仅对种系心理发展做了论述,也对个体心理发展做了研究。他认为,从个体发展来看,个体心理发展是在人际交往过程中产生和不断发展起来的。

皮亚杰1950年建构了一种研究认识(知识)的结构、发生、发展过程及其心理起源的学说,即发生认识论(genetic epistemology)。在1970年出版的《发生认识论原理》中他系统地阐述了发生认识论。他用发生学的观点和方法研究人类的认识,强调认识的个体心理起源和历史发展。他认为人的认识起源于活动及活动内化成为可逆的运算(operation)

活动(内心活动)。

(2) 发展心理学

发展心理学(developmental psychology)是研究心理发展及其规律的科学,心理发展包括人类心理发展和个体心理发展。由于心理发生与心理发展密切联系,很难截然划分,故不特别说明,所谓的发展心理学既研究心理的发生,也研究心理的发展,即研究心理的发生和发展及其规律的科学。

2. 从种系和个体心理发展看

从种系和个体心理发展看,广义的发展心理学既研究种系心理发展也研究个体心理发展,包括比较心理学(动物心理学)、民族心理学以及个体发展心理学。

(1) 比较心理学

比较心理学(comparative psychology)是研究动物行为进化的基本理论以及不同进化水平的动物的各种行为特点的心理学分支。它以不同进化阶梯上的动物行为为研究对象,目的在于更好地了解人类自身及其在自然界的地位。由于比较心理学和动物心理学都以动物行为为研究对象,故把二者视为同一概念。

1864年法国生理学家弗卢朗(Fu Lulang)发表了第一本名为《比较心理学》的书,但是达尔文的进化论给了比较心理学的发展以巨大的动力。1872年达尔文发表了《人类和动物的表情》一书,他从系统发生的观点对动物行为进行了比较研究,指出不同种的动物在行为模式上的相似性,即高等动物的行为成分和功能特征也能在较低等动物身上找到。1894年英国博物学家L.摩根在他的《比较心理学导论》一书中提出了解释动物行为的节约原则,如果一种动作可以解释为在心理等级上较低的心理功能运用的结果,我们就绝不可把它解释为一种高级心理功能的结果。19世纪末到20世纪初开始了有关哺乳动物迷津学习和问题解决的研究,特别是桑代克(E. L. Thorndike,1874—1949)尝试错误学习和效果律的提出,对以后心理学的各个领域有着深刻的影响。巴甫洛夫(I. P. Pavlov,1849—1936)条件反射学说和华生(J. B. Watson,1878—1958)的行为主义学派的建立给比较心理学提供了新的理论和方法。20世纪中期斯金纳(B. F. Skinner,1904—1990)在对大鼠和鸽子研究的基础上提出了操作性条件作用的概念,不仅对比较心理学而且对教育心理学、心理治疗等实践领域都有重大影响。

(2) 民族心理学

民族心理学(ethnopsychology 或 folk psychology)是研究特定条件下某一民族心理活动的发生、发展和变化规律的心理学分支。通过对不同历史发展阶段各民族的心理进行比较研究,探讨人类心理的历史发展轮廓。科学民族心理学的建立归功于德国心理学家冯特(W. Wundt,1832—1920),他花了近20年时间完成了10卷本的巨著《民族心理学》。他把民族心理学看作是人类心理发生、发展的知识来源。在他看来,活动着的个体心理是人类长期发展过程的产物,现存的文化体现着人类从原始部落到文明民族文化与心理进化的不同发展阶段。人的心理既受自然因素影响，又受社会因素影响，民族心理则是社会因素的结果，是人的高级心理过程的体现，是人类的"文化成果"。冯特把人类心理的发展分为4个阶段，即原始人阶段、图腾崇拜阶段、英雄与神的阶段和人性发展阶段。

弗洛伊德也是西方民族心理学的奠基者之一，他认为原始各民族的"心理"和"神经病"患者的心理之间存在某种本质的共同点，可根据在神经病医院取得的资料来说明民族心理。人类在漫长的进化过程中产生了3种自然观，即泛灵论、宗教的自然观和科学的宇宙观，反映了人类心理转变的三个时期。

（3）个体发展心理学

狭义的发展心理学只研究个体心理发展，即个体发展心理学（individual developmental psychology）或毕生发展心理学（life span developmental psychology）。具体包括儿童心理学、青年心理学、中年心理学和老年心理学。不特别说明，我们所谓的发展心理学即个体发展心理学。本书内容即是个体发展心理学（毕生发展心理学），涉及个体从胎儿期到老年期各个阶段心理发展的年龄特征和规律。

三、发展心理学研究的内容与意义

每个学科都有自己的研究内容和研究任务。发展心理学要研究个体一生的心理发展，研究的范围广，研究内容和研究任务都较多。

（一）发展心理学的研究内容

归纳起来，发展心理学的研究内容涉及两方面内容：一是心理发展的基本规律；二是心理发展的年龄特征。

1. 心理发展的基本规律

对心理发展基本规律的长期探索，形成了几个基本理论问题。

（1）天性与教养

心理发展是先天遗传的还是后天教养的结果？这是心理发展的动因，是心理发展的本质问题。关于心理发展的先天和后天的关系的探讨，实质是如何理解心理发展的影响因素问题。关于遗传和环境（或先天和后天）在心理发展中的作用问题，是一个历史悠久的古老话题，一直存在争论。历史上曾出现过很极端的观点，即遗传决定论和环境决定论。后来出现折中的观点，即二因素论。现在很少有人持极端的观点，都赞同天性与教养相互作用的观点。

（2）连续性与阶段性

心理发展是连续性的进程，还是分阶段的进程，抑或连续的进程与分阶段的进程以某种关系统一在发展过程中？对连续性和阶段性问题的探讨，实质是如何理解心理发展过程的问题。不同的心理学派进行了大量的研究，提出各自的观点。

（3）主动性与被动性

儿童在其发展过程中是主动的还是被动的？关于儿童心理发展的主动性和被动性问题的探讨，实质是如何理解心理发展的动力问题。在这一问题上有两种对立的观点，即机械论和机体论。

（4）普遍性与差异性

儿童的发展是一种一致的发展模式还是具有差异性？对普遍性和差异性的探讨，实质是试图解释人类发展呈现出的一致性和多样性。

（5）关键期与敏感期

个体在发展过程中是否存在发展迅速且错过不能补救的时期？围绕这个问题，研究者展开了大量的研究。最初，研究者提出"关键期"来解释这种现象，随着研究的深入，研究者认为使用"敏感期"能够更加恰当地描述这种现象。

2．心理发展的年龄特征

心理发展是连续的，但又表现出了明显的阶段性，心理发展的进程是连续性和阶段性的统一。每个发展阶段一定要以典型的心理发展事实为依据，以相应的年龄范畴为界限。各个阶段都有不同于其他阶段的心理发展的质的规定性。

（1）心理发展的年龄特征

心理发展和年龄有紧密联系，因为年龄是时间的标志，而一切发展都是和时间相关联的。对个体发展来讲，遗传规定的生理成熟程度是由年龄决定的，而心理发展是以生理发育，特别是脑和神经系统的发育为前提的，故心理发展水平与年龄阶段大致对应。发展心理学就是要从大量的个别心理特征中概括出某一年龄阶段心理发展的一般的、典型的、本质的特征。个体在每个年龄阶段所表现出来的一般的、典型的、本质的心理特征，称为心理发展的年龄特征（简称年龄特征）。

虽然心理发展与年龄密切联系，但心理发展与年龄的关系不是唯一的关系，也不是因果关系。年龄只能在一定程度上制约心理发展，但不能把心理发展完全归功于年龄的增长，更不能以为心理发展是由年龄决定的。个体所生活的时代、社会环境，特别是所接受的教育，对心理发展的年龄特征有重要影响。

在一定条件下，心理发展的年龄特征既是相对稳定的，同时又可以随着社会生活和教育条件等文化背景的改变而有一定程度的改变。

（2）心理发展阶段的划分

不同学派和不同的理论家对心理发展本质的理解不同，划分年龄阶段的角度也不同，有不同阶段的划分标准和结果。如皮亚杰以认知结构发展为标准，把儿童认知发展分为4个阶段，即感知运动阶段（0～2岁）、前运算阶段（2～7岁）、具体运算阶段（7～12岁）、形式运算阶段（12岁及以后）。弗洛伊德以力比多（libido）指向身体部位（性感区）为标准，将人格发展划分为5个阶段，即口唇期（0～1岁）、肛门期（1～3岁）、性器期（3～6岁）、潜伏期(6～12岁)和青春期(12～18岁)。其人格发展理论又称心理性欲发展阶段理论。埃里克森根据人的心理社会危机,将人格发展分为8个阶段,即婴儿期(0～2岁)、儿童早期(2～4岁)、幼儿期(4～7岁)、学龄期(7～12岁)、青年期(12～18岁)、成年早期(18～25岁)、成年中期(25～50岁)、成年晚期(50岁至死亡)。

（3）年龄特征的具体内容

心理发展年龄特征的具体内容包括心理过程和人格的发展。具体包括以下三个方面:

① 生理发展:生理是心理的基础,心理是脑的功能。个体生理发展直接影响并制约着心理发展,因此个体生理发展,尤其神经系统和脑的发展,一直是发展心理学的重要研究领域。近几十年大脑影像学技术有了巨大的发展,正电子发射断层扫描（Positron Emission Tomography,PET)、功能性磁共振成像（functional Magnetic Resonance Imaging,fMRI)、脑磁图（Magnetoencephalography,MEG)、事件相关电位（Event-Related Potential,ERP)等都已经运用到个体心理发展的研究中,有助于深入地探讨心理发展的神经机制。

② 认知发展:认知是指人对客观世界的认识活动,包括感知觉、记忆、学习、想象、思维和言语等。现代研究表明,五六个月的胎儿就具有一定的感知觉能力、学习和记忆能力;出生后,婴儿认知能力迅速发展,逐渐出现最初的概括和推理能力。儿童认知从直观行动性、具体形象性发展到抽象逻辑性。目前研究认为,成年后思维发展并没有停止,有研究者提出了后形式思维（postformal thought)的概念。

③ 人格和社会性发展:气质是婴儿出生后最早表现出来的一种较为明显而稳定的人格特征,如有的婴儿总是表现出安静、乖巧的特征,有的则总是表现出激动、哭闹的特点。随着年龄增长,在各种家庭和社会因素的影响下,儿童逐渐形成独特的人格。青年期是身心成熟的时期,理想、信念、价值观和世界观等的形成使人格发展达到一个更高的水平。一般认为,在成年期人格相对稳定,到老年又有所变化,比如老年人相对来讲比较固执、保守等。社会性是指个体与社会系统相互作用的过程及结果,包括人际关系、社会认知、社会行为、道德、性别角色等。

（二）发展心理学的研究意义

发展心理学的基本任务是揭示心理发展的基本规律和年龄特征。发展心理学研究具有重大的理论意义和实践意义。

1. 理论意义

（1）促进认识论的发展:发展心理学的研究,不仅涉及心理的发生、心理的本质、心理发展的动力等重大理论问题,还涉及物质和意识的关系、认识的辩证发展等重大哲学问题。因此,发展心理学的研究可为认识论、辩证法等提供科学依据。

（2）促进人类对自身的认识：宇宙、生命和意识是人类科学努力探索的三大主题,心理学是研究意识的重要学科之一。发展心理学的研究,涉及种系和个体的心理发生和发展,即人类自身的发展过程,有助于我们认识人类意识的起源和个体心理的发生。

2. 实践意义

（1）促进个体心理发展

儿童的心理发展与教育实践有着密切的联系。只有当教育的内容和方法符合儿童心理发展的规律时,才能促进儿童心理发展;当教育措施违背儿童心理发展的规律时,教育不仅不能促进儿童心理发展,而且会阻碍儿童心理发展,影响心理健康。同时,为了充分发挥教育对儿童心理发展的积极作用,教育工作者应根据儿童心理发展的规律,积极创设有利于儿童发展的各种条件,或预见儿童可能出现问题时,采取相应措施预防问题的发生或将问题消灭于萌芽状态。幼儿的入园教育和儿童的入学教育都是为了帮助儿童适应新的生活,克服适应问题而设计的。

另外,智力超常或落后的儿童不同于一般的儿童,具有不同于一般儿童的心理特点,采取适当的措施培养超常儿童,或采用恰当特殊教育方法训练智力落后的儿童,具有极大的社会意义。

有关老年心理的研究也可为老年人的生活服务,有利于延缓衰老,延年益寿,调节身心,增进健康。如通过对老年记忆力减退规律的研究,可以设计出延缓老年人记忆减退的程序和方法。其他社会服务领域,如医疗保健、产品设计、文化艺术等,从事相应工作的人员,依据心理发展规律和特点,会更好地服务于大众,促进心理发展,维护心理健康。

（2）创建具有中国特色的发展心理学

虽然我国发展心理学的历史悠久,但现代的发展心理学是由西方传入的。由于历史原因,我国的发展心理学与国际水平相比,存在很大差距,同时还远远不能满足社会需求。因此,创建具有中国特色的发展心理学势在必行。

在批判地吸收、科学地验证各国研究成果的同时,我国研究者应重视研究在中国文化、政治和经济背景下中国人心理发展的特点和规律,积极探寻适合于我国国情的研究方法,建立适合于中国人心理发展特点的理论。例如,汉字是象形文字,具有明显的直观性和表意性,在世界各国语言文字中具有鲜明特色。汉字认知是中国人认知发展的特殊问题,随之而来的儿童阅读和写作发展特点、儿童阅读障碍、汉字学习对儿童青少年心理和行为的影响等问题,都是中国人特殊的心理现象,应加大研究力度。我国实行独生子女政策后,独生子女心理特征研究就吸引了广大研究者的注意。目前,我国已进入老年社会,且属于典型的"未富先老"国家,老年人的心理特点有中国特色,研究老年人的心理特点和心理保健措施,建立中国特色的养老模式和养老保障体系,势在必行。

第二节　心理发展基本规律

人生是一次长达几十年的旅行,在旅行进程中,个体会经历一些人类所共同跨越的里程碑,也会表现出发展的多样性。发展心理学家试图解释个体发展的本质、发展的原因以及发展的进程,这些问题是发展心理学家争论的主要问题,亦是个体心理发展的基本问题。

一、天性与教养

天性(nature)与教养(nurture)的问题是发展心理学家永恒的话题之一。个体的发展主要是先天遗传的结果,还是后天教养的结果,抑或个体的发展有多少取决于先天遗传,又有多少取决于所处的物理环境和社会环境的后天影响? 这是一个深刻的哲学和历史根基的问题,支配着大量心理学家的研究工作。

天性是指从父母那里继承而来的特质、才干和能力,包括遗传信息在预设的演变过程中产生的任何因素,这些因素时刻影响着个体的发展。教养是指塑造行为的环境,包括生态环境、自然环境、社会环境以及个体的学习经验、父母的抚养方式等。

(一)二分法

就遗传与环境对儿童心理发展的影响这个问题,在 20 世纪初,采取的是简单的二分法。要么是遗传决定论,要么是环境决定论。

1. 遗传决定论

遗传决定论者认为以生物学为基础的个体禀赋是进化的产物。个体的发展及其个性品质早在生殖细胞的基因中就决定了,发展只是这些内在因素的自然展开,环境与教育仅起一个引发的作用。由于成熟的力量,所有正常儿童都能在相似的时间达到同样的发展里程碑,而个体之间的差异主要是由于他们不同的基因结构造成的。

英国人类学家和心理学家高尔顿(F. Galton,1822—1911)是遗传决定论的鼻祖,1869年他在《天才的遗传》中写道:"一个人的能力乃由遗传得来,其受遗传决定的程度如同机体的形态和组织之受遗传决定一样。"他曾用家谱分析法研究英国的 977 位名人及其亲属(有血缘关系)中有多少人与他们同样著名。结果发现,名人的后代更容易成为名人,即天才是遗传的。美国心理学家霍尔(G. S. Hall,1844—1924)提出的"复演说"也属于遗传决定论。霍尔曾说过:"一两的遗传胜过一吨的教育。"

2. 环境决定论

环境决定论者则强调个体的心理发展完全是由环境决定的。他们片面地强调和机械地看待环境因素在心理发展中的作用,否定遗传因素在心理发展中的作用。

环境决定论的代表人物是行为主义的创始人华生(J. B. Watson,1878—1958),他向世人宣称："给我一打健全的儿童,并在我自己的特殊天地里培养他们成长,我保证他们中任何一个都能训练成我所选择的任何一类专家:医生、律师、艺术家或巨商,甚至乞丐和小偷,无论他的天资、爱好、脾气以及他祖先的才能、职业和种族。"这段话充分体现了他的环境决定论思想。

(二) 二因素论

遗传决定论和环境决定论因明显的片面性和绝对性而难以令人信服,从而引发大量的批评。之后,学者们提出了各种折中的观点,试图调和遗传决定论和环境决定论的矛盾之争。这种折中的观点被统称为二因素论。二因素论认为:心理发展是由遗传和环境两个因素决定的;遗传和环境是影响心理发展的同等成分,且各自独立存在。二因素论的研究者们试图揭示在影响心理发展的因素中,遗传和环境单独发挥作用的程度。

(三) 相互作用论

如果个体的特质和行为仅仅是由天性或者是教养决定的,心理学家围绕此问题的争论就会大大减少。然而,个体的大多数特质和行为并不是由单一的天性或者教养决定的,而是表现出复杂性。现在,很少有人持极端的观点,都赞同天性与教养相互作用的观点。相互作用论认为发展既不是完全由天性决定的,也不是完全由教养决定的,二者相对重要。个体心理发展是天性与教养两大因素相互作用的结果。天性对心理发展作用的大小依赖于教养的变化,而教养作用的发挥,也受天性的制约。天性规定心理的发展限度,教养在遗传限度内起作用。

不同理论在天性和教养作用上的立场影响着它对个体差异的解释方式。如果理论强调天性的作用,该理论就会认为在发展进程中,个体的某些特征会一直保持稳定。如果理论强调教养的重要性,该理论就会认为消极的教养对未来的行为模式具有长期不良的影响,积极的教养亦可以塑造个体的良好行为模式。就某一个体而言,这些基本理念亦很重要,它影响到我们如何对待儿童。例如,如何解释儿童的不良行为,如何影响儿童。

阅读框 1-1 年幼儿童家庭支持规划方案

儿童早期干预领域的核心在于,家庭是早期发展的有意义的背景。研究者通过大量的研究证实了家庭对于儿童发展产生的持续影响。有的学者认为早期干预应该补偿和设法减少家庭功能的不足,因此,在儿童生命的早期,应尽可能早地将他们的大多数活动时间置于一个高质量的儿童早期项目中。其他学者认为一个更具潜力、更有效力的提高儿童成长效果的方法是提高儿童健康成长的家庭支持功能。基于此,他们认为儿童早期干预包括家庭作为一种补充功能或专职功能,并假设通过在父母教养方式和其他家庭过程上的持久改变而产生更强的效果，而非对父母或家庭其他成员给予最小限度或者实质的关注。

家庭支持和援助对处境不利的儿童是一个极好的主意。20 世纪 60 年代早期以来，各种各样的干预项目已经开发制定，用以帮助家庭促进儿童的积极成长。干预项目各有实质性家庭援助的重点，从父母教养方式到抚养子女的责任、家庭与社区服务的联系、职业技能。干预的手段包括家访（家庭探视）、项目（计划）中心的群组会议以及个案管理，有时也提供基于早期儿童项目中心的某门或一系列课程的安排。工作人员直接与家庭接触，由专业人员或辅助专业人员构成。家庭干预的设计与实施需要确定以下七个方面：内容、参与人员、执行方式、力度、工作人员、家庭的锁定和筛查，以及方案实施主办机构的支持。

二、连续性和阶段性

现实生活中，个体的某些人格、身体方面的特征随着年龄的增长，仍保持着相当的稳定性，有些方面却发生着明显的变化。那么，在成长过程中，个体所经历的变化是逐渐发生的，还是突然发生的？个体的哪些方面是随着年龄增长而不断发生变化的？哪些方面是随着年龄增长而保持一致的？发展心理学家在发展的连续性（continuity）和阶段性（discontinuity）问题上展开了探讨。

连续性观点认为，心理发展是一个小步子的、累加的过程，是渐进式的连续的变化过程。儿童对外部世界的反应与成年人是一样的，他们之间的差异只是量上的差异或复杂程度的差异。从时间维度上看，心理发展曲线是一条平滑的曲线，这种发展是有机的、必然的，不是外加的、偶然的。

阶段性观点认为，个体的发展是一个非连续的过程，由一系列突发的变化组成，每一次的变化都意味着个体发展到一个新的、更高级的水平，变化是某种性质上的质变。一个阶段是生命周期中一个明显的时期，具有特定的一组能力、动机、情绪或者行为，它们构成了一个一致的模式，因此，阶段之间具有质的区别。儿童对外部世界的反应与成年人不同，会出现新的类型。从时间维度上看，心理发展曲线是一个阶梯状的非平滑折线。

三、主动性与被动性

发展理论家关注的另一个问题是个体是自身发展的积极参与者还是环境影响的被动、消极的接受者，即主动性（activity）与被动性（passivity）的问题。在这一问题上有两种对立的观点，即机械论和机体论。

英国哲学家约翰·洛克（John Locke，1632—1704）认为人的心灵开始时就像一块"白板"，向它提供精神内容的是经验，外在社会可以随意在上面"画最新最美的图画"。与之相反,法国哲学家让-雅克·卢梭(Jean-Jacques Rousseau,1712—1778)认为,儿童出生时是"高贵的野蛮人",在受到社会的污染之前会一直按照自己的积极的自然趋势发展。他极力反对束缚儿童自由,推崇儿童的天性,提倡顺其天性的自然教育。

洛克和卢梭的哲学争论导致了关于人类发展的两种对立的模型:机械论(Mechanism)和机体论(Organicism)。洛克的观点是机械论发展模型的先驱。该模型把人看做内部静止的、必须由外部力量推动的机器,人像机器一样对环境的输入做出反应,心理发展受制于力学的原则,儿童的发展受环境,尤其是成人意愿的塑造。华生的"环境决定论"是主要代表。

卢梭的观点是机体论发展模型的先驱。这一模型认为人不是机器,而是主动的、成长的机体,具有内在的活动和自我调节的功能。他们会主动发起行为,而不是仅仅做出反应。人在环境中,不是被动地接受刺激,而是会过滤刺激,组织刺激,有选择地做出反应。发展的动力是内在的,尽管环境影响可以加速或减慢发展,但并不是引起发展的原因。机体论在皮亚杰理论中得到充分体现。皮亚杰的认知发展理论主张,儿童是积极的、主动的建构者,而不是机械地对环境刺激做出反应;发展的动力来自内部,而不是外部环境。但随着信息加工理论的推广,把人脑类比为计算机的观点盛行,机械论又逐渐抬头。

四、普遍性和差异性

是否所有个体,不管他们的文化、性别或环境如何,其发展模式都是一致的呢?是否在每一种文化里,所有个体的发展都是一样的?发展的哪些方面是一致的,哪些方面是不同的?发展的独特性以什么方式表现出来?这些问题是发展的普遍性(universality)和差异性(variation)要解决的问题,亦是发展心理学家争论的基本问题。

阶段理论家认为发展阶段带有普遍性,发展遵循同一路线,发展是在普遍的方向上前进。来自不同文化的个体和同一文化中的不同个体,其发展都遵循同样的路线,经历同样的阶段。另一些发展心理学家认为个体的发展具有更加丰富的多样性。在某种文化中发展所遵循的模式与在另一种文化中所遵循的模式会有很大的不同。如,生活在不同背景中的人有不同的个人与环境相互作用的经历,生活在非洲小村庄的人和生活在西方大城市的人在智力、社交技能、对自己和他人的情感方面差异巨大。

美国心理学家洛文格(Loevinger)对个体心理发展的差异状况进行了概括性的研究,提出了"心理发展的模式"。他认为,不同个体的发展差异可概括为以下四种典型模式,如图 1-1 所示。

模式Ⅰ:不同个体的发展从同一时期开始,最终也达到同一发展水平,但不同个体在其心理发展过程中发展的速度是不同的。

模式Ⅱ:不同个体心理发展速度不同,并且最后的发展水平也不同。

模式Ⅲ:社会生活可能规定个体心理发展早期的速度,但允许不同个体心理发展的

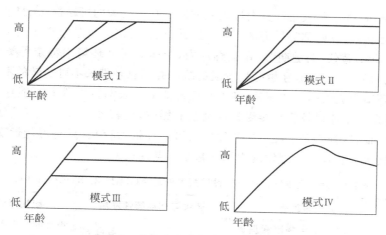

图 1-1　儿童心理发展过程的模式差异

最终水平不同。当个体经过最初的固定时期之后，一些个体停留在一定心理发展水平上，另外的人则向更高水平发展。

模式Ⅳ：指个体心理发展中的一种特殊情况，即随着个体年龄的增长，其心理发展达到较高水平后会出现下降退化的状况。造成这种状况的原因可能有二：其一是个体的年龄所致，比如智力在一定的年龄阶段出现退化；其二则可能是由于个体生活的影响，个人丢弃了原有的抱负和志向，从而使原来发展良好的心理水平下降。

造成个体心理发展的差异性的原因很多，主要与个体自身的遗传素质、后天生活环境、学习等因素有关。由于心理发展的差异性，个体之间无论是在心理发展过程中表现出的状况还是心理发展的趋势与水平等都有一定的差异。

五、关键期、敏感期

奥地利动物习性学家洛伦兹(K. Z. Lorenz，1903—1989)在研究小鸭和小鹅的习性时发现，小鸭和小鹅通常把出生后第一眼看到的对象当做自己的母亲，并对其产生偏好和追随反应，这种反应只是在出生之后的 24 小时内发生，超过这段时间，这种现象就不再明显。动物在早期发展过程中，某一反应或某一组反应在某一特定的时期或发展阶段中，最容易获得或最容易形成，如果错过了这个时期或阶段，就不易获得相应的反应，这段时期或阶段被称为"关键期"(critical period)。

心理学研究发现，人类个体在早期发展过程中，也同样存在着获得某些能力或学会某些行为的关键期。在关键期内，如果个体能够得到适当的刺激和帮助，他的某种能力就会迅速地发展起来。

毕生发展心理学的早期研究者十分强调关键期的重要性。但是，近期的思潮却认为，个体在很多领域,尤其是人格和社会性发展方面都有着巨大的可塑性,人们可以利用日后的经验使自己获益,以此弥补早期的不足。因此,当代发展心理学家更倾向于用"敏感期"(sensitive period)替代"关键期"。在敏感期内,个体对所处环境中特定种类的刺激有更强的易感性。特定环境刺激在敏感期阶段的缺失并不总是带来不可逆转的不良结果。对在正常社会环境中成长的个体而言,各种心理机能的成长与发展都有可能存在特定的敏感期,在敏感期内个体比较容易接受某些刺激的影响,比较容易习得某些技能。然而,错过了这个敏感期,这种心理机能产生和发展的可能性依然存在,只是可能性变小,形成和发展的难度增大。各理论心理发展规律的基本观点见表 1-1。

表 1-1　六大发展理论的心理发展规律的总结(David R. Shaffer,2005)

理论	天性与教养	连续与非连续性发展	积极与消极个体
精神分析理论	天性和教养:生物因素促进了性心理发展和社会心理发展;父母教养影响这些阶段的发展结果	不连续的:强调心理性欲(弗洛伊德)或社会心理发展的阶段(埃里克森)	积极的:儿童受本能所驱动,引导其(在他人的帮助下)向社会赞许的方向发展
学习理论	教养是重要的:环境刺激并非生物因素决定发展的过程	连续的:强调学习反应(或习惯)的累积,形成了人格	消极的:儿童受环境塑造(尽管班杜拉认为发展的个体也影响环境)
皮亚杰的认知发展	天性和教养:儿童生来需要适应环境,反过来儿童也受教育的养育,环境向儿童提出了适应性的挑战	非连续性:强调发展是一个恒常顺序,各个认知阶段具有质的不同特点	积极的:儿童积极地建构对有关自我、他人和他所适应的环境的较复杂的理解
维果斯基的社会文化观	天性和教养:强调教养,但是成熟也影响着儿童在环境中的学习	连续的:儿童从与能力较强个体的交往中逐渐获得新的能力	积极的:儿童积极地加工他人提供的用以指导其学习和思维的信息
信息加工理论	天性和教养:积极的加工能力在很大程度上受到成熟和社会、文化、教育的影响	连续的:强调注意、知觉、记忆和问题解决技能的逐渐的量的变化	积极的:儿童通过对环境信息的积极加工来回答和解决问题并应对挑战
生态系统理论	教养:尽管生物因素影响着儿童生活的环境,但是非常强调环境情境的影响	连续和非连续的:强调不断变化的个体和环境的互动导致了发展的量的变化。然而,非连续性个人事件或环境事件(如,青春期的出现,父母离婚)可以带来质的突变	积极和消极的:人类积极地影响着环境,同时也受到环境的影响
习性学	天性:尽管适宜的环境是成功发展的必要条件,但是也强调适应性行为的遗传机制	连续和非连续性:强调适应性行为是不断增加的,某些适应性行为在敏感期突然出现(或不出现)	积极的:人类的行为生来就有其生物基础,它能够促使适应性发展

第三节　发展心理学的发展

迄今为止,发展心理学只有一百多年的历史,其中大部分时间处于儿童心理学阶段。直到近几十年,在西方特别是美国,关注生命全程的毕生心理发展观才引入发展心理学研究中。所以,发展心理学的历史,必须要从西方儿童心理学发展的历史说起。

一、科学儿童心理学的诞生与演变

科学儿童心理学产生于19世纪后半叶的德国。德国生理学家和实验心理学家普莱尔(W. T. Preyer,1842—1897)是儿童心理学的创始人。1882年他出版了一部著作《儿童心理》,该书被公认为是第一部科学的系统的儿童心理学著作,标志着科学儿童心理学的诞生。

(一)儿童心理学出现的历史原因

近代儿童心理学的产生并不直接来源于心理科学的建立,而是有其自身的独特的历史背景。儿童心理学的出现与近代社会进步、自然科学发展和教育的要求密切相关。

1. 近代社会的进步和儿童观的发展

儿童观是人们对儿童的总的看法和基本观点,它是教育的依据,直接影响对儿童的教育理念、教育方式、具体教育行为等。

在人类历史发展中,儿童长期以来没有任何权利,而是被看做"小大人",父母可以随意主宰儿童的命运和处置儿童。例如,古代有杀婴当作宗教祭祀品的,也有弃婴的行为,或把年龄较大的儿童卖作仆人或性奴。在斯巴达城邦,从小男孩就接受严格的训练,7岁后必须住到军营里,以便培养成为优秀的战士。中世纪的油画中儿童穿戴的是微缩版的成人服饰。那时没有儿童期的概念,不可能产生关于儿童心理的研究。

约从14~15世纪文艺复兴起,新兴资产阶级从经济上、政治上以至意识形态上进行了反封建、反教会的斗争,一些进步的思想家开始提出尊重儿童、发展儿童天性的口号。例如,17世纪捷克的教育家夸美纽斯(J. A. Comenius,1592—1670)编写了一部儿童课本《世界图解》(1658),这是西方教育史上第一本附有插图的儿童百科全书。17世纪英国唯物主义、经验主义哲学家洛克(J. Locke),提出对儿童的教育要"遵循自然的法则",《教育漫话》(1693)是他的教育代表作,它强调环境与教育的巨大作用,提出"白板说"。18世纪法国启蒙教育家卢梭(J. J. Rousseau)发表了第一本小说体教育名著《爱弥儿》(1762),抨击当时的儿童教育违反儿童天性。

正是在这些思想的影响下,人们对儿童的养育态度发生变化,认为儿童是无辜的、无助的灵魂,不应被成年人野蛮对待,应把儿童当作独特的对象加以关注和研究,从而为科学儿童心理学的诞生奠定了思想基础。

2. 近代自然科学的发展

近代科学的三大发明:细胞学说、能量守恒和转化定律、进化论,推翻了形而上学的科学观,促进了辩证自然观的出现。辩证自然观要求科学从发展变化上来研究事物的本质和规律,在自然科学的理念上注重科学的证明过程,在研究方法上注重观察和实验的方法。心理科学受到这一影响,先后开展了动物心理发展、民族心理发展、儿童心理发展的研究。进化论的创立者达尔文(C. R. Darwin,1809—1882)运用日记法完成的《一个婴儿的传略》(1876),是儿童心理学的早期专题研究成果之一。

还有德国的提德曼(Tiedemann)的《儿童心理发展的观察》(1787)、根兹麦(Genzmer)的《新生儿感官知觉的研究》(1873)、法国的罗别许(Lobisch)的《儿童心理发展史》(1851)、席格门(Sigismund)的《儿童与世界》(1856)、太因(Taine)的《儿童与民族语言的研究》(1876),都是这一时期的先驱性儿童心理研究成果,直接推动了儿童心理学的产生。

3. 近代教育的要求

近代自然科学的进步促进了近代工业的发展,工业的发展要求社会有大量的高素质的劳动力,这就对教育提出了迫切的要求,学校教育就出现了。用什么样的方法才能够给他们最有效的教育呢?对此,许多教育家主张"心理学化的教育思想"。

瑞士的裴斯泰洛齐(J. H. Pestalozzi,1746—1827)是第一个明确提出"教育心理学化"这一伟大理论的教育家。在他看来,只有使教学过程与儿童心理的自然发展相一致,才能使儿童的天性和能力得到和谐的发展。德国的福禄培尔(P. Froebel,1782—1852)以裴斯泰洛齐的教育主张为其教育思想的主要渊源。他认为儿童天赋能力的发展是有其内在规律的,教育的目的就在于发展儿童的天赋;一切教育都必须遵循自然法则进行,既要适应儿童的内在发展规律,又要考虑儿童生长的自然环境。强调教育必须适应自然,顺应儿童的天性。在西方教育史上赫尔巴特(F. Herbart,1776—1841)被誉为科学教育学的奠基人。他认为,教育学作为一门科学,是以实践哲学和心理学为基础的。前者说明教育的目的;后者说明教育的途径、手段与障碍,并在心理学的基础上建立起了教学理论。因此,近代教育的要求是科学儿童心理学产生的一个重要推动因素。

由于以上三方面因素的推动,19世纪后期研究儿童的著作和组织就如雨后春笋般地涌现出来。

(二)科学儿童心理学的诞生

其实早在1787年,德国的提德曼就出版了《儿童心理发展的观察》一书,他用日记法对自己孩子的发展作了详细的观察记录,此书被认为是集中阐述儿童心理学的最早文献,但当时并未引起人们的注意,到了19世纪中期,才在国际上产生很大的影响。

在19世纪后期涌现出来的婴儿传记作者中,达尔文是比较突出的一位。他因提出进化论而声名大噪,他认为,年幼的未经训练的婴儿与他们非人类的祖先有很多相似的特征,儿童的个人发展复演了整个种系的进化历史。通过对儿童的观察研究可以了解人类心理的发展,并揭示动物心理向人类心理的演变过程,儿童成了研究进化的最好的自然实验对象。出于进化论研究的需要,他在儿子出生后的两年间对儿童的动作、表情、知觉、行为进行了科学的观察,并于 1877 年在英国的哲学杂志《心》(Mind)上发表了对自己儿子的观察日记《一个婴儿的传略》。这种研究方式作为从生物学角度研究人类的基础,对同时代的研究者产生了巨大的影响。

　　之后,德国的普莱尔出版了给后世以重大影响的著作《儿童心理》。普莱尔对自己的孩子从出生到 3 岁每天都进行了观察,有时也进行一些实验性观察,最后将观察结果整理成了《儿童心理》一书。该书共分为三编:第一编讲感觉的发展(关于视觉、听觉、肤觉、嗅觉、味觉和机体觉的发展);第二编讲意志的发展(主要关于动作的发展);第三编讲智力的发展(主要关于语言的发展)。该书论述了遗传、环境和教育在儿童心理发展中的作用,比较了儿童与动物、儿童与成人心理反应的差别,用事实证明了研究儿童心理的可能性和重要性,并确立了日记式或传记式的记录方法。这是人类历史上最早的一部完整研究儿童心理的专著。该书出版后被翻译成十几种语言,产生巨大和深远的影响。

(三)儿童心理学的演变

　　总结西方儿童心理学的发展历史,大致可分为如下四个阶段。

1. 准备时期(19 世纪后期之前)

　　在近代社会的发展、自然科学发展、近代教育的推动下,科学的心理学终于在 19 世纪后期诞生了。

2. 形成时期(1882 年至第一次世界大战)

　　在欧洲和美国出现了一大批心理学家,他们开始用观察和实验的方法来研究儿童的心理发展。继普莱尔之后,还有一些先驱和开创者。美国心理学家霍尔(G. S. Hall, 1844—1924)为了避免婴儿传记法的缺陷,于 20 世纪初首次用问卷法,针对较大样本收集更为客观的数据,对儿童青少年的行为、态度、兴趣等作了广泛、系统的调查研究,在西方社会掀起了一股儿童研究运动。另外,霍尔在《青年期》(1904)一书中,提出了复演论(recapitulation theory)解释人类身心发展,认为个体心理的发展反映着人类发展的历史。他认为生前胚胎期像蝌蚪形状,代表人类最初在水中生存的时期;婴儿期的爬行代表人类进化的猿猴时期;青年期情绪不稳定代表人类进化的混乱期;成年后身心成熟代表人类进化的文明期。

　　美国心理学家鲍德温(J. M. Baldwin,1861—1934)关于儿童心理学的主要观点为融合理论,目的在于勾画出发生心理学体系的轮廓,他要阐述的核心问题是贯穿于进化过程中的某种现象的心理顺序的发展。先后于 1895 年和 1897 年发表了上下两册关于认知发展和社会发展的著作《儿童和种族的心理发展》和《心理发展中社会和道德的发展》。这两本书的出版立刻引起了轰动，并被译为多国文字。在他的著作里能看到皮亚杰发生认识论和认知发展思想的雏形。杜威(J. Dewey,1859—1952)是美国哲学家、教育家和心理学家，他强调教育促进儿童本能生长，儿童心理学的研究内容就是以本能活动为核心的习惯、情绪、冲动、智慧等天生心理机能不断生长的过程，提出了"儿童中心主义"的教育原则。这种儿童中心主义对皮亚杰有很大影响。

德国的施太伦(L. W. Stern,1871—1938)是继普莱尔之后一位优秀的儿童心理学家。他对自己孩子进行了长期的系统的观察，直到 6 岁，然后形成了一本权威性专著《六岁以前早期儿童心理学》(1914)。过去的儿童心理观察研究，大多限于 3 岁以前，而施太伦则把它扩充到 6 岁年龄。另外，施太伦还提出了"智力商数(IQ)"概念。

过去的儿童心理学研究多采用传记法或日记法，只能研究一个或几个儿童。霍尔应用的问卷法，虽然可用于较多儿童，但科学性较差。1905 年法国的心理学家比纳(A. Binet,1857—1911)与西蒙(T. Simon,1873—1961)合编了世界上第一份智力量表"比纳西蒙智力测验量表"，首创用智力量表进行个体差异鉴别，开辟了儿童心理研究的新途径，即用比较精确的数量方法研究较多儿童的心理发展。

这一时期，这些心理学家都以各自的成就，为这门学科的建立和发展作出了贡献。

3. 分化和发展时期（第一次世界大战至第二次世界大战）

心理学的全面发展，使儿童心理学的研究数量和质量上都有了极大提高，出现了各种心理学流派。精神分析学派是极具创新性的理论，弗洛伊德更是吸引了很多人的注意。他根据对病态人格的研究提出心理性欲发展阶段理论，把力比多(libido)作为划分发展阶段的标准。20 世纪 40 年代埃里克森(E. Erikson,1902—1994)提出了心理社会发展阶段理论，把人格发展划分为 8 个阶段。

行为主义心理学的代表人物华生(J. B. Watson)在"小阿尔伯特"实验基础上，建立了儿童情绪的条件反射理论。他的环境决定论也是非常著名的。

相反，奥地利的彪勒夫妇(K. Buhler,1879—1963；C. Buhler,1893—1974)持有一种遗传决定论的观点。他们从生物发展来看儿童心理发展，认为儿童心理发展是儿童内部素质向着自己的目的有节奏的运动过程。他们的工作在 20 世纪二三十年代是很有特色的。美国的儿科医生格赛尔(A. Gesell,1880—1974)也认为遗传是影响发展的主要力量。在双生子爬梯实验基础上，他认为，影响儿童心理发展的因素有两个，即成熟和学习，发展是有机体成熟预先决定的，环境因素起支持和影响作用。他还制定了"格赛尔发展量表"，在评价儿童发展时使用了"发展商数"(development quotient)，包含适应、运动、语言和个人—社会行为四个方面。该量表已成为婴幼儿发展测验的范式之一。

法国的瓦龙(H. Wallon,1879—1962)是西方著名的马克思主义的儿童心理学家，强调社会环境对儿童心理发展的作用和儿童心理发展的辩证规律。瑞士的皮亚杰(J.

Piaget,1896—1980)无疑是这一时期最杰出的儿童心理学家,他的认知发展理论已成为发展心理学的典范。

这些心理学家从各自的立场对儿童心理发展的过程进行了描述,对儿童心理发展的原因进行了理论的说明,都对学科的形成与完善作出了贡献。可以说,这一时期的儿童心理学已经发展到了相当成熟的阶段。

4. 演变和增新时期("二战"之后)

第二次世界大战后,第三次科技革命的兴起不仅极大地推动了人类社会经济、政治、文化领域的变革,而且也影响了人类生活方式和思维方式。同时科学技术的进步也极大地推动了心理科学的发展。第二次世界大战之后是西方儿童心理学的演变和增新时期。这一时期儿童心理学的发展主要表现为两个方面:

一是理论观点的演变。原来的学派,有的影响逐渐减小,如霍尔的复演学说、施太伦的人格主义学派以及"格式塔"学派等;有的则完全改变了以往的内容,以新的姿态出现,如比纳和西蒙的心理测量学说;有的学派在革新后仍然具有很强的发展势头,如新精神分析学派、新行为主义学派等;有的进一步增加了新的内容,如新皮亚杰主义;产生了一些新的理论流派,如班杜拉(A. Bandura)的社会学习理论、信息加工理论。

二是具体研究方法的变化。特别是 20 世纪 60 年代以后,由于研究方法上的不断现代化,心理学家们发现了许多关于儿童心理发展的新事实,从而丰富了儿童心理学的理论。他们不仅深入开展早期儿童心理发展的研究,而且广泛地探讨个体一生全程的发展。

1957 年,美国的《心理学年鉴》用"发展心理学"取代"儿童心理学"作为章的名称,从此确立了发展心理学在心理学中的地位。

精神分析学派的荣格也是在 20 世纪二三十年代研究个体全程的心理发展。20 世纪 30 年代美国先后出版了《发展心理学概论》和《发展心理学》。此后,有关毕生心理发展的书籍陆续问世,其研究内容涉及基本理论、研究方法、认知特点、社会性以及应用等各个方面。

二、从儿童心理学到毕生发展心理学的进步

科学儿童心理学诞生后,在相当长的时期内,人们将心理发展的概念只局限于儿童心理成长上。20 世纪后半期,随着人们对心理发展内涵认识的加深,毕生发展的观点逐渐为人们所接受,研究个体毕生心理发展的发展心理学概念逐渐取代了儿童心理学,毕生心理发展观逐渐取代了儿童心理发展观,儿童心理学成为发展心理学的组成部分。

(一)从儿童心理学向毕生发展心理学迈进

在这一过程中,一些心理学家作出了巨大的贡献。

1. 霍尔

从儿童心理学到发展心理学的进展也经历了一个演变的过程。18—19 世纪的儿童心理学家大多采用传记法研究 0～3 岁儿童的感知觉、动作和语言的发展。为了避免婴儿传记法的缺陷,霍尔于 20 世纪初首次用问卷法对儿童、青少年的行为、态度、兴趣等作了广泛、系统的调查研究,在西方社会掀起了一股"儿童研究运动",对儿童发展心理学的学科发展起了极大的推动作用。1904 年,霍尔出版了《青少年:它的心理学及其与生理学、人类学、社会学、性、犯罪、宗教和教育的关系》。在书中霍尔呼吁人们把青少年期看成是人类生命全程的一个独特阶段,将当时儿童心理的研究范围从生命早期扩展到了青春期。

同时,霍尔也是最早对老年心理感兴趣的心理学家之一。1922 年,在他已 78 岁高龄时,还出版了两卷本的《衰老:生命的后半生》,这是第一次用各种语言对老年人进行大规模的心理学性质的调查。但他没有明确提出心理学要研究个体毕生全程的发展。

霍尔对发展心理学的贡献还不止这些。1891 年霍尔创办了《教育研究》杂志,用以发表儿童研究与教育心理方面的研究成果(在霍尔去世后改名为《发展心理学》杂志)。1892 年,由于霍尔的努力,美国心理学会(American Psychological Association,APA)成立,他被选为第一任主席。

霍尔的发展心理学研究,不仅摆脱了实验法,采取观察法和调查法搜集资料,而且研究范围包括儿童、青年、老年,奠定了今日发展心理学以生命全程发展(life-span development)为研究取向的基础。

2. 荣格

精神分析学派的荣格(C. G. Jung,1875—1961)是最早开展成年人心理发展研究的心理学家,也最早对个体毕生发展进行了研究。

20 世纪二三十年代,荣格形成了其个体心理发展理论,即荣格的人格发展心理学理论。他把自我作为人格结构的中心,荣格认为人的一生就是一个心理发展的过程,他称为"个性化"(individuation)或者"自性实现"(self-realization)。他把人生划分成四个阶段:

第一阶段是童年期(从出生到青春期):从最初的儿童只有混乱的意识逐渐出现自我、内省思维,直到意识到自己是一个独立的个体。

第二阶段是青年期(从青春期到中年):随着自我意识的发展,年轻人需要摆脱对父母的依赖。荣格认为这一阶段是"心灵的诞生"阶段。

第三阶段是中年期(女性从 35 岁,男性从 40 岁开始直到老年):这是荣格最为关注的时期。他发现许多中年人有了美满的家庭、获得了事业上的成就、取得了较高的社会地位,但往往会产生失落感,心灵变得空虚苦闷。他认为,个体在生命周期的前半生和后半生,人格是沿着不同的路线发展的。一般说来,人格在前半生更倾向于外部世界,在后半生更倾向于内心世界。这时的心灵真空是人的内倾和外倾人格的冲突对立,他称为中年期的心理危机。

第四阶段是老年期：老年人喜欢回忆过去，惧怕死亡，并考虑来世的问题。荣格认为，老年人必须通过发现死亡的意义才能建立新的生活目标。

（二）毕生发展心理学的兴起

德国的巴尔特斯（P. B. Baltes，1939—　　）是毕生发展心理学理论的倡导者，是目前毕生发展领域内的代表人物。1980 年，他在美国《心理学年鉴》上指出毕生发展心理学产生的三大原因：第一是开始于第二次世界大战时期的一些儿童心理学大规模的纵向研究，其研究对象已经进入了成年期或老年期，他们的研究已经不能再被叫做儿童心理学的研究了。因此，有必要提出毕生发展的概念；第二是许多发达国家进入了老年社会，老年人在人口中的比率不断提高，于是推动了老年学学科的产生，如老年医学、老年心理学、老年社会学等。老年心理的研究在客观上又推动了成年期的研究，这样就构成了毕生发展的蓝图；第三是许多大学都开设了发展心理学的课程，这在客观上也推动了毕生发展心理学。

美国心理学家何林沃斯（H. Z. Hollingwerth，1886—1939）最先提出要追求人的心理发展全貌，研究人的一生心理发展。1927 年，他出版了世界上第一本以发展心理学命名的著作《发展心理学概论》。

1934 年，另一位美国心理学家古迪纳夫（F. L. Goodenough，1886—1959）也提出了同样的观点，写出了在科学性和系统性上超过何林沃斯著作的《发展心理学》。该书于 1934 年出版，1945 年再版，曾畅销欧美。古迪纳夫认为，人的心理在各种因素作用下进行着持续不断的发展变化。不仅要研究表露于外的行为，还要研究内在的心理状态；不仅要研究儿童、青少年，还要研究中年和老年；不仅要研究正常人的心理发展，还要研究罪犯和低能人的心理发展。对人的心理研究，不仅应从人的一生出发，而且还要考虑下一代。

1948 年美国的哈维格斯特出版了《发展的任务与教育》，提出了综合适应发展理论。他认为，要在人类社会中顺利生活，个体就必须学会自我学习、摸索。这个学习过程是应该伴随人的一生的，每个阶段都有发展任务。人的发展即是完成人生发展任务的过程，哈维格斯特提出人的发展首先是情绪和社会的发展；其次才是智力的发展。

埃里克森（E. H. Erikson，1902—1994）是新精神分析学派的代表人物，他率先对个体一生的发展做了研究。1950 年埃里克森出版了《儿童期与社会》，提出了毕生发展的八阶段理论。他认为人的自我发展持续一生，从出生到死亡可划分为 8 个阶段。这 8 个阶段的顺序是由遗传决定的，但每一阶段是否顺利度过却是由环境决定的，因此，这个理论可称为心理社会发展阶段理论。

1957 年美国《心理学年鉴》开始用"发展心理学"为章名，代替了惯用的"儿童心理学"，儿童心理学也就演变成了"发展心理学"（developmental psychology）。至此，毕生发展心理学成为心理学的一个重要分支。

（三）毕生发展心理学的发展

20 世纪 70 年代以后,心理毕生发展的观点开始广泛渗透到人们的理论和研究中,心理毕生发展的研究达到空前的繁荣,出版了一大批这方面的专著、论文选和杂志,成为当今心理学研究中最为活跃和热门的领域之一。毕生发展心理学著作主要有两种名称:一是生命全程或毕生发展心理学(life span developmental psychology),二是人类发展或人类毕生发展(life span human development)。

德国的巴尔特斯关于毕生发展的主要观点归纳如下:

(1) 个体发展是毕生的过程

传统的心理发展观强调早期发展经验对以后发展的重要性,认为后继的发展直接取决于先前的经验。毕生发展观则主张心理发展不仅取决于先前的经验,而且也与当时特定社会背景等因素有关。人一生发展中的任何阶段的经验对发展都有重要意义,没有哪一个年龄阶段对发展的本质来说特别重要。

(2) 发展是多维度的

发展的多维性表现为发展既有生长,也有衰退。发展并不简单地意味着功能上的增加,任何阶段都是获得与丧失、成长与衰退的整合。得与失的辩证关系是发展的基本特征,一生中的任何阶段的发展都是得与失的结合。发展的多维性也表现为人的发展是多方面的,例如,爱因斯坦作为理论物理学界泰斗的同时,又是优秀的业余小提琴演奏家;鲁迅早年在日本学医,后弃医从文,成为我国著名的文学家和思想家。

(3) 发展是高度可塑的

在生命发展的早期,由于神经系统处于发育中,心理发展具有较强的可塑性。随着年龄的增长,特别是老年人由于生理功能的衰退,可塑性降低。国内外关于认知功能老化的研究表明,经过科学的训练,老年人的认知功能可以得到改善,并能获得各种新的能力。

(4) 个体的心理发展受个人的生活经历的影响

毕生发展观将对个体心理发展产生较大影响的环境事件归纳为三类:①跟年龄相关的事件。例如,1 岁内必须断奶,3 岁要入幼儿园,6 岁要上小学,等等。这种跟年龄相关的环境事件对个体的心理发展产生重要影响。②社会历史事件。这对生活在其中的每一个人都会产生重大影响。例如,对于我国来说,三十多年的改革开放深刻地影响了人的心理。社会历史事件还包括重大科学技术的进步,例如,移动电话的普及、网络时代的到来等。这些事件能解释为什么在同一时代出生的人们在行为方式上有更大的相似性,从而形成不同年代出生的人们之间的"代沟"。③非规范事件。以上两类事件大都以相似的方式影响社会上的多数成员,所以可以把它们称为规范性的事件,而有些事件的发生带有偶然的性质,所以把它们称为非规范事件。如意料之外获得某种发展机遇、发生意外、失业等。非规范事件的存在增加了毕生发展的多维性和流动性,它们与规范性事件以不同方式结合,对个体的心理发展产生影响,由此构成了个人独特的心理发展史。

20 世纪 90 年代巴尔特斯提出了个体毕生发展的总体框架——生物和文化共同进化结构,强调人的行为是生物—基因和社会—文化的过程与条件共同建构的结果,包括三个基本原理:

(1)进化选择的优势随年龄增长而衰退。人类进化选择的压力主要在前半生,以保证生殖适宜性和有效的养育行为。

(2)对文化的需求随年龄增长而增长。因为随着年龄增长,生物功能下降,就需要文化资源来补偿以产生和维持高水平的功能。

(3)文化的效能随年龄增加而下降。一方面由于生物潜能随年龄增加而衰退;另一方面在生命后期要达到更高功能水平,需要更多的努力和更高的技术,因此,文化的补偿效率和个体的可塑性下降。

三、西方发展心理学的进展与趋势

随着社会发展和科技进步,发展心理学研究出现了一些新的突破,呈现出一些新的发展趋势。

(一)新兴的交叉学科不断涌现

发展心理学领域内有许多新兴的交叉学科纷纷出现,使发展心理学的研究范围不断扩大,研究的视野不断开阔。

1. 发展心理语言学

这个概念是由美国心理学家麦克内尔(David McNeill)1966 年首次提出并做了理论阐述。从那时起,经过四十年的发展,发展心理语言学(developmental psycholinguistics)的研究内容和结构体系逐步完善起来。迄今为止,它基本成为独立于心理语言学的一个分支学科,成为发展心理学的一个新的研究领域。

2. 发展心理病理学

发展心理病理学(developmental psychopathology)是发展心理学与心理病理学相结合而形成的一个交叉学科,主要从毕生发展观研究心理障碍的发生和发展过程及其规律。它的主要观点如下:(1)发展心理病理学不是研究病理发展过程,而是研究导致病理或典型发展结果的发展过程的内在机制。(2)发展可能导致适应性的或非适应性的结果,但在一个背景下的适应性的发展在另一个背景下可能是非适应性的。(3)发展受多因素影响。发展心理病理学的研究设计应该采用混合的多因素设计。(4)发展是在嵌套的环境中进行的,就像布朗芬布伦纳(Urie Bronfenbrenner)指出的那样。(5)发展来自于生理、遗传、社会、认知、情绪和文化因素的动态相互作用。

美国的奇凯蒂(Dante Cicchetti)在发展心理病理学的形成过程中起到了关键作用。

1984 年他在《儿童发展》杂志编辑了一期"发展心理病理学"特刊,在这期特刊上他发表了题为《发展心理病理学的兴起》(*The emergence of developmental psychopathology*)的论文,标志着发展心理病理学的诞生。1989 年他出版了《罗彻斯特发展心理病理学论文集》(*Rochester Symposia on Developmental Psychopathology*)的第一卷,创办了《发展和心理病理学》杂志,发展心理病理学这一研究领域的出现就更明确了。

3. 发展认知神经科学

近 20 年来,随着认知神经科学的兴起,尤其是无损伤脑影像技术的出现,催生了一门新兴学科——发展认知神经科学(developmental cognitive neuroscience)。发展认知神经科学是发展心理学与认知神经科学相结合而形成的跨学科研究领域,旨在从神经、行为和情境三个水平对认知发展的方方面面进行整合性研究。主要研究问题是神经,尤其是脑发育与个体认知发展之间的关系。约翰逊(Mark Johnson)的著作《发展认知神经科学》(1997)和纳尔逊(Charles A. Nelson)主编的《发展认知神经科学手册》(2001)的出版被认为是发展认知神经科学正式诞生的标志。

4. 进化发展心理学

进化心理学(evolutionary psychology)从 20 世纪 80 年代开始逐渐形成,它以达尔文的进化论为指导,探讨人类心理的结构和起源。20 多年来,进化心理学的研究得到了很大发展,渗透到心理学的各个分支领域,形成了一些新的研究领域和成果。

进化发展心理学(evolutionary developmental psychology)是在进化心理学的影响下产生的。贝克伦(D. F. Bjorklund)和佩杰林(A. D. Pellegrini)于 2002 年出版的《人类本质的起源:进化发展心理学》(*The origins of human nature:evolutionary developmental psychology*)是第一本进化发展心理学著作。他们认为,进化发展心理学应用达尔文进化论的基本原则,尤其是自然选择理论来解释现代人的心理发展。它是一种从种系发生视角来解释人类发展的新理论,研究个体发生发展过程中进化的、渐成的、程序的表现以及发展背后的基因与环境机制。它认为个体的认知方式和行为特点是自然选择的结果,重视基因与环境的交互作用对心理发展的重要意义。

除以上交叉学科外,还有其他一系列交叉学科的出现,例如,与社会心理学相结合而形成的发展心理社会学等。这些交叉学科的出现,大大丰富了发展心理学的研究内容。

(二)发展心理学的研究范围向人生的两极延伸

近几十年来,毕生发展观已经为多数发展心理学家接受,人们对个体从胎儿期直到衰老、死亡的毕生发展进程中的各个阶段的心理发展特点进行了研究。由于以往的研究多集中在儿童心理学,特别是童年期和青少年期,这一时期的研究成果突出地表现在个体早期和中老年期的心理特点。尤其是对婴幼儿认知发展研究取得了令人瞩目的成果。由于婴儿没有言语,运动技能有限,给研究者设置了难以克服的障碍。但研究者设计出了一些更敏感的探测早期能力的研究指标,如可从他们的非言语行为(吸吮、转头、眨眼、伸手、注视等)和生理反应(特别是心律)推知他们的知觉情况。其中比较著名的是习惯化-去习惯化研究范式、视觉偏好法等。借助这些方法,研究发现,新生儿和年幼婴儿在听知觉、视知觉、客体知觉、空间知觉、数量知觉和跨通道知觉方面能力非凡,甚至在问题解决能力和对因果关系的认识等方面,均比皮亚杰想象的高得多。这使得人们从根本上改变了以往对新生儿和婴儿的态度,开始重新审视以往的研究。

(三)信息加工的研究途径

20世纪六七十年代,随着信息加工理论的兴起,认知心理学逐渐成为心理学研究的核心。认知心理学的目的是揭示认知过程的内部心理机制,即信息是如何获得、储存、加工和使用的。用这一观点来研究认知发展,就是要揭示儿童获取知识的心理机制,即随着年龄的增长,各种信息加工的能力是如何提高的。信息加工研究的重心在于寻找认知发展的一般机制,用普遍的信息加工过程来解释认知发展。一些研究使用信息加工的概念和方法,重新分析皮亚杰发现的认知现象,另一些研究则特别关注儿童的读写、记忆和个体差异等。这一时期的研究取得了令人振奋的结果,对个体认知发展水平的诊断及优化学习提供有重要价值的帮助,因此对教育实践具有重要的指导意义。

(四)面向实践的发展心理学研究

近三十多年来,随着理论探讨的深入和实验研究的丰富,出于对人类生活质量和发展的普遍关注,发展心理学已经不再局限于理论研究,而是欲应用已取得的研究成果解决实践中的问题,或直接面向实践领域发现研究课题,应用发展心理学(applied developmental psychology)应运而生。这种研究旨在寻求发展科学与解决现实生活中迫切需要解决的人类发展问题的融合点,对发展心理学产生了巨大影响。一个里程碑事件是1980年《应用发展心理学杂志》的创办,这是国际性的多学科的关注毕生发展的杂志。在刊头它宣称自己是"促进毕生发展领域中的研究者和实践者相互交流的论坛"。

应用发展心理学的研究主要集中在如下几个方面:(1)年幼儿童保健和教育;(2)儿童早期的教育;(3)儿童养育和亲职教育;(4)优秀儿童及其家庭;(5)父母分居和离异;(6)家庭暴力和虐待;(7)大众传媒、电视和计算机与个体发展;(8)发展心理病理学,等等。

(五)发展心理学研究方法的新进展

随着现代科学技术的飞速发展以及心理学本身研究的不断深入,发展心理学的研究方法也有了较大的进步,具体体现在以下几个方面。

1. 研究思路的生态化取向

自科学心理学诞生以来,心理学的实验室研究得到了充分的重视,人们甚至认为实验法是最科学的研究方法,言下之意是其他研究方法都不够科学。在这种思路指导下,实验室研究大量涌现。但随之而来的是人们对实验室研究的反省,发现实验室研究有其固有的局限。由于实验室的情境是人为创设的,并且变量控制严格,孤立考察某个或某些因素对个体心理发展的影响,因而实验室研究难以揭示自然条件下个体真实的心理与行为。这就要求被试离开实验室,走到现实的生活场景中去,在自然情境中揭示变量之间的因果关系。在这种情况下,生态化趋势逐渐显现出来。生态化的研究思路强调发展心理学的研究应该在现实生活中、自然条件下研究个体的心理和行为,研究个体与自然、社会环境中各种因素的相互作用,从而揭示其心理发展与变化的规律。

2. 研究方式的跨文化特点

20世纪60年代以后,由于文化人类学的发展,发展心理学家逐渐意识到人的心理发展与文化的联系,跨文化心理学(cross-cultural psychology)由此而诞生了。在这种情况下,发展心理学家开始关注社会文化因素对个体心理发展的影响,探讨不同文化背景下个体心理发展的共同性和差异性。有关个体心理发展的跨文化研究极大地丰富了发展心理学的研究成果,对于理解人类心理的起源和发展过程、文化因素对个体心理发展的影响以及个体心理发展的规律,都有重要意义。

3. 研究手段的现代化

随着科学技术的进步,发展心理学的研究手段也日益现代化。在目前的研究中,录音、照相、摄像等技术得到了大量的运用,自动记录仪、分析仪、眼动仪等也得到了应用。由于脑成像技术的发展,使得活体人脑的结构和功能相关联的研究成为可能,一些脑成像技术,如事件相关电位(Event-Related Potential, ERP)、脑磁图(Magnetoencephalography, MEG)、正电子发射断层扫描术(Position Emission Topography, PET)、功能性磁共振成像(Functional Magnetic Resonance Imaging, fMRI)也用于发展心理学的研究。由于儿童的脑正处于发育中,因此这些技术还没有普遍地用于年幼儿童。计算机的广泛使用更为发展心理学的研究提供了更多的途径。由于多元统计方法的运用,特别是多元分析软件的开发,计算机统计分析已成为发展心理学研究结果分析的最重要手段。另外,人们也用计算机呈现刺激、记录被试反应、控制其他仪器等。

四、发展心理学在中国的发展

对于我国来讲,儿童心理学和发展心理学都是舶来品,是从西方传入我国的。但这并不意味着在此之前我国没有儿童心理学或发展心理学的思想和研究。

（一）我国古代关于心理发展的论述

根据正式文字记载，我国早在 2500 年以前，就已经开始有丰富的儿童心理学思想了。自孔子、孟子、老子、荀子以来，有关心理发展的基本问题如先天与后天的关系问题、心理发展过程、人性问题都进行了探讨，并提出过个人发展的年龄阶段的划分。

孔子是我国古代伟大的教育家和思想家。他的论述中有很多心理发展的思想。关于先天与后天在心理发展中的作用，他提出"性相近也，习相远也"。出生时的人性是相近的，后来由于教育和环境的不同，使得人性发生了较大的变化。可见孔子强调环境和教育因素对人的发展的影响。关于心理发展过程他持有毕生发展观。在七十多岁总结自己的成长历程时，孔子将自己的人生划分为六个阶段："吾十有五而志于学，三十而立，四十而不惑，五十而知天命，六十而耳顺，七十而从心所欲，不逾矩。"这恐怕是世界上最早的毕生发展观的表述，体现了个体心理发展的一般规律。

《淮南子·精神训》中有关于胎儿发展的描述："一月而膏，二月而胅，三月而胎，四月而肌，五月而筋，六月而骨，七月而成，八月而动，九月而躁，十月而生。形体已成，五脏乃形。"这些对胎儿发育的认识对维护胎儿心理发展有重要作用。

清代医学家王清任（1768—1831）明确描述过婴儿的身心发展的特点："小儿初生时，脑未全，囟门软，目不灵动，耳不知听，鼻不知闻，舌不知言。至周岁，脑渐生，囟门渐长，耳稍知听，目稍有灵动，鼻知香臭，语言成句。"

虽然我国曾经有过丰富的发展心理学思想，但发展心理学作为科学在中国的发展，还是近几十年的事情。

（二）我国近代儿童心理学的发展

我国的儿童心理学是在 20 世纪初，由一大批留学欧美的心理学工作者介绍进来的。大约在五四运动前后，已有几种西方国家的儿童心理学著作被翻译过来，如艾华编译的《儿童心理学纲要》，陈大齐翻译的德国高五柏（R. Gaupp）著的《儿童心理学》等。与此同时，当时的师范学校也开始开设儿童心理学课程。例如，我国最早的儿童心理学家陈鹤琴于 1919 年留学回国后，就在南京高等师范学校讲授儿童心理学课程。讲授的内容也大都是根据西方儿童心理学家如普莱尔、鲍德温、霍尔、华生等人的著作编译而成的。

最早的儿童心理学的研究工作可能要算陈鹤琴的日记法的研究。他对儿子陈一鸣从出生到三岁进行了系统的观察，作了日记式的记录，而且还作了摄影记录。他对自己观察资料进行了整理分析，于 1925 年出版了《儿童心理之研究》，这是中国第一部儿童心理学专著。在他的影响下，以后有很多人从事类似的研究，如葛承训的《一个女孩子的心理》、费景瑚的《均一六个月心理的发展》等。同时，在陈鹤琴的指导下，在南京鼓楼幼稚园也进行了一些有关幼儿心理和幼儿教育的研究。

儿童心理的测验研究也较早地引进了我国。1921 年出版了陈鹤琴、廖世承合编的《智力测验法》，对智力测验作了详细的介绍。1924 年陆志韦等修订了《比纳—西蒙智力测验》。

也有人用问卷法对儿童心理进行了研究，例如，葛承训通过问卷表对儿童兴趣进行调查并加以统计说明，在此基础上出版了《儿童心理与兴味》一书。

弗洛伊德学派的心理学传入中国也很早。在这个学派的影响下，在我国一些医疗和儿童福利机关也开始了儿童行为诊疗和指导工作。以后，儿童心理卫生的研究也逐渐发展起来。

1930 年，我国儿童心理学家孙国华（1902—1958）与 K.C. 普拉特、A.K. 内尔森合作在美国发表了儿童心理学长篇论文《初生儿的行为研究》，该论文曾单印成册列入美国俄亥俄州立大学丛书。他还著有《新生婴儿》等著作。

20 世纪中期以前，西方有关儿童心理学的著作（其中也包括儿童学的著作）陆续被译成中文（如霍尔、华生、阿德勒、考夫卡、勒温等人的著作）。

这一时期，在儿童心理学研究上贡献较大的是陈鹤琴，其次是黄翼，他在浙江大学主讲儿童心理学，创办培育院，进行研究工作。他著有《儿童心理学》、《神仙故事与儿童心理》、《儿童绘画心理》等书。他曾重复皮亚杰的一些实验，提出自己的一些看法。在他的指导下，还研究了儿童语言发展、儿童性格评定等。

（三）1949 年新中国成立后的发展心理学

20 世纪 50 年代主要是学习苏联的儿童心理学，确立了以辩证唯物主义为儿童心理学教学和研究的指导思想，对新中国成立前影响很大的美国实用主义者杜威的心理学思想也进行了系统的批判；学习他们关于儿童高级神经活动的研究，进行了我国儿童高级神经活动，特别是儿童两种信号系统相互关系的研究；有些人在学习苏联儿童心理学的过程中，结合中国儿童实际进行了尝试性的研究，如学前儿童方位知觉的研究，词在儿童概括认识中的作用的研究等。

1958 年对心理学界的批判运动完全否定新中国成立以来心理学、儿童心理学的成就，儿童心理学的发展受到了严重的挫折。这场批判引起了心理学界的普遍愤慨，1959 年又重新恢复了"百家争鸣"的讨论，又为儿童心理学的健康发展创造了良好的气氛。20 世纪 60 年代初期是新中国成立以来我国儿童心理学的第一个繁荣时期，研究论文较多，研究涉及的儿童年龄从儿童早期到青少年期都有，其中以关于幼儿心理和学龄初期儿童心理的研究较多。研究内容也丰富多彩：在生理机制方面研究了不同年龄阶段儿童脑电活动，在心理现象的研究方面从感知觉、记忆、语言、思维到个性发展都有一些有价值的研究；在理论探索方面，尝试建立马克思主义儿童心理学，受到国内外的关注。1962 年朱智贤出版的《儿童心理学》，是我国第一部以马克思主义观点为指导的儿童心理学教科书，在我国儿童心理学发展中占有重要地位。

　　1966—1976 年的十年动乱使我国的儿童心理学陷于停滞和瘫痪状态。"文革"结束后,我国进入了一个新的历史时期,迎来了心理学的春天,儿童心理学也进入了快速发展时期。各种心理学教育、学术组织以及专门的研究机构开始恢复或建立;心理学专业本科层次和研究生教育层次陆续开展起来,招生规模不断扩大;心理学专业队伍无论从数量上还是质量上都有了极大提高,一大批我国自己培养的博士和海外学成回国的博士工作在发展心理学研究的一线;国外发展心理学经典著作相继被翻译出版;国际学术交流和合作积极开展起来。

　　林崇德教授编著的《发展心理学》(1995 年出版,2002 年重新出版)是在系统总结我国发展心理学研究成果基础上完成的,是我国第一部在结构和体系上体现了毕生发展思想的专著。北京师范大学还创办了《心理发展与教育》杂志,用以专门发表发展心理学的研究成果。王甦、林仲贤、荆其诚主编的《中国心理科学》(1997)和中国心理学会编辑的《当代中国心理学》(2001)概括总结了新中国成立以来,特别是改革开放以来中国心理学的研究成果。

　　当前,我国发展心理学与国外存在差距,要向他们学习。但同时,我们也不能全盘照搬,要遵循"摄取—选择—中国化"的途径,创建有中国特色的发展心理学,为我国社会发展作出更大的贡献。

第四节　发展心理学研究设计的主要类型

　　毕生发展心理学认为个体的心理发展可以从三个方面来探讨,即生理发育、认知发展、人格和社会性发展。对这些方面的探讨主要集中于两个角度:一是研究发展的动力和制约因素;二是研究发展的过程。为了揭示这些问题,发展心理学家和所有的心理学家一样,会使用科学的方法,即采用谨慎的、控制的技术,包括系统化、有条理的观察和收集数据,以及提出并回答问题的过程。一般的心理学研究通常会采用相关研究设计和实验研究设计,以鉴别事件与行为之间的关系,并确定形成这些关系的原因。然而,发展心理学家不仅对个体某个特殊阶段的发展感兴趣,他们还希望揭示在人的一生中,其情感、能力和行为等方面的发展趋势。如,儿童的心理理论在幼儿期间如何发展变化? 智力的发展趋势如何? 儿童的自我意识情绪在不同的阶段表现出怎样的特点? 在这种新的研究要求下,发展心理学的研究设计又具有了新的特点,主要表现在横断研究、纵向研究和序列研究设计方面。

一、纵向研究

　　纵向研究(longitudinal research)是对相同的研究对象在不同的年龄或阶段进行的长

期的反复的观察或测量。这种观察期可以相对较短,或者非常长,甚至持续人的一生。研究者可以研究发展的一个特定的方面,也可以研究发展的多个方面。因此,纵向研究考察的是随时间而产生的变化,通过追踪一个或多个被试随时间发展的变化情况,研究者可以评估被试的各种特性的稳定性,也可以通过寻找共同特点而确定常态的发展趋势和过程。

刘易斯·推孟(L. Terman)对天才儿童的追踪研究是一项经典的纵向研究。在这项至今尚未终止的研究中,1500 名高智商的儿童将每隔 5 年接受一次测试。现在,这些已经年过八旬的老人提供了他们从智力成就到人格和寿命的所有信息(罗伯特·费尔德曼,2007)。

纵向研究具有以下优势:由于纵向研究是对个体进行追踪研究,因此纵向研究可以检验早期的事件、行为与后来事件、行为的关系;能够系统地了解心理发展的连续过程,解释量变到质变的规律,解释发展中的普遍规律和个体差异。

尽管纵向研究具有一定的优点,但这个方法也有自身的缺点。第一,时效性差。对大样本被试进行长期的追踪需要花费大量的时间、人力、物力。第二,被试容易流失。在持续几年或者几十年的研究中,主试与被试保持联系是很困难的,研究者很难保证样本不发生变化。而流失的被试往往与留下参加研究的被试有很大的差异,这可能会造成研究结果的偏向。比如,研究可能会发现,一组老年人的晚年智力水平看起来是保持稳定的,然而,实际情况可能是那些在之前的测量中被发现智力有问题的被试已经退出了研究,因此,研究抬高了后一轮测量的组平均值。第三,可能存在疲劳和练习效应。被试多次参加相同的测量,即使在实验过程中对被试的观察没有受到严重的干扰,被试还是会因为实验者或观察者的重复出现而受到影响。多次相同的测量可能使他们变成"测验能手",随着对实验程序的逐渐熟悉,被试的测验成绩也越来越好。因此,随时间而发生的改变可能会被归因于发展,而实际上却可能是练习效应所致。研究者可能会采取改变每一年测量的具体内容来克服练习效应,但是出现的新问题是如何对不同的测量进行比较。

二、横断研究

横断研究(cross-sectional research)是研究者在同一时间对不同年龄组的被试进行研究,进而比较不同年龄段被试的差异,鉴别出发展的某些方面是否有与年龄相关的变化。横断研究是发展心理学家经常使用的研究设计。

布莱恩·考茨(B. Coates)和威利德·哈特普(W. Hartup)的实验是横断研究的典型例子。他们让 4～5 岁和 7～8 岁的儿童观看一段短片。短片中一成年男子表演了 20 个动作,要求两个年龄段中的一半儿童在看影片时用语言描述示范者的动作(诱导语言组),另一半儿童不要求用语言描述所观看的动作(被动观察组)。影片播放完毕后,实验者将每个儿童带入一个独立的房间,房间里有影片中看到的那些玩具,要求儿童演示影片中的示范者用这些玩具做了哪些动作。实验出现了三个有趣的结果:第一,与 4～5 岁诱导语言组儿童以及7～8岁被动观察组和诱导语言组儿童相比,4～5岁被动观察组儿童的模仿成绩更差,这一结果表明,4～5岁儿童在没有明确要求的情况下,不会产生帮助他们学习的语言描述。第二,4～5岁和7～8岁诱导语言组儿童的模仿表现没有差别。可见,如果要求年幼儿童去描述他们所看到的内容,他们能学到和年长儿童同样多的内容。第三,对于7～8岁年龄段的儿童而言,语言诱导组和被动观察组重现了同样多的示范动作。可见,即便没有明显的要求,他们也会自发地用语言描述所见的内容。实验结果说明,4～5岁儿童从示范者那里学到的东西较少,原因是他们不能自发地使用语言描述来帮助记忆所见之内容(Shaffer,2005)。

横断研究的一个主要优点是研究者能在短时间内收集不同年龄段个体的数据,从而可以节省人力、物力和时间。然而,横断研究也有一定的局限性:

第一,人为的联结性。这种研究只是在被试发展过程中的一个时间点对其进行测量,因而难以了解发展的连续性。研究中所得出的心理发展趋势是用不同年龄组被试者的发展特征来代表一批个体在不同年龄阶段的发展特征,所得出的发展趋势具有人为的联结性。

第二,同辈效应。在横断研究中,每个年龄段的被试是不同的个体,即他们来自不同的群体。这里的群体是指由那些生长在相似的文化环境和历史背景下的同一年龄的人组成的集体。不同群体的人出生在不同的年代,他们的文化和教育背景都不同。因而,在研究中发现的年龄差异并不总是由年龄和发展造成的,也可能是受到文化和历史因素的影响,研究得到的结果反映的可能是不同年代出生的被试群体与其不同历史时期相联系的独特的经验。

心理学家对个体智力发展的研究很好地说明了横断研究的同辈效应。多年来,横断研究一致地显示出青年人在智力测验中比中年人得分略高,而中年人的得分又比老年人高出很多。然而,个体的智力真的随着年龄的增长而下降吗?最近的研究揭示,个体的智力测验得分保持跨时间的相对稳定性。老年人的智力测验分数并没有下降,但总是比那些年纪轻的人低。横断研究所得出的青年人的智力高于老年人,原因是老年人很少受到学校教育,使得他们的测验得分低于青年人和中年人。因此,早期的横断研究结果反映的是同辈效应,即这种差异是教育方面表现出来的年龄差异,而非真实的智力发展变化趋势。

三、序列研究

基于纵向研究和横向研究各具有优缺点,研究者提出了新的研究设计,最具代表性的就是序列研究(sequential study)。序列研究是通过选择不同年龄的被试并对其进行追踪,而将横断设计和纵向设计的优点结合起来。其实就是研究者在不同的时间点进行多个相似的横断研究或纵向研究。基本思路是研究者以一个简单的横断研究或纵向研究为起点,在大体相同的间隔周期,研究者会再加进去一个横断研究或者纵向研究,形成一个研究设计序列。

以儿童逻辑推理能力的研究为例,见图1-1。研究者欲考察6~12岁儿童的逻辑推理能力的发展。研究者可以从2002年开始测量一组6岁的样本(1996年出生)和一组8岁的样本(1994年出生)的逻辑推理能力。又分别于2004年和2006年再次测量两个群体的推理能力。

序列研究设计具有以下优点。第一,通过对生于不同年代的相同年龄的被试的比较,可以发现同辈效应是否对结果产生影响,如图1-2所示,通过比较8岁和10岁两组样本的逻辑推理能力的状况来评估同辈效应。如果两组样本并没有差异,那么认为不存在同辈效应。第二,序列设计能够在同一项研究中比较横断研究和纵向研究,如果在横断研究和纵向研究比较中,被试的心理特性按年龄变化的趋势是相同的,研究者就可以确信这些趋势代表了真实的发展变化。第三,序列研究比纵向研究更为有效。在儿童逻辑推理的研究例子中,研究者只是追踪了4年,却可以得到逻辑推理能力6年的发展状况。

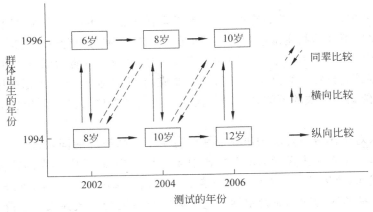

图1-2　序列研究设计的例子

四、微观发生法

学习对儿童的发展是重要的,然而发展心理学家几乎无法对学习导致的变化进行直接的观察,亦很难获得有关学习的独特的信息,因为这些变化发生的进程是非常缓慢的。发展心理学家采用微观发生法研究(microgenetic study)解决了这些难题。微观发生法的核心就是回答学习是如何发生的问题。它的基本思想是将变化的过程压缩到一段很短的时间内,在这段时间内通过反复地让被试接受可以导致变化的刺激,或者反复地给他们学习的机会,使得研究者可以观察、分析变化发生的过程。基于此,微观发生法可以检验变化是如何发生的,进而试图解释变化的内在机制问题。例如,毕有余和张向葵(2008)的研究从"记"和"忆"两个阶段对"记"与"忆"策略的使用以及对回忆策略的意识三个方面对记忆策略的发生、发展和变化及形成的过程进行多方面的分析,试图解答在分类材料记忆任务中儿童在"记"与"忆"两个阶段是否存在策略使用的差异及不同的变化规律等问题,借此探寻儿童记忆策略发展的规律。他们采用微观发生法,以 33 名小学二年级学生为被试,以记忆书面语词的分类材料为任务,对儿童记忆过程中"记"、"忆"策略的不同发展规律进行了 5 个期间的测查。每个期间的间隔为三天,场所为被试平时上课的教室。其中,期间 1 用以筛选被试和确定测试词库;期间 2～3 用以检验简单练习的效果,检验被试分类策略的发展趋势;期间 4、期间 5 用以检验训练的效果,并检验材料熟悉度对策略使用的影响。在每个期间的测试中,主试先将记忆的材料背面向上发给被试,然后出示指导语:你们将看到一个由 15 个词组成的词表,请你们注意看,尽力记住他们,你们可以按照自己喜欢的方式进行记忆,我们会给你 3 分半钟时间,在答题纸上写出刚才看过的词。我们还要问你们是怎样记住的。每个期间记忆任务结束后,主试都在学校的一个空闲教室里对被试进行个体访谈。在期间 4、期间 5 之间对训练组进行大约 10 分钟的分类记忆方法训练。结果发现,分类"记"、"忆"策略的发展既有突变过程也有渐变过程,分类"记"策略有生成缺陷,表现为训练后的突然变化,分类"忆"策略则是一个可以自发形成的渐变过程,如果加以适当的训练也会发生突然的增长;在材料熟悉度较低的情况下,会使少量儿童产生分类"记"、"忆"策略使用缺陷现象。

微观发生法有三个主要的基本特征:一是观察迅速改变能力的阶段;二是在这个阶段观察的密度要快于变化的速度;三是对观察进行集中、深入的分析以确定引起变化的过程。

微观发生法的研究涉及很多方法论的问题,包括实验设计、策略评估和数据分析。

第一,实验设计问题。微观发生研究一般需要在大量的实验中使用编码策略或其他的行为单位,所以在此类研究中所使用的实验设计与同领域中的其他研究有所不同。相当一部分的微观发生设计使用的是单个被试的设计,有无指导语都可以。另外一种常见类型的微观发生设计是关注少量的被试在没有实验干预的情况下连续学习的过程。第三种常见的微观发生设计是给儿童呈现高密度的、不寻常的经验,目的是加速发展的进程。这种类型的设计和前两种一样,不包括控制组,因为研究主要集中在变化发生的方式上,而不是集中在建立与变化有关的随意发生的经历的有效性上。

第二,策略评估问题。微观发生研究方法论的另一个问题是关于实验间策略评估的信度和效度。实验间的评估是很多微观发生分析的研究基础:对策略的发现的准确分析、超越他们最初背景的新策略的概括化以及对发现的前兆进行精确的分析,需要了解策略第一次出现在什么时候。4 岁以下儿童的微观发生研究通常完全依赖于外显的行为来评价策略。一些对年龄较大的儿童的研究也完全依赖外显的行为来评估策略。但是,在对 5 岁以上的儿童的研究中,研究者是在将外显行为与执行任务的过程中或任务刚刚结束后所提供的言语报告相结合的基础上进行策略评估。

第三,数据分析问题。调查变化引出了一系列复杂的关于数据分析的问题,对于很多问题,现在都没有好的推论统计的方法。因此,微观发生更多地依赖图形技术和推理分析技术。

微观发生法广泛适用于多种维度。第一,被试的年龄。微观发生法可以适用于任何一个年龄阶段。第二,领域。微观发生法已经被证实可以适用于各个领域的发展问题的研究,目前,研究者已经将微观发生法应用到社会性发展方面。第三,环境。微观发生法不仅适用于实验室的情境,也适用于自然情境和课堂情境。第四,理论基础。微观发生法可以用来对所有的认知发展的主要理论假设进行验证(William Damon Richard M. Lerner,2006)。

与传统方法相比,微观发生法能够通过以下五个方面揭示发展的特点。第一,变化的路径,即变化是量变还是质变? 第二,变化的速率,即变化的发生是突然的还是缓慢的? 第三,变化的宽度,即变化是限定在特定领域还是广泛存在于各个领域? 第四,变化的差异,即个体的行为在某个领域内各种相似的任务中有多大的差异性? 相似的变化模式是否也见于不同的个体间? 第五,变化的起源,即行为中的变化会为变化的起源带来什么(雷雳,2009)?

 阅读框 1-2　心理学研究伦理规则

设计和操作与人类相关的研究时,研究者会面临伦理方面的棘手问题,即研究人员受伦理约束,必须按照一定的操作标准来保护研究对象免受身心伤害。当儿童参与到心理学研究中时,伦理方面的考虑尤为复杂,因为儿童较之青少年和成人更易受到身心伤害。同时,年幼的儿童可能并不完全明白在他们同意参加一项研究时,他们在做什么。为了保护参与研究的儿童以及阐明儿童研究人员的责任,美国心理协会以及儿童发展研究协会通过了一些伦理规则,重要的条款如下:

1. 避免伤害

研究者不能使用任何可能伤害儿童的身体或心理的研究操作。心理伤害很难定义,与研究者的责任有关。当一个研究者不确定研究操作是否可能产生伤害时,他必须与人商讨,一旦认识到可能伤害被试,就必须另找收集信息的方式或放弃该研究。

2. 获得许可

研究应该得到儿童的父母及其监管人的同意,最好做成书面文件。必须告诉他们研究的所有特点,使他们依此来决定是否准许儿童参与研究。

3. 保密

研究者必须对所有来自被试的数据保密。儿童有权要求在正式的或非正式的数据收集及结果报告中,隐瞒他们的身份。

4. 欺瞒/接受询问/告知结果

尽管儿童有权预先了解研究的目的,但有些特别的研究项目可能必须隐瞒某些信息或对被试进行欺瞒。无论何时,当一个研究项目的进行必须隐瞒信息或进行欺瞒的时候,研究者必须得到同行的委员会的认可。如果某研究对被试隐瞒了信息或进行欺瞒,事后必须对被试一一解释,即用被试能理解的语言,告知被试研究的真实目的及为什么必须欺瞒他们。儿童也享有对研究结果的知情权。

本 章 小 结

发展心理学(developmental psychology)是研究心理发展过程及其规律的科学,是心理学的一个分支学科,属于基础理论学科。心理发展包含心理发生,即广义的心理发展,包括种系心理发展和个体心理发展。发展心理学的研究涉及两方面内容:一是心理发展的基本规律;二是心理发展的年龄特征。

发展心理学只有一百多年的历史,其中大部分时间处于儿童心理学阶段。直到近几十年,在西方特别是美国,关注生命全程的毕生心理发展观才引入发展心理学研究中。随着社会发展和科技进步,发展心理学研究出现了一些新的突破,呈现出一些新的发展趋势。主要体现在以下几方面:新兴的交叉学科不断涌现,发展心理学的研究范围向人生的两极延伸,信息加工的研究途径,面向实践的发展心理学研究,发展心理学研究方法的新进展。发展心理学的研究设计具有其内在的特点。主要表现在横断研究、纵向研究和序列研究设计及微观发生法研究方面。

复习思考题

1. 什么是发展心理学? 什么是心理发展?
2. 发展心理学的研究内容是什么?
3. 心理发展有哪些基本规律?
4. 科学儿童心理学为什么诞生于 19 世纪的后半叶?
5. 从儿童心理学到发展心理学的学科演变过程是怎样的?
6. 发展心理学有哪些主要的研究设计?

第二章

个体心理发展理论

【学习目标】

通过本章的学习,使学生掌握关于心理发展的各主要理论的基本观点,并从这些理论出发分析个体心理发展。

【关键概念】

心理性欲发展(psychosexual development),俄狄浦斯情结(Oedipus complex),埃勒克特拉情结(Electra complex),心理社会发展理论(psychosocial development theory),环境决定论(environmental determinism),操作性条件反射(operant conditioning reflex),积极强化(positive reinforcement),消极强化(negative reinforcement),观察学习(observational learning),图式(schema),同化(assimilation),顺应(accommodation),运算(operation),最近发展区(the zone of proximal development),信息加工理论(information-processing theory),生态系统理论(ecological systems theory),进化发展心理学(evolutionary developmental psychology)

康可和俞妮在恋爱和结婚后多次谈到他们自己的成长经历。在准备要个小宝宝时,他们更是为小宝宝长得像谁会更好而争论不休。康可说自己长得特别像自己的父亲,从小到大,不论是表扬还是批评,妈妈说得最多的一句话就是"跟你爸一样,一个模子刻出来的"。所以康可认为自己的孩子会更像自己。俞妮不这么看,她觉得自己与爸爸妈妈都不是十分相像,小时候在奶奶家的几年对自己影响很大。俞妮的奶奶退休前是小学教师,会讲很多古今中外的童话故事、寓言故事等,俞妮至今能记得很多;在玩扑克时学算术是奶奶的绝活,俞妮上学后的算术成绩总是班级第一,这可是奶奶的功劳,因此俞妮认为环境对儿童的发展最重要。到底是遗传更重要,还是环境(或教育)更重要,两人谁也说服不了谁。

像康可和俞妮这样的讨论,在各个家庭、各对夫妻之间不知上演了多少次。众多家长在面对孩子取得的成就,或孩子发展中遇到的障碍,特别是面对孩子青春期特别强烈的"逆反心理"时,不禁问自己:"孩子为什么会这样?""是什么造就了这样一个孩子?"

对心理发展基本规律的长期探索,形成了发展心理学中的几个基本理论问题,即心理发展是先天的还是后天的,心理发展是连续性的还是阶段性的,个体在其发展过程中是主动的还是被动的,心理发展是否有一致的模式,心理发展过程中是否存在"关键期"。对这些问题的不同理解和回答,就构成了现在形形色色的各种理论。

发展心理学理论是试图描述和解释心理发展、预测在某一条件下行为发生的一套概念和观点。众多的发展心理学家从不同的理论观点看待发展,不同理论强调心理发展过程的不同方面。其中对发展心理学有重大影响的是四个理论观点,即精神分析理论、行为主义理论、皮亚杰的认知发展理论和维果斯基的文化—历史发展理论。

第一节 精神分析的心理发展理论

精神分析是现代西方心理学的主要流派之一,产生于 1900 年,其创始人是奥地利精神病医生、心理学家弗洛伊德(S. Freud,1856—1939)。在发展心理学中有代表性的观点是弗洛伊德和埃里克森的发展心理学理论。

一、弗洛伊德的心理发展理论

(一)心理性欲发展阶段

心理性欲发展(psychosexual development)阶段理论是弗洛伊德关于心理发展的主要理论。弗洛伊德既提出了划分心理发展阶段的标准,又具体规定了心理发展阶段的分期。

弗洛伊德认为人的心理发展就是性心理的发展,儿童心理发展的各个阶段之所以有区别,是由于其性生活的发展所造成的。弗洛伊德所说的性生活,不仅包含两性关系,而且也包含身体的舒适和快乐的情感。他把性的能量称为"力比多"(libido),力比多集中在身体的某些器官或部位,刺激这些区域可以产生快感,这些区域称作性感区(erogenous zone)。在个体发展的过程中,性感区不断发生转移,性感区的变化决定心理发展的阶段性。在儿童期,口腔、肛门和生殖器相继成为快乐和兴奋的中心。以此为依据,弗洛伊德把儿童心理发展分为五个阶段:口唇期(0~1岁);肛门期(1~3岁);前生殖器期(3~6岁);潜伏期(6~11岁);青春期(11 或 12 岁开始至成年)。在发展的每一个阶段,如果儿童得到了太多或太少的满足,性心理发展就不能顺利进行,停滞在某一阶段,即"固着"

(fixation)。这可能导致各种心理疾患,成为神经症和精神病的根源。

1．口唇期(oral stage)(0～1 岁)

弗洛伊德认为力比多的发展是从嘴开始的。吮吸使婴儿不仅获得了食物和营养,也使他产生快感,因此口唇是婴儿期产生快感最集中的区域。婴儿不饿的时候也有吮吸现象,如吮吸手指。如果不能及时给婴儿喂奶或过早地断奶,其力比多就会固着在口唇区,长大后也会出现咬指甲、有烟瘾、贪吃等口唇期固着行为。

2．肛门期(anal stage)(1～3 岁)

这一时期,儿童的力比多集中到肛门区域,儿童从排便和控制排便中获得快感,此时父母也开始对儿童进行大小便训练。如果家长对儿童的大小便训练过于严厉,其发展就会固着在肛门期,成年期会过分要求清洁,对人吝啬或固执地执行预定的时间表或路线图;如果家长对儿童排便没有什么要求,成年后就会凌乱、不爱整洁,或挥霍。

3．前生殖器期(phallic stage)(3～6 岁)

弗洛伊德认为,在此阶段儿童会出现心理性欲发展中的一个重要事件,儿童对双亲中的异性一方产生性依恋,即男孩对母亲、女孩对父亲产生性依恋关系,把双亲中同性的一方看做是竞争对手,产生攻击欲望。弗洛伊德把男孩对母亲的性依恋叫做恋母情结(也称俄狄浦斯情结,Oedipus complex),把女孩对父亲的性依恋叫做恋父情结(也称埃勒克特拉情结,Electra complex;或俄瑞斯忒斯情结,Orestes complex)。儿童最终通过认同双亲中的同性一方克服了这种焦虑。

4．潜伏期(latency stage)(6～11 岁)

经过前生殖器期,力比多便潜伏下来,集中表现的区域不明显,儿童性的发展呈现停滞或退化现象。与前三个阶段相比,潜伏期是一个风平浪静的时期。

5．青春期(genital stage)(11、12 岁开始至成年)

经过平静的潜伏期,青春期就来到了。在潜伏期被压抑的性能量在身体中重新活跃起来,并集中在生殖器部位。青少年按社会允许的方式表达自己的性要求,性需求指向年龄接近的异性,寻求异性作为配偶,生儿育女。

(二)人格发展理论

弗洛伊德将人格分为三部分,即本我(id)、自我(ego)和超我(superego)。新生儿是受本我操纵的,本我遵循快乐原则(pleasure principle),它寻求欲望的即时满足。如婴儿饥饿时,不能立即得到食物,就会大声哭闹,直到需要得到满足为止。

自我从婴儿 1 岁时逐步发展,遵循现实原则(reality principle)。自我的目标是在现实生活中为本我寻找满足的途径。弗洛伊德曾形象地将自我与本我比喻为骑手与马之间的关系。马提供能量,而骑手则指导马前进的方向。但有时,骑手也不得不按照马想走的路线前进。

超我在儿童早期逐渐发展起来，它包括良心和理想，遵循至善至美原则（perfection principle）。良心由父母的各种"应该"和"不应该"构成，并把它转化为自己内部的行为准则。理想是儿童努力发展的标准。如果自己的行为符合理想，儿童就感到骄傲；如果自己的行为违反了良心，儿童就会焦虑和内疚。自我在本我冲动和超我要求之间扮演调节者的角色。

弗洛伊德的理论有历史性的贡献，使人们认识到潜意识（unconscious）的情感、动机在个体心理发展中的重要性以及童年经验在个性形成中的作用。虽然众多的心理学家反对他过分强调性本能的重要性，但精神分析方法对现代心理治疗产生了深深的影响。

值得注意的是，弗洛伊德理论有其历史和社会背景。他关于心理发展的理论，不是建立在一般儿童的群体上，而是基于处于治疗中的属于中产阶层的心理疾患患者。他强调性本能和早期经验对人格发展的影响，忽视了其他因素，如社会和文化的影响。他的弟子对其学说进行了修正，其中最重要的修正是从生物本能论转向强调社会因素对个体心理发展的影响。这方面的代表人物是埃里克森。

阅读框 2-1　俄狄浦斯情结和埃勒克特拉情结

俄狄浦斯情结和埃勒克特拉情结均来自希腊神话，被弗洛伊德用在精神分析理论中。

• 俄狄浦斯情结（Oedipus complex）

俄狄浦斯（Oedipus）是传说中希腊底比斯的英雄。相传俄狄浦斯是底比斯国王拉伊俄斯和皇后伊娥卡斯特的儿子。国王拉伊俄斯听到神的预言说，自己将死于亲子之手，因此，当俄狄浦斯出生后三天，就命人用钉子刺穿了他的双脚，并命令一个奴隶把俄狄浦斯扔去喂野兽。这个奴隶可怜这平白无辜的孩子，把他送给了科任托斯国王波吕玻斯的牧人，回去后向国王和他的妻子汇报，说任务完成了。夫妇两人相信孩子已经死掉，觉得神谕无法实现，所以内心十分平静。

国王波吕玻斯的牧人按照孩子脚上的伤口，给孩子起了俄狄浦斯的名字（希腊"肿脚"的意思），并交给国王波吕玻斯。俄狄浦斯被波吕玻斯和妻子墨洛柏收养下来，渐渐长大，从未怀疑过国王波吕玻斯是他的生父。

俄狄浦斯成人之后得到神的预言：他将弑父娶母。俄狄浦斯无比惊恐，他决定永远离开国王波吕玻斯和皇后墨洛柏。在漂泊和漫游中，他到了一个十字路口，迎面驶来一辆马车，车上坐着一位陌生老人。因车把式粗暴赶他让路，发生冲突，他打死了这位老人。不料这正是底比斯国王拉伊俄斯。神谕的前一部分就这样应验了：他成了弑父的凶手。

俄狄浦斯杀父事件后不久，底比斯城门前来了怪物斯芬克斯，对底比斯居民提出各种各样的谜语，猜不出谜语的人要被她吃掉。现执政的国王是王后伊娥卡斯特的兄弟克瑞翁,他张贴告示,谁能除掉这个祸端,他愿意把国王拱手相让,并把姐姐伊娥卡斯特嫁给他做妻子。

不久,俄狄浦斯来到底比斯城,愿意冒生命危险试一试。怪物斯芬克斯想给陌生人一个难猜的谜语,开口说道:"早晨四条腿,中午两条腿,晚上三条腿。在一切造物中,只有他改动腿脚的数目;可是在他用腿最多的时候,肢体的力量和速度却是最小。"

俄狄浦斯猜出了这个谜语后,怪物斯芬克斯羞愧难当,猛然绝望地从悬崖上跳下去,当场身亡。俄狄浦斯得到了国家和妻子伊娥卡斯特,当然他不知道这正是自己的生母。他们生下了两个儿子和两个女儿。

俄狄浦斯当了几年治国有方的国王,深受民众的爱戴。过了一段时间,神给这个地区降下了瘟疫。神谕只有放逐杀害前国王拉伊俄斯的凶手,灾害方能消除。俄狄浦斯忧国忧民,全力缉捕罪犯。最后,他找到了那个唯一脱险的老国王的侍从,才知道杀害底比斯老国王的凶手竟然是自己。凶杀案的见证人恰恰又是曾把婴儿时的俄狄浦斯交给波吕玻斯王的牧人的那个奴隶。

俄狄浦斯惊骇万状,不祥的预言全部应验了:他不仅杀害了父亲,而且娶了母亲。王后伊娥卡斯特悬梁自尽,俄狄浦斯刺瞎了自己的双眼。底比斯人并不嫌弃他们从前热爱和尊敬的国王,俄狄浦斯大为感动,把王位交给妻弟克瑞翁,请求为他不幸的母亲建造一座坟墓,而他自己是生是死皆由神作数,由天决定。

- 埃勒克特拉情结(Electra complex),又称俄瑞斯忒斯情结(Orestes complex)

在希腊神话中阿伽门农是希腊军统帅。在出征特洛伊的路上,阿伽门农射死了一只怀孕的兔子,得罪了狩猎女神阿尔特弥斯。阿尔特弥斯为了报复,便引来了飓风,使希腊军队在奥利斯港受阻。为平息海神带来的风浪,阿伽门农将女儿伊菲革涅亚杀死,献祭给了海神。阿伽门农的妻子克吕泰涅斯特拉希望报复丈夫的残酷无道,给女儿复仇。

埃奎斯托斯是阿伽门农的堂兄弟,一直想杀死阿伽门农为父报仇。原来,埃奎斯托斯和阿伽门农的家族从祖父佩罗普斯那一代就遭到了诅咒,这个家族将永远地自相残杀。佩罗普斯的两个儿子阿特柔斯(阿伽门农之父)和堤厄斯特斯(埃奎斯托斯之父)为了王位而争斗不休,最后,堤厄斯特斯被阿特柔斯驱逐。临走时,堤厄斯特斯带走了阿特柔斯的儿子普勒斯特涅斯,把他抚养长大后派他去刺杀阿特柔斯。但普勒斯特涅斯却被阿特柔斯所杀,阿特柔斯假意与堤厄斯特斯修好,邀他赴宴,却暗地里让他吃了他的两个儿子的肉。接着,阿特柔斯又指使堤厄斯特斯的另一个儿子埃奎斯托斯去刺杀其父,但是,这一次阿特柔斯却失算了,自己反倒被埃奎斯托斯所杀。堤厄斯特斯占领了兄长的王国,后又被阿伽门农杀死为父报仇。

阿伽门农的妻子克吕泰涅斯特拉，抵制不住埃奎斯托斯恶意的诱惑，把阿伽门农的王国和宫殿交给了埃奎斯托斯。在特洛伊战争后阿伽门农凯旋，其妻子克吕泰涅斯特拉和埃奎斯托斯趁阿伽门农沐浴之机杀死了他。当时阿伽门农的幼子俄瑞斯忒斯(Orestes)只有12岁，他的姐姐埃勒克特拉(Electra)迅速把他送走，她却在宫殿里过着悲惨的日子，心里希望弟弟快快长大为父亲报仇。多少年过去了，在一次克吕泰涅斯特拉祭祀时，两位年轻人谎称俄狄浦斯死于一场比赛，要把一只金属骨灰小瓮安葬在俄狄浦斯的故乡。克吕泰涅斯特拉心情复杂，埃勒克特拉非常失望。其实其中的一位年轻人就是俄瑞斯忒斯，他杀死了母亲克吕泰涅斯特拉。一个时辰后埃奎斯托斯回到宫中，在阿伽门农惨遭杀害的浴室里，被俄瑞斯忒斯和随从砍死。

(缩写自：[德]古斯塔夫·施瓦布著，曹乃云译. 希腊古典神话. 南京：译林出版社，1995)

二、埃里克森的心理社会发展理论

埃里克森(E. H. Erikson，1902—1994)修正和扩展了弗洛伊德的理论，提出了心理社会发展理论(psychosocial development theory)。首先，弗洛伊德强调人的生物性的一面，认为人的心理发展主要是性心理的发展；埃里克森强调人的社会性的一面，强调社会对人格发展的影响，认为人的心理发展主要是心理社会发展。埃里克森重视自我的发展，认为自我的发展是持续终生的。在发展的每一个阶段，自我都必须发展其特定的自我能力，从而成长为一个对社会有用的成员。其次，在"毕生发展观"上，埃里克森是一位先驱。他提出了心理社会性发展的八个阶段理论，前五个与弗洛伊德的五个阶段相并行，后三个是对成人心理发展阶段的划分。其人格发展的每个阶段都包含一个"危机"，即这个阶段非常重要的心理社会发展任务。对所有个体来讲，各个发展阶段是按照成熟的时间表出现的，其危机随着健康自我的发展而得到满意的解决。埃里克森的心理社会性发展的八个阶段如表2-1所示。

表2-1　埃里克森的心理社会性发展的八个阶段

阶段	年龄	心理危机（发展关键）	发展顺利	发展障碍
1	0～2岁（婴儿期）	对人信赖←→对人不信赖 Trust vs. Mistrust	对人信赖，有安全感	难与人交往，焦虑不安
2	2～4岁（儿童早期）	自主←→羞愧怀疑 Autonomy vs. shame and doubt	能自我控制，行动有信心	自我怀疑，行动畏首畏尾
3	4～7岁（学前期）	主动←→退缩内疚 Initiative vs. Guilt	有目的方向，能独立进取	畏惧退缩，无自我价值感
4	7～12岁（学龄期）	勤奋进取←→自贬自卑 Industry vs. Inferiority	具有求学、做人、待人的基本能力	缺乏生活基本能力，充满失败感

续表

阶段	年龄	心理危机(发展关键)	发展顺利	发展障碍
5	12～18 岁 (青年期)	自我统一 ←→ 角色混乱 Identity vs. Confusion	自我观念明确,追寻 方向肯定	生活缺乏目标,时感 彷徨迷失
6	18～25 岁 (成年早期)	友爱亲密 ←→ 孤独疏离 Intimacy vs. Isolation	成功的感情生活,奠 定事业基础	孤独寂寞,无法与人 亲密相处
7	25～50 岁 (成年中期)	繁殖感 ←→ 颓废迟滞 Generativity vs. Stagnation	热爱家庭,栽培后进	自我恣纵,不顾未来
8	50 岁至死亡 (老年期)	完美无憾 ←→ 悲观绝望 Integrity vs. Despair	随心所欲,安享天年	悔恨旧事,惧怕死亡

第一阶段为婴儿期(0～2 岁)。婴儿在本阶段的主要任务是满足生理上的需要,发展信任感,克服不信任感,体验着希望的实现。婴儿从生理需要的满足中,体验着身体的康宁,感到了安全,于是对其周围环境产生了一种基本信任感;反之,婴儿便对周围环境产生了不信任感,即怀疑感。

第二阶段为儿童早期(2～4 岁)。这个阶段儿童主要是获得自主感而克服羞怯和疑虑,体验着意志的实现。埃里克森认为这时幼儿除了养成适宜的大小便习惯外,已不满足于停留在狭窄的空间之内,而是渴望着探索新的世界。

第三阶段为学前期或游戏期(4～7 岁左右)。本阶段儿童的主要发展任务是获得主动感和克服内疚感,体验目的的实现。本阶段也称为游戏期,游戏执行着自我的功能,在解决各种矛盾中体现出自我治疗和自我教育的作用。埃里克森认为,个人未来在社会中所能取得的工作上、经济上的成就,都与儿童在本阶段主动性发展的程度有关。

第四阶段为学龄期(7～12 岁)。本阶段的发展任务是获得勤奋感而克服自卑感,体验着能力的实现。学龄期儿童的社会活动范围扩大了,儿童依赖重心已由家庭转移到学校、教室、少年组织等社会机构方面。埃里克森认为,许多人将来对学习和工作的态度和习惯都可溯源于本阶段的勤奋感。

第五阶段为青年期(12～18 岁)。这一阶段的发展任务是建立同一感和防止同一感混乱,体验着忠实的实现。同一感是指人的内部和外部的整合和适应之感;同一感混乱则是指内部和外部之间的不稳定和不平衡之感。

第六阶段是成年早期(18～25 岁)。这个阶段的发展任务是获得亲密感以避免孤独感,体验着爱情的实现。埃里克森认为这时青年男女已具备能力并自愿准备着去分担相互信任、工作调节、生儿育女和文化娱乐等生活,以期最充分而满意地进入社会。这时,需要在自我同一性的巩固基础上获得共享的同一性,才能导致美满的婚姻而得到亲密感,但由于寻找配偶包含着偶然因素,所以也孕育着害怕独身生活的孤独之感。埃里克森认为,发展亲密感对是否能满意地进入社会有重要作用。

第七阶段是成年中期(25～50岁)。这个阶段主要为获得繁殖感而避免停滞感,体验着关怀的实现。这时男女建立家庭,他们的兴趣扩展到下一代。这里的繁殖不仅指个人的生殖力,主要是指关心和指导下一代成长的需要,因此,有人即使没有自己的孩子,也能达到一种繁殖感。缺乏这种体验的人会倒退到一种假亲密的需要,沉浸于自己的天地之中,只一心专注自己而产生停滞之感。

第八阶段为老年期(成年晚期)。这个阶段直至死亡,主要为获得完善感和避免失望和厌倦感,体验着智慧的实现。这时人生进入了最后阶段,如果对自己的一生周期获得了最充分的肯定,则产生一种完善感,这种完善感包括一种长期锻炼出来的智慧感和人生哲学,伸延到自己的生命周期以外,与新一代的生命周期融合为一体的感觉。一个人达不到这一感觉,就不免恐惧死亡,觉得人生短促,对人生感到厌倦和失望。

埃里克森的发展渐成说有着自己的特色。可以说他的发展过程不是一维性的纵向发展观——一个阶段不发展,另一个阶段就不能到来;而是多维性的,每一个阶段实际上不存在发展不发展的问题,而是发展的方向问题,即发展方向有好有坏,这种发展的好坏是在横向维度上两极之间进行的。

第二节　行为主义的心理发展理论

精神分析理论关注人的潜意识力量,行为主义理论则关注可观察的行为。他们认为,发展来自学习,行为变化是基于经验或对环境的适应。因此,行为主义者的目标是找到可观察的行为变化的客观规律,并应用于每个年龄的人群。他们认为发展是连续的,并不是分阶段进行的,并且强调发展中量的变化。

一、华生的心理发展理论

华生(J. B. Watson,1878—1958)是行为主义理论的创始人。他关于发展的观点是环境决定论(environmental determinism),否认遗传的作用,片面夸大环境和教育的作用。

(一)华生的心理发展基本观点

他关于心理发展的基本观点来源于洛克的"白板说",认为儿童的心理像一块白板,心理发展就是在白板上建立 S-R 联结的过程。他的心理发展观如下:

1. 否定了遗传的作用

华生认为行为的产生是由刺激决定的。刺激来源于客观,而不决定于遗传,因此行为不可能受遗传的影响。他承认人的生理结构是遗传来的,但他认为,生理构造上的遗传作用并不导致机能上的遗传作用。他还主张,行为主义者研究心理学的目的是为了提高行为的可控性,而遗传是不可控制的,否认遗传因素就能提高对行为的可控性。因此,华生否认了行为的遗传作用。

2．夸大环境和教育的作用

华生从刺激—反应的公式出发,认为环境和教育是行为发展的唯一条件。首先,华生提出了一个重要的论断,即构造上的差异及幼年时期训练上的差异足以说明后来行为上的差异。人出生后生理特点是不同的,但此时每个人都只有一些简单的行为。复杂行为的形成,完全来自环境,特别是早期训练。早期训练不同,个体后来行为的复杂程度也明显不同。其次,华生提出了教育万能论。他曾说过:"给我一打健全的婴儿和我可用以培育他们的特殊世界,我就可以保证随机选出任何一个婴儿,不问他的才能、倾向、本领和他的父母的职业及种族如何,而把他训练成为我所选定的任何类型的特殊人物,如医生、律师、艺术家、商人或乞丐、小偷。"

3．华生的学习理论

华生认为后天学习对儿童心理发展具有积极作用。学习的基础是条件反射,学习的发生就是条件反射的建立。学习的决定条件是外部刺激,外部刺激是可以控制的,所以不管多么复杂的行为,都可以通过控制外部刺激而形成。

（二）华生对儿童情绪发展的研究

华生认为,人与生俱来具有三种基本的情绪,即恐惧、愤怒和亲爱。恐惧主要由大声和失控引起。当婴儿安静时,器皿落下、屏风倒落等等,会立即引起他的惊跳,肌肉猛缩,继之以哭;当身体突然失去支持,婴儿会发抖、大哭、呼吸加快、双手乱抓。愤怒是由限制婴儿运动引起的,如用毯子把孩子紧紧地裹住,或按住婴儿的头部不准活动,婴儿会发怒,把身体挺直,或手脚乱蹬、屏息、尖叫。亲爱是由抚摸、轻拍或触及身体敏感区域产生的,抚摸孩子的皮肤,或是柔和地轻拍他,会使婴儿安静,产生一种广泛的松弛反应,展开手指、脚趾,发出"咕咕"、"咯咯"的声音。华生认为其他的情绪都是后天习得的。

华生以一个 11 个月大的男孩小阿尔伯特为被试进行了对白鼠形成条件恐惧反应的实验,这被心理学界公认为是儿童情绪发展的一个经典实验。在第一次实验时,华生给阿尔伯特一个小白鼠,他没有表现出惧怕反应,当他伸手想摸白鼠时,在他背后突然敲一下,发出刺耳的声音,使他吓了一跳。当第二次看见白鼠时,阿尔伯特想再伸手去摸它,刚一伸手,又听到一个大的刺耳声音,使他吓了一跳,并开始哭泣。为了不过分伤害孩子的健康,实验停止一周。一周后,这个白鼠再出现时,虽然没有了刺耳的声音,但阿尔伯特已不敢接近它了。华生通过小阿尔伯特对白鼠形成条件恐惧反应的实验,说明条件化是情绪复杂化和发展的机制,认为人的各种复杂情绪都是在前三种原始情绪基础上,通过条件作用而逐渐形成的。该实验虽是成功的经典实验,但是由于与心理学研究的伦理性原则相违背,受到了广泛的批评。

他的学生琼斯(M.C.Jones,1924)用实验表明,惧怕反应也能通过与条件化相似的方法部分地加以消除。被试彼得是一个 2 岁 10 个月大的男孩,他对毛皮的物体发生强烈的惧怕反应。起初,琼斯安排彼得和 3 个不怕兔子的孩子在一只兔子面前玩。这种办法看起来有显著成效。由于彼得偶然遇到一只大狗,老毛病复发了。琼斯决定使用反条件作用的办法来处理,即彼得在吃食物时一步一步地把动物靠近他,这样终于消除了彼得的惧怕,以致他能自己抱兔子和拿先前害怕过的东西。

二、斯金纳的心理发展理论

另一位行为主义理论的代表人物是斯金纳(B. F. Skinner,1904—1990)。他区分了两类行为,即应答性行为和操作性行为,又提出了操作性条件反射(operant conditioning reflex)的思想,强调强化(reinforcement)在行为形成和发展中的重要性。

(一)操作性条件反射的基本含义

传统的行为主义心理学家信奉刺激—反应(S-R)公式,认为一切行为都是 S-R 的反应过程。斯金纳认为这种行为是应答性行为。应答性行为(respondent behavior)是指由特定的、可观察的刺激所引起的行为。而操作性行为(operant behavior)是指在没有任何能观察的外部刺激的情境下的有机体行为,它似乎是自发的,代表着有机体对环境的主动适应,由行为的结果所控制。斯金纳把那些自发发生而受到强化后经常性重复的行为称为操作性行为。斯金纳认为,人类的大多数行为都是操作性行为,如游泳、写字、读书等等。他把操作性行为当作心理学研究的对象,构成操作性行为主义的理论体系。

因此,他把条件反射也分为两类,即经典性条件反射和操作性条件反射。经典性条件反射用以塑造有机体的应答行为;操作性条件反射用以塑造有机体的操作行为。经典性条件反射是 S-R 的联结过程;操作性条件反射是 R-S 的联结过程。他的这种区分,补充和丰富了原来行为主义的公式。

(二)行为的强化控制原理

斯金纳设计了"斯金纳箱",如图 2-1 所示,观察白鼠、鸽子等动物在其中的行为表现,来说明操作性条件反射的形成。箱内放进一只白鼠,并设一杠杆或按键,箱子的构造尽可能排除一切外部刺激。动物在箱内可自由活动,当它压杠杆或啄键时,就会有一团食物掉进箱子下方的盘中,动物就能吃到食物。箱外有一装置记录动物的动作。通过实验,斯金纳发现动物的学习行为是随着一

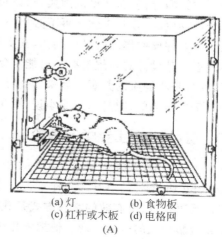

(a) 灯　　　　　(b) 食物板
(c) 杠杆或木板　(d) 电格网
(A)

图 2-1　斯金纳箱

个起强化作用的刺激而发生的。他把动物的学习行为推广到人类的学习行为上,他认为虽然人类学习行为的性质比动物复杂得多,但也要通过操作性条件反射获得。

他认为,人的大多数行为是操作性的,人的行为几乎都是操作性强化的结果,行为是由伴随它的强化刺激所控制的,强化是塑造行为的基础。强化就是通过强化刺激增强某种行为的过程,而强化刺激是增加反应可能性的任何刺激,如玩具等物质奖励或微笑等精神奖励。他把强化分为两种,即积极强化(positive reinforcement)和消极强化(negative reinforcement)。积极强化作用是指由于一种刺激的加入增进了一个操作反应发生的概率的作用。消极强化作用是指由于一种刺激的排除增加了某一操作反应发生的概率的作用,即消除厌恶的刺激。斯金纳认为,人们有可能通过强化作用的影响去改变别人的反应。

惩罚(punishment)是指由于一种刺激的加入或排除降低了某一操作反应发生的概率的作用。斯金纳认为不能把消极强化与惩罚混为一谈。他的实验证明,惩罚只能暂时降低反应率,而不能减少消退过程中反应的总次数。斯金纳提倡积极的强化作用,建议以消退(extinction)取代惩罚。

斯金纳的理论不仅适用于儿童行为的习得和塑造,对儿童不良行为的矫正也具有指导意义。

(三)儿童行为的实际控制

斯金纳还把"斯金纳箱"用于儿童生活。当他的第一个孩子出生时,他决定做一个新的经过改进的摇篮,这就是斯金纳的育婴箱(Baby Box),于1945年在《妇女家庭》杂志上发表。他描述道,光线可以直接透过宽大的玻璃窗照射到箱内,箱内干燥,自动调温,无菌、无毒、隔音;里面活动范围大,除尿布外无多余衣布,幼儿可以在里面睡觉、游戏;箱壁安全,挂有玩具等刺激物。可不必担心着凉和湿疹一类的疾病。斯金纳箱是斯金纳研究操作性条件反射作用的又一杰作,其女儿曾在箱内生活过2年,很快成为一位颇有名气的小画家。其设计的思想是要尽可能避免外界一切不良刺激,创造适宜儿童发展的行为环境,养育身心健康的儿童。后来,斯金纳甚至把这种思想由一个儿童成长的行为环境扩展到几千人组成的理想国,写成小说《沃尔登第二》。

三、班杜拉的社会学习理论

美国心理学家班杜拉(Albert Bandura,1925—)是现代社会学习理论(social learning theory)的奠基人。他不否认传统行为主义主张的由反应结果引起的学习现象,但认为更普遍、更有效的学习方式是观察学习。他认为人的认知能力即对行动结果的预期直接影响人的行为表现。他把强化视为个体对环境认知的一种信息,即强化刺激的出现等于告诉个体行为后果将带给他的是惩罚或奖赏,人们正是根据这种信息的预期决定自己的行为反应的。同时,班杜拉还认为人类的学习大多发生于社会情境中,只有站在社会学习的角度才能真正理解发展,他将自己的理论称为社会认知学习理论。

(一)观察学习

班杜拉所说的观察学习(observational learning)是通过观察他人(榜样)所表现的行为及其结果而进行的学习。观察学习是一个人经由对他人的行为及其强化结果的观察,从而获得某些新的反应,或现存的反应特点得到矫正。在观察学习中,学习者不需要直接地做出反应,也不需要亲自体验强化,只要通过观察他人在一定环境中的行为、观察他人所接受的强化就能完成学习。因此,这种学习方式又称为"无尝试学习",也称为"替代学习"。他把以前学习者通过自己的实际行动,同时直接接受反馈(强化)而完成的学习,叫做刺激反应学习,即通过对学习者的直接反应给予直接强化而完成的学习。

(二)替代强化和自我强化

班杜拉认为,并非所有的学习都依赖于直接强化。在观察学习中,观察者并没有直接接受强化,榜样所受到的强化对观察者来说是"替代强化"(vicarious reinforcement)。学习者如果看到他人成功的行为、获得奖励的行为,就会增强产生同样行为的倾向;如果看到失败的行为、受到惩罚的行为,就会削弱或抑制发生这种行为的倾向。

除替代强化以外,班杜拉认为个体还存在着自我强化(self-reinforcement)。自我强化是个体行为达到自己设定的标准时,以自己能支配的报酬来增强和维持自己行为的过程。这无疑是强调了学习的认知性和学习者在学习中的主观能动作用。

通过观察他人(榜样)的行为及其结果,儿童既不需要直接做出反应,也不需要亲自体验强化,就可以完成学习。因此,在班杜拉看来,学习不是外部因素直接强化的结果,而是一个主动的过程。班杜拉提出的观察学习比较接近儿童行为学习的自然情况,而且替代强化和自我强化也使人们看到了个体的能动性和主动性。

(三)观察学习过程

班杜拉把观察学习分为注意、保持、运动复现、强化和动机四个过程。

1. 注意过程

注意是观察主体与观察对象之间的中介。注意受哪些因素影响呢?一般地说,注意受榜样活动的特点、环境背景、榜样的特征,如地位、权威性、性别、年龄等等因素影响,也与观察者本人的特点,如经验、觉醒水平、兴趣等因素有关。

2. 保持过程

观察者把自己观察到的示范行为以符号表征的形式转化为个人经验储存在自己的记忆中。这时所储存的不是榜样行为的本身,而是对榜样行为抽象和概括的表象。保持过程与注意过程紧密联系。没有保持过程的支持,注意过程是很难奏效的。

3. 运动复现过程

这是观察者对榜样行为的表现过程,即观察者将保存在内部的符号表征转化为外显行为的过程。运动复现也是一个逐步熟练的过程,在初期观察者的行为可能不如榜样行为那么准确,逐渐地行为准确性会增加。

4. 强化和动机过程

一个人所观察到的榜样行为,有的并不复现,而有的则加以复现,为什么呢?这与由强化引起的动机有关。有些榜样行为带来无奖赏和惩罚的结果,人们就不会去表现这些行为;而能够引起有价值结果的榜样行动是容易被人们所采用的。

(四)班杜拉对儿童攻击行为的研究

班杜拉特别重视社会学习在儿童社会行为形成中的作用,即社会引导成员用社会认可的方式去行为。他对儿童的攻击行为、亲社会行为、性别化行为进行了研究,其中最为著名的是"波波玩偶"实验。

波波玩偶(Bobo doll)是与儿童身高接近的一种充气玩具。在 20 世纪 60 年代班杜拉曾做过一些实验,研究儿童看到榜样攻击波波玩偶后的行为。他把参加实验的幼儿分成两组,让一组幼儿看录像,录像中成人对波波玩偶采取了一些攻击行为,有身体攻击,如打波波玩偶或用玩具槌打波波玩偶的脸,还有言语攻击,如大喊"打倒他"、"踢他"、"把他扔出去"等。而另一组幼儿看的是没有攻击行为的一般录像。看完录像后,班杜拉让所有孩子都玩波波玩偶。结果那些看过攻击录像的幼儿几乎都对波波玩偶表现出攻击行为,而只看一般录像的幼儿却较少表现攻击行为。更有意思的是,那些看过攻击录像的儿童所表现的攻击行为很大程度上是模仿录像中那些新奇的攻击行为。因此班杜拉认为,儿童的攻击行为是模仿的结果。

该实验有不同的形式,最著名的是 1965 年的实验。班杜拉让 4 岁儿童单独观看一部电影。在电影中一个成年男子对波波玩偶表现出踢、打等攻击行为,影片有三种结尾。他将儿童分为三组,分别看不同的结尾。第一组为奖励攻击组,儿童看到在影片结束时,进来一个成人对主人公进行表扬和奖励;第二组为惩罚攻击组,儿童看到另一成人对主人公进行责骂;第三组为控制组,儿童看到进来的成人对主人公既没奖励,也没惩罚。看完电影后,将儿童立即带到一间有波波玩偶的游戏室里,实验者透过单向玻璃对儿童进行观察。结果发现,看到榜样受惩罚的儿童表现出的攻击行为明显少于另外两组,而另外两组则没有差别。在实验的第二阶段,让孩子回到房间,告诉他们如果能将榜样的行为模仿出来,就可得到橘子水和一张精美的图片。结果,三组孩子(包括惩罚攻击组的孩子)模仿的内容是一样的。这表明,替代性惩罚抑制的仅仅是对新反应的表现,而不是获得,即儿童已学习了攻击行为,只不过看到榜样受罚,而没有表现出来而已;儿童能通过观察榜样的行为及其结果模仿相应的行为。这一研究使得人们非常关注影视片中的攻击行为对儿童的不良影响：暴力影视作品会增加儿童攻击行为或犯罪。

班杜拉虽然也属行为主义者，但随着认知心理学的兴起，他开始注意到认知的重要性。他不再认为个体严格地受到环境的影响，而是人的行为与环境相互作用。个体可以选择环境，或改变他们所处的环境。儿童在观察学习中还逐渐形成自我认同的社会标准，形成对自己能力和性格特征的看法，发展了自我效能感（self-efficacy），即相信自己的能力和特征有助于自己获得成功，这种认知会指导个体的行为反应。这是对传统行为主义的重要突破。尽管班杜拉看到了行为的认知因素，但他并没有对认知因素进行深入的探讨，也缺乏实验研究，因此，他本质上还属于行为主义者，也可称为"认知—行为主义者"。

第三节　皮亚杰的认知发展理论

皮亚杰（Jean Piaget，1896—1980）是瑞士著名的儿童心理学家和发生认知论（Genetic epistemology）的开创者，日内瓦学派创始人，20 世纪最有影响的认知发展理论家之一。

一、心理发展

皮亚杰年轻时对生物学、哲学和逻辑学有兴趣。在研究了生物学和认识论后，发现在认识论和生物学之间有一条可以连接起来的纽带——心理学。皮亚杰研究儿童心理发展的初衷是要探讨认识问题。他认为，传统的认识论只顾及高级水平的认识，看不到认识的建构问题，不考虑认识在个体中有一个发生、发展的过程。他的杰出贡献是创立了"发生认识论"，从认识发生的角度来研究认识，试图从儿童思维发展的过程中找到人类认识发展的规律。

（一）皮亚杰的发展观

他对心理发展的观点与行为主义心理学相反。他认为，儿童是积极的、主动的建构者，而不是机械地对环境刺激做出反应，通过强化作用获得知识；发展的动力来自内部，而不是外部环境，经验只是影响其发展的速度，而不是发展的根本原因。在儿童心理发展研究上，皮亚杰认为他自己是属于内因、外因相互作用的发展理论。

（二）心理发展的本质

皮亚杰把适应看作是智力的本质。他认为，智力或认识，既不是起源于先天的成熟，也不是起源于后天的经验，而是起源于动作。动作的本质是主体对客体的适应。主体通过动作对客体的适应，是心理发展的真正原因。"动作"，不仅包含指向于外部的动作，还包含内化了的思维动作，都是适应，智力或思维只是一种适应，适应的本质在于取得机体与环境的平衡。

皮亚杰认为认知是有结构基础的,而图式(schema)就是他用来描述认知结构的一个特别重要的概念。皮亚杰将图式定义为是一个有组织的、可重复的行为或思维模式。凡在行动中可重复和概括的东西我们称为图式。简单地说,图式就是动作的结构或组织。图式是认知结构的一个单元,一个人的全部图式组成一个人的认知结构。最初的图式来自遗传,婴儿的吸吮、哭叫及视、听、抓、握等行为是与生俱来的,是婴儿生存的基本条件,这些图式是先天性遗传图式,是在人类长期进化的过程中所形成的。全部遗传图式构成一个婴儿的智力结构,以这些先天性遗传图式为基础,随着年龄的增长及机能的成熟,在与环境的相互作用中,儿童的图式不断得到改造,认知结构不断发展。

儿童认知结构的发展,即个体对环境的适应,包括同化和顺应两个对立的过程。通过同化和顺应,认识结构不断发展,以适应新环境。皮亚杰认为,同化(assimilation)是把环境因素纳入到机体已有的图式或结构之中,以加强和丰富主体的动作。也可以说,同化是通过已有的认知结构获得知识(本质上是用旧的方法处理新的情况)。例如,学会抓握的婴儿看见床上的玩具,会反复用抓握的动作去获得玩具。当他独自一个人,玩具又较远,婴儿手够不着(看得见)时,他仍然用抓握的动作试图得到玩具,即用以前的经验来对待新的情境(远处的玩具),这一动作过程就是同化。当机体的图式不能同化客体时,则要建立新的图式或调整原有的图式以适应环境,即改变认知结构以处理新的信息(本质上即改变旧观点以适应新情况),这就是顺应(accommodation)。例如上面提到那个婴儿为了得到远处的玩具反复抓握,偶然地,他抓到床单一拉,玩具从远处来到了近处,这一动作过程就是顺应。同化和顺应既是相互对立的,又是彼此联系的。同化只是数量上的变化,不能引起图式的改变或创新;而顺应则是质量上的变化,创立新图式或调整原有图式。皮亚杰认为,个体的心理发展就是通过同化与顺应达到平衡的过程。个体在平衡与不平衡的不断交替中实现着认知发展。

二、影响个体发展的因素

皮亚杰认为,儿童心理发展受四个因素的制约。

1. 成熟

成熟指有机体的成长,尤其指神经系统的成熟。成熟给机体发展提供了可能性,但必须通过练习和习得的经验,才能获得某一行为模式。因此,成熟是心理发展的必要条件,而非充分条件。

2. 自然经验

自然经验指通过与外界物理环境接触而获得的知识。这包括两类不同的经验:一是物理经验,是指个体作用于物体,抽象出物体的物理特性,如大小、重量、形状;二是数理-逻辑经验,是指个体作用于物体,理解物体动作间的协调关系,如儿童反复摆弄鹅卵石,发现不论如何排列，鹅卵石总数保持不变。这一经验并不是鹅卵石本身具有的物理特性，而是个体通过自己的记数动作与动作的协调而获得的。

3. 社会经验

社会经验是指与社会相互作用和社会传递过程中获得的经验，主要包括社会生活、文化教育和语言等。儿童通过社会相互作用和社会传递，不仅接受人类社会积累的科学文化知识，而且也接受社会期望的观点、信念和价值观，从而使儿童的社会化过程得以实现。皮亚杰认为社会经验对儿童心理发展的影响比自然经验要大得多。不过他也认为，社会经验与自然经验一样，都是儿童心理发展的必要条件，但不是充分条件。教育虽能促进或延缓儿童心理发展，但教育对发展的影响是有条件的，对儿童心理发展不起决定作用。

4. 平衡

皮亚杰认为，平衡是儿童心理发展中最重要的因素。平衡是指通过同化和顺应达到适应的过程。平衡是儿童心理发展的内部机制，只有通过这个内部机制才能把上述三个因素整合起来。平衡状态不是绝对静止的，一个较低水平的平衡状态，通过机体和环境的相互作用，就过渡到一个较高水平的平衡状态。平衡的这种继续不断的发展，就是整个心理的发展过程。

三、个体认知发展的阶段

皮亚杰认为，在环境的影响下，儿童的图式经过不断的同化、顺应、平衡过程，就形成了本质不同的图式，即形成了心理发展的不同阶段。

皮亚杰认为，从出生到成熟的心理发展过程中，个体的认知发展可划分为以下四个阶段。

（一）感知运动阶段（sensorimotor period）（0～2岁）

该阶段的儿童能运用最初的图式对待外部世界，开始协调感知和动作间的活动。新生儿只有一些简单的、笼统的无条件反射，随后他们的条件反射越来越复杂和丰富；儿童通过积极主动地探索感觉和动作之间的关系获得动作经验，形成一些低级的动作图式，以此来适应外部环境，如图 2-2 和图 2-3 所示。儿童这一阶段的认知发展主要是感觉和动作的分化，思维也开始萌芽，表现在以下 3 个方面。

图 2-2　儿童无客体永久性

图 2-3　儿童有客体永久性

（1）形成客体永久性意识

最初的婴儿分不清自我和客体，儿童不了解客体可以独立于自我而客观地存在。儿童 1 周岁左右时，当客体在眼前消失，儿童依然认为它是存在的，这就表明儿童建立了客体永久性意识。例如，几个月大的儿童，当面前的玩具被遮挡时，他不会去寻找；1 岁左右的儿童，当面前的玩具被遮挡时，他会去寻找。

（2）建构了时空的连续性

因为儿童在寻找物体时，他必须在空间上定位来找到它。又由于这种定位总是遵循一定的顺序发生的，故儿童又同时建构了时间的连续性。

（3）出现了因果性认识的萌芽

儿童最初的因果性认识产生于自己的动作与动作结果的分化，然后涉及客体之间的运动关系。当儿童能运用一系列协调的动作实现某个目的（如拉枕头取玩具）时，就意味着因果性认识已经产生了。

（二）前运算阶段（preoperational period）（2～7 岁）

在皮亚杰的术语中，运算（operation）是指一种内部的认知活动，是一种内化了的动作。而"前运算"是指儿童不能进行思维运算活动。

心理表征能力的出现标志着感知运动阶段的结束、前运算阶段的开始，即儿童获得了运用符号代表或表征客体的能力。符号是事物的代表，但不是事物本身。语言即是一种符号，例如我们用"杯子"代表具有与杯子相同功能的一类物品。这一阶段儿童的主要认知发展是出现了符号功能，由于符号功能的出现，儿童出现了新的行为模式，包括延迟模仿、装扮游戏、心理表象、语言。

符号功能的出现是儿童认知能力发展的飞跃。在感知运动阶段，儿童对客体的认识是直接的、即时的，离不开感知动作，而前运算阶段的儿童可以用语词和表象等符号去思考，从而使思维和动作分离，使思维带有间接性和概括性。因此，儿童不仅能思考当前的事物，也能思考过去和未来，这就为儿童的认知发展开辟了新天地。

　　虽然前运算阶段儿童的认知有了质的变化,但其语词和符号还不能代表抽象的概念,其思维仍受直觉表象的束缚,难以从当前事物的知觉属性中解放出来。

　　守恒是具体运算阶段和前运算阶段的一个分水岭。守恒是指儿童认识到尽管客体在外形上发生了变化,但其特有的属性,如数量、质量、长度、重量、面积、容积或体积等不变。图 2-3 是皮亚杰设计的其中三种守恒任务。该阶段儿童的认知有以下四个主要特点。

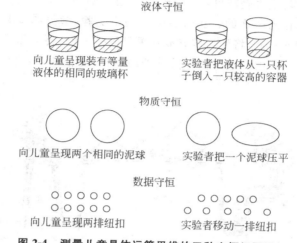

图 2-4　测量儿童具体运算思维的三种守恒问题图解

　　(1) 单维思维

　　单维思维是指儿童只能从单一维度来进行思维。如两只同样形状的杯子装同样多的水,把其中一只杯子里的水倒入另一只高而窄的杯子里,这时装着水的两只杯子的水面就不一样高了,问该阶段儿童两只杯子里的水是否一样多(**液体守恒**)。有些儿童说低而宽的杯子里的水较多,有些儿童说高而窄的杯子里的水较多。皮亚杰认为,前运算阶段儿童只能从一个维度进行思考,或只考虑高度,或只考虑宽度,而不能同时既考虑高度,又考虑宽度。

　　(2) 不可逆性

　　不可逆性指儿童的思维只能朝一个方向进行,不能在头脑中使物体恢复原状,或回到起点。如前面讲过的液体守恒的例子,儿童没有想到如果将高而窄的杯子里的水倒回原来的杯子中,它们的容量是一样多的。例如,问一名 4 岁儿童:“你有兄弟吗?”他回答:“有。”再问他:“你的兄弟叫什么名字?”他回答:“吉姆。”但反过来问:“吉姆有兄弟吗?”他则回答:“没有。”

　　(3) 静止性

　　静止性是指儿童的认知被静止的知觉状态所支配,不能同时考虑状态间的转化过程。

例如前面讲过的液体守恒的例子,儿童只能考虑目前事物的静止状态,即高而窄的杯子里的水的水面高于低而宽的杯子里的水,忽视了它们的转化过程,即没有考虑高而窄的杯子里的水不过是从原来低而宽的杯子里倒过去的。

(4)自我中心性

皮亚杰认为,前运算阶段儿童思考问题的基本方式是自我中心的。所谓自我中心性是指儿童仅从自我的角度去表征世界,很难从别人的观点看问题,相信任何人的观点、想法和情绪体验都是和自己一样的。在著名的三座山实验(参见图 2-4)中,皮亚杰请一名儿童坐在三座山模型的一侧,将玩具娃娃放在模型的另一侧,要求儿童描述娃娃看到的景象。结果六七岁以下儿童的描述与他自己看到的一样,即他认为,自己看到了什么,别人也看到了什么。

图 2-5　皮亚杰的三座山实验

皮亚杰指出自我中心主义的另一种表现形式是"泛灵论思维",即儿童认为非生物客体也具有生命客体的特征,如有思想、观点、愿望、情感等,就像他自己一样。如问一个 3岁幼儿"天上的云彩为什么会动呢?"他会回答:"太阳公公生气了,就把云彩赶跑了。"

(三)具体运算阶段(concrete operational period)(7～12 岁)

在这个阶段,儿童能进行具体运算,即儿童能在头脑中对具体事物按照逻辑法则进行思考,能在同具体事物相联系的情况下进行逻辑运算。

(1)多维思维

多维思维指儿童能从多个角度思考问题。以液体守恒为例,该阶段的儿童会正确回答问题,在考虑高度的同时,还能考虑宽度。

(2)可逆性

在液体守恒的例子中,该阶段的儿童就能设想把水从高而窄的杯子倒回低而宽的杯子中,使事物恢复原状,因而能正确回答问题。这种可逆性是运算思维的本质特征之一。

(3)转化性

皮亚杰认为,该阶段的儿童思维不再局限于静止的事物,他们能考虑事物的变化过程。若再问液体守恒的问题,他们会考虑高而窄的杯子里的水不过是从原来低而宽的杯子里倒过去的,因而能正确回答问题。

（4）去自我中心性

去自我中心性是指儿童能从别人的观点和角度去看问题,认识到别人可能有不同于自己的观点和想法。他们能接受别人的观点,修正自己的看法。

（5）具体逻辑思维

该阶段儿童虽然缺乏抽象逻辑推理能力,但可以凭借具体形象的支持进行逻辑推理。若问这一阶段儿童,假设 A＞B,B＞C,A 和 C 哪个大,他们可能难以回答。若换另一种说法,"张老师比王老师高,王老师比李老师高,问张老师和李老师哪个高?"他们能很快回答这个问题。因为在后一种表述中,儿童可以凭借具体表象进行推理。

（四）形式运算阶段（formal operational period）（12～15 岁）

形式运算是指对对象的假设或命题进行逻辑转换。用皮亚杰的术语来说,具体运算是指"对实际存在的事物的运算",而形式运算是指"对运算的运算"。也就是说,青少年的思维摆脱具体事物的束缚,把内容和形式区分开来,能根据种种假设进行推理。他们可以想象尚未成为现实的种种可能,相信演绎得出的结论,使认识指向未来。该阶段青少年思维的主要特点如下:

（1）假设演绎推理能力的发展

青少年能够通过假设进行命题的演绎推理,在各种可能变换形式之中建立各种组合系统,通过实验,运用科学的分析方法,逐一地检验所有的假设,验证真伪,从而解决有关命题。

皮亚杰曾通过钟摆实验反映该阶段儿童的思维特点。向儿童演示钟摆运动,问儿童影响钟摆摆动速度的因素是什么。这里涉及摆的长度、摆锤的外力、钟摆的重量。形式运算阶段的青少年能通过系统探索解决这个问题,他们控制其他因素不变,只变化一个因素,逐一检查每一个假设,最后得出结论。他们像"科学家"一样提出假设,进行科学实验,解决科学问题。

而具体运算阶段的儿童不能系统地操作某一变量同时控制其他变量去解决问题,他们不能将每个可能变量分离开来单独考察,往往在同一时间内改变两种因素。

（2）命题间思维

具体运算是在心理上操纵客体和事件,即命题内思维,能够产生、理解和验证具体的、单一的命题。形式运算是操纵假设情境中的命题与观念,即命题间思维,能够推论两个或更多命题之间的逻辑关系。

四、皮亚杰理论的贡献和局限

(一)皮亚杰理论的贡献

皮亚杰的理论在西方心理学界享有盛誉,他的儿童认知发展理论在儿童心理学界有广泛影响。他强调个体主动性和能动性的作用,认为儿童是客观世界的积极建构者的思想,已被现代发展理论家广泛接受。皮亚杰第一次最为详尽地描述了儿童智慧发展的基本阶段和机制,极大地推进了关于儿童认知发展的研究,激发了人们对不同年龄阶段儿童认知发展特点、发展机制和影响因素的研究。

(二)皮亚杰理论的局限及新皮亚杰理论

随着时间的流逝和研究的深入,皮亚杰理论受到了更为严峻的考验和挑战,在大量无法用旧有皮亚杰理论解释的新数据和事实面前,有些人试图用新的思想和观点去整合、修正或扩展旧有的皮亚杰理论,于是便产生了所谓的新皮亚杰理论(New-Piagetian theory)。其中大部分的认知发展理论都或多或少地继承了皮亚杰的某些观点,但也有研究者会对皮亚杰的理论做极大的修正,与皮亚杰的观点相去甚远。新皮亚杰理论取得的成就如下:

1. 对皮亚杰的研究方法和结果的修正

(1)设计新的适合幼儿的实验任务:20世纪70年代以来,不少研究者对皮亚杰的研究提出了质疑,他们认为皮亚杰的任务太难,并且忽视了儿童熟悉的日常生活情境的作用,不能挖掘幼儿应有的能力。于是他们简化了实验要求,降低了任务难度,有了新的发现。例如,博克(Borke,1975)设计了农场景观模型(见图2-5),农场中有房子、小湖、小船,还有牛和马在草地上。一个名叫格罗弗(Grover)的人(美国儿童电视节目《芝麻街》中的主角,儿童普遍熟悉和欢迎的人物)开着轿车绕农场一周,不时停下来观赏着农场的景色。儿童的任务是指出格罗弗看到了什么。被试同时也参加三座山实验。结果发现,3岁儿童已能很好完成博克的任务,而在三座山实验中成绩却很差。博克认为,当场景是儿童熟悉的,问题也容易让儿童理解时,幼儿是能够考虑到别人的观点的。

(2)新近研究成果挑战皮亚杰的认知发展阶段论:一些研究者认为,皮亚杰的认知发展阶段论只是依据有限的实验结果推导出来的,事实依据不足。目前发现越来越多的研究证据表明,皮亚杰低估了婴幼儿的认知能力,低估的原因是方法论上的问题。例如客体永久性问题,皮亚杰的结论基于婴儿的主动搜索行为。但婴儿没有寻找行为并不能说明婴儿没有关于物体继续存在的认识。贝拉吉恩(R. Bailargeon,1987)采用违反预期范式对3.5~4.5个月的婴儿进行研究。首先让被试多次注视图2-6中的A事件(一个像吊桥一样旋转180°的屏幕),直到婴儿的注视时间下降,即产生习惯化。这时将一个木盒子

图 2-6　博克的农场景观模型

放在屏幕旋转必经之路。然后让婴儿看图 2-6 中的不可能事件 B（一个固体似乎神奇地穿越了另一个固体）或可能事件 C（盒子挡住了屏幕的旋转）。发现大约 4.5 个月的婴儿（甚至一些 3.5 个月的婴儿）能认识到不可能事件的不可能性，即当屏幕停止于盒子所在的位置时，婴儿的注视时间仍保持比较短；当屏幕似乎穿越盒子所在区域时，他们的注意力急剧上升。其他的研究结果显示，即使是婴儿也具有表征能力，学前儿童也能完成一些简化的具体运算阶段的任务。于是人们质疑："阶段还存在吗？"

（3）提出成人思维发展模式：皮亚杰认为认知发展止于形式运算阶段，即形式运算是人类认知发展的顶峰。然而，一些发展心理学家确信，个体的思维发展一直持续到成年期，形式运算不是成熟思维的唯一形式，成熟思维应该更加复杂和丰富。

帕瑞（W. Perry）把大学生思维发展分为四个阶段，即二元思维阶段、多元思维阶段、相对性阶段（relativisim）和约定性阶段（commitment）。吉塞拉·拉勃维维夫（G. Labouvie-Vief，1987）明确提出后形式思维（post-formal thought）解释成年人的思维发展。辛诺特（J. Sinnot，1984）提出相对后形式运算（relativistic post-formal operation）作为认知发展的最高级阶段。

2. 信息加工理论的影响

信息加工理论对皮亚杰理论的态度，大体有两种，一种是非发展论，认为儿童的认知能力与成人无本质区别，只是儿童的知识经验不够；另一种是发展论，认为儿童心理与成人有本质区别，若能用信息加工理论建立儿童智力发展的程序模式，

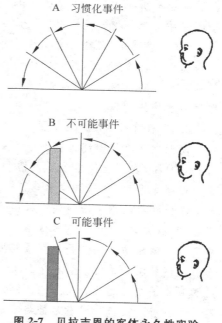

图 2-7　贝拉吉恩的客体永久性实验
（**Renee Baillargeon,1987**）

就可以提出更加确切、更为科学的发展模式。

3. 日内瓦学派（即皮亚杰学派）本身的变革

皮亚杰的同事和学生在保持皮亚杰理论基本框架的前提下，修正和充实皮亚杰的理论，如从社会认知的角度阐释儿童认知的发展，要求把儿童心理发展当作整体来研究等等。

近些年来西方心理学界对苏联心理家维果斯基的社会文化历史理论给予高度评价，掀起了一股维果斯基理论研究热潮，部分原因是人们不满意于皮亚杰过多地强调生物学因素作用的理论解释，转而寻求心理发展的社会制约性。

 阅读框 2-2　皮亚杰的临床访谈法

借助于实证主义的方法论，心理学得以成为一门独立的科学。严格的实证主义者试图摒弃研究者的理性因素；然而，成功的力量反倒是那些富于理性色彩的理论。皮亚杰的发生认识论即是突出的一例。成功的理论离不开成功的方法论。皮亚杰的方法论体系的内在结构层次如下：

1. 发生学的理念

皮亚杰所持的是发生学的理念（genetic idea），即从探讨事物的起源和发展过程着手研究并解释事物。他认为知识是主体逐渐建构而成的（渐成论），而不是先于主体而存在的（预成论）。只有当主体通过自身外部的动作或内部的运演作用于客体时，认识才会发生。动作（运算）是主体的动作（运算），建构是主体的建构。这就是皮亚杰对人类认识过程的最根本看法，也是作为方法论理念的发生学的最基本的内涵：认识是主体主动建构的过程。

2. 获取材料的临床访谈法

皮亚杰对具体研究方法的学习是在实践中进行的。1918 年皮亚杰前往苏黎世学习精神分析，在那里他学会了谈话和分析的方法；1919—1921 年间他在巴黎比纳工作室给西蒙当助手，在那里他学会了提问技术。但他在否定意义上超越了上述两种方法，形成了他特有的临床访谈法。精神分析法通过访谈，追溯患者的个人经历（特别是早年经历）和有关梦境，找寻患者未曾达成的愿望及症结，这种方法分析有余而实证不足。皮亚杰的临床访谈法则是根据事实提出一般观念，而不是把事实强加在现成的假设之上。比纳的测验法的宗旨在于甄别，所关心的是儿童对问题回答的"是"与"否"，忽视了儿童真正的思考过程。皮亚杰不满足于这种现象描述层面的"是"与"否"，认为应该弄清儿童回答"是"与"否"背后的思考过程。

皮亚杰的临床访谈法的主要步骤是：呈现实物（或有关情境）；提出问题；儿童提供动作或思维进行操作或转换；询问，以了解儿童的内部过程。

3. 进行理论解释的工具

皮亚杰对实证材料进行解释的工具包括：

（1）以适应（adaptation）为核心的生物学概念体系，用以解释智慧发展过程的机制。他认为智慧是一种最高形式的适应，通过同化和顺应两种机能的不断作用，心智结构不断趋向新的平衡。平衡乃是在把外物不断地同化于活动本身和这种同化的图式顺应于事物本身之间的一种平衡状态。

（2）以运算（operation）为核心的数理逻辑的概念体系，用以解释智慧发展的各个特定时期的状态与结构。处于感觉运动阶段的初生婴儿只有遗传图式，在这一阶段末期，能在头脑中组接相应的动作，从而出现真正的智慧。在前运算段，3～4 岁儿童出现"前概念"和"前关系"，对 A＜B＜C，儿童只能说出 A 是小的，C 是大的，B 是中间的；他不能说 B 既大于 A 又小于 C；在 4 岁后，出现"组成性功能"。到了具体运算段，儿童出现"可逆"和"群集"，儿童能采用排除法将长度呈等差数列的 10 根小棒排成系列，儿童在思想中了解到每次抽出的一根既长于已摆出的，也短于手中尚未摆出的，每根小棒在序列中的位置是必然的。从 12、13 岁开始，儿童进入形式运算段，思维摆脱现实的束缚走向形式化，反演可逆和互反可逆结合起来，在运算上融合为一个整体，产生"四变换群"。

皮亚杰以其独特的方法论创立的理论具有理性性、解释性和整体性。他充分发挥研究主体的理性作用，建构自己的理论主体。构建的观念既是他的方法论理念，也是他的理论体系的核心论点。他从来不停留在描述的层面，而是寻求现象背后更深层次的因果联系。他用独特的方法论而建立起来的理论体系是作为一个整体存在的，后来者可以就他的某个实验提出反证，但却无法动摇他的整个理论体系。

（编写自：卢盛华. 皮亚杰的方法论：体系、优势与启示. 心理学探新，2001，21（4）：3-6）

第四节　维果斯基的心理发展理论

维果斯基（Lev S. Vygotsky，1896—1934）是苏联心理学家，社会文化历史学派创始人。维果斯基虽然与皮亚杰同年出生并为同时代杰出的心理学家，但其理论却在近 20 年来才开始在北美地区广为流传。

西方心理学自 1879 年诞生以来，呈现出明显的自然科学色彩。苏联心理学作为一个独立的体系，不论在哲学基础上，还是在理论上，都与西方形成了鲜明的对照。在相当长的时期内，西方心理学和苏联心理学处于隔绝状态。近年来，西方心理学发展出现了新的走向，逐渐由自然主义的心理科学观向社会文化的心理科学观转变。维果斯基的心理学思想也逐渐进入西方的心理学领地，并逐渐形成了世界性的维果斯基研究热潮。维果斯基对西方心理学的影响以他的《思维和语言》一书于 1962 年在美国出版为标志。

一、社会文化历史发展理论

维果斯基毕生从事心理发展问题研究,重点是人的高级心理机能的发生和发展。他的社会文化历史理论(social-historical-cultural theory)强调人类社会文化对人的心理发展的重要作用,认为人的高级心理机能是在人的活动中形成和发展起来并借助语言实现的。维果斯基与 A. H. 列昂节夫和 A. P. 鲁利亚等人由此形成了一个极有影响的文化历史学派,也称维列鲁学派。

维果斯基是 20 世纪初敢于面对人的心理的复杂性的少数心理学家之一。他将人的心理机能区分为两种形式:低级心理机能和高级心理机能。前者具有自然的、直接的形式,而后者则具有社会的、间接的形式。

为了说明人的高级心理机能实现的具体机制,他提出了工具理论。他认为区别人与动物最根本的东西就是工具。人所运用的工具有两类,一类是物质生产的工具,如石刀、石斧乃至现代机器等;另一类是精神生产的工具,如符号、语言。由于使用了工具,人类用间接的方式进行物质生产,而不像动物以直接的方式适应自然。在工具中凝结着人类的间接经验,即社会文化知识经验。由于人类发明了工具,使物质生产间接进行,也导致了人类心理上出现了语言和符号,使间接的心理活动得以产生和发展。正是通过工具的运用和符号的中介,人才有可能实现从低级心理机能向高级心理机能的转化,因此,根据维果斯基的心理发展中介说,一个儿童为了某种目的将某一物体作为工具使用,这就意味着他朝着形成外部世界与自身的积极联系迈进了一大步,因为一个儿童掌握某一特定工具的能力正是其高级心理机能发展的标志。

维果斯基认为,无论是在社会历史发展过程中,还是在个体发展过程中,心理活动的发展都应被理解为对心理机能的直接形式即"自然"形式的改造和运用各种符号系统对心理机能的间接形式即"文化"形式的掌握。这表明,人的心理发展的源泉与决定因素是人类历史过程中不断发展的文化,是作为人的社会生活与社会活动产物的文化。

二、心理发展及其原因

(一)心理发展的标志

维果斯基认为,心理发展就是个体心理在环境与教育影响下,在低级心理机能的基础上,逐渐向高级心理机能的转化过程。由低级心理机能向高级心理机能发展的标志为:

1. 随意机能的形成和发展

随着儿童的发展,儿童的心理活动越来越主动、自觉,带有明显的目的性,并能有意地调节自己的言行。心理活动的有意性日益增强。

2．抽象概括性的形成和发展

随着儿童的发展，儿童不仅能依靠感知直接认识客观世界，而且能通过抽象概括机能形成关于客观世界的概念，并运用概念进行判断、推理，认识事物的本质和规律。

3．形成间接的以符号或词为中介的心理结构

随着儿童的发展，儿童对客观世界的认识，从最初直接以感官反映事物，发展到依靠各种符号系统（主要是语言）反映事物。婴儿的认知以感知觉和直觉行动思维为主，幼儿的认知则以表象记忆为主，学龄儿童的抽象概括机能逐渐占主导地位。

4．心理活动的个性化

随着儿童的发展，儿童的心理活动越来越带有个人色彩。维果斯基认为，儿童的认知发展不仅是个别机能随年龄增长而提高，更重要的是儿童个性的发展。个性的形成是高级心理机能发展的重要标志。

（二）心理发展的原因

1．社会文化历史因素

心理发展起源于社会文化历史的发展，是受社会规律所制约的。儿童生来就处在一定的社会文化环境之中，在社会文化环境的影响下，在与他人的社会活动中，逐渐从低级心理机能向高级心理机能发展。个体的心理起源并受制于社会文化历史的发展和社会交往活动。

2．掌握语言这一中介环节

从个体发展来看，儿童在与成人交往过程中通过掌握高级心理机能的工具，即语言符号这一中介环节，使其在低级心理机能的基础上形成了各种新质的心理机能。因此，儿童获得语言能力对他的心理发展有重要意义。

3．内化

内化（internalization）是指个体将外在的事物或他人的心智运作转变成自己内在的表征。维果斯基认为，在儿童的发展中，所有的高级心理机能都两次登台：第一次是作为集体活动、社会活动，即作为心理间的机能；第二次是作为个体活动，作为儿童的内部思维方式，作为内部心理机能。一切心理机能的发展都必然经历外部的社会机能，然后才内化为个人的心理机能。因此心理的实质就是社会文化历史通过语言符号的中介而不断内化的结果。

三、关于教学与发展的关系

关于教学与发展的关系，维果斯基提出了"最近发展区"的思想。他明确指出"教学可以定义为人为的发展"。

维果斯基所称的教学，不是狭义上的课堂教学，而是成人的帮助和指导。儿童的发展

是在社会交往中,在与年长或同辈中更有经验的社会成员的交往中实现的。儿童从出生后就在成人的"教学"中成长。

在教学与发展的关系上,维果斯基指出,当我们要确定儿童的发展水平与教学的可能性的实际关系时,无论如何不能只限于单一的确定一种发展水平,而至少要确定两种发展水平,一种是儿童在独立活动时所达到的解决问题的水平;另一种是在有指导的情况下借助成人的帮助所达到的解决问题的水平。因此维果斯基提出了"最近发展区"(the zone of proximal development)的概念,即"儿童独立解决问题的实际水平与在成人指导下或与有能力的同伴合作中解决问题的潜在发展水平之间的差距",也就是儿童已经成熟和正在成熟的认知水平的差距。因此,维果斯基特别提出:"教学应当走在发展的前面"。教学不仅要考虑儿童的现有发展水平,还要根据儿童的"最近发展区"向儿童提出更高的发展要求。他认为:"教育学不应以儿童发展的昨天,而应当以儿童发展的明天为方向。只有这样,教育学才能在教学过程中激起那些目前尚处于'最近发展区'内的发展过程。"

根据上述思想,维果斯基提出"教学应当走在发展的前面"。这是他对教学与发展关系问题的最主要的观点。也就是说,教学"可以定义为人为的发展",教学决定着智力的发展,这种决定作用既表现在智力发展的内容、水平和智力活动的特点上,也表现在智力发展的速度上。同时,他也指出,教学也要受儿童现有发展水平的制约。

四、维果斯基与皮亚杰理论的比较

从以上介绍可以看出,维果斯基心理学理论与西方心理学理论有巨大的差异,他采用马克思主义哲学指导心理学研究,从文化历史发展的角度解释了个体心理发展。下面我们将他的理论观点与在西方心理学界享有盛誉的皮亚杰理论作一个比较,以期对两个重要理论有更清晰的了解。

首先,皮亚杰从生物学的角度,用生物适应的观点解释儿童认知发展,他把儿童视为积极、主动建构知识的"小科学家",把认知看作是生物的机能。维果斯基强调人与动物的区别,他认为人特有的高级心理机能是社会文化历史发展的产物,它先是表现为一种心理间的社会机能,然后经过内化转化为人内部的心理机能。在他看来,心理发展是指儿童在环境与教育的影响下,在低级的心理机能的基础上逐渐向高级的心理机能的转化过程。因而,我们可以看出,皮亚杰和维果斯基分别从人的自然本性和社会本性解释个体心理发展,创立了各自不同的心理发展理论。

其次,虽然皮亚杰和维果斯基都承认遗传和环境在发展中的重要作用,但他们强调的重点不同。皮亚杰认为,探索世界是儿童的天性,应鼓励儿童积极主动地与周围事物打交道,而成人的教学是不重要的。如果儿童不能同化外部事物,任何教学都是无效的。维果斯基也承认儿童发展是一个积极主动的过程,儿童的发展是将外部的社会活动内化为个体内部的心理活动的过程。但他把儿童发展看作是以社会为中介的过程,因此,成人的教学是非常重要的,环境和教育的质量决定儿童心理发展的质量。

　　最后,皮亚杰把儿童从出生到成熟的认知发展分为四个阶段,各阶段的出现,从低到高是有一定次序的,各阶段可以提前或推迟,但阶段的先后次序不变,不能跨越,也不能颠倒。维果斯基并不认为儿童心理发展一定要经历相同的发展阶段,他认为当儿童获得了一定的言语能力,提高与他人的交往能力,可导致儿童思维和行为的连续变化,这些变化在不同的文化中是有巨大差异的。

　　由上可见,同一时代的两个伟大的儿童发展心理学家,虽然对儿童发展心理学都有巨大的贡献,但在心理发展的基本理论问题上是有分歧的。维果斯基以其短暂的一生为人们留下了丰富的学术遗产,被称为"心理学界的莫扎特"。但维果斯基的心理学思想也受到一些质疑。维果斯基曾强调儿童科学概念的建构是在教育过程中,在与成人的合作中完成的。但近年来有人提出质疑,认为要充分考虑个体与社会之间的复杂关系,不仅仅是社会影响个体,个体反过来也作为社会成员影响社会。"最近发展区"的概念曾被看作是教学与发展关系认识的重大突破,但也有人认为其只强调外部因素的作用,儿童才是认识的主体,成人或同伴的帮助只有通过个体的内部因素才能起作用。我国也有学者指出,维果斯基采用历史主义原则的观点分析儿童心理发展,有其可贵之处,但他没有阐明低级心理机能和高级心理机能的辩证关系,甚至把人的自然发展过程与社会文化历史发展过程对立起来,是没有充分的科学依据的。

第五节　其他心理发展理论

一、信息加工理论

　　认知心理学是 20 世纪 50 年代中期在美国和西方兴起的一种心理学思潮和研究领域,以 1967 年奈瑟(Ulric Neisser,1928—2012)的专著《认知心理学》出版为标志。这种观点迅速传播,20 世纪 70 年代后成为当代心理学的一种主导思潮,使心理学各领域都带有认知心理学的色彩。

　　当前认知心理学的主流是以信息加工观点研究认知过程,因此,认知心理学又可称为信息加工心理学。信息加工理论(information-processing theory)把人看作是一个信息加工的系统,认为认知就是信息加工的过程,它包括信息的获得、存储、加工和使用。

　　从 20 世纪 70 年代开始,信息加工理论渗透到儿童心理学研究中。信息加工心理学家认为信息加工的方法适合儿童心理的研究,因为信息加工理论强调问题的解决,而问题解决是儿童每天都遇到的事,很多事对成人来说是简单的,而对儿童来说则是新的、富有挑战性的问题。因此,用信息加工的观点研究儿童认知发展,就是要揭示儿童获取知识的心理机制,即随着年龄的增长,儿童的各种信息加工能力是如何提高的。用信息加工心理学研究儿童发展的一般特点如下：

(1) 认为思维是一个信息加工过程,研究重点放在儿童发展过程中怎样再现、加工和保持信息,并在适当的时候转化和综合运用它们。

(2) 加强发展机制的精确分析,探讨所有心理发展的机制是如何综合在一起来促进儿童心理的发展的,并且研究儿童在某个年龄段达到某种水平而没有达到更高水平的原因。

(3) 认为发展是连续不断的自我调整的过程,探究儿童如何调整自己,改变行为方式,适应未来生活,并取得一定的成果。

(4) 认为目标分析是理解儿童思维的关键,儿童的表征和信息加工是致力于实现目标的。只有认真地分析特殊环境中的特殊目标,才能正确理解认知活动。

信息加工心理学家以系统论为指导,采用现代化计算机手段,运用信息加工理论对儿童的知觉、记忆、言语和思维等认知过程的发展进行了新的探讨,这种理论更注重研究过程的局限性,克服局限性的策略和关于具体发展内容的知识,而且重视对儿童心理变化的精确分析和连续性的研究。这不仅在理论上有重要意义,而且成功地解决了一些中小学课堂学习的难题,对教育实践有重要指导意义。例如,皮亚杰把同化、顺应和平衡过程作为儿童认知发展的心理机制,虽然这种说法带有普遍性,但不能具体说明儿童获得知识的内部心理过程。而信息加工心理学的研究则关注认知的具体过程,具体揭示儿童解决某一课题任务的心理过程,这对于个体发展水平的诊断和优化学习过程具有重要价值。

但信息加工心理学的研究仍存在明显的局限性,尚需进一步完善。例如,信息加工心理学基于对计算机的模拟来研究儿童的认知过程,使用计算机来模拟儿童认知的步骤并建立模型,但他们并没有明确地阐述这种模式的意义。而且,众多模型之间缺乏内在联系,不能从理论高度来整合这些模型。虽然关于儿童认知加工能力的发展有很多具体的研究,但就儿童认知发展整体而言,缺乏有理论高度的知识整合。因此,目前信息加工的研究缺乏全面的理论指导研究和实践。甚至有人质疑其研究效度,认为把认知过程从真实的学习情境中孤立出来是不正确的。

二、生态系统理论

1979 年,美国心理学家布朗芬布伦纳(U. Bronfenbrenner,1917—2005)出版了《人类发展生态学》一书,提出了儿童发展的生态系统理论(ecological systems theory)。他受到维果斯基及鲁利亚思想的影响,认为人的心理也是处在生态环境中,人的发展离不开人与环境的相互作用。布朗芬布伦纳所确定的人的发展公式 D＝F(PE)(发展是人与环境的函数)。他所谓的"生态"是指个人正在经历着的、与之有直接或间接联系的环境。他认为,个体发展的环境是一个由小到大层层扩散的复杂的生态系统,每个系统及其他系统的相互关系都会通过一定的方式对个体的发展施以影响。这个系统的中心是儿童,是具有主观能动性、自然成长的个体。人的发展是与一个庞大的生态体系相互作用的结果。

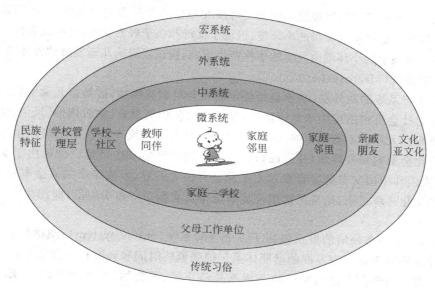

图 2-8　儿童发展的社会生态系统图示(U. Bronfenbrenner,1989)

布朗芬布伦纳的生态系统包括 4 个不同层次。

（1）微系统（Microsystem）

处于布朗芬布伦纳的生态系统最内层的是小环境,它指个人直接接触和体验着的环境以及与环境相互作用的模式,包括家庭、学校、托幼机构等。儿童直接生活在其中,是与儿童生活和发展联系最密切、作用最大的环境。小环境与人的发展的科学相关性不仅在于其客观存在的特性,而且在于人是否能够知觉这些特性。

（2）中系统（Mesosystem）

这是布朗芬布伦纳的生态系统的第二层,是指小环境之间的联系与相互影响。例如,家庭与幼儿园,是儿童发展环境中最重要的中环境。婴儿的小环境相对单一,但当走出家庭进入托儿所或幼儿园时,他的环境中出现了新的联系,即家庭—托儿所(幼儿园)。中环境可能以各种形式存在：与儿童直接作用的两个微观系统中的人之间的相互作用;小环境之间正式与非正式的相互交往;一个环境对另一个环境的了解程度、态度和已有的知识。例如,家庭对幼儿园的了解程度,有关幼儿集体生活的知识等。如果幼儿园和家庭的教育要求不一致,会使儿童形成两套不同的行为反应系统,导致儿童在家表现与在园表现不一致。

（3）外系统（Exosystem）

这是布朗芬布伦纳的生态系统的第三层,是指儿童未直接参与但对个人有影响的社会环境,如社区、父母的职业和工作单位等。这些社会组织或人物没有与儿童发生直接联系,但会影响儿童最接近的环境经验。例如父母所在单位的效益影响父母收入,从而影响父母的教育投资等。这些都是父母的小环境,但由于父母和孩子经常接触,这些成人的小环境会不同程度地对孩子的小环境内发生的事件产生影响,构成了影响儿童发展的外环境。

(4)宏系统(Macrosystem)

这是生态系统的最外层,它不是指特定的社会组织或机构,而是指儿童所处的社会或亚文化中的社会机构的组织或意识形态,如社会文化价值观念、宗教信仰、风俗、法律及其他文化资源。大环境不直接影响儿童的发展,但对生态系统中的各个系统产生影响。大环境的变化会影响到外环境,并进而影响到儿童的小环境和中环境。例如由于文化背景的差异,美国和中国父母的养育观和儿童观会有很大差异,因而亲子关系会有不同特点。在一定的文化环境之下,所有层次的环境系统都具有相对一致的特征,即都存在于一定的大环境之中。

最后,布朗芬布伦纳的模式包括了一个时间系统(chronosystem),或称作历时系统,把时间作为研究个体心理发展的参照体系。他强调将时间和环境相结合来考察儿童发展的动态过程。布朗芬布伦纳所说的环境不是静止的、不变的,它是动态的、不断变化的。随着个体的成长,生态环境也在不断拓展。布朗芬布伦纳将这种环境的变化称为"生态转变",每次转变都是个体人生发展的一个阶段。例如儿童入园、入学、毕业、就业等重大生活事件改变了人们的生活环境,生态系统也在不断变化。每个系统都塑造着发展中的个体,并被发展中的个体所塑造。人既是环境的产物,也是环境的创造者,二者形成了一个交互影响的网络系统。

布朗芬布伦纳认为,这些系统相互联系、相互影响,从而构成了影响儿童发展的一个完整的生态系统。因此,对儿童发展的分析不应仅停留在微观系统上,而应在各系统的相互联系中来考察儿童的发展。

三、进化发展心理学

当代进化心理学(evolutionary psychology)的创始人是美国心理学家戴维·巴斯(David Buss,1953—),他于1995年发表《进化心理学:心理科学的一种新范式》,1999年出版了第一本进化心理学教科书《进化心理学:心理的新科学》。他认为,进化心理学的目的是用进化的观点理解人类心理或大脑的机制。进化心理学的大多数研究集中于成人的行为,如性行为。然而个体发展必然要经过童年期,自然选择在这一时期对个体的生存也有着极为重要的意义,于是研究者们提出了进化发展心理学。

进化发展心理学被比约克隆德和佩莱格里尼(Bjorklund & Pellegrini,2000)界定为应用达尔文进化论的基本原则,尤其是自然选择理论来解释现代人的心理发展。进化发展心理学是一种从种系发生来解释人类发展的新理论视角,研究个体发生、发展过程中进化的、渐成的程序的表现以及发展背后的基因与环境机制。它认为个体的认知方式和行为特点是自然选择的结果,重视基因与环境的交互作用对心理发展的重要意义。进化发展心理学的核心思想是在个体发生不同时期存在着不同的适应压力。其基本观点如下:

（1）个体心理发展是环境与进化机制相互影响下渐成的结果

心理发展不是单纯的受遗传或环境的影响,而是通过遗传、文化等各种水平的生物因素和经验因素之间的交互作用逐渐形成的,是进化的渐成的程序的表现。

（2）儿童心理年龄特征是自然选择的结果

不同发育阶段的个体面临不同的选择压力,因此,儿童的某些特征不是为成年期做准备的,而是在进化过程中被选择保留下来的适应机能。例如,婴儿超强的模仿能力,追随他人的目光,与成人共同注意等,被认为有利于婴儿早期良好母婴关系的建立,母亲会更多关注回应自己目光的孩子,这直接关系到婴儿自身的生存;儿童在 3.5～4 岁获得心理理论,直接原因是同胞竞争,即兄弟姐妹之间争夺父母的有限资源、关爱和注意;幼儿高估自己能力使他们敢于尝试大量的富有挑战性的活动,这也是一种适应机能。

（3）童年期的许多特征在进化过程中被选择为成年期做准备

这被称为延迟适应,这一观点集中体现在性别差异领域。个体早期就已表现出性别差异,是在为成年期作准备。男孩喜欢玩手枪是为成年后的捕猎作准备;女孩喜欢玩布娃娃是与女性抚养子代任务相联系的进化倾向。

（4）人类较长的童年期是为了适应复杂的社会环境

所有哺乳动物都要经历一段较长的发育期,物种的社会系统越复杂,个体的发育期就越长。人类的不成熟期更长,虽增加了个体生存的风险,但有独特的适应价值。儿童的大脑有高度的可塑性,是学习的最佳期。延迟成熟有利于儿童充分掌握高级认知能力和社会交往能力,以应对复杂的人际关系。

（5）进化而来的心理机制在本质上具有领域特殊性

人类婴儿出生时具有一定的认知能力,用于处理人类祖先生活中重复出现的适应问题。例如,语言就是一个典型的例子。哈佛大学的平克(Steven Pinker)认为,语言是在人类进化过程中自然选择的产物。一些案例表明,有些人的言语能力被破坏但智力处于正常状态。人脑的各个系统处理不同的任务,其中有一个系统专门负责语言,布洛卡区和威尼克区就是最好的证据。但进化发展心理学家也不否认存在一般机制,如工作记忆和加工速度等。

（6）进化而来的特征并非都与现代社会相适应

现代人所处的生存环境和所面临的生存问题与人类祖先的生存条件和适应问题,虽有很多是一样的,但也有很大区别。很多进化来的心理机制是非适应性的。人类的文明不到一万年,进化不能在如此短的时间内把人类塑造得能应对如此复杂的社会文化的压力。

进化发展心理学运用心理生物学框架解释个体发展和种系发生,为心理行为发展的研究开辟了一片新天地。

本 章 小 结

　　心理发展理论是试图描述和解释心理发展、预测在某一条件下行为发生的一套概念和观点。众多的发展心理学家从不同的理论观点看待发展。弗洛伊德认为人的发展就是性心理的发展,他把儿童心理发展分为五个阶段:口唇期、肛门期、前生殖器期、潜伏期、青春期。埃里克森修正和扩展了弗洛伊德的理论,强调社会对人格发展的影响,提出了心理社会性发展的八个阶段理论,每个阶段都有一个心理社会发展任务。行为主义创始人华生关于心理发展的基本观点是环境决定论,认为后天学习对儿童心理发展具有积极作用。斯金纳提出了操作性条件反射的思想,通过操作性条件反射学习,强调强化在行为形成和发展中的重要性。班杜拉认为更普遍、更有效的学习方式是观察学习,使人们看到了个体的能动性和主动性。

　　皮亚杰是 20 世纪最著名的儿童心理学家和发生认知论的开创者。他认为,儿童是积极的、主动的建构者。主体通过动作对客体的适应,是心理发展的真正原因。认知是有结构基础的,图式是认知结构的一个单元。通过同化和顺应,认识结构不断发展。根据图式的质的差异可将儿童认知发展分为四个阶段,即感知运动阶段、前运算阶段、具体运算阶段、形式运算阶段。前苏联心理学家维果斯基创立了文化历史发展理论。他认为,人的心理发展的源泉与决定因素是人类历史过程中不断发展的文化。维果斯基提出了"最近发展区"的思想,认为教学可以定义为人为的发展,教学应走在发展的前面。

　　从 20 世纪 70 年代开始,信息加工理论渗透到儿童心理学研究中,其目的是要揭示儿童获取知识的心理机制。1979 年美国心理学家布朗芬布伦纳提出了儿童发展的生态系统理论。他认为人的发展离不开人与环境的相互作用。人既是环境的产物,也是环境的创造者。提出了影响个体发展的四种系统,即微系统、中系统、外系统和宏系统,以及一个历时系统。进化心理学的目的是用进化的观点理解人类心理或大脑的机制。进化发展心理学是一种从种系发生来解释人类发展的新理论视角,研究个体发生、发展过程中进化的、渐成的、程序的表现。

复习思考题

1. 试比较弗洛伊德和埃里克森理论观点的异同。
2. 华生关于发展的观点是什么? 斯金纳的观点与华生的观点有何异同?
3. 为什么说班杜拉根本上还是行为主义者?
4. 试比较皮亚杰和维果斯基理论观点的异同。
5. 布朗芬布伦纳的儿童发展的生态系统理论对我们有何启发?
6. 用信息加工的方法研究儿童心理有什么优势?

第三章

胎 儿 发 展

【学习目标】

通过本章的学习,使学生了解胎儿的形成和发育过程,认识胎儿心理机能产生和发展的表现,了解影响胎儿生理—心理发展的各种因素,以及胎儿展现出的惊人能力,并结合胎儿生长发育的特点阐明如何科学地实施胎教。

【关键概念】

唐氏综合征(Down's syndrome),胎儿酒精综合征(fetal alcohol syndrome, FAS),致畸敏感期(susceptible period),胎教(prenatal training)

康可和俞妮是一对幸福的小夫妻,他们一直期待着拥有自己爱的结晶,并为此做了诸多准备,包括孕前检查、服用叶酸、远离烟酒、自测排卵等。不久,他们终于如愿以偿,俞妮变成了一位幸福的准妈妈,夫妻两个沉浸在无限的喜悦之中。

俞妮怀孕2个多月的时候,出现了明显的恶心、呕吐、挑食、乏力的妊娠反应,这让她很不舒服,甚至开始厌食,但是为了宝宝的发育,俞妮仍然坚持摄取营养丰富的食物。直到怀孕3个多月以后,妊娠反应的症状逐渐减轻,俞妮终于度过了艰难的孕早期。这之后,母子平安的孕中期开始了,俞妮感受到的是轻松与快乐,她的食欲也明显增加。怀孕4个多月时,俞妮根据医生的建议对胎儿做了特异性筛查,这样的产前诊断可以判断胎儿是否患有先天性或遗传性疾病。大约5个月左右的时候,令人兴奋的事情终于到来了:俞妮感觉到了胎动,小家伙终于用自己的动作向妈妈发来了第一份"礼物",这是只有妈妈能够体会到的惊喜和欣慰。俞妮和康可开始每天坚持与宝宝对话,轻轻地抚摸腹部与宝宝互动,在宝宝胎动频繁的时候与他一起听音乐,共同感受那份成长的喜悦。现在,俞妮已经有 7 个多月的身孕了,进入到了"最后的冲刺阶段"——孕晚期。俞妮的肚子已经相当大,行动开始不太方便。这一时期俞妮要接受定期的产前检查,避免疲劳和预防早产。她和康可为宝宝的出生做好了一切准备,满心期待着新生命的到来……

关于宝宝的成长,准爸准妈们总有一大堆的疑问或担心,诸如:"肚子里的小宝宝是怎样成长起来的?""怀孕期间要注意些什么问题呢? 怎样才能保证生下一个健康的婴儿?""怀孕期间可以饮酒或服用药物吗? 如果怀孕期间感染疾病,会影响胎儿的健康成长吗?""什么时候才能知道怀的是男孩还是女孩? 怎样才能知道? B 超对胎儿有影响吗?""如何胎教?"要解答这些问题,我们需要了解妊娠期的生理和心理卫生,了解胎儿的身心发展过程及影响因素,为健康宝宝的诞生做好充足准备。

胎儿期是指从受孕到出生这段时间,胎儿的发展既是人生的准备亦是人生的第一站。那么,胎儿的发展到底经历了哪些阶段? 胎儿期的生理变化又是如何影响人后续的心理发展的? 胎儿有哪些能力? 如何科学地实施胎教? 这些是本章重点讨论的问题。

第一节　胎儿的形成和发育

一、受精卵的形成

受精卵(也称合子),由卵子和精子结合而成。卵子是一个直径约一百七十五分之一英寸的小型球体,是人体中最大的细胞,生长在女性的卵巢之中。通常,女性到了生理成熟期,每一个月经周期会释放一个卵子,在输卵管的壶腹部等待并接受精子。精子在男性的睾丸之内生长发育。男性产生的精子数量巨大,一次射精的精子数约 3 亿 6 千万个。

生命始于受孕。所谓的受孕就是创造一个受精卵,这就要求至少有一个精子找到并穿透卵子,最终完成受孕。为了保证受孕成功,大量的精子要进入女性的子宫当中,但通常只有一个精子能进入卵细胞内部与之结合形成受精卵,大部分精子会因为子宫中的酸性环境而死亡。受精过程约需 24 小时。受孕成功与否,受很多因素影响,诸如精子质量的优劣、夫妻双方的年龄、压力、是否紧张焦虑等,但还有一个十分重要的因素就是时间。被释放的卵子通常能存活 1 天左右,精子在等待卵子的过程中能存活 6 天,但在输卵管中只能存活 1 天。受孕通常发生在女性一个月经周期的中间,也可能发生在其他任何时间。绝大多数的受孕发生在交媾之后的 3 天左右,即排卵后的 1 天或 2 天。

受精后,受精卵不断地分裂和复制自身,以惊人的速度不断地长大,经过 38 周的时间便发育成一个呱呱坠地的新生儿。如果以孕妇末次月经的第一天算起,胎儿将在 40 孕周(280 天)以后降生。受精卵形成后的 38 周所发生的主要变化可以分为三个阶段,即胚种期(0～2 周)、胚胎期(3～8 周)和胎儿期(9 周～38 周)。

二、胎儿的生长发育

（一）胚种期（0～2周）

受精后约 2 周的时间称为胚种期。受精卵一旦形成就开始进行细胞分裂,一边不断地分裂,一边沿着输卵管向子宫方向移动,此过程称为卵裂。受精卵头 4 天是在输卵管内进行细胞分裂,第一次分裂是在受精后 36 小时之内开始的。到 60 小时的时候,大约有 12～16 个细胞;到 72 小时的时候,大约有 60 个细胞。受精卵第 4 天进入子宫腔,此时,它已发育成为一个空心的、充满了液体的圆球,称为胚泡。胚泡在子宫腔中漂浮1～2 天,然后开始慢慢把自己像种子一样埋在子宫壁上,这个过程叫移植又称着床(implantation)。整个移植过程大约需要 2 周时间完成,即受精后的第 12～13 天左右,移植过程全部结束。

移植结束后,胚泡内部边缘的一些细胞聚集在一起,形成胚盘,这是一层厚厚的细胞群,胎儿就从这里发育长大。胚泡的细胞群很快完成几次变化,随后分成三个不同的层:

外胚层,后来发展成为表皮、指甲、头发、牙齿、感官及神经系统;

中胚层,后来发展成为真皮、肌肉、肌腱、循环系统和排泄系统;

内胚层,后来发展成为消化系统、肝、胰脏、唾液腺和呼吸系统。

在移植结束的时候,胚泡中的其余部分发育成为滋养和保护胎儿在子宫内生存的器官:胎盘、脐带和羊膜囊。

受精后的前两周(也就是临床所指的胚龄第 3 周到第 4 周末),此期的胚胎受到致畸作用后容易发生损害,但较少发生畸形,因为此时的胚胎细胞的分化程度极低,如果致畸作用强,胚胎即死亡;如果致畸作用弱,少数细胞受损死亡,多数细胞可以代偿调整。

（二）胚胎期（3～8周）

受精后的 3～8 周称为胚胎期。胚胎期是胎儿发育的关键阶段,胎儿所有的身体结构组织和内部器官开始形成。如果此时有害物质进入胚胎,会产生永久的、不可逆转的损伤。这一阶段也是胎儿发育的最敏感期,最容易受放射性、药物、感染及代谢性产物或胎内某些病变等因素的影响,致使胎儿畸形,甚至导致早产、流产。这一时期胎儿死亡率很高,胚胎总数的 30% 可能都在此阶段流产。

胚胎期开始的第 1 周(受精后的第 3 周),胚盘形成了三层细胞群,即前面所述的外胚层、中胚层和内胚层,人类有机体的所有部分都是由这三层细胞群发育而成,此时形成胚胎。

在所有的器官中,发育得最早且最快的是神经系统。外胚层折叠起来形成一个神经管道,进而发育成脊髓和大脑。此时,一对心血管开始脉动。到了第 4 周末,胚胎内已经有了血液循环系统,肌肉、脊柱、肋骨和消化道也开始出现。脐带和胎盘形成,肝脏产生,眼、鼻、耳原基出现。

从第5周开始,胚胎表面凸出的小小胚芽变成了胳膊和腿的形状,眼底部分开始发展,胃和食道正在形成。到了第8周末,胚胎已初具人形,眼、耳、鼻、口出现,上肢分化成肘、手、四指和拇指;腿上有踝、关节和脚趾,腿关节也开始形成。内部器官也越来越分化,心脏发育成有分隔的心室,可以见到心脏跳动,神经系统开始有初步的反应能力,肝、脾已能制造血液细胞。尽管胚胎各部分发生复杂变化,但8周大的胚胎仅有2.5厘米长,重4克左右。

(三)胎儿期(9~38周)

胎儿期是指受精后的第9周至胎儿出生的这一段时间。在胎儿期,身体的主要器官已经完成发育并且开始工作,所有的系统开始具有整体功能。

1. 9~12周

8周以后,胚胎发展了它的第一个骨细胞,象征着结构分化的结束。这时胚胎获得一个新名字叫胎儿,从而开始了某些小特征,如手指、指甲、眼睑、眉毛等的发展过程。它们细小,并不意味着不重要,例如,眼睛在这个阶段完成它们的主要发展。胎儿新发展的眼皮闭合大约在第9周,直到眼睛本身基本形成才睁开,这大约发生在第24周时。不仅眼睛,在这个阶段,大部分生物特征也变得更像成人。

12周大的胎儿,已经具有自己的外形特征,能够踢腿、张开脚趾,还能握住拳头、转头、翻滚,甚至还会皱眉头、张大嘴巴。男孩的阴茎开始形成。此时胎儿只有7.5厘米长,母亲还不能够感觉到它的存在。

2. 13~16周

在第13周开始时,胎儿的整个面部比以往更具有人的特征。眼睛突出在额部,两眼之间距离缩小,耳朵也生长就位。到了第16周,胎儿的皮肤很薄,肌肉发育,开始有呼吸运动。胎儿可以自由转动头部、双臂和上半身,会以摆动身体和蹬腿的动作表示喜欢和厌恶。一些无条件反射开始出现,如果触及它的手掌,它会握紧拳头形成抓握反射;如果触及它的脚掌,它的脚趾就会张开,形成巴宾斯基反射;如果触及它的唇,它将做吸吮反射。另外,通过子宫壁能听到胎儿的心脏跳动。女孩的输卵管、子宫和阴道开始形成。

3. 17~20周

在这一阶段,胎儿的汗腺形成,眼眉和睫毛出现,头皮上开始出现软发。胎儿身上覆盖了一层胎脂,把他们和羊水中的矿物质隔开。胎儿的生活分为睡眠和清醒两个部分。感觉器官开始按区域迅速发育,味觉、嗅觉、听觉和触觉都从此时开始在大脑里的专门区域里发育。在这期间,胎儿开始了细胞的新陈代谢,把失去活性的细胞丢到羊水中。第20周结束时,胎儿的活动越来越有力,多数母亲可以感觉到胎动。胎儿有了吞咽运动。

胎儿的视网膜形成,开始对光线有感应,不喜欢强烈光线的刺激。

4. 21～24 周

此时的胎儿皮肤有很多皱褶,因皮下没有脂肪。他们的眼睛开始睁开,能上下左右看。胎儿的脑细胞形成,出现听觉,能分辨出各种声音。到第 24 周末,胎儿各脏器均已发育,但肺和消化系统还没有成熟。若此时降生,胎儿成活的几率很小。

5. 25～28 周

胎儿的大脑皮层功能开始分化,开始指挥视觉、嗅觉、听觉的活动,神经联系比较复杂,胎儿可以哭喊、呼吸、吞咽、消化、排泄、移动等。女孩的卵巢开始有卵原细胞。男孩的睾丸进入到阴囊中。第 28 周末,胎儿的呼吸系统发育完善。出生后能存活的最低的胎儿年龄时限称为"可存活年龄"(age of viability),通常是在 22～26 周之间。如果胎儿在这一时期出生,存活的几率占到 50% 左右。

6. 29～32 周

这一阶段,胎儿的皮下脂肪开始生长,有助于出生后体温的调节。胎儿对外界的声音敏感,噪声使胎动增多,母亲的心跳声使他安静。但肺泡还不能交换二氧化碳,消化系统也不成熟,出生后存活的几率是 85%。

7. 33～38 周

虽然胎儿体重增长贯穿整个孕期,但大量获得是在将出生时。胎儿继续从母血中接受抗体,这些抗体使他们免于许多疾病。第 36 周,胎儿已经基本完成肾的大体结构,但与成人比还有很大差距,胎儿的肾功能尚不健全。胎儿临近出生时,明显受母亲的情绪和饮食的影响,胎儿的活动随着母亲每日的节律而发生变化。在临产前的几周,大多数胎儿已在子宫中转到头朝下的位置,为其出生做好了准备。在大约 266 天的时候,胎儿降生。

三、分娩

分娩是指胎儿生长发育成熟而从母体子宫向外排出的过程。

(一)分娩过程

分娩的全过程可以分为三个阶段,又称为三个产程。

第一产程,又称宫颈扩张期。子宫收缩的频率较低,收缩力量较弱,其主要作用是使子宫口扩大。到了这一阶段的末尾,胎儿外面的包膜破裂,羊水被排出体外。初产妇要8～24 小时,经产妇约需 3～8 小时。

第二产程,又称胎儿娩出期。子宫口完全开大,宫缩加快,胎儿的头部进入产道,落到盆腔时,乃开始第二产程。这个过渡过程持续几分钟到十几分钟。随后,子宫收缩变得又快又有力,称为临产阵缩。阵缩的作用是挤压胎儿外出。当开始看到胎头直至胎儿身体露出母体外时,第二产程结束。初产妇约需 1～2 小时的时间,经产妇通常数分钟即可完成,但也有长达 1 小时者。

第三产程,又称胎盘娩出期。这时子宫的收缩作用是把胎盘挤出体外,并使子宫壁的静脉窦和破损的血管压紧,以免流血过多。这一过程约需 5~15 分钟。分娩过程完毕后,子宫逐渐缩小,但已不能恢复到妊娠前的状态。

大多数产妇可顺利分娩,但也有 18% 的产妇可发生不同程度的难产。分娩的难易取决于产道、产力和胎儿三个因素,如果这三个因素都很正常且互相协调,就可顺利分娩。孕期满 37 周至不满 42 周间分娩者,称为足月产;孕期满 28 周至不满 37 周间分娩者,称为早产;孕 42 周或超过 42 周分娩者,称为过期产。

(二)出生并发症

生产过程并不总是顺利的,有三种出生并发症可能对婴儿的发展产生消极影响,它们是缺氧症、早产和低体重。

1. 缺氧症

约有 1% 的婴儿出生时会表现出缺氧症的迹象。大脑缺少足够的氧气,可能导致神经损伤或死亡。在许多情况下,婴儿会因为出生过程中脐带缠结或受到挤压、臀位分娩、胎盘早剥而遭遇氧气供应中断。另外,如果产妇使用的麻醉剂通过胎盘屏障,进而干扰婴儿的呼吸,或者在生产过程中咽下的黏液卡在婴儿喉咙里面时也会发生缺氧症。缺氧症的另一个可能原因是凝血素 Rh 血型不合,即胎儿是 Rh 阳性,而母亲是 Rh 阴性,出现溶血症。目前,Rh 不兼容引起的问题可以通过出生后注射 Rh_0 免疫球蛋白来预防。

虽然新生儿对缺氧的承受时间可能超过年龄大的孩子和成人,但是如果呼吸中止 3~4 分钟以上,将可能造成永久性的大脑损伤(Nelson,1995)。经历过缺氧症的婴儿出生后经常表现出烦躁不安,头 3 年在动作和智力发展测试中的得分可能低于正常水平(Sameroff & Chandler,1975)。但是,轻微缺氧症的孩子与正常孩子的差距随着年龄的增长会越来越小,到 7 岁时就很难看出差距了(Corah 等,1965)。

2. 早产

胎龄在 37 足周以前出生的活产婴儿,称为早产儿或未成熟儿(premature infant)。其出生体重大部分在 2500 克以下,头围在 33 厘米以下。由于发育不成熟,早产儿可能会遇到一系列问题,诸如呼吸窘迫综合征、吸入性肺炎、肺透明膜病、高胆红素血症、颅内出血等。这些严重疾病均可导致早产儿脑细胞缺氧、坏死,影响儿童的智力发育。

早产的原因有很多,包括孕妇患有高热的流感、肺炎、痢疾等疾病,或孕妇有外伤及手术史、精神紧张、高血压、生殖器异常等。另外胎盘异常、双胎、胎儿畸形及脐带过粗、过短、扭转、打结等均可引起早产。

早产儿一般在早产婴儿隔离箱中度过他们生命的最初几周,隔离箱能维持他们的体温,保护他们免受感染。医务人员需对早产儿进行特别护理,包括保暖、给氧、预防感染等。还要提早给小儿喂奶,不能进食者静脉补充葡萄糖,防止低血糖的发生。还要注意补钙,防止惊厥的发生。

3.低体重

低体重婴儿实际上有两种类型,一种是上述的早产儿,另外一种被称之为足月小样儿。足月小样儿(small-for-date babies)是指出生日期接近正常产期,但体重远低于正常的婴儿。与早产儿相比,足月小样儿的婴儿发生严重并发症的危险更大。足月小样儿通常体形畸形、营养不良或基因异常,他们可能活不过第一年,或者表现出某些脑损伤的迹象。他们在整个儿童期体形都瘦小的可能性更大,在学校里更有可能出现学习困难和问题行为,智商较低(Goldenberg,1995;Taylor 等,2000)。

导致低体重的原因可能是母亲大量吸烟、酗酒、吸食毒品和营养不良。另外,宫内感染、胎盘功能不全、胎儿某些染色体病、多胞胎也可引起低体重,但也有些是生长发育迟缓的正常情况。

虽然出生过程可能会伴随以上种种并发症,但幸运的是,如果能给婴儿提供一个稳定的、支持性的养育环境,就能在一定程度上减弱以上并发症所引起的各种问题。

第二节　胎儿发育的影响因素

虽然大多数胎儿遵循以上描述的发展模式,但是有些胎儿会遇到环境障碍,从而会使它们的发展走向不正常的轨道。在下面的内容中,我们将讨论对胎儿发育可能产生损害作用的遗传因素、母亲因素和环境因素以及不良因素的预防措施。

一、遗传因素

遗传是生物亲代与子代之间、子代个体之间相似的现象。生物体的各种性状特征可以通过生殖过程一代一代传递下去。遗传通过染色体和基因的传递实现。

胎儿生长发育的全过程受基因控制,如果受精卵中的基因异常或生殖细胞所携带的遗传信息异常,就会导致子代的性状异常从而出现遗传性疾病。遗传性疾病造成的胎儿畸形和生命缺陷是相当惊人的。几乎人体各个器官系统和组织都可能发生遗传性疾病和畸形。仅眼睛就有近 3 200 种遗传病和遗传缺陷;精神分裂、哮喘有 80% 为遗传所致;先天性心脏病有 35% 归因于遗传问题。

唐氏综合征(Down's syndrome),又称 21-三体综合征或先天愚型,是最早被发现伴有精神发育迟滞的综合征之一。1866 年,英国医生约翰·朗顿·唐(John Langdon Down)首次发表了这一病症。患儿的主要临床特征为智能障碍、体格发育落后和特殊面容(比如面部比正常人较宽,眼睛小而上挑,舌头比较大等),并可伴有多发畸形。1959年,法国遗传学家杰罗姆·勒琼(Jerome LeJeune)发现唐氏综合征是由人体的第 21 对染色体的三体变异造成的。

此外,已有研究发现,胎儿生长受限、神经系统发育异常以及先天性甲减也主要源于遗传疾病或基因缺陷。因此,了解孕妇家族史、家庭背景以及胎儿父母双方的基因状况对预防遗传性疾病有重要作用。

二、母亲因素

(一)母亲自身条件

胎儿发育过程中,母亲自身条件(包括体重、身高、孕史、年龄、营养等)对其都有较大影响。

1.体重

怀孕期间孕妇体重会进行性地增加,增加部分主要来自两个方面:一是胎儿、胎盘和羊水的重量;二是母体、子宫、乳房的增大,血容量的增加和水分额外滞留及皮下脂肪沉积的重量。

怀孕期间体重增加量有一个合适的范围,过多或过少均会影响胎儿。目前的研究显示:增重多少取决于孕前的体重,尤其是孕前体重指数(Body Mass Index,BMI)。体重指数是用体重公斤数除以身高米数的平方得出的数字。美国医学研究所 1990 年提出的孕期体重增加标准建议是:孕前 BMI<19.8 的孕妇,孕期体重增加的适宜范围为 12.5~18 公斤;孕前 BMI 为 19.8~26 者,孕期体重增加应控制在 11.5~16 公斤;孕前 BMI 在 26~29 的孕妇,孕期体重增加应在 7~11.5 公斤;孕前 BMI>29 的孕妇,孕期体重增加的适宜值为 6~7 公斤。

孕期肥胖会给孕妇及胎儿带来许多不利。肥胖会使孕妇腹壁肌的收缩能力大为减弱而致产力不足,增加分娩难度,常需借助手术生产。由于身体肥胖,致使内分泌代谢平衡失调,易使孕妇并发妊娠期糖尿病、妊娠期高血压等疾病,危害孕妇及胎儿的健康。此外,肥胖孕妇孕育巨大胎儿几率和围产期胎儿死亡率均比一般孕妇显著增高。

母亲过瘦也会影响胎儿发育。这类孕妇孕期发生贫血(缺铁)、肌肉痉挛和营养不良(低钙)、甲状腺肿(缺碘)的倾向明显增加。对胎儿的危害更为严重,发生流产、早产、胎儿发育不良乃至畸形者均多于正常孕妇。因此,瘦弱孕妇怀孕前就应该对自己的健康状况进行一次全面、系统的检查,如瘦弱系由疾病引起,必须认真治疗,治愈后方可怀孕。

2.身高

母亲的身高同样会影响胎儿发育。身高对胎儿的影响主要表现在母亲过矮。如果母亲的身高不足 150 厘米、身材明显矮小即为矮小孕妇。据调查,这类孕妇由于骨盆比较狭小,会使子宫发育受到限制,从而限制了胎儿的发育。除此之外,矮小孕妇难产的发生率比一般孕妇高。因此,矮小孕妇的保健重点是预防难产。

3．孕史

全世界死亡的婴儿中大约三分之一是由妇女怀孕次数过多或怀孕间隔太短、高龄生育或生育年龄太小等因素造成的。如果两胎间隔不满两年，胎儿死亡的危险性会增加一半。为保证母亲和胎儿的健康，2次生育之间的间隔至少应达到4年。4次以上的生育会使孕期及分娩的风险增加，她的孩子更容易是低体重儿或者死胎。

4．年龄

女性的生育期或性成熟期是自18岁起，持续30年的时间。这也是女性生殖功能及内分泌功能比较旺盛的时期。从医学角度而言，最佳的生育年龄在23、24岁至28、29岁之间。这一时期女性的体格及生殖器官都已发育成熟，具备了做母亲的条件。母亲的年龄对胎儿的影响主要指两种情况：高龄孕妇和低龄孕妇。

医学上把35岁以上孕妇称为高龄孕妇。35岁以后生育的妇女，由于骨盆和韧带功能退化，软产道组织弹性较小，子宫收缩力相应减弱，易导致产程延长而引起难产，造成胎儿产伤、窒息。另外，由于高龄孕妇的卵细胞易发生畸变，胎儿畸形及某些遗传病的发生率也较高。

就唐氏综合征而言，35岁以下的孕妇中，发病率大约在1/800以下；35～39岁的孕妇中，发病率上升为1/250；40～44岁的孕妇发病率可达1/100，而45岁以上孕妇的发病率可高达至1/50，也就是说45岁以上孕妇生出先天愚型婴儿的机会较35岁以下孕妇高16倍。

低龄孕妇是指年龄低于15岁或18岁的孕妇。由于自身发育尚未完成，低体重儿、死胎、分娩困难的几率高于正常年龄的产妇。

5．营养

胎儿的迅速生长全部依靠母亲提供营养，孕妇又要储存脂肪及多种营养素以应对临产、产后和哺乳期的消耗，故多种营养素需要量增加。孕妇营养素缺乏可对母体及胎儿双方有不良影响。

孕妇营养不良可致母体虚弱，易发生各种妊娠合并症，如妊娠期贫血、妊娠高血压综合征、甲状腺肿大，并可引致产科异常情况，如死产、流产、胎膜早破、宫缩无力致产后出血等症状；并可影响胎盘结构与功能，从而减弱胎盘向胎儿输送营养成分的作用。

孕妇营养的充分摄入对胎儿大脑发育具有重要意义。研究表明，母亲的营养越差，胎儿的脑重也就减少得越多。特别是孕期的后三个月，胎儿需要足够的营养才能使其大脑充分发育。

孕妇营养不良也会损害胎儿身体各种器官，如肝、胰和血液循环系统的生长，这也增加了成年期得心脏病和糖尿病的风险。这些先天不足的孩子出生后由于免疫机能较差，经常患呼吸系统疾病，智能发展不良，出现行为问题。因此，孕期合理与充分的饮食营养，应作为胎儿期卫生保健的重要条件。

（二）母亲的疾病

许多疾病能够穿过胎盘屏障，它们对胚胎或胎儿产生的伤害远远大于对母亲本人的伤害。因为未出生的胎儿的免疫系统还不能产生足够的抗体来有效抵抗各种感染。

1. 传染性疾病

孕妇感染各种传染性疾病，会严重影响胎内环境，危害胎儿生长。风疹（德国麻疹）、巨细胞病毒、生殖性疱疹病毒、艾滋病、流行性腮腺炎、乙肝病毒、梅毒、结核病、疟疾、弓形体病等已成为公认的致畸剂。

风疹对母亲影响很小，但是如果胎儿在母亲怀孕的头 3～4 个月接触这种疾病可引起白内障（先天性）、耳聋和心脏畸形。巨细胞病毒感染可发生多发性畸形，如小头、脑积水、中耳及外耳畸形、唇裂、腭裂、先天性心脏病等。生殖器疱疹病毒感染会导致新生儿死亡，发生小头、小眼、脑积水、动脉导管未闭、短趾（指）等畸形。流行性腮腺炎病毒对孕妇本人无长久影响，但可致胎儿宫内死亡或引发孕妇流产。孕期感染乙型肝炎，可增加胎儿早产、出生低体重的几率，也可导致胎儿肝脏出现多种并发症，危及生命。梅毒在怀孕的中、后期危害最大，若母亲未能得到及时治疗，则有可能导致流产或引起胎儿先天性的眼、耳、骨、心脏或大脑缺陷。在孕期头 3 个月内胚胎感染弓形体病，会导致脑积水、脉络膜网膜炎、小头、先天性心脏病等出生缺陷；如果是在怀孕晚期，则可能导致孕妇流产。

2. 妊娠高血压

妊娠高血压，简称妊高征，是妊娠期妇女所特有而又常见的疾病，以高血压、水肿、蛋白尿、抽搐、昏迷、心肾功能衰竭，甚至发生母子死亡为其临床特点。患有妊娠高血压的孕妇，发生其他孕期并发症的风险更高，这包括宫内发育受限、早产、胎盘早剥、胎死宫内。妊高征的孕妇因全身小动脉痉挛、血压升高及血小板活性增加，同时子宫、脐血流入胎盘循环阻力上升，使胎盘血流减少，而发生胎儿窘迫、宫内生长迟缓、新生儿窒息，严重者发生死胎、死产等。

3. 妊娠糖尿病

妊娠糖尿病是糖尿病的一种特殊类型。确定妊娠后，若发现有各种程度的糖耐量减低或明显的糖尿病，不论是否需用胰岛素或仅使用饮食治疗，也不论分娩后这一情况是否持续，均可认为是妊娠糖尿病。孕妇患妊娠糖尿病系高危妊娠，它严重危害母儿的健康。

在妊娠早期，血糖过高可以导致胚胎卵黄囊发育受损而影响营养物质的传递，使胚胎发育异常，从而使流产率和胎儿畸形率增加。很多研究认为，胎儿的死亡率增高主要与孕妇的血糖水平升高有关。妊娠期糖尿病可导致胎儿过度发育，形成巨大胎儿。此外，还可造成胎儿神经系统和心血管系统的畸形，如神经管的缺损、尾端神经管的发育不全、脊椎缺损、先天性心脏病、股骨发育不良、肾发育异常及颅面畸形等。

4．妊娠甲状腺疾病

妊娠甲状腺疾病是孕妇常见病，不论甲状腺功能亢进、甲状腺功能减低还是亚临床型，均会不同程度影响到母亲、胎儿和新生儿健康，产生长期和短期的不良后果。

妊娠妇女甲状腺功能亢进（甲亢）的发生率为 0.1%～0.2%。甲状腺功能亢进的孕妇易发生妊娠高血压病和早产，胎儿出现生长受限、呼吸窘迫、宫内缺氧、生后窒息，死胎增多，新生儿畸形的发生率增加。

妊娠妇女甲状腺功能减低（甲减）的发生率是 1%～2%。在妊娠各个时期，母亲甲状腺激素减少，即使是轻微的或短暂的，也可不同程度地影响胎儿的脑发育，造成大脑皮质分化和发育不良，表现为神经、精神发育障碍，智力低下，身材矮小等。

5．妊娠剧吐

孕妇在妊娠早期出现头晕、倦怠、择食、食欲不振、轻度恶心呕吐等症状，称为早孕反应。早孕反应一般对生活与工作影响不大，不需特殊治疗，多在妊娠 12 周前后自然消失。少数孕妇早孕反应严重，恶心呕吐频繁，不能进食，影响身体健康，甚至威胁孕妇生命，称妊娠剧吐。绝大多数患者经治疗后痊愈，极个别患者可因剧吐而死于某些并发症，如酸中毒、肝功能衰竭等。

妊娠剧吐会造成孕妇体重增加缓慢甚至体重减轻，进而造成胎儿营养不足，增加胎儿宫内生长迟缓及妊高征的发生率。但最近的一项研究发现，只要在孕期增加的体重达到 7 公斤以上，呕吐就不会造成不良后果。

6．孕期口腔卫生

口腔卫生与生殖健康关系密切。孕妇的口腔疾病，不仅会影响到孕妇本身的健康，还会影响胎儿正常的生长发育。孕期常见的口腔疾病包括妊娠性牙龈炎和牙周炎、龋病和智齿冠周炎等。母体牙龈中的细菌能进入血液并通过胎盘而感染胎儿，影响胎儿的正常发育，可能造成先天性心脏病，甚至导致畸形。国外学者对 124 例孕妇的病例对照研究报告显示，与牙周健康的孕妇相比，有重症牙周炎的孕妇发生早产和低体重儿的相对危险性为 7.5 倍和 7.9 倍。

（三）母亲的不良情绪和行为

1．不良情绪

现代医学认为孕妇情绪紧张，易怒、恐惧、焦虑可使母体的交感神经兴奋，分泌的激素和有害的化学物质剧增，并可通过胎盘影响胎儿大脑和躯体的发育。

当孕妇情绪过度紧张时，肾上腺皮质激素分泌增加。该激素有明显阻碍胚胎某些组织联合的作用，因而可引起胎儿唇裂、腭裂、先天性幽门狭窄等。严重焦虑的孕妇经常伴有恶性的妊娠呕吐，易导致早产、流产，孩子出生后出现好哭闹、躁动不安、易惊吓、抑郁、语言发育障碍、多动综合征等异常行为的几率增加。英国学者考察了妊娠焦虑和儿童早期发展的关系,结果发现,先天畸形、惊厥、体重不增、行走或言语技能发展迟滞,以及活动过度等问题严重的儿童,他们的母亲在妊娠期内经受过更多的人际关系紧张。当母亲情绪不安时,胎动次数较平常多几倍,最高可达 10 倍。如果母亲情绪不安持续几个星期,胎动将一直维持在一个高的水平上,出生时往往比一般婴儿轻 1~2 磅。

孕妇情绪不安还会影响胎儿的智力。有资料显示,希特勒上台前后的 7 年间,柏林市新生儿的神经系统畸形发生率从 1.25% 上升到 2.38%。我国 1976 年唐山大地震发生后 10 年,经比较发现,震灾组儿童平均智商为 81.7,大大低于对照组的 93.1。

2. 吸烟

孕期吸烟导致的最为广泛的结果就是婴儿低体重,而且导致早产、流产、死胎以及儿童时期癌症等严重后果的可能性也在上升。孕妇吸烟越多,胎儿受到的影响越大。在行为表现上,吸烟的孕妇生下的新生儿对声音的注意力较差且肌肉较为紧张。有些研究指出这些婴儿的注意广度低于正常儿童,在童年早期心理测验的得分也较低(Fergusson,et al.,1993;Fried & Watkinson,1990)。

孕妇每天吸烟越多,自发性流产和生低体重儿的危险就越大。如果父亲吸烟,新生儿体形也可能因此小于正常水平。大量流行病学研究发现,吸烟的孕妇娩出的新生儿与对照组相比,体重低 10%~15%,婴儿头围及身长均较小。吸烟的孕妇,胎盘早期剥离、前置胎盘及胎盘大面积坏死的发生率均增高,并与吸烟量有关。虽然很少有证据表明吸烟导致生理缺陷(Friedman & Polifka,1996),但是吸烟会增加胎儿早期死亡或早产的危险,并且是胎儿发育缓慢和出生低体重的主要原因。

为了保证胎儿的健康成长,戒烟是唯一的途径。无论何时停止吸烟,都会减少胎儿出生低体重及出现其他问题的可能性。医生一般建议怀孕的妇女和其伴侣戒烟,如果不能长期坚持,至少在怀孕期间应该停止吸烟。

3. 酗酒

与烟草中的尼古丁一样,酒类中的乙醇也是常见的致畸物。孕妇酗酒可造成胎儿发育障碍,出生后孩子注意力不集中、学习障碍、语言能力和记忆力低下、运动障碍、情绪失控和判断力不足。研究发现,在怀孕早期饮酒会导致胎儿面部畸形;第二阶段会影响脑神经形成;第三阶段会杀死已有的神经元,影响胎儿神经系统发育。此外,酒精摄入后,机体需要大量的氧气去同化它。这样,母体身上原先供胎儿细胞生长的氧分相对减少,从而影响胎儿生长发育。

1973 年,美国的乔恩和史密斯(Jone & Smith)明确提出,孕妇酗酒很容易产下患有胎儿酒精综合征(fetal alcohol syndrome,FAS)的婴儿。FAS 最显著的特征是头小畸形、心脏畸形和肢体、关节、面部畸形,比如目间距宽,眼睑短窄,小小的朝天鼻,上唇薄,头部长得小等。这种病症的儿童智力低下,注意力差,多动,发育缓慢。有些少量饮酒的孕妇所生下的孩子,也可能表现出以上症状,这称之为"胎儿酒精效应"(fetal alcohol effects,

FAE)。在欧美各国,胎儿酒精综合征是发生率较高的一类先天畸形。

目前研究发现,孕妇饮酒对胎儿造成的影响会延续到儿童期,甚至成年期。哪怕只是少量饮酒,胎儿也会受到影响。与不饮酒的孕妇相比,即使每天饮酒少于30g的孕妇,她们所生出的婴儿的智力发展也稍微落后。因此,医生建议,任何数量的饮酒都不是绝对安全的,应尽量避免饮酒。

4. 吸毒

大麻、海洛因、可卡因等是世界公认且普遍滥用的非法成瘾药物,被称为毒品。孕妇吸食毒品会严重影响胎儿的生长发育。妊娠期间吸毒,毒品可经母血经胎盘进入胎儿体内,使肝肾解毒和排毒能力尚未健全的胎儿产生中毒症状。胎儿血脑屏障发育不全,毒品易进入中枢神经系统,导致中枢抑制,严重者可致死。孕妇吸毒可诱发遗传物质突变,危及胎儿的大脑、心脏等器官导致胎儿畸形。

孕妇吸食海洛因、可卡因或美沙酮(一种镇静药)会产生许多威胁胎儿的问题,包括早产、出生低体重、生理缺陷、呼吸困难以及分娩前后婴儿死亡现象。大麻是另一种使用广泛的非法毒品,目前尚不明确它对孕妇的影响。但是,研究人员发现,产前吸食大麻对新生儿的兴奋、惊起、睡眠不好、不正常的大声哭喊及对环境的视觉兴趣减弱等都有影响(Dahleral,1995;Lester & Dreher,1989)。

对于成瘾的孕妇,如果她们吸毒不足,就会感到胎动增加,这是胎儿戒断症状的躁动表现。成瘾孕妇生下的孩子也会成为"瘾君子",他们经常发烧,易受刺激,睡眠不安,常常哭闹。如果母亲因自身问题无力安抚,则可能造成孩子未来长久的行为问题。

5. 饮用咖啡

孕妇嗜好咖啡,对胎儿有不良影响。欧洲有关孕妇服用过量咖啡导致胎儿损伤甚至流产的病例不胜枚举。对千名以上孕妇的调查研究显示,每日饮3杯以上咖啡者,所产下的婴儿大多矮小,体重不超过2000克。由于孕妇清除咖啡因能力降低,咖啡因便积累在体内,并可穿越胎盘屏障直接影响胎儿的发育,造成胎儿生长缓慢、瘦小,严重者还会导致流产、早产和死胎。

三、环境因素

(一)物理因素

1. 辐射

1945年原子弹在日本广岛和长崎爆炸后不久,科学家开始意识到辐射的严重危害。在爆炸现场800米之内的孕妇生出的都是死胎;距离爆炸现场2000米的孕妇中75%生出的孩子是严重残疾,不久后死去,而那些幸存下来的婴儿通常智力落后。

辐射包括电离辐射和电磁辐射。电离辐射包括X、镭、氡、中子辐射等。电离辐射对胎儿造成的影响包括基因突变及染色体畸变,宫内生长迟缓或出生后生长迟缓,宫内死亡及流产,新生儿死亡或先天畸形,智力障碍,骨骼畸形,视觉丧失,腭裂,四肢缺损,先天性白血病等。病变严重的程度与所受剂量的大小及受射线时的妊娠周数有关。

人脑在发育的第8~15周对电离辐射特别敏感,此时接受辐射可造成小头畸形及生后精神发育迟滞、癫痫等。日本广岛和长崎有多项报告,孕期4周内接受电离辐射可引起胚胎死亡。孕期8~15周遭受原子弹爆炸辐射会影响出生后的儿童,其智商平均降低21~29分。在关键期内接受电离辐射可引起暴露组45%的新生儿精神发育迟缓,至学龄时平均智商降低30分。

电磁辐射是电磁场的一种,对孕妇和胎儿发育有影响的电磁辐射源主要有电热毯、加热床、电源线、视频显示终端(VDT)及其他职业性电磁辐射接触。

手机通话是通过高频电磁波将电讯信号发射出去的,这种高频电磁波会导致胚胎和胎儿组织损伤。如果是在胚胎形成期受到辐射,有可能导致流产;若是在胎儿神经系统发育期受到辐射,可能导致婴儿智力低下。妊娠早期受到辐射的危险比妊娠中、晚期大得多。

国内有报道称,VDT(视频显示终端)接触组妊娠剧吐、先兆流产、自然流产及月经异常的发生率均显著高于对照组。国外一些研究显示,暴露于视频显示终端不仅可能引起先天畸形、胎儿宫内发育迟缓等,还可明显增加不孕的危险性。另外,电热毯产生的低频磁场易引起胎儿发育不良或造成孕妇早期流产。如果在早孕阶段使用电热毯,危险性会更高,同时随着使用时间增加,危险性也会相应提高。

2. 噪声

噪声是在一定环境中不应有而有的声音,泛指嘈杂、刺耳的声音。接触强烈噪声不仅会对孕妇的健康产生危害,而且也会对胎儿产生许多不良的影响。

孕妇长期接触噪声,会影响受精卵的正常发育,还可导致流产、早产。噪声可以间接干扰胎儿发育,甚至直接作用于胎儿的遗传基因,引起突变致畸。美国的儿科医生对万余名婴儿作了研究,结果证实在机场附近地区,90分贝噪声区或其他等强噪声区内出生的婴儿畸形率从0.8%增加到1.2%,主要是脊椎畸形、腹部畸形和脑畸形。另有报告介绍,自述在妊娠3个月接触噪声者与国际疾病分类中的染色体异常及其他类型的先天性异常有关。

噪声还可损害胎儿听力。研究指出,由于胎儿的内耳耳蜗在整个孕期乃至出生后30天均处于成长阶段,极易遭受低频率噪声的损害。一项研究检测4~10岁的高频性耳聋儿童,发现其母亲可能在妊娠期间持续接触85~95分贝的职业性噪声(工作噪声)。胎儿内耳受到噪声的刺激,能使脑的部分区域受损,并严重影响智力的发育。

孕妇应尽量远离强噪音的环境。理想的声强环境是10~35分贝。

3．超声波

目前绝大多数专业人员认为,临床常规应用超声波,对孕妇和胚胎都无明显的不利影响,是一种安全可靠的诊断或治疗技术。但也有人认为,超声波可能会对发育中的胚胎或胎儿造成不可逆的损害。

美国和瑞典的科学家指出,B超对胎儿的发育有一定的影响。其一是B超影响胎儿大脑发育。在胚胎形成初期,胎儿大脑中的神经细胞极易受到外界影响,在B超的作用下,胎儿的脑神经细胞会随之震动,大脑发育自然会受到影响。其二是震动胎儿耳膜。美国听力协会的科学家宣称,孕妇在做B超的时候,超声波对胎儿耳膜的震动如同地铁列车进站,虽然一般不会给胎儿造成长期的、严重的后果,但如果恰巧B超仪的探头正好对着胎儿的耳朵,那么声波强度就会过大。专家建议一般的产前超声波检查应该采用最小化原则,避免不必要的B超检查。

4．高温

大量动物实验和对人类的流行病调查证实,孕早期受到物理性的有害因子,如洗过热的热水浴、盛夏中暑、高温作业、剧烈运动等,都可使孕妇体内产热增加或散热不良而致高热。在高温环境下胚胎极易受到伤害,物理性的有害因子会杀死那些分裂中的细胞,使该组织停止发育,特别是胎儿的中枢神经系统最易受损伤,造成畸胎,严重者可致胚胎夭亡。波士顿大学医学院研究了22 000多名孕妇,发现在怀孕的头2个月内洗过桑拿浴的孕妇所生的孩子患神经组织畸形的比没有洗桑拿浴的人多3倍。

（二）化学因素

在工业化国家中,含有各种有害物质的工业废水、废气被释放到环境中,也会影响胎儿发育。如铅、汞、苯等已经被证实对人类胚胎发育有害。有机溶剂、一氧化碳、镉和麻醉性气体对人类也有发育毒性。

1．铅及其化合物

铅是一种能影响到身体很多系统的有毒物质,是公认的致畸剂。职业性铅接触、汽车尾气,以及苯、甲苯、二甲苯等房屋装饰材料,是铅污染的主要来源。另外陶瓷、油漆、化妆品、染发剂、电池等都存在铅污染。妊娠期的铅污染,不仅可以影响孕妇的健康,也能影响胎儿的正常发育,这种不利的影响对两者都将是长远的。

孕妇长期暴露于铅污染中,易导致低体重儿,胎儿发育迟缓、智力低下,并带有各种各样的身体缺陷。国内外研究发现,宫内铅暴露使胎儿神经系统发育的三个时期均受到损害,即脑细胞的增殖、神经纤维的延伸和突触的形成。有研究发现铅对孕期血压的影响明显,随着血铅水平增高,血压也不断上升。另外,铅和铁由于都是阳离子,在吸收和利用过程中产生竞争,血铅含量过高会影响铁的吸收,从而引起妊娠期缺铁性贫血。

2. 汞及其化合物

汞元素是一个对中枢神经系统有潜在毒性并被人类广泛接触的重金属元素。在 20 世纪 50 年代，日本一家工厂将汞含量很高的废料释放到熊本县水俣地区提供食物和水源的河湾。在此时段出生的许多儿童智力发育迟缓，而且还表现出了其他的严重症状，如语言不正常、咀嚼吞食困难、动作不协调等。对死去的儿童尸解后发现，他们的大脑大面积受损。水俣病患儿是因甲基汞通过胎盘或母乳进入婴儿体内所致。

鉴于汞对胎儿的潜在危害，有专家建议，育龄妇女职业接触汞的限值，汞蒸气不应超过 0.01 毫克/立方米；无机汞和汞盐不应超过 0.02 毫克/立方米；苯汞不应超过 0.2 毫克/立方米。

3. 妊娠期药物

孕妇患病可以危及胎儿，应用药物治疗可以间接地有益于胎儿生长发育，但有的药物也可对胎儿产生不利的影响。一种名叫"反应停"的药物曾经带给人类空前的灾难。在 20 世纪 60 年代初，西德一家医药公司投放市场一种新药——反应停。反应停可以减轻孕妇的恶心、呕吐及无可名状的难受等症状，还有镇痛、止痛、平静神经、提高睡眠等作用。它的销售一时间遍及整个西方世界，很多孕妇在怀孕早期服用了它。然而，孕妇服用该药后婴儿常有严重的肢体畸形，四肢短小或缺失，形状酷似海豹，故称海豹状畸形，同时还能导致无耳、无眼及心脏、胃肠道或泌尿生殖道畸形。调查显示，反应停的致畸敏感期为受精后 21～40 天内，在此时间段以外服用反应停，一般不会导致胎儿的出生缺陷。反应停的惨剧使人们开始怀疑孕妇服用的药物可能对未出生的孩子造成伤害。

实验研究表明，胎儿容易受到药物的影响。如四环素可使胎儿骨生成延缓及牙釉质发育不全；链霉素可使听功能减退；抗癫痫药和安定可致胎儿慢性中毒，产生中枢抑制、凝血功能障碍。特别是头 3 个月胎儿生长发育极其活跃，这时给孕妇用药不当可造成胎儿畸形。因此，在妊娠前 10 周最好不用或少用药，在整个孕期用药需特别小心。必要时应在医生指导下选用比较安全的药物。

阅读框 3-1　胚胎致畸的敏感期

发育中的胚胎受到致畸作用后，是否发生畸形和发生什么样的畸形，不仅决定于致畸因子的性质和胚胎的遗传特性，而且决定于胚胎受到致畸因子作用时所处的发育阶段。胚胎发育是一个连续的过程，但也有着一定的阶段性，处于不同发育阶段的胚胎对致畸作用的敏感程度也不同。受到致畸作用最易发生畸形的发育阶段称为致畸敏感期（susceptible period）。

胚前期是指受精后的前两周，此期的胚胎受到致畸作用后容易发生损害，但较少发生畸形。因为此时的胚胎细胞的分化程度极低，如果致畸作用强，胚胎即死亡；如果致畸作用弱,少数细胞受损死亡,多数细胞可以代偿调整。

　　胚胎期是指受精后第3周至第8周,此期胚胎细胞增生、分化活跃,胚体形态发生复杂变化,最易受到致畸因子的干扰而发生器官形态结构畸形。所以,胚胎期是最易发生畸形的致畸敏感期。由于胚胎各器官的分化发生时间不同,其致畸敏感期不同(图3-1)。

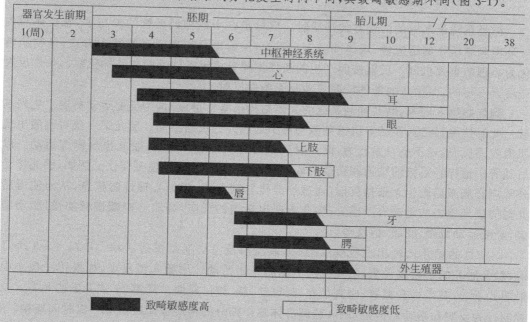

图3-1　人胚胎主要器官的致畸敏感期

　　胎儿期是胚胎发育最长的一个时期,起自第9周,直至分娩,此期胎儿生长发育快,各器官进行组织分化和功能分化,受致畸作用后也会发生畸形,但多属组织结构和功能缺陷,一般不出现器官形态畸形。所以,胎儿期不属致畸敏感期。

　　另外,不同致畸因子对胚胎的致畸敏感期也不同。例如风疹病毒的致畸敏感期为受精后第1个月,畸形发生率为50%;第2个月便降为22%,第3个月只有6%～8%。反应停的致畸敏感期为受精后21～40天内。

　　(资料来源:邹仲之. 组织学与胚胎学. 第5版. 北京:人民卫生出版社,2001,第300页)

第三节　胎儿的能力与胎教

　　近20年来由于超声影像和其他科学技术的应用,我们逐渐了解到胎儿所具有的种种神奇能力。胎儿具备了运动、视觉、听觉、嗅觉、触觉等能力,并且产生了思维和记忆,这是科学胎教的基础。

一、胎儿的能力

(一)胎儿的反射能力

神经系统最基本的活动方式是反射。反射是在中枢神经系统的参与下,有机体对内外环境刺激所作的适应性、规律性反应。因此,反射也是心理活动的基本方式,是物质转化为心理的重要机制。反射按照产生的条件不同分成无条件反射与条件反射。条件反射是后天习得的,而胎儿的条件反射只涉及无条件反射。

到妊娠第 8 周末,胎儿神经系统的大体结构已基本形成,这为反射运动奠定了生理基础。此时接触、压迫、震动等机械刺激均可引起胎儿的反射活动。胎儿第一次对刺激出现肌肉收缩反应,这不是自发行为,而是对刺激的直接应答。随后,胎儿出现侧弯运动。以后随着中枢神经系统的结构和功能的成熟,胎儿的反射活动呈现多样化。例如,胎儿接受外界声音刺激后产生无条件反射,通过神经传导到大脑,成为心理性的信息,从而使得胎儿对周围环境中的刺激有所感觉,胎儿表现出适当的反应,如胎心率减慢或加快,胎动增多,呼吸运动减慢、眨眼、惊跳等。

3 个月的胎儿已经出现吸吮反射、抓握反射及巴宾斯基反射活动。胎龄 4～5 个月时,触及胎儿的上唇或舌头,胎儿会产生嘴的开闭活动。用胎儿镜发现,如果用一根小棍触胎儿手心,其手指会握紧;碰其足底,趾可动,膝、髋可屈曲。从第 17 周开始胎儿由大脑控制行为反应和活动。但是,从大脑到身体各个部分的神经通路还需要一定时间连接。

(二)胎儿的感觉能力

感觉是一切高级和复杂心理活动的基础。国内外的大量研究表明,胎儿不仅是一个生命体,而且是积极、敏锐的人。胎儿在生长发育的过程中,对外界刺激的感受能力在不断增强。

1. 视觉

妊娠第 7 周,眼睛形成。第 10 周,出现连接眼球和大脑的视神经。第 12 周出现眼睑。第 24 周眼睑打开。

胎儿的视觉发育较晚,主要与胎儿在子宫内缺少光线刺激有关。从怀孕第 4 个月起,胎儿就对光线十分敏感。母亲进行日光浴时,胎儿就可通过光线强弱变化感觉出来。胎儿在 6 个多月时就有了开闭眼睑的动作,特别是在孕期最后几周,胎儿已能运用自己的感觉器官了。当一束光照在母亲的腹部时,睁开双眼的胎儿会将脸转向亮处,他看见的是一片红红的光晕,就像用手电筒照在手背时从手心所见到的红光一样。现代医学用超声波观察发现,用电光一闪一灭照射孕妇腹部,胎心率即出现剧烈变化。

2. 听觉

在胎儿的几种感觉器官中最为发达的是听觉系统。在 4 个月时胎儿的听觉系统已经建立,6 个月时胎儿的听力几乎和成人相等。胎儿听阈(能听到声音强度)在孕 27～29 周约为 40 分贝。凡是能透过身体的声音,胎儿都可以感知到。这是因为人体的血液、体液等液体传递声波的能力比空气大得多。这些声音信息不断刺激胎儿的听觉器官,并促进其发育。突然的高频音响可以使胎儿的活动增加;反之,低频音响可使其活动减少。胎儿对 500～1 500 赫兹的声音感觉比较舒服,喜欢听节奏平缓、流畅、柔和的音乐,讨厌强烈、快节奏的摇滚乐,更害怕各种能致命的噪音。8 个月的胎儿能够区别声音的种类,听出音调的高低、强弱,能分辨出父亲或母亲的声音,并对较低频的父亲的声音更敏感。

3. 触觉

胎儿的触觉出现得早,甚至早于感觉功能中最为发达的听觉。由于黑暗的宫内环境限制了视力的发展,所以胎儿的触觉和听觉就更为发达。孕 2 个月起胎儿已经有皮肤感觉,孕 10 周左右,胎儿皮肤已有压觉、触觉功能。4～5 个月胎儿的触觉与出生后周岁孩子的触觉水平相当。当母亲的手在腹部摸触到胎儿的脸时,它就会做出皱眉、眯眼等动作。如果在腹部稍微施加一些压力,它立刻就会伸出手或者脚予以回应。通过胎儿镜观察发现,当接触到胎儿的手心时,它马上就能握紧拳头作出反应,而接触到其嘴唇时,它又努起小嘴作出吮吸反应。

4. 嗅觉

胎儿的鼻子早在妊娠第 2 个月就开始发育。孕 6 个月时,嗅觉开始发育,胎儿能够嗅到母亲的气味并记忆在脑中。到了第 7 个月,鼻孔就能与外界相互沟通。但是,由于胎儿被羊水所包围,所以它虽然已经具备了嗅觉,却毫无用武之地,自然其嗅觉功能也就不可能得到较大的发展。

5. 味觉

同鼻子一样,胎儿的嘴巴也发育于妊娠第 2 个月。胎儿 12 周时舌上出现味蕾,味觉在孕 26 周形成。从孕 30 周开始,胎儿已经有了发达的味觉,对羊水的味道有一定的鉴别力。孕 8 个月时,味觉感受性增强,胎儿能够辨别甜和苦的味道。孕期快结束时,胎儿的味蕾已经发育得很好,而且喜甘甜味。

新西兰科学家艾伯特·利莱通过一个简单的实验证明胎儿的味觉在 4 个月时已经出现,他在孕妇的羊水里加入了糖精,发现胎儿正以高于正常一倍的速度吸入羊水。而当他向子宫内注入味道苦涩的油性液体脂醇时,胎儿立即停止吸入羊水,并开始在腹内乱动,胎儿吸吮的次数明显减少。

(三)胎儿记忆的形成

胎儿的大脑在第 20 周左右形成。孕 5 个月时,脑的记忆功能开始工作。孕 7～8 个月时,大脑皮质已经相当发达。妊娠 32 周,胎儿大脑已如新生儿。通过脑电波已经清楚地分辨出胎儿的睡眠状态和觉醒状态,这是胎儿意识的萌芽时期。

1985 年前后,法、美、英三国科学家分别采用不同的实验方法证实了胎儿末期(8 个月左右)已发生了听觉记忆。德卡斯珀(DeCasper,1986)要求 16 名孕妇在孕期的最后 6 周每天大声朗读《帽子里的猫》,时间积累共达 5 个小时之久。在婴儿出生 2 天后让他吸一个奶嘴,同时找一台录音机,当婴儿用一长一短的吸法时,录音机就播放《帽子里的猫》的录音。结果大部分婴儿采用一长一短的吮吸法。德卡斯珀认为,这是婴儿的"知觉选择"受到出生前"听觉经验"的影响,表明胎儿已具有记忆能力。李虹(1994)在胎教音乐对胎儿影响的实验研究中发现,接受胎教音乐组胎儿出生后对音乐的反应显示了对音乐的偏好倾向,这是对音乐刺激的再认能力,说明胎儿后期已存在听觉记忆。研究还发现,胎儿对母亲的声音感到熟悉而产生安全感,是因为胎儿反复听到母亲的声音而产生了记忆。

胎儿在宫内接受了大量的信息,能判断其是否重要,决定对哪一类信息作出反应,还要将某些信息传递的记忆储存起来,这就是思维和记忆在工作。

二、胎教

胎教(prenatal training)是优生学的一个重要环节,主要指孕妇自我调控身心的健康与欢愉,为胎儿提供良好的生存环境;同时也指给生长到一定时期的胎儿以合适的刺激,通过这些刺激,促进胎儿的生长。从胎教的内容来看,胎教的实质是在产前对胎儿大脑生长发育的一种来自于环境的干预,目的是最终促进胎儿大脑网络的丰富化。

现代医学证明,胎儿有接受教育的潜在可能,主要是通过中枢神经系统与感觉器官来实现的。胎儿在 6 个月时,大脑细胞的数目已接近成人,各种感觉器官趋于完善,对母体内外的刺激能做出一定的反应。孕妇此时开始对胎儿实施每天定时的声、光、触摸的刺激,可以使与感觉、运动、思维、记忆等密切相关的大脑神经更丰富,有利于胎儿出生后的智力开发。

目前,国内外广泛采用的胎教措施主要有以下几种:

(一)音乐胎教

音乐胎教是世界公认的最有效的胎教方法。出生前 3 个月的胎儿大脑皮层的发育已经使胎儿开始具备了在中枢神经系统参与下对内外环境进行规律性应答的能力。音乐胎教只要达到胎儿的听阈,就有完整的神经反射途径,引起运动器官、植物神经系统和内分泌的改变。音乐胎教无论是对于听觉系统敏感性的提高,还是对于大脑皮层神经元突触的连接增加都是有益的。

音乐胎教主要是以声波刺激胎儿听觉器官的神经功能,激发大脑突触迅速发育。从孕 16 周起,便可有计划地实施。每日 1～2 次,每次 15～20 分钟,选择在胎儿觉醒有胎动时进行。孕妇可以通过收录机直接播放，亦可使用胎教传声器。胎教音乐的节奏宜平缓、流畅，乐曲的情调应温柔、甜美。在胎儿收听音乐的同时，孕妇应随着音乐表现的内容进行情景的联想，力求达到心旷神怡的意境，借以调整心态，增强胎教效果。

（二）抚摸胎教

孕四五个月后，孕母在睡前可以慢慢地沿腹壁抚摸胎儿或轻轻弹叩、拍打、触压腹壁，刺激胎儿活动，使胎儿做"宫内体操"，每天5～10分钟。

婴幼儿的天性是需要爱抚。胎儿受到母亲双手轻轻的抚摸之后，亦会引起一定的条件反射，从而激发胎儿活动的积极性，形成良好的触觉刺激，通过反射性躯体蠕动，促进大脑功能的协调发育。孕妇每晚睡觉前先排空膀胱，平卧床上，放松腹部，用双手由上至下，从右向左，轻轻地抚摸胎儿，就像在抚摸出生后的婴儿那样，每次持续5～10分钟。但应注意手活动要轻柔，切忌粗暴。

（三）言语胎教

言语胎教是胎儿的父母与胎儿讲话，给大脑新皮质输入最初的语言印记，促进胎儿听力、记忆力、观察力、思维能力和语言表达能力方面的发育。

孕20周，胎儿的听觉功能已经完全建立。母亲的说话声不但可以传递给胎儿，而且胸腔的振动对胎儿也有一定影响。因此，孕妇要特别注意自己说话的音调、语气和用词，以便给胎儿一个良好的刺激印记。对话胎教要求父母双方共同参与，因为男性的低音是一种良性的声波刺激。同时，父母要把胎儿当作一个懂事的孩子，经常和他说话、聊天或唱歌谣给他听，这对胎儿的情感发育具有莫大益处。对话的内容不宜太复杂，最好在一段时间内反复重复一两句话，以便使胎儿大脑皮层产生深刻的记忆。

（四）光照胎教

从孕24周开始，每天定时在胎儿觉醒时用手电筒（弱光）作为光源，照射孕妇腹壁胎头方向，每次5分钟左右，结束前可以连续关闭、开启手电筒数次，以利于胎儿的视觉健康发育。但切忌强光照射，同时照射时间也不能过长。

通过以上各种方法综合地对胎儿进行教育、训练，沟通信息，可以形成父母与胎儿之间的相互结合，对于出生后婴儿的智力开发十分有利。对孕期中进行的各种胎教训练，均应详细地记录下来。例如，胎动的变化是增加还是减少，是大动还是小动，是肢体动还是躯干动等等。经过一段训练后，即可总结一下胎儿对某种刺激是否建立起特定的反应或规律。这样将有助于医生对胎儿发育情况的了解。在此期间，一定不要忘记对孕妇本身实施的其他一切保健措施。

阅读框 3-2　胎教音乐的选择和播放

胎教音乐的选择可以根据孕期的不同时段来安排。

一、受孕早期

这一时期超过 60% 的女性会出现如恶心、呕吐等比较强烈的妊娠反应,这容易使初孕妇女在生理上感到疲劳,心理上感到焦虑、不安甚至恐惧。此时选择优美、轻松的音乐可使孕妇达到稳定情绪和消除疲劳的作用。《春江花月夜》就是其中的代表。孕妇不仅能从中感受到乐曲的优美,而且在内心也随之勾勒出一幅色彩柔和、清丽淡雅的山水长卷,从而在情景交融中达到解乏、怡情的目的。

二、怀孕 24 周以后

怀孕 24 周以后是整个孕期最舒服的阶段,因为这期间胎儿已经渐渐发育成熟,有了胎动和基本的听觉功能。因此在胎教音乐的选择上主要以陶冶和调节孕妇情操、情绪为目的。古典音乐是最佳选择,因其节奏、速度与母亲每分钟 72 次左右的心跳音相近,而胎儿对母亲的心跳音最有安全、亲密感。例如海顿的《小夜曲》、门德尔松的《春之歌》、柴可夫斯基的《b 小调第一钢琴协奏曲》等。这些乐曲素材新颖明晰,曲调中充满了青春与温暖的气息,宽广而壮丽的景象顿现眼前,使人犹如置身于春的田野。当腹内的胎儿接受了孕妇美好的心理信息以后,也会产生美感从而更好地促进大脑及听觉的发育。

三、受孕晚期

随着胎儿逐渐发育成熟,受孕晚期的孕妇身体日渐笨重,心理上也由于分娩期的日益临近而越发紧张,这时应选择既柔和而又充满希望的乐曲,如舒曼的《梦幻曲》。此曲具有动人的抒情风格和芬芳的幻想色彩。在欣赏时孕妇应随着柔美平缓的主旋律,展开联想,回忆童年的美好时光,能缓解甚至克服临近分娩带来的恐惧和焦躁心理,憧憬宝宝诞生后的幸福生活。另一首是莫扎特的《0 大调双钢琴奏鸣曲》。此曲均衡对称,风格严谨,对处在中晚期胎儿的大脑认知功能发育有很大帮助。

（资料来源：张玲. 论胎教音乐的选择及正确运用. 黄河之声. 2008,19：122-123）

本 章 小 结

个体的生命是从受精卵的形成开始的。受精卵不断地分裂和复制自身,经过 38 周的时间便发育成一个呱呱坠地的新生儿。受精卵形成后的 38 周所发生的主要变化可以分为三个阶段,即胚种期(0～2 周)、胚胎期(3～8 周)和胎儿期(9～38 周)。

分娩是指胎儿生长发育成熟而从母体子宫向外排出的过程。生产过程并不总是顺利的,可能出现难产等情况。另外,有三种出生并发症可能对婴儿的发展产生消极影响,它们是缺氧症、早产和低体重。如果婴儿不是受到永久性的大脑损伤,由孕期和出生过程中的并发症所引起的各种问题一般都能及时克服。

　　遗传、母体和环境因素将使孕期胎儿的发展变得更加复杂。诸如遗传疾病、母亲自身条件(体重、身高、孕史、年龄、营养)、母亲疾病、母亲不良情绪和行为(情绪压力、吸烟、酗酒、吸毒、饮用咖啡)和环境因素(物理因素和化学因素)都可能影响发育中的胚胎和胎儿,阻碍其成长或者导致生理缺陷。胚胎期是最易发生畸形的致畸敏感期。

　　到妊娠第8周末,胎儿神经系统的大体结构已基本形成,这为反射运动奠定了生理基础。胎儿的条件反射只涉及无条件反射。胎儿已具备运动、视觉、听觉、嗅觉、触觉等能力,并且产生了思维和记忆。因此,进行科学的胎教有助于刺激胎儿能力的发展。

复习思考题

1. 简述孕期的发展过程,为什么会产生畸胎?
2. 影响胎儿正常发展的因素有哪些?
3. 胎儿所具备的能力表现在哪些方面?
4. 思考胎教的科学性以及如何正确实施胎教。

第四章

婴儿心理发展

【学习目标】

　　通过本章的学习,使学生认识婴儿心理发展特点和规律,掌握婴儿动作发展的规律和意义、言语发展理论和一般模式、婴儿注意和记忆发展特点、婴儿自我意识发展、婴儿气质类型和特点、婴儿依恋发展模式和类型、婴儿同伴关系发展阶段,了解婴儿生理发育、婴儿动作发展对心理发展的意义和训练方法、婴儿感知觉发展和思维发展、婴儿情绪发展特点、婴儿气质对教养的意义、婴儿依恋的影响因素。

【关键概念】

　　语言获得装置(language acquisition device,LAD),视崖(visual cliff),视觉偏好法(visual preference method),习惯化范式(habituation paradigm),直觉行动思维(intuitive action thinking),AB错误(AB error),陌生人焦虑(stranger anxiety),延迟满足(delay of gratification),依恋(attachment),陌生情景程序(stranger situation procedure),同伴关系(peer relation)

　　经历了10个月的期待,康可和俞妮终于迎来了他们的女儿晓晓。虽然之前他们做好了准备,但晓晓的出生还是使他们有些手忙脚乱。这个小家伙睡睡,醒醒,有时还哭起来。晓晓一哭,俞妮就想到是饿了,就赶紧给她吃奶,半夜也经常起来喂几次奶。但有时俞妮也拿不准,晓晓到底是饿了还是尿了。有时晓晓哭得急,俞妮就想她是病了吗?

　　到晓晓三四个月大的时候,她的生活节奏变得有规律了,醒着的时间多了些。康可和俞妮的经验也较丰富了,大概知道什么时候该喂奶了,什么时候该哄她睡觉了,她为什么哭,为什么笑了。在她情绪愉快的时候,俞妮就逗晓晓,跟她说很多话,这时晓晓会用眼睛看着妈妈,好像认真地听妈妈讲话。

五六个月时,晓晓能用手抓住自己的脚了,有时把手指头放到嘴里。晓晓还能翻身了,这让俞妮吃惊不小。俞妮跟她说话时,晓晓的小嘴也在动,发出叽叽咕咕的声音,好像在跟妈妈说话。

七八个月时,晓晓已经会坐起来了,甚至想爬。但她使了很大的劲,却在向后爬。康可和俞妮笑得合不拢嘴。当晓晓能快速爬行的时候,俞妮意识到女儿的安全问题的重要性。这以后再到厨房去的时候,俞妮都会先把晓晓放到一个安全的地方,然后尽快回到卧室。有时晓晓发出了"Ma—Ma\Ba—Ba"的音,听起来像在叫"妈妈、爸爸"。到晓晓10个月时,俞妮上班了,从家走出去要趁晓晓没在意的时候,否则晓晓就会哭着不让妈妈走;妈妈下班回到家里,晓晓就高兴地扑到妈妈怀里。

约11个月的时候,晓晓能扶着床头自己站起来了,很快就能摇摇晃晃走起来了。这时晓晓会叫"爸爸、妈妈"了,康可和俞妮非常高兴。1周岁时,晓晓走得更好了。俞妮再去上班时,晓晓还是不情愿妈妈离开,但不会哭得那么厉害了。

2岁时,晓晓不仅走得又快又稳,而且可以双脚并齐向上跳,能独自上下楼梯。已能说简单的歌谣,能按成人指示吹灭生日蛋糕上的两支蜡烛了。

接近3岁时,晓晓能跨过地上的小水沟、石头等障碍物,还喜欢踩着地上的线条或踢着路上的小石子走,也能双脚交替上下楼梯了。双手也越来越灵活,会扣纽扣、使用筷子、穿脱袜子等,还会拿笔涂色、捏泥、折纸、粘贴画、玩拼插玩具等。晓晓可以把一些白天发生的事情说给俞妮,俞妮再也不用费心揣摩晓晓的需求了。这时康可和俞妮开始考虑让晓晓上幼儿园了。

婴儿期是儿童0～3岁的时期,是儿童生理发育和心理发展最迅速的时期。在这3年中儿童的变化巨大,作为人类特点的直立行走、双手动作、言语交际能力逐步发展起来。新生儿都有哪些惊人的能力?他们的动作是怎样发展起来的?为什么在短短3年中儿童就能学会使用母语进行交流?等等。这一章就是要重点介绍这些内容。由于近几十年婴儿研究的快速发展,逐渐改变了原来人们对婴儿"软弱无能"的认识,人们相信婴儿远比我们过去所想象的聪明,因此这一章的内容比以前要丰富得多。

第一节　婴儿的生理发育

婴儿生理发育是指大脑和身体在形态、结构及功能上的生长发育过程。大脑和神经系统的活动是心理活动的基础,婴儿的生理发育直接影响和制约着婴儿心理的发生和发展。

一、婴儿的神经系统发育

（一）大脑形态发育

1.脑重

婴儿出生时脑重量约为 350～400 克,是成人脑重的 25%,而这时婴儿体重只占成人的 5%。此后第一年内脑重量增长速度最快,6 个月时为出生时 2 倍,达到 800～900 克,占成人脑重的 50%。儿童体重要到 10 岁时才达到成人的 50%,可见,婴儿大脑发育大大超过身体发育的速度。第一年末时婴儿脑重接近成人脑重的 60%,达 800～900 克。到第二年末时脑重约为出生时 3 倍,约 1 050～1 150 克,约占成人脑重的 75%。3 岁时婴儿脑重已接近成人脑重范围,以后发育速度变慢。15 岁达成人水平。出生后脑重的增加主要是因为神经细胞体积增大和树突的增多、加长,以及神经髓鞘的形成和发育。

2.头围

新生婴儿头围平均为 34 厘米,为成人的 60%,6 个月时为 42 厘米,1 岁时为 47 厘米,2 岁时为 48～49 厘米。10 岁时达到成人头围,平均为 52 厘米。

如果孩子的头围明显地超出上述数字,如新生儿的头围超过 37 厘米,就属于"大头"。其实,头大有时候还是某些疾病的表现。例如,佝偻病的患儿头颅不但大,而且颅骨软,脑积水和巨脑症的患儿头围比正常婴儿大,脑的重量也比正常婴儿重,但他们的智力却比正常婴儿低。如果新生儿的头围小于 32 厘米,或 3 岁后小于 45 厘米,则为"小头畸形"。

（二）大脑结构发育

1.神经元

大脑皮质的神经细胞于胎儿第 5 个月即开始增殖分化,到出生时,神经细胞数目已与成人相同。从脑开始发育时算起,神经元的数量就以每分钟 25 万个的速度递增,到出生时最多,达到大约 1000 亿个。神经元的形态大小各异,标志着它们最终将要行使的职责不同。一个神经元一旦发育成熟,本身会发生几个重要变化：

（1）轴突分支

轴突是从神经细胞体发出的一根较长的分支,其作用是将胞体发出的冲动传递给另一个神经元。轴突再发出几个分支和其他的神经元发生接触,来自轴突的动作电位在各个分支上同时传递,最终达到不同的目标。

（2）树突生长

树突位于神经元的末梢,和其他的神经元发生接触。它们看上去像一棵树的分叉,但一个神经元的树突之间永远不会发生接触。

（3）传导信息

两个神经元的树突快要接触的地方有一点很小的缝隙叫突触,化学物神经介质就在这里流动。这些神经介质携带着信息,从一个神经元传递到另一个神经元。神经元、树突和突触之间相互协作的作用尤其重要,因为突触的构成将最终决定信息在脑部的传递方式。而人早期的经历恰恰决定其突触的构成。

2.突触

婴儿在出生时,大约有 50 万亿个突触连接,相当于成年人的 1/10,突触密度远低于成年人。出生后几个月内,突触数量迅速增加。3 岁时,婴儿突触连接的数目大致是成人的 2 倍,大概是 1 000 万亿个。4 岁左右儿童,其大脑皮层各区的突触密度达到顶峰。在整个儿童期,突触密度保持在显著高于成年人的水平,到青春期,突触数目逐渐减少,儿童的突触连接数目和成人大致相当。

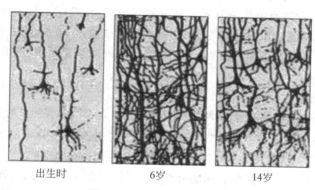

出生时　　　　　　　6岁　　　　　　　14岁

图 4-1　人脑的突触密度图

为什么一个婴儿拥有的突触连接会超过他最终所需要的数量呢? 答案似乎是,只有有了大量丰富过剩的突触连接,婴儿才能学会处理他所面临的新环境。最终,大脑学会了使用俄语或波斯语,学会了用筷子或刀叉吃东西,学会了在南美丛林中跟踪猎物或者在纽约的大街小巷中穿行。那么,为什么后来突触连接的数目又会减少呢?

研究证明,突触之间存在竞争,取胜的关键在于经验。一个突触被使用的机会越多,它就越有可能被永久保留下来。而那些不被经常使用的突触通常就会枯萎或死亡。这个过程,科学家们称之为突触演变。通过突触演变,脑在处理信息时会变得效率非凡。

3.髓鞘化

髓鞘是一层包裹在神经元外部以使神经元之间彼此隔离的髓磷脂。神经髓鞘形成以后,就像电线加上了包皮一样,能使神经兴奋沿着一定的道路迅速传导,而不致蔓延泛滥。神经纤维髓鞘是逐步形成起来的,全部皮质神经纤维的髓鞘化,还要经过很多年的时间才能完成。它的作用在于使神经元分工更加明确,传递信息更快,效率更高,一旦受激发就发生连锁反应。神经髓鞘的形成,是脑内结构成熟的重要标志。婴儿到了 3 岁,髓鞘化的过程接近完成。

(三)大脑功能发育

1. 脑电波

脑电波(electroencephalogram,EEG)是从安放在头皮上的电极记录的脑电活动,广泛应用于临床儿童神经病,也是儿童脑发育的一个重要且使用较早的指标,它随年龄的变化可反映皮层的发育,可用来评价认知功能并加深我们对脑成熟和行为发展的关系的理解。

脑电可分为不同频段,即 δ 波(<4Hz)、θ 波(4~7Hz)、α 波(8~12Hz)、β 波(13~30Hz)、γ 波(30~70Hz,以 40Hz 为中心),它们有不同的发展模式。

有研究证实,5 个月的胎儿已显示出脑电活动,8 个月后则呈现出与新生儿相同的脑电图。新生儿觉醒时的脑电波大部分是 δ 和 θ 慢波,快波(α 和 θ)随着年龄的增加而增长。出生后 5 个月是婴儿脑电发展的重要阶段。低频段从第 1 年开始逐渐减少,α 波的增长一直持续到青少年期。

2. 大脑单侧化

看起来似乎是完全对称的大脑两半球,实际上在大小和重量上,尤其在功能上是有差异的。这种大脑两半球功能不对称性称为"单侧化"。左、右两半球在实现语言、逻辑、数学和空间认知、雕刻、音乐等方面有功能上的差异。

1861 年,布洛卡发现大脑左半球额叶受损伤导致运动性失语症,向人们揭示了左半球的语言功能。因此,对右利手者来说,左半球为言语优势半球。然而对右半球的功能,长期以来一直不很清楚。近几十年研究发现,右半球也有着单侧优势的重要功能。右利手者在右半球受损伤时,他们在空间和形象认知方面产生障碍,尤其在空间定向和对复杂图形的知觉过程中,但是这种现象在左利手患者中有时并不十分清楚。与右利手者正相反,有的左利手者的右半球为语言优势,左半球为空间知觉优势。但是,有许多左利手者的两半球功能全然没有单侧化现象。他们的两半球的功能是均衡的,任何一侧受损伤均可导致失语症,而且,未受损伤的半球能较好地补偿受损伤半球的语言功能。

大脑单侧化有一个明显的发展过程,它随着个体言语能力的日臻完善而逐渐显现出来。

1 岁之前,左右脑的功能尚未分化,而左右手也尚未分工,所以这个阶段的婴儿经常用双手来拿奶瓶,用双手、双脚来爬行。到了 2 岁时,左右脑逐渐分化,可以隐约看出宝宝习惯用哪一只手拿东西,用哪一只脚做动作。3 岁,婴儿的动作更协调,身体的各种动作反应变成反射性行为,不再需要大脑皮质来控制,因此,大脑皮质转而负责较高层次的学习认知工作了。4 岁,婴儿惯用手的习惯很明显,主动以惯用手来操作,对侧的大脑功能就是比较优势的。

二、婴儿的身体发育

随着年龄的增长,儿童身体各部分生长的速率是不同的。婴儿身体生长遵循两个普遍的原则,即头尾原则和近远原则。所谓头尾原则是指身体发育是从头部延伸到身体的下半部,即胎儿和婴儿的头脑比躯干和下肢先发育。如图所示,2个月胎儿的头部长度是身长的1/2,新生儿头部长度占身长的1/4;2岁时头部只占1/5,而成人的头部与身长的比例是1/7。

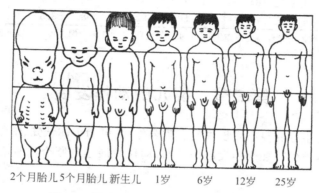

2个月胎儿 5个月胎儿 新生儿　1岁　6岁　12岁　25岁

图 4-2　婴儿至成人身体各部分发育的比例

所谓近远原则是指身体发育从身体的中部开始,逐渐扩展到外周边缘部分。即婴儿头部、胸腔和躯干最先发育,然后是大臂和大腿、前臂和小腿,最后是手和脚的发育。0～3岁婴儿身高和体重情况见表 4-1。

表 4-1　0～3岁儿童体重和身高参考值($\bar{x} \pm s$)

年龄	体重(kg)		身高(cm)	
	男	女	男	女
出生	3.33±0.39	3.24±0.39	50.4±1.7	49.7±1.7
1个月	5.11±0.65	4.73±0.58	56.8±2.4	55.6±2.2
2个月	6.27±0.73	5.75±0.68	60.5±2.3	59.1±2.3
3个月	7.17±0.78	6.56±0.73	63.3±2.2	62.0±2.1
4个月	7.76±0.86	7.16±0.78	65.7±2.3	64.2±2.2
5个月	8.32±0.95	7.65±0.84	67.8±2.4	66.2±2.3
6个月	8.75±1.03	8.13±0.93	69.8±2.6	68.1±2.4
8个月	9.35±1.04	8.74±0.99	72.6±2.6	71.1±2.6
10个月	9.92±1.09	9.28±1.01	75.5±2.6	73.8±2.8

续表

年龄	体重（kg）		身高（cm）	
	男	女	男	女
12 个月	10.49±1.15	9.80±1.05	78.3±2.9	76.8±2.8
15 个月	11.04±1.23	10.43±1.14	81.4±3.2	80.2±3.0
18 个月	11.65±1.31	11.01±1.18	84.0±3.2	82.9±3.1
21 个月	12.39±1.39	11.77±1.30	87.3±3.5	86.0±3.3
2.0 岁	13.19±1.48	12.60±1.48	91.2±3.8	89.9±3.8
2.5 岁	14.28±1.64	13.73±1.63	95.4±3.9	94.3±3.8
3.0 岁	15.31±1.75	14.80±1.69	98.9±3.8	97.6±3.8

（资料来自：九市儿童体格发育调查协作组，首都儿科研究所。2005 年中国九市 7 岁以下儿童体格发育调查。中华儿科杂志，2007，45(8)：609-614)

第二节　婴儿的动作发展

动作在个体的生存和身心发展中具有重要作用，可为个体认知、情绪与社会性等多方面的发展提供基本条件。在个体发展的早期，动作发展是判断个体身心发展正常与否的重要指标。

一、婴儿动作发展的一般规律

虽然不同个体的动作发展存在一定的差异性，但从与生俱来的无条件反射到有目的的复杂动作技能的发展进程来看，个体动作的发展过程均遵循一定的顺序原则。我国心理学家朱智贤(1980)把婴儿动作发展的基本规律概括为以下三条：

(1) 整分原则

即从整体动作向分化动作发展。儿童最初的动作是全身性的、笼统的、散漫的，以后才逐步分化为局部的、准确的、专门化的动作。例如，把毛巾放在 2 个月婴儿的脸上，就引起全身性的乱动；5 个月的婴儿开始出现比较有定向的动作，双手向毛巾方向乱抓；而 8 个月的婴儿，就能毫不费力地拉下毛巾。

(2) 首尾原则

即从上部动作向下部动作发展。如果使婴儿俯卧，他首先出现的动作是抬头，然后是俯撑、翻身、坐、爬、站立，最后是行走。这些动作是按着首尾顺序发展起来的。

(3) 大小原则

即从大肌肉动作向小肌肉动作发展。婴儿首先出现的是躯体大肌肉动作，如头部动作、躯体动作、双臂动作、腿部动作等，以后才是灵巧的手部小肌肉动作和视觉动作等。

陈帼眉(1989)进一步提出了个体动作发展的另外两条规律：

（1）从中央部分的动作到边缘部分的动作

婴儿最先发展的是头部和躯干的动作，然后是双臂和双腿有规律的动作，最后是手指的精细动作。

（2）从无意动作到有意动作

婴儿的动作发展也服从心理发展的规律，即从无意向有意发展。婴儿的动作随年龄增长，越来越受意识的支配，越来越具有目的性。

二、婴儿动作发展对心理发展的意义

动作是个体发展的重要领域，也是个体其他方面发展的基础。动作在个体生存和发展中具有重要的价值。

（一）动作是个体发展的重要领域

动作是个体与环境互动的重要手段，不仅是个体适应环境的工具，也是个体适应环境的产物。个体在适应环境的过程中，动作也逐渐发展起来。从反射性到操作性，从不随意到随意，从简单、不分化到复杂、分化，从泛化到准确。因此，动作本身就是个体发展的重要方面。

（二）动作是评价个体身心发展的重要指标

在生命早期，由于婴儿发展的成就主要在动作的发展上，而语言能力的局限也使婴儿其他方面的发展以动作发展为表现形式，因此，动作的发展成为评价儿童发展的重要指标。早在 19 世纪，儿童心理学创始人普莱尔就在他的著作中指出，儿童的动作反应就是其描述儿童发展的主要方面。从 20 世纪初开始，动作都是儿童发展评估的主要指标。目前，在婴儿发展评估中使用的各种量表，如 Bayley 量表、Denver 发展量表、Kent 婴儿量表，以及我国修编的中国儿童发展量表，都以动作发展为主要指标。动作发展滞后，尤其是具有标志性动作的发展滞后，被看作是儿童发展问题的表现。

（三）动作发展对个体心理发展的促进作用

婴儿动作的发展改变着婴儿与周围环境的关系。当新生儿只能整天躺在床上时，他的视野是非常有限的；当他能坐的时候，就能比躺着感受更多的刺激；当他能伸手够物时，他就能操纵物体，感受物体的特性；当他能爬甚至会行走时，他就能主动接近他感兴趣的物体，取得了探究物体的主动权。总之，动作发展拓宽了婴儿的视野，打开了一片认知新天地，为认知能力发展奠定了基础。

有研究发现，动作不仅对婴儿认知有重要促进作用，而且对婴儿依恋、情绪、交往、社会性等发展也有重要影响。

三、婴儿动作训练

（一）手眼协调能力

手眼协调是指人在视觉配合下手的精细动作的协调性。眼睛是心灵的窗户,婴儿通过视觉才能真实地了解周围的事物。手是认识事物的重要器官,通过触摸物品,可以感受物品的软硬、粗糙度、冷热等特性。只有手眼协调的活动才能真正有效地促进婴儿的全面发展。

每个婴儿手眼协调能力的发展进程不同,这与后天环境、父母施予的教育以及训练有着非常密切的关系。手眼协调能力的训练越早越好。父母应积极创造条件,充分训练婴儿抓、握、拍、打、敲、捏、挖、画的能力,使其"心灵手巧"。

1. 手眼协调发展进程

3～4 个月婴儿开始学习看自己的手和辨认眼前目标。5～7 个月的婴儿可用手捕捉想要的东西,双眼可以监控双手操纵物品,但手眼协调能力依然比较差。9 个月时,婴儿能用眼睛去找寻从手中掉落的东西,喜欢用手拿着小棒去敲打物品,尤其喜欢敲打能发出声音的各类玩具。10～12 个月,婴儿已经能够理解手中抓着的玩具与掉落在地上的玩具之间的因果关系,因此,喜欢故意把抓在手中的玩具扔掉,并且用眼睛看着、用手指着扔掉的玩具。此时婴儿的手眼动作已基本协调,已能完成一些基本的操作技能。1～1.5 岁时,婴儿开始尝试拿笔在纸上涂画,翻看带画的图书。1.5 岁～2 岁的婴儿发展出更高级的手眼协调动作,比如能够独自把积木垒高,拿着笔在纸上画长线条,把水从一只杯子倒入另一只杯子等等。3 岁时,婴儿的小手已经非常灵活,手眼协调能力获得大幅度的发展。

2. 手眼协调训练方法

手眼协调能力标志着一个儿童发育的成熟度。平时注意培养训练,手眼动作就能较快协调。

对于 1 岁内的婴儿,可以练习抓握、敲打等动作。1 岁后婴儿喜欢涂鸦,他们只是喜欢乱画,笔画和线条乱七八糟,手眼协调不够。涂鸦不仅发展了婴儿手的精细动作,又能通过画出的痕迹进一步激发他的绘画兴趣。在涂鸦过程中婴儿发展了手眼协调性后,就可以握笔画画。同时,家长应提供给婴儿一些操作性玩具,如积木、插板、拼图,也可用纸盒和冰糕棍自制插棍玩具,让孩子反复练习。穿珠子、投掷东西、捏橡皮泥,也是很好的锻炼方法。另外,几乎每一个婴儿都喜欢自己拿勺吃饭,并试着往嘴里放,这是提高手眼协调能力的一个好项目。大一些的婴儿也可以使用剪刀和筷子,婴儿通过不断的练习,手眼协调能力就能快速发展起来了。

（二）身体运动能力

婴儿出生后全身动作发展有一定的顺序,3~4个月时能俯卧抬头和俯卧翻身,5~6个月时能竖直独坐,8~9个月时能爬会站,1周岁左右能独立行走,2岁前能达到能蹲会跑的程度,3岁前就能跳、踢、投掷等。婴儿身体运动能力的发展,不仅扩大了视野,拓展了活动空间,使婴儿接触了更多的事物,而且也促进了婴儿感知觉和认知能力的发展,促进了大脑的发育。因此,要抓住婴儿身体动作发展的关键期,训练婴儿的运动能力,促进身心发展。

6~8个月是婴儿学习爬行的关键期。婴儿从仰卧到直立行走的过程中,爬是关键的一步。爬行动作不仅对婴儿身体的全面活动、四肢的协调动作以及全身各关节的运动都起着重要作用,而且还活动了全身,锻炼了全身的骨骼、关节、肌肉和内脏各器官。此外,通过爬行,孩子开阔了视野,能接触到更多的外界环境,有利于其感知觉的发育。爬行也是目前国际公认的预防感觉统合失调的最佳手段,缺乏爬行被认为是感觉统合失调的原因之一。因此在此阶段,家长要给婴儿的爬行提供充分的时间和空间,积极开展爬行训练。5~6个月时,可在婴儿前方放一些他喜欢的玩具,使他尝试着去够取。10个月后,婴儿就可以在地板上练习爬行了。

1岁左右是婴儿独立行走的关键期。行走同爬行一样,一方面锻炼了全身的运动技能;另一方面也扩大了婴儿探索环境的范围,增加了婴儿认识事物的机会,发展了他们的认知能力和意志力。

在练习行走前,要给婴儿做被动体操,尤其要锻炼腿部肌肉力量,为行走做准备。在婴儿能扶物站立后,就可以让他扶物慢慢行走,但是时间不宜过长,以几分钟为宜。扶物行走稳定后,家长就可以领着婴儿的手行走,或在腰间围一条围巾,让孩子练习独立走步。也可在婴儿的前方放一个他喜欢的玩具,训练他迈步向前够取,或让婴儿靠墙站稳后,父母后退几步,手中拿玩具,用语言鼓励婴儿朝父母方向走去,婴儿快走到父母身边时,父母再后退几步,直到婴儿走不稳时把婴儿抱住,夸奖他走得好并给他玩具。慢慢地婴儿就会走得越来越好。

在婴儿行走熟练后,家长可以依照此法训练婴儿的跑、跳、投掷等动作。

阅读框 4-1　动作发展的文化差异

跨文化研究告诉我们婴儿达到主要动作发展阶段的时间很大程度上受父母教养活动的影响。例如,肯尼亚的吉普斯吉人通常努力促进婴儿动作技能的发展。婴儿8个星期大时,父母会双手夹着婴儿的腋窝,推着婴儿向前让他们做行走练习。在出生后的头几个月内,婴儿被安放在一些浅洞里,这些浅洞的四壁可以支撑婴儿的后背,使他们保持一种向上的姿势。由于这些经验,吉普斯吉人婴儿比西方国家的婴儿早坐(在无帮助情况下)大约 5 个星期以及早走(无帮助)大约 1 个月也就不足为奇了。

与之类似,霍普金森(Brian Hopkins,1991)比较了英格兰白人婴儿和从牙买加移民到英格兰的黑人婴儿的动作发展。与其他几个有关黑人婴儿和白人婴儿的比较研究一样,黑人婴儿更早地表现出坐、爬和走等重要动作技能。这些发现是否反映出了黑人和白人的基因差异呢?可能并非如此,因为只有当黑人婴儿的母亲按照传统的牙买加做法抚养婴儿,帮助婴儿练习其动作发展时,黑人婴儿才能更早地获得动作技能。这些做法包括按摩婴儿、伸展他们的四肢,经常抓住他们的胳膊轻轻地上下摇动。牙买加母亲希望婴儿的动作发展更早一些,努力去促进这些技能的发展,而且确实达到了目的。

齐拉泽(Philip Zelazo)和他的同事(1972,1993)对北美婴儿的研究所得出的结果与这些跨文化研究结果非常一致。齐拉泽发现如果让 2～8 周大的婴儿经常处于站立姿势,并鼓励他们进行行走反射练习的话,这些婴儿的行走反射会增强(一般情况下出生后不久行走反射即告消失)。他们比控制组那些没有接受此类练习的婴儿更早学会走路。

但是,为什么伸展婴儿的肢体或使其处于站立姿势会加速婴儿的动作发展呢?赛伦(Esther Thelen,1986;Thelen & Fisher,1982)认为,经常让婴儿处于站立姿势有助于锻炼他们颈部、躯干和腿部的肌肉,从而促进了站立和行走这样的动作技能的早期发展。所以看起来成熟和经验对动作发展都很重要。成熟确实给婴儿最初获得坐、站立和行走能力的时间设立了一定的限制,但是经验(如直立的姿势)以及各种各样的练习可能会影响婴儿重要能力的成熟及转化成动作的时间。

(资料来源:〔美〕David R. Shaffer 著,邹泓等译. 发展心理学——儿童与青少年. 第 6 版. 北京:中国轻工业出版社,2005,第 161 页)

第三节　婴儿的言语发展

婴儿为什么能在短短几年中,不经过正式的培训而基本上获得了社会上通用的言语即母语?他们是怎样获得的?其内在机制是什么?这是当代心理语言学和发展心理语言学中最尖锐、最复杂的基本课题之一。目前,语言学家和心理学家提出了几种言语获得的理论,争论的主要热点问题是语言是先天的还是后天习得的,是被动学习(强化和模仿)还是主动地创造的。

一、言语获得理论

下面介绍的言语获得理论中,强化理论和模仿理论属于后天习得论,转化生成理论则是先天论中最具代表性的理论,相互作用理论认为儿童语言发展同时受遗传因素和环境因素的影响。

（一）强化和模仿理论

这种理论强调后天学习在婴儿语言发展中的作用。以斯金纳的操作性条件反射为基础的强化说认为，婴儿言语的获得是通过操作性条件反射而形成的，而强化在这一过程中起着非常重要的作用。该理论特别强调选择性强化的作用，认为父母总是对孩子的发音活动进行鼓励和反应，以刺激孩子发出更多的音；同时，父母又总是以正确的语音进行强化，所以婴儿的咿呀语也就朝着正确的语音、语义方向发展。

模仿说是以班杜拉的社会学习理论为基础的。他们认为，婴儿主要通过观察和模仿作用学习语音，其中大部分是在没有强化的条件下进行的。在生活中，婴儿和父母从事相互模仿的游戏，他们中的一个发出一种声音，另一个则以同样的声音愉快地回答。在这样的游戏中，婴儿不仅仅练习了语音，也练习了相互谈话这种方式，还获得了语义。

其实在日常生活中，成人是经常将模仿和强化结合起来帮助婴儿学习语言的。

强化说和模仿说的观点与我们的生活经验是一致的，周围的语言环境，特别是成人的强化对婴儿的语言学习发挥着重要作用。一些研究也表明，模仿不仅对语音和词义的学习有作用，对句法的获得也起到一定的作用。但研究者也发现，儿童时常会说出一些他们未曾学习过的词汇和句子。所以，模仿不是言语获得的唯一途径。

（二）转化生成理论

与强化说和模仿说的主张相反，乔姆斯基（N. Chomsky）认为，言语是人类与生俱来的一种能力，他在《句法结构》一书提出了转换生成语法（Transformational-generative grammar, TG）的主要思想，奠定了他在现代语言学中的划时代地位，促使心理语言学在20世纪50～60年代兴起。

乔姆斯基认为，在语言的多样性下面，存在着人类语言共同的基本形式，即语法结构。只要有适当的言语信息输入，婴儿就能够学会任何一种语言。而人类语言的语法规则是非常复杂的，婴儿的认知水平很低，因此，成人不可能把这些规则直接教给婴儿，婴儿也不可能自己独立发现这些语法规则。婴儿先天具有一种普遍语法，言语获得过程是由普遍语法向个别语法转化的过程。这一转化是由先天的"语言获得装置（Language Acquisition Device, LAD）"实现的。他认为儿童的大脑里有一种天生的"言语获得装置"。这个装置是一个天生的生物系统，储存着人类所有语言的共同语法规则。婴儿运用这种普遍语法，就很容易理解别人的言语，从而掌握这种语言。

乔姆斯基的理论有许多合理之处，有三个事实支持该理论：（1）所有健康的儿童获得本民族的语言无须专门训练；（2）没有任何动物可以获得与人类同等程度的语言；（3）大脑的某些区域显然有特殊的言语机能区。而且该理论也得到了一些研究结果的支持。但"言语获得装置"只是一个假设,很难得到证实;并且他过分强调天赋性,低估了后天教育的作用。

(三)相互作用理论

以皮亚杰为代表的认知发展理论强调环境和主体的相互作用对言语发生和发展的重要影响。他们认为,儿童言语发展既受遗传因素的影响,也受环境因素的影响。片面强调其中任何一类因素,都是不正确的。这一理论主张先天的言语能力和后天的语言环境的相互作用,使儿童获得了惊人的言语成就。皮亚杰认为,语言是儿童的一种符号功能,语言源于智力并随认知结构的发展而发展。

林崇德(1995)认为,应该动态地、发展地考察婴儿言语的发生过程。言语发生的过程,实质上是一个多种因素相互影响、相互作用的复杂的动态系统的活动过程。在系统发生的初期,即时性模仿和强化依随可能相对起着重要的作用;在系统发生的中、晚期,选择性模仿和婴儿自发的言语实践活动可能起主导作用。而人类所独有的符号表征能力、适宜的发音器官及其活动则是言语系统发生、发展的前提条件。

二、婴儿言语发展

婴儿的言语发展包括对言语信息的感知理解和言语的表达这两个主要的方面。吴天敏、许政援(1979)等人的研究表明,从出生到3岁,儿童言语发展可以大致划分为三个不同的阶段:言语发展的准备时期(从出生到1周岁)、单词句时期(1～1.5岁)和多词句时期(1.5～3岁)。这大致代表了婴儿言语发展的一般模式。

(一)言语发展的准备时期

婴儿出生的头一年是言语发展的准备时期,主要是通过语音的发展为言语表达做好准备。也叫前言语阶段。

1. 新生儿期(0～1个月)

这时婴儿已经能够对声音进行空间定位,儿童一出生就会由生理需要而发出喊叫声音,例如尿了、饿了就会哭闹,这一阶段也叫做反射性发声阶段。

2. 发音游戏期(2～5、6个月)

这时婴儿已经开始能和成人进行"相互模仿"式的"发音游戏",能够鉴别区分并模仿成人的语音,并能够辨别清浊辅音,获得了语音范畴性的知觉能力。婴儿最初所发的音大部分是单音节音,先出现元音,如A—A、E—E,后出现辅音,如K—K等。然后辅音和元音结合在一起,成为连续音节,如MA—MA、NA—NA、BA—BA等声音。他们开始用不同的声音表达不同的情绪,为言语的发生准备条件。五六个月的婴儿能够发出的音节组合更多,如OU—MA、BA—WA等。这些音和成人语音很相似,可能发展成为婴儿说出的第一批词。这一阶段也叫做咿呀学语阶段。

3. 语音修正期（7~8、9个月）

这时婴儿已经能够鉴别言语的节奏和语调特征,并开始根据其周围的语音环境改造、修正自己的语音体系。那些母语中没有的语音在这一阶段逐渐被丢失。七八个月的婴儿开始能够听懂成人的一些话,并做出相应的动作反应,词的声音已经开始成为物体或动作的信号。例如,成人在孩子面前指着玩具狗反复地说"狗"、"狗",以后再向孩子问及"狗呢",孩子会转头把目光投向玩具狗。但是,此时词音引起的反应并不是婴儿对词内容的反应,而是对词的音调的反应。就是说这时词的声音还不是言语信号或信号的信号,仍然属于第一信号系统。只要音调相似,都能引起婴儿同样的反应,比如"灯灯"和"凳凳"都能引起孩子看灯泡的反应。这一阶段也叫开始理解言语的阶段。

4. 学话萌芽期（10~11个月）

这时婴儿逐渐过渡到对词的内容发生反应,开始懂得词的意义。婴儿已经能够辨别母语中的各种因素,能把自己听到的语音转换为音素并认识这些语音所代表的意义。词开始成为第二信号,这使他们能够经常地、系统模仿和学习新的语音,为言语的发生做好了准备,这也是婴儿同成人进行言语交际的开端,因此也叫做说话萌芽阶段。

5. 开始言语期（1岁左右）

这时婴儿能够听懂的词大约是10~20个,而能够说出的词则更少,但是试图用言语表达自己的需要,因此把这一阶段叫做开始言语期。

(二) 单词句时期

婴儿出生后第二年的上半年,此时言语发展主要是对言语理解的发展,所以也叫做言语理解阶段。之所以称作单词句时期,是因为这个时期的儿童是以一个词代表一个句子的意思,在特定的情境中代表着儿童想要表达的意思。例如,孩子说"糖、糖",可能是他想吃糖,也可能是想让妈妈吃糖,还有可能是想吃苹果(他叫不出苹果的名称,只好以糖来代替)。

婴儿在1周岁左右能说出第一批词,词汇量约50个左右。第一批词的出现是建立在皮亚杰的感知运动功能基础上的,这些词主要包括重要的人物(如妈妈、爸爸、爷爷、奶奶、姥姥、姥爷、阿姨、哥哥、姐姐、弟弟、妹妹等)、熟悉的动作(如抱抱、走走、坐坐、吃饭、喝水、睡觉、打等)、熟悉的行为后果(如疼、烫、冷、热、脏等)等。

在言语获得的早期,一般认为名词获得比动词早而且数量多。有研究证实,讲英语的儿童符合这个情况,而讲汉语的儿童获得动词等同于名词,且与之同时出现。

婴儿运用新词时有外延扩大或缩小的倾向。例如,"小狗狗"是特指自己家的宠物狗,这是外延的缩小,表明词的概括性很低。又如当说"马"的时候,不仅要把马当成马,而且还要把驴、牛当成马,这是外延的扩大,孩子概括的是各种不同类别的非本质特征。外延的扩大也反映出言语发展上的另外一种特点,即说出的语言和理解的语言的区别:理解在前,表达在后。婴儿理解的东西要比他能说出的东西多得多。

(三) 多词句时期

1.5～3岁,这一时期是儿童积极的言语活动时期。儿童的词汇量迅速增长,3岁时,掌握的词汇量可以达到1 000个,这些词汇中除了名词和动词外,还包括形容词、副词、代词等其他种类的词汇。据国外有关研究,第二年上半年儿童的词汇量增加速度十分缓慢,每个月增加1～3个词。而在下半年即18～24个月期间,随着记忆、分类、表征能力的改善,词汇增加出现快速期,许多儿童每周增加10～20个新词。因此,儿童的言语活动空前的活跃,当儿童掌握的词汇达到200个左右的时候,他们开始能说出不完整的双词句。

根据吴天敏和许政援(1979)的研究,可以把这个时期划分为两个小的阶段,即简单句阶段(1.5～2岁),复合句开始发展阶段(2～3岁)。

1. 简单句阶段

在此阶段,婴儿经常会说出一些不完整的双词句或对词句,因为句子不够完整,因此被比喻为"电报句"。如,"爸爸坏"(爸爸的眼镜坏了),"妈妈汽车"(妈妈看爸爸的汽车来了),"宝宝打"(宝宝犯错误了该打)等。因此,对孩子说出句子的确切含义,还要结合孩子说话的情境才能做出正确判断。研究表明(许政援、郭小朝,1992),婴儿说出的双词语包括动词加名词、形容词加名词、名词加名词三种结构,其中动词加名词的结构最多。

"电报句"表达的意义范围很广泛,研究人员从说各种不同语言(英语、德语、俄语、芬兰语、土耳其语等)的儿童中收集的电报句的样本表明,虽然不同民族的儿童运用的语种不同,但在简单的双词句中,所表达的各种意义却惊人的一致。

简单句阶段,儿童在说出"电报句"的同时,也开始说出结构完整但无修饰语的简单句,包括主谓句、谓宾句和主谓宾句。2岁的儿童其话语中完整的句子已经占了一半以上,而以上三种句子的数量相差不大。

2. 复合句子发展的开始阶段

复合句是指由两个以上的单句组合而成的句子。有研究发现(朱曼殊、谬小春,1997),一般儿童在2～2.5岁开始能说出为数极少的简单复合句,以后逐渐增加。但儿童的复合句可以在简单句尚不完善时就能出现,复合句出现后,同简单句并行发展,发展的水平存在较大的个体差异。

阅读框4-2　婴儿言语发展的教育建议

婴儿言语的获得是一个不断发展完善的过程。虽然婴儿与生俱来拥有获得言语的惊人能力和生物学准备,但言语的发展离不开环境的支持。因此,促进婴儿言语的发展,就要提供充分的语言环境,利用一切机会与婴儿进行言语交流。

（1）抚养者在照料婴儿时，通常会用言语把行动内容表述出来，即边做边说，使婴儿易于将语言与具体行为联系起来。

（2）在婴儿咿呀学语时，抚养者也要对其做出回应，这样可以鼓励婴儿的发音练习。同时，这种回应也为婴儿提供了言语交流和相互对话的经验。

（3）在1岁前婴儿经常通过动作来表达自己的愿望，如婴儿想吃苹果，就用手一指或看一下苹果。若抚养者立即把苹果送到婴儿手上，婴儿就失去了用语言表达的练习机会。因此，抚养者可以鼓励婴儿说"苹果"，或等婴儿说出"苹果"一词后，再把苹果递给他。

（4）抚养者要和婴儿经常参加"共同注意"活动，并告诉婴儿当时注意的事物的名称。有研究表明，经常参加"共同注意"活动的婴儿，词汇掌握得较多，说话较早。

生活中，由于各种原因，如抚养者缺乏科学育儿知识，不注重言语交流，或抚养者个性内向，很少与婴儿进行言语交流，都会使婴儿失去了语言学习的机会。

第四节　婴儿认知发展

一、婴儿感知觉的发展

（一）视觉

视觉发生在胎儿中晚期（约4～5个月），因此新生儿已具备一定的视觉能力，只是还很不成熟。

1. 视敏度的发展

视敏度是精确地辨别物体细节或远距离物体的能力，俗称"视力"。新生儿的晶状体不能变形，其视敏度很差，1962年范兹（Robert Fantz）等人研究表明：新生儿视敏度为6/60至6/120之间，即能在6米处看见正常成人在60米或120米处看见的东西。所以要使新生儿看清楚物品，必须将物体放在距离婴儿眼约20厘米左右的距离，相当于母亲抱婴儿时母亲脸和婴儿脸之间的距离。

新生儿到5～6个月时，即可达到6/6的水平，相当于对数视力表的5.0，是正常成人的水平。总之，视敏度在婴儿出生的头几个月发展非常迅速。

2. 视觉调节能力的发展

由于新生儿的视觉高级神经中枢还没有完全形成，外周器官的结构还没有完全成熟，因此，新生儿的视觉调节能力还较差。最初几周，婴儿不能根据物体距离进行视觉调节，他看不同距离的物体都不很清楚。从第2个月开始，婴儿的视觉调节开始复杂化，能根据物体距离调节视力。到第4个月时，已接近成人的视觉调节能力，晶状体已能随物体远近而相应变化。

3. 颜色视觉

有研究(冯晓梅等,1988)表明,出生 8 分钟到 13 天的新生儿已能辨别灰圆和红圆。2～4 个月婴儿的色觉已经发展得很好,对颜色区分的能力与成人相似。4 个月婴儿的色觉与成人接近,甚至表现出对某种颜色的偏爱。2～3 岁婴儿比较偏爱鲜艳的暖色,如红和黄,其偏爱程度依次为红、黄、绿、橙、蓝、白、黑和紫。

4. 立体觉

立体觉是个体将物体在两眼中的视像合并成一个有立体感(深度)的完整形象的过程。婴儿在 4～6 个月内具有了立体觉。

(二)听觉

研究表明,胎儿的听觉感受器在最初 6 个月时就已基本发育成熟,听分析器的神经通路除丘脑皮质外,均在 9 个月以前完成髓鞘化。因此,胎儿已有听觉,可以听到透过母体的 1 000 Hz 以下的声音。

1. 听敏度

听敏度即听觉器官对声音刺激的精细分辨能力,包括对声音频率、强度以及时值差别的鉴别等。1 个月的婴儿能鉴别 200～500 Hz 纯音的差异,5～8 个月的婴儿能鉴别 1 000～3 000 Hz 的 2% 的变化(成人是 1%),4 000～8 000 Hz 内的差别阈限与成人水平相同。

2. 听觉定位能力

新生儿就会出现听觉定位能力,甚至有研究表明产房里的新生儿就已经表现出这种能力。然而在 2～3 个月这种反应会消失,直到 4～5 个月再次出现。一种看法是,新生儿的定位是一种皮层下的反射,而年龄稍大的婴儿的定位是一种皮层事件。随着年龄的增长婴儿的听觉定位变得越来越准确。

3. 音乐听力的发展

新生儿对音乐刺激存在天生的偏好。婴儿喜欢听轻柔、旋律优美、节奏鲜明的乐曲。出生仅仅两天的听力正常的新生儿,都对和谐的乐段比不和谐乐段有更为强烈的偏好(Masataka,2006)。2～3 个月能区分高音,3～4 个月能区分音色,6 个月听音乐时可出现强烈的身体运动,1.5～2 岁可随着音乐出现舞蹈动作。

婴儿对音乐的时间差异与音高差异的敏感性在许多方面甚至与成人接近(Trehub,2003)。比如婴儿能觉察出音乐节拍的变化(从三拍子变化成为二拍子)(Trainor,2008)。1 岁以内的婴儿可以感知复杂的音乐节奏,但是,如果没有持续暴露在这种复杂节奏的音乐中,这种能力在 1 岁前就可能丧失(Trainor,2008)。

4．语音听觉

婴儿喜欢听人的语音，尤其喜欢听母亲的语音。有研究表明，即使出生 3 天的新生儿也能表现出对人类声音的偏好，能够辨别不同说话者的声音，并且对母亲声音偏好。也有研究在 1 个月的婴儿中见到这种母亲语音偏好现象，但这种偏好只出现在母亲对婴儿使用"妈妈语"的时候。根据观察，11～12 周的婴儿喜欢人声而不喜欢噪声；12～14 周的婴儿对母亲的声音比对陌生人的声音敏感；14～16 周的婴儿常常因为听到母亲脚步声而停止哭叫；15～17 周的婴儿可以见到对噪声发生源明显的拒绝。

研究者分析，婴儿对母亲声音偏好的原因就是早在胎儿期对母亲声音的接触，因此婴儿对母语的偏好大于另一种语言，对熟悉言语的偏好大于陌生言语。这种偏好不仅有利于言语学习，也对母婴依恋的形成有重要作用。

5．视听协调能力

新生儿就有视听协调能力。斯佩尔克（Spelke）发明一种方法检测婴儿该能力。依次或同时呈现两个可视事件，其中一个事件的声音呈现在两个事件中间。然后观察婴儿的注视方向，发现 3～4 个月的婴儿能将声音与特定视觉景象联系起来。3～6 个月的婴儿对于声、像刺激相吻合的物体注视的时间更长一些。4～7 个月的婴儿对说话声音与面部口唇运动相符的人脸注视时间较长。甚至婴儿能够发现性别—声音对应和年龄—声音对应。当播放男性声音时，他们对男性面孔注视时间较长；当播放女性声音时，他们对女性面孔注视时间较长（Walker-Andrews，1991）。当他们听到儿童声音时，对儿童面孔注视时间较长；当听到成人声音时，对成人面孔的注视时间较长（Bahrick，1998）。

（三）味觉、嗅觉、触觉

味觉感受器在胚胎 3 个月时开始发育，6 个月时形成，出生时已发育完好。新生儿能够区分甜、咸、酸、苦四种基本味觉，但偏爱甜味。面部表情可以反映他们对这几种味道的区分，如对甜味的反应是面部肌肉放松；酸味会使他们撅起嘴；苦味使他们张大嘴巴。男性新生儿对甜味和苦味较女性新生儿敏感。

嗅觉感受器在胎儿七八个月时发展成熟，能区别几种气味。新生儿偏爱某些气味，并具有初步的嗅觉空间定位能力。新生儿可由嗅觉建立食物性条件反射，从而辨认母亲。

4～5 个月的胎儿已建立触觉反应，新生儿可表现手、脚底、嘴的本能触觉反应（抓握反射、巴宾斯基反射和吸吮反射）。0～3 个月的婴儿有无意识的原始的够物行为；4～5 个月的婴儿获得了成熟的够物行为。

（四）空间知觉

1．方位知觉

方位知觉是对物体所处方向的知觉。新生儿已经能够对来自左边的声音向左侧看或转头,对来自右边的声音则有向右侧转的表现,即新生儿已有听觉定位能力。婴儿主要依靠视觉定位。因此,婴儿是以自身为中心、依靠视觉和听觉来定向的。

婴儿方位知觉的发展主要表现在对上下、前后、左右方位的辨别上。2～3 岁的儿童能辨别上下;4 岁儿童开始能辨别前后;5 岁开始能以自身为中心辨别左右,7 岁后才能以他人为中心辨别左右,以及能辨别两个物体之间的左右方位。

2. 深度知觉

吉布森和沃克(Gibson ＆ Walk,1960)发明了一种叫"视崖"(visual cliff)的装置,用于探索婴儿深度知觉的发展。

"视觉悬崖"是一种测查婴儿深度知觉的有效装置。在平台上放一块厚玻璃板,平台在中间分为两半,一半的上面铺着红白相间的格子图形,视为"浅滩";另一半的格子图形置于玻璃板下约 150 厘米处,视为"深滩"。这样透过玻璃板看下去,深滩像一个悬崖。

吉布森和沃克曾选取 36 名 6.5～14 个月的儿童进行"视崖"实验。实验时,母亲轮流在两侧呼唤婴儿。结果发现,6.5～14 个月的 36 名婴儿中,27 人爬过浅滩,只有 3 人爬过悬崖。即使母亲在深滩一侧呼喊,婴儿也不过去,或因为想过去又不能过去而哭喊。该实验说明婴儿已有深度知觉。

坎波斯和兰格(Campos ＆ Langer,1970)选取了 2～3 个月的婴儿进行"视崖"实验。结果发现,当把幼小的婴儿放在深滩边时,婴儿的心率会减慢,而放在浅滩边则不会有此现象。这表明,婴儿是把悬崖作为一种好奇的刺激来辨认。但如果把 9 个月的婴儿放在悬崖边,婴儿的心率会加快,这是因为经验已经使得他们产生了害怕的情绪。

图 4-3　视觉悬崖装置

(五)物体知觉

范兹(Robert Fants,1961)设计了测查婴儿期视觉辨认的装置。这种装置是一个具有观察功能的小屋,让处于觉醒状态的婴儿平躺在屋中小床上,在婴儿可注视到的头顶上方呈现不同的刺激物,观察者通过小屋顶部的窥测孔,记录婴儿注视物体所用的时间。范兹给 1～15 周的婴儿呈现了人脸照片、牛眼图及画有无规则图案的圆盘,并记录在一分钟内婴儿对不同刺激所注视的时间。结果表明,3 个月的婴儿就可以从其他图形中区分出母亲面孔的照片,并对其表现出偏好;5～7 个月的婴儿可以在其他不同刺激中辨认出差别;8～9 个月的婴儿获得了形状恒常性。

　　4个月的婴儿有大小恒常性,6个月前的婴儿已能辨别大小。据研究,2岁半～3岁是孩子判别平面图形大小能力急剧发展的阶段。

(六) 面孔知觉

　　面孔是一种特殊的视觉刺激,携带着大量的信息,如性别、种族、年龄、个体吸引力、社会地位和情绪状态等。人类通过面孔产生面部表情,通过面孔识别辨认对方的身份,来实现人际沟通和交流。因此面孔识别也是人类的一项基本认知能力。婴儿对人的面孔知觉能促进他们最早的社会关系发展。

　　从什么时候婴儿将面孔当做面孔,而不是其他物体刺激,我们不得而知。但婴儿很早表现出对面孔的兴趣。有研究表明,几周的新生儿可对面孔产生偏好,特别是对自己母亲的面孔的偏好。但如果让新生儿母亲用围巾遮挡住她们的头发和前额,新生儿对自己母亲的面孔就不再产生偏好。这表明,新生儿对母亲面孔的再认,不是基于面孔的细节,而主要是基于面孔总的特征和外围的轮廓,如发型轮廓和头形等。研究(Maurer & Salapatek,1976)表明,1个月的婴儿扫视人的面孔,注视点更多地停留在前额头发和下巴部分,而2个月的婴儿的注视点更多地停留在人的眼睛和嘴巴处,开始更仔细知觉人的面孔的内部特点。因此,婴儿早期对母亲面孔的再认是粗浅的、有限的。

　　3个月的婴儿能区分不同的面孔,对一个面孔注视的时间长于对相应的非面孔刺激注视的时间,且对熟悉面孔(通常是母亲)的注视时间长于不熟悉的面孔,表现出对人的面孔和熟悉的面孔的偏好。半岁后婴儿将自己的面孔知觉转化为熟悉的刺激,能依据性别对面孔分类。

二、婴儿注意的发生发展

(一) 婴儿注意的发生

　　新生儿就有注意,其实质是先天的定向反射。大的声音会使他暂停吸吮及手脚的动作,明亮的物体会引起视线的片刻停留。这种无条件定向反射是最原始的、初级的注意,即定向性注意。

　　新生儿的注意也有选择性。所谓选择性注意是指儿童偏向于对一类刺激物注意得多,而在同样情况下对另一类刺激物注意得少的现象。这类研究主要集中在视觉方面,也称为视觉偏好。

　　范兹对新生儿视觉注意的选择性做了一系列的研究。在出生后10小时的新生儿面对的上方,呈现正常的人脸图片或乱七八糟的脸形图片,似乎新生儿生来就喜欢看人脸,特别是正常的人脸,而不喜欢怪脸。原因在于人脸有更多吸引和保持新生儿注意的特点,包括脸的轮廓、脸的多成分、多活动等。他们还发现,新生儿对比较规则而复杂的图形比对简单而单调的图形(如圆、三角形等)注视时间长些(Fantz R,1963),这种对刺激物的偏爱,被认为新生儿有区分不同图形的感觉发生。

阅读框 4-2 视觉偏好法

视觉偏好法(visual preference method)是一种通过给婴儿呈现两个(或更多)刺激物,观察他/她更喜欢哪一个,从而获取婴儿知觉发展的相关信息的方法。

所谓视觉偏好法其实是一个很简单的测验程序,在这个程序里,研究者给婴儿同时呈现至少两种刺激,观察婴儿是否对其中的一个更感兴趣。20世纪60年代早期,罗伯特·范兹(Robert Fantz)首先用此方法来判断出生不久的婴儿能否分辨视觉图案(比如面孔、同心圆、白报纸和没有图案的盘子)。在此之后,视觉偏好法得到了广泛的运用。在视觉偏好法中,婴儿躺在一个"观察箱"里,实验者给婴儿同时呈现两个或更多刺激物。观察者在"观察箱"上方进行观察,并记录婴儿注视每个视觉图案的时间。如果婴儿看某一个图案的时间比其他图案长,就认为他/她更喜欢该图案。范兹的早期实验结果清楚地表明,新生儿能够轻松地分辨视觉图形,比起没有图案的盘子,他们更喜欢看有图案的刺激物,如面孔或者同心圆。显而易见,儿童察觉并分辨图案的能力是天生的(Fantz R,1963)。

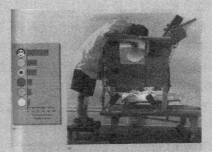

图 4-4　视觉偏好法实验

(二)婴儿注意的发展

1岁前儿童注意的发展,主要表现在注意选择性的发展上。婴儿选择性注意的发展主要表现在以下两个方面:

(1)选择性注意性质的变化

在儿童发展的过程中,注意的选择性最初取决于刺激物的物理特性,比如,刺激物的物理强度(声音的强度、颜色的明度等)。以后逐渐转变为主要取决于刺激物对儿童的意义,即满足儿童需要的程度。

(2)选择性注意对象的变化

一方面是选择性注意范围的扩大。有关婴儿对简单几何图形的注意研究结果表明,婴儿注意的发展,从注意局部轮廓到注意较全面的轮廓,从注意形体外周到注意形体的内部成分。另一方面是选择性注意对象的复杂化,即从更多注意简单事物发展到更多注意较复杂的事物。

1岁以后,言语的产生与发展使婴儿的注意又增加了一个非常重要而广阔的领域,使其注意活动进入了更高的层次,即第二信号系统。物体的第二信号系统特征开始制约、影响着婴儿的注意活动,使婴儿的无意注意开始带有目的性的萌芽,有意注意逐渐产生了。

儿童有意注意的形成大致经过三个阶段:

第一阶段,儿童的注意由成人的言语指令引起和调节。几个月后,成人常常自觉或不自觉地用言语引导儿童的注意,如"宝宝,看!灯!"一边说,一边用手指向灯。成人用言语给儿童提出注意的任务,使之具有外加的目的。这时,儿童的注意就不再完全是无意的了,而开始具有有意性的色彩。

第二阶段,儿童通过自言自语控制和调节自己的行为。掌握言语之后,儿童常常一边做事,一边自言自语:"我得先找一块三角形积木当屋顶","可别忘了画小猫的胡子"。在这种情况下,儿童已能自觉运用言语使注意集中在与当前任务有关的事物上。

第三阶段,运用内部言语指令控制、调节行为。随着内部言语的形成,儿童学会了自己确定行动目的、制订行动计划,使自己的注意主动集中在与活动任务有关的事物上,并能排除干扰,保持稳定的注意。这已经是高水平的有意注意。

可见,有意注意是在无意注意的基础上产生的,是人类社会交往的产物,是和儿童言语的发展分不开的。

三、婴儿记忆的发展

(一)新生儿记忆的发生

长期以来,研究者认为,记忆的发生应当在新生儿期。新近胎儿研究表明,胎儿末期(约妊娠8个月左右)就有听觉记忆,出生后有再认表现。

(二)婴儿记忆的发展

研究表明,新生儿末期已有长时记忆能力,3个月婴儿对操作条件反射的记忆达4周。1岁后,言语的产生和发展使语词逻辑记忆能力的产生成为可能。符号表征、再现和模仿,尤其是延迟模仿能力的出现,标志着婴儿表象记忆和再现能力的初步成熟。

习惯化范式(habituation paradigm)是人们研究婴儿记忆能力的新方法,即给婴儿呈现一个刺激,监视婴儿对刺激的注视情况。如果将刺激不断重复呈现给婴儿,婴儿对刺激的注意力就会下降。注意力的下降表明婴儿已经对其习惯化(habituation),即婴儿对多次呈现的同一刺激的反应强度逐渐减弱,乃至最后形成习惯而不再反应。习惯化表明婴儿能再认出以前看过的刺激。一段时间后如果换一个新的不同刺激,就会重新激发婴儿对新刺激的注意,并能将注意力恢复到先前的水平,这就是去习惯化(dishabituation)。去习惯化表明婴儿能对新旧刺激进行区分。习惯化与去习惯化合称为习惯化范式,在婴儿认知发展研究中应用广泛。

研究结果表明,3 个月的婴儿能记住一个视觉刺激长达 24 小时,1 岁时能保持数天,对某些有意义的刺激(如人脸照片)能保持数周。

四、婴儿思维的发展

(一)婴儿思维

婴儿思维的基本特点是直觉行动性。直觉行动思维(intuitive action thinking)是指婴儿的思维与感知觉和行动密切相连。思维的工具是动作和感知,即思维离不开感知觉和动作。感知和活动过程即思维过程。这是人类思维的最初级形式,是儿童最早出现的思维。

1. 思维的直觉性

婴儿的思维借助于感知觉,依赖于一定的具体情境。他还不能凭借对客观事物的表象和概念来认知事物。离开了实物,就不能解决问题。例如,当婴儿手里有一个娃娃时,他就会想起抱娃娃并玩"过家家"的游戏;当娃娃被拿走以后,他的游戏也就结束了。

2. 思维的行动性

婴儿的思维只能在动作中进行,缺乏目的性和计划性。他们不能在动作之外思考,更不能计划自己的动作和预见动作的后果。因此,他们常常表现为先做后想,边做边想,动作一旦停止,他们的思维活动也就结束。例如,当皮球滚到马路上时,婴儿会立刻去追;如果成人提醒他注意安全,他会说"我要追皮球",不能考虑行动可能引发的后果。

由于婴儿思维的直观行动性,他们只能反映感知觉能接触到的事物,只能在动作中思考且只能反映事物的一些外部特征,间接性和概括性很低。

(二)婴儿分类能力

在范兹视觉偏好实验设计的基础上,研究者设计了新的实验思路进行婴儿分类能力研究。研究思路是,先给婴儿呈现并让其实际接触几种不同的刺激物,隔一段时间后,再呈现与先前所呈现的刺激物在本质特点上相同,但在某些具体特征上有些区别的刺激,观察婴儿的反应。如果婴儿对第二次所呈现的刺激物的反应与第一次的反应类似,说明婴儿不仅具有分辨刺激的能力,而且还具有简单的归类能力。

弗里德曼(Friedman,1972)根据上述思路对 6 个月的婴儿进行了测查。第一次呈现的刺激物是绒毛熊、圆形小摇鼓和小塑料球;第二次呈现的是绒毛猫、方型小摇鼓和大塑料球。结果发现,在第一次对绒毛熊表现偏好的儿童,在第二次物体呈现后对绒毛猫也表现偏好,具体表现为注视的时间长、注视时有抓取的动作倾向以及在实际接触刺激物时的动作模式与第一次时的相同,对另外两种刺激物的反应情况也一样。这表明,婴儿能通过简单的知觉分类将一些东西归为已知类别,并对此做出恰当的反应。

　　研究者根据习惯化—去习惯化的基本原理,通过改变在形成习惯化阶段的刺激来测查婴儿的分类能力。科恩等(Cohen & Strauss,1979)对出生 30 周左右的婴儿进行了识别人脸照片的测查。被试分成两组,用某一个女性成人面孔的照片作初始刺激使第一组婴儿形成习惯化,然后向其呈现另一个女性成人面孔的照片,该组婴儿马上形成去习惯化,注视新刺激的时间大幅度增加。而用来给第二组婴儿形成习惯化的初始刺激是一组女性成人面孔的照片,在婴儿对这一组人面孔照片均达习惯化后,再用某一个陌生女人的面孔照片作为新刺激引入,结果该组婴儿仍保持习惯化,注视的时间没有增加的趋势。这个实验表明,婴儿能忽略某一张脸与另一张脸在具体特征上的差异,并能了解作为人类成熟女性面孔的某种最本质的特征,进而将形形色色的女性面孔作为同一类刺激去感知和反应。由此可推测这一客体在婴儿头脑中已形成具有特定含义的类别。

(三)婴儿问题解决能力

　　问题解决是人类重要的高级认知能力,也是人类思维活动的最一般形式,它也有一个产生和发展的过程。

　　婴儿在与外界现实相互作用中,经常会遇到各种"问题"。因此他们从小就出现了要解决问题的努力。例如,4 个月的婴儿怎样去抓握一个物体;8 个月的婴儿如何把手里的东西从一只手倒到另一只手里;1 岁的婴儿如何寻找眼睛看不到的玩具等。因此,我们可以把这个时期的问题解决行为看作是"手段—目的"思维操作。

　　按照皮亚杰最初的观点,在 10 个月以内,婴儿不存在真正的问题解决行为。后来皮亚杰本人及其他研究者证实,3 个月的婴儿就已具备了比较明显的问题解决能力。12 个月以前,婴儿已能利用工具解决问题,并获得了"手段—目的"分析策略。

　　威拉茨和布伦纳(Willatts & Bremner,1985)对婴儿用支持物够物行为进行研究,结果表明,7～8 个月的婴儿能根据不同情况的任务调整够物行为,9 个月的婴儿在用支持物够物时已很少犯"A、B"错误。而皮亚杰的研究表明,这一阶段的婴儿只要成功地在 A 处找到东西后,即使后来的东西被移到 B 处,他也仍坚持在 A 处寻找,全然不考虑 B 处。

第五节　婴儿情绪、个性和社会性发展

一、婴儿情绪发展

(一)婴儿基本情绪发展

　　新生儿有初步分化的情绪反应,与婴儿的生理需要是否满足有直接关系。伊扎德认为新生儿有 5 种情绪反应,即惊奇、伤心、厌恶、初步的微笑和兴趣。孟昭兰指出,新生儿有 4 种表情,即兴趣、痛苦、厌恶和微笑。

1. 快乐

婴儿的笑是快乐的表现,其发展可分为以下几个阶段:

阶段1 自发性的笑。 新生儿常常在没有任何外部刺激的情况下发出笑声,这是自发性的微笑,是一种内源性的笑。在轻拍或抚摸婴儿时,他会露出愉快的笑容,这叫做诱发性的笑。把婴儿双手对拍、给婴儿看东西等,也能引起婴儿微笑,这是反射性的笑。

阶段2 无选择的社会性微笑。 婴儿在5~6周时表现出对人的特别的兴趣和微笑,成人的声音和面孔容易引起婴儿自发的社会性微笑。一直到3.5个月,婴儿对人的社会性微笑是不分化的,即对所有人的笑都是一样的。

阶段3 有选择的社会性微笑。 从4个月后,婴儿出现有差别的、有选择性的社会性微笑。对母亲、家庭成员和陌生人的笑是有区别的。这时婴儿表现出"认生",即"陌生人焦虑",也会出现对抚养者的依恋。当抚养者要离开时,婴儿会表现出"分离焦虑"。

2. 恐惧

恐惧是一种消极情绪。对于危险事物的恐惧,是一种适应性的保护自己的本能反应,对婴儿的生存是有益的。恐惧情绪的发展经历以下几个阶段:

阶段1 本能的恐惧。 这是一种自出生就有的反射性反应。最初的恐惧是由听觉刺激或触觉刺激引发的,如大的声响、突然的身体位置或姿态的变化、疼痛等。

阶段2 与知觉和经验相联系的恐惧。 大约从3~4个月起,曾引起的不愉快经验的刺激,会激发婴儿的恐惧情绪。这时恐惧情绪多是视觉刺激引发的。行为主义创始人华生以9个月大的男孩阿尔伯特为被试,通过条件反射机制形成了对白鼠的恐惧情绪,就充分说明了生活经验在情绪形成中的重要作用。

阶段3 惧怕陌生人。 大约从6个月起,婴儿出现"认生"现象,也称之为"陌生人焦虑"(stranger anxiety)。一般到1周岁时会消失,也有婴儿会持续到2~3岁。婴儿见到陌生人会哭泣或回避,立刻寻找或抱紧妈妈。

阶段4 预测性恐惧。 大约2岁左右,婴儿的恐惧较多地表现为由想象或预想引起的恐惧,如怕黑暗、怕狼外婆、怕独自一人等都属于预测性恐惧。一般来说,这些恐惧在4岁时达到高峰,一直到6岁,才开始逐渐下降。

(二)对他人情绪的识别和理解

情绪和情感发生时,总伴随着某种外部表现,包括面部、体态、手势及言语的变化,统称为表情。表情一般分为3种,即面部表情、语调表情和姿态表情,其中面部表情是一种十分重要的非语言交往手段。通过识别他人的表情,个体能了解他人的情绪,并调整自己的行为。众多研究表明,不同文化背景中,人们对表情的再认具有惊人的一致性。

婴儿识别和理解他人表情的能力是逐步发展的,一般分为 4 个阶段:

阶段 1 不完整的面部知觉(0~2 个月)。刚出生的新生儿看到的事物是非常模糊的,对人的面孔的知觉也是如此,其视线停留在面部的边缘(如发际、下颌),而对面部的中心部位注视不够,对集中展示情绪的眼睛和口唇注视不够。

阶段 2 无评价的面部知觉(2~5 个月)。随着视觉系统的成熟,婴儿逐渐具备了辨认面孔的能力,他们会对熟悉的人笑得较多,对陌生人笑得少,甚至躲避哭泣。大约在 3 个月的时候,婴儿能够分辨成人的不同表情,且能面对面地模仿成人的各种表情,能对成人的面部表情做出回应。但这时的婴儿对成人的面部表情的回应一律是愉快的情绪反应,不论成人的面部表情是高兴还是忧伤。可见,婴儿只是对成人的面部特征做出反应,还不能对成人的面部表情的情绪信息进行加工。

阶段 3 对表情意义的情绪反应(5~7 个月)。6 个月的婴儿能知觉面部表情的细微变化,能通过面部表情更精细地识别他人的情绪。他们能将积极表情(如快乐、惊奇等)和消极表情(如悲伤、害怕等)区分开,从而做出不同的反应。他们能对不同人或不同情境中的表情有一致性的理解。

阶段 4 在因果关系参照中应用表情信号(7~10 个月)。这时的婴儿已经学会识别他人的表情并影响自身行为。如 8 个月的婴儿面对母亲的微笑表现出相应的微笑;对母亲的悲伤表情表现出呆视或哭泣;对母亲的漠无表情表现出犹豫等。遇到陌生人的时候,婴儿会看妈妈的表情,如果妈妈此时面带微笑、点头并露出赞许的目光,宝宝就会放下心来,自在地玩耍。

婴儿识别高兴表情的能力早于识别愤怒表情的能力,与儿童自身积极情绪发展先于消极情绪发展相一致。

(三)婴儿情绪的自我调节

情绪自我调节是指利用一定的策略调整自身情绪状态,从而达到个体所追求的目标。成人经常用分心策略来缓解消极情绪。

情绪调节的发展是从依赖他人帮助的外部调节逐渐转化为内部的自我调节的过程。新生儿根本不懂得情绪自我调节,当他感觉不舒服的时候,他就会大声哭闹,直到成人满足他的需要或安抚他。当婴儿会爬或行走时,就会主动远离这些不愉快的刺激,以调节自己的情绪。婴儿 1 岁后,随着言语能力的发展,成人开始用语言表达对婴儿的要求,如要求婴儿打针时不哭。在这种要求下,婴儿可以逐渐学会控制自己的情绪。婴儿也学会用言语表达自己的情绪,引导成人帮助他们调节情绪。如他们会在害怕时说"我怕,我怕",成人就会用搂抱和抚摸来安慰他。

二、婴儿个性发展

（一）婴儿自我意识的发展

1. 自我意识的发生和发展

所谓自我意识是人对自己以及自己与客观世界关系的一种意识，是个体的社会实践和人际交往的产物，在个体社会性发展中处于中心地位。

婴儿出生后在生活中获得了各种感觉经验，如冷热、饥饱等。他们不能把自己作为一个主体同周围的客体区别开来，甚至不知道手、脚是自己身体的一部分，因而我们可以看到 7～8 个月的婴儿咬自己的手指、脚趾，有时会自己把自己咬疼而哭叫起来。逐渐地，婴儿知道了手、脚等是自己身体的一部分。这些感觉经验逐渐使婴儿获得了身体的自我感觉。这就是自我意识的最初级形式或准备阶段。

自我意识的发展是以儿童动作的发展为前提。当婴儿作用于客观事物时，他会注意到他的不同动作可以产生不同的结果。因而，1 岁左右的儿童开始把自己的动作和动作的对象区分开来，开始知道自己和物体的关系，把自己和客体区分开来，认识自己的存在和自己的力量，产生自信心。如我们常见到 1 岁左右的孩子不小心将手里的玩具弄掉，成人马上捡起递给他，之后他会有意地把玩具反复扔到地上，看见成人去捡时，他会非常高兴，似乎从中获得了极大的乐趣。

盖洛普（Gordon Gallup，1971）在研究黑猩猩的自我意识时，发明了一个"点红实验"。在黑猩猩被麻醉后用唇膏在它的眉毛和耳朵上做了记号。当黑猩猩醒来后，偶尔向镜子里看了一眼，就用手去摸自己变了颜色的眉毛和耳朵。这显然说明黑猩猩明白镜子里的那个家伙就是自己。阿姆斯特丹（Beulah Amsterdam，1972）巧妙地借用了盖洛普的"点红"方法研究婴儿的自我意识。研究对象为 88 名 3～24 个月的婴儿，在婴儿毫无察觉的情况下在其鼻尖上点红点，然后置之于镜子前。结果表明，13～24 个月的婴儿开始对镜像表现出一种小心翼翼的行为；20～24 个月的婴儿显示出比较稳定的对自我特征的认识，他们对着镜子触摸自己的鼻子，观看自己的身体，这表明他们已经知道镜子里的小孩是谁了。阿姆斯特丹认为，这是婴儿出现了有意的自我认知的标志。

刘易斯（Lewis，1979）等人作了一系列点红测验的研究。让母亲悄悄在 9～24 个月婴儿鼻子上抹上一点胭脂（借口为之擦脸），然后置之于镜子前，以此研究婴儿的自我再认。比较小的婴儿无法自我再认，他们对自己镜像的反应如同是在对待其他小孩。一些 15～17 个月大的婴儿已经表现出了自我再认，但是要等到 18～24 个月，大部分婴儿才会明显意识到自己脸上的异样，而去摸自己的鼻子。这就表明他们已经知道镜子里的小孩是谁了。

自我意识的真正出现是和儿童语言的发展相联系。儿童开始了用语言称呼自己身体的各部分,然后会像其他人那样叫自己的名字。这时儿童只是把名字理解为自己的信号,遇到别人也叫相同的名字时就会感到困惑。儿童在 2~3 岁的时候,掌握代名词"我",这是儿童自我意识萌芽的最重要标志、标志着儿童自我意识的萌芽。

2. 自我控制的出现

自我控制是指控制自己的冲动,不去从事社会上不赞许的行为的能力。婴儿在 1.5 岁时开始表现出明显的自控能力,并且这一能力随着年龄的增长而不断地改善。心理学家通常用"延迟满足"(delay of gratification)实验来测查婴儿的自控能力。在一项研究中 (Vaughn,1984),研究者向婴儿提出三种不同的任务:(1)不准用手去碰一个玩具电话;(2)在一个倒扣着的茶杯底下放着一些葡萄干,但必须要等到主试说"行了,你们现在可以吃了",婴儿才可以打开茶杯吃这些葡萄干;(3)在婴儿的面前放着一个礼品盒,但必须等主试把手头上的事情做完后才能打开它。研究结果表明,婴儿在这三项任务中所表现出的抗拒引诱的能力在年龄 18~30 个月之间稳定上升,言语发展较好的儿童自控能力也较高,儿童也能运用一些策略分散其对诱人物品的注意力,如唱歌、自言自语等。

由于儿童开始有了一定的自控能力,父母便可以向他们提出各种要求,要求他们学会对成人有礼貌,遵守各种日常生活规则。

虽然儿童的自控能力开始有所发展,但是不能高估他们的能力,他们的行为富于冲动,自制能力还是很差的。这是因为 2~3 岁儿童的思维还处于直觉行动思维阶段,他们做事情还不善于提出明确的目标,计划自己的行动,常常是边想边做,注意力经常为事物的外部特点所吸引而改变思维方向。儿童的言语能力虽然有了很大的提高,但由于"内部言语"还没有出现,不能实现对内部心理状态的有效调节,所以他们对活动的坚持性很差,如果对活动没有兴趣,便会很快放弃。

(二)婴儿气质

气质是婴儿出生后最早表现出来的稳定的个人特征,是个性形成的基础。婴儿气质对了解、预测婴儿的个性和社会相互作用系统有重要意义。

1. 婴儿气质类型

最著名的婴儿气质类型是托马斯和切斯(Thomas & Chess)的分类。他们将婴儿气质类型划分为三种,即容易型、困难型和缓慢型。

(1)容易型

这类婴儿约占 40%。他们吃、喝、睡等生理机能有规律,容易适应新环境,也容易接受新事物和不熟悉的人。他们情绪一般积极愉快、爱玩,对成人的交往行为反应积极,容易受到成人最大的关怀和喜爱。

(2)困难型

这类婴儿约占 10%。他们在饮食、睡眠等生理机能活动方面缺乏规律性,对新食物、新事物、新环境接受很慢。时常大声哭闹,烦躁易怒,爱发脾气,不易安抚。他们的情绪总是不好,在游戏中也不愉快。在养育过程中容易使亲子关系疏远。

(3) 缓慢型

这类婴儿约占 15%。他们活动水平很低,行为反应强度很弱,常常安静地退缩。情绪低落,不甚愉快。逃避新事物、新刺激,对外界环境和事物的变化适应较慢。但在没有压力的情况下,他们也会对新刺激缓慢地发生兴趣,在新情境中逐渐地活跃起来。随着年龄的增长,因成人抚爱和教育情况不同而发生分化。

以上三种类型只涵盖了约 65% 的儿童,另有 35% 的婴儿不能简单地划归到上述任何一种气质类型中去。他们往往具有上述两种或三种气质类型的混合特点,属于上述类型中的中间型或过渡(交叉)型。

2. 婴儿气质的稳定性与可变性

气质最主要的特征是稳定性,但其稳定性是相对的,气质也不是一成不变的。

(1) 气质的稳定性

在一项著名的纽约追踪研究中(Thomas,1970),研究者采用家长问卷法从 1956 年开始对 141 名婴儿进行追踪研究。研究者定期收集家长对儿童的行为描述,结果表明气质是相当稳定的。婴儿期属于困难型的儿童,长大后表现出较多的行为问题;缓慢型的儿童其退缩行为有所加强。

由于众多研究主要是采用问卷法、访谈法进行的,容易混淆婴儿行为的稳定性和家长评价的稳定性。因而,近些年来人们开始对婴儿气质进行家庭观察。帕特森等(Pederson 等,1980)对 12~30 个月的婴儿进行家庭观察,得出的结论是婴儿气质稳定性较低。由于这些研究只是记录了婴儿的个别行为,人们也对其可靠性提出了质疑。于是,研究者开始在控制较好的情景下进行观察并加以实验测量。如科纳等(Korner,Hutchinson,1981)采用几种客观方法观察、测量和评估新生儿的活动性和哭的个体差异,还是发现了日益增长的稳定性。

(2) 气质的可变性

气质虽然是比较稳定的个性心理特征,在后天生活环境和教育的影响下,婴儿气质在一定程度上是可以改变的。卡根(Kagan,1987)对 100 名婴儿的气质进行长达 4 年的追踪,结果发现,20 个月时是非抑制型气质的婴儿在 4 年里很少发生变化,而抑制型婴儿中有一半减少了抑制性。也有研究发现,出生时比较急躁的婴儿,在第二、三年里比不急躁的婴儿更易变为抑制型婴儿。

其实,人们之所以认为气质是稳定的,是人们假设气质的生物学基础是稳定不变的。可是,婴儿的神经系统也处在发展变化中,具有较强的可塑性,也可能改变气质的特点。更重要的是,环境因素对婴儿气质的变化有着持续性的影响。例如气质的性别差异,很可能是父母对孩子的不同性别的角色期望造成的,或加强了原有的差异。

3. 婴儿气质对早期教养和发展的影响

婴儿气质对早期教养的影响体现在不同气质类型婴儿对早期教养的适应性和要求不同。一般来讲,容易型婴儿对各种各样的教养方式都容易适应,因此,这类婴儿容易抚养。困难型婴儿的早期教养和亲子关系一开始就面临着问题,父母必须要处理许多棘手的问题,如怎样适应婴儿生活不规律、适应慢的特点,怎样对待婴儿的烦躁、哭闹,等等。如果父母的教养方式不能适应婴儿的气质特点,就会导致婴儿更加烦躁、抵触。因此,家长要全面考虑婴儿气质特点,采取适合婴儿气质特点的措施,使婴儿健康成长。对缓慢型气质的婴儿,关键在于允许他们按照自己的速度和特点适应环境。如果给他们很大的压力,他们就会表现出回避倾向。事实上,这类儿童应多寻找机会去尝试新事物,适应新环境,逐渐获得良好的适应性。

因此,父母应接受婴儿与生俱来的气质特征,采取适合于儿童特点的教养方式,这样才能帮助儿童健康成长。

三、婴儿社会性发展

(一)婴儿的依恋

1. 依恋的概念

依恋(attachment)是指婴儿与抚养者之间所建立的亲密的、持久的情绪联结,婴儿和照看者之间相互影响并渴望彼此接近,表现出依附、身体接触、追随等行为。它主要体现在母—婴之间。

许多心理学家认为,依恋行为是有生物学根源的,它同吃饭一样也是儿童生存的基本需要。最有力支持这一观点的依据是 20 世纪 50 年代哈罗等(Harlow & Zimmerman,1959)的猴实验。

他为小猴设计了两个假的"母亲"。一个是用金属丝做的,用画有两只眼睛的木块做头,但能提供食物(乳汁);一个是用柔软的布做的,并有比较精致的面部特征,但不能提供食物。实验中发现,如果强迫婴猴做出选择,它们宁愿同一个温暖的、柔软的、毛巾质料的"母亲"接触,尽管这个"母亲"不能提供食物,而不喜欢同一个冰冷的、硬的、金属质料的"母亲"接触,虽然这个"母亲"能提供食物。哈罗也发现,被剥夺了肉体接触的婴猴,虽然其他方面给予很好的照看,但它们极端胆小和畏缩,无能力和同伴建立良好的社会关系,生病和死亡率也较高。

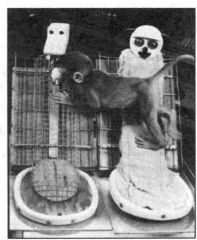

图 4-5 猴子的依恋实验

这个研究也表明,除了哺育行为外,还有某种东西(很可能是身体接触)在母婴依恋中起着重要作用。

2. 依恋发展阶段

英国精神分析学家鲍尔比(Bowlby,1979)认为,像其他动物一样,人类拥有一个基本的需要,即与生活当中的其他人形成依恋。只有获得这种依恋,人类才能够建立起与人交往的技巧。根据鲍尔比的观点,依恋的能力是天生的,但它的形成受到早期与重要他人交往经验的影响。例如,如果儿童的母亲不在或者是没有形成一种安全而可靠的联结,那么儿童长大后将缺乏信任感和形成稳定而亲密关系的一种普通能力。相反,在童年时期,如果母亲或者是其他家庭成员为儿童提供了鲍尔比所谓的一个"可靠而安全的基础",那么,儿童后来将有可能拥有亲密的人际关系。

鲍尔比根据自己的研究,提出了依恋形成和发展的阶段模式。

(1) 前依恋期(出生至2个月)

婴儿似乎有一种有助于依恋发展的内在行为。新生儿用哭声唤起别人的注意,似乎他们懂得,成人绝不会对他们的哭置之不理,而必须同他们进行接触。随后,他们用微笑、注视和咿呀语同成人进行交流,使成人与婴儿的关系更亲近。这时的婴儿对于前去安慰他的成人没有选择,所以此阶段又叫无区别的依恋阶段。

(2) 依恋建立期(2个月至6~8个月)

婴儿能对熟人和陌生人做出不同的反应,能从周围的人中区分出最亲近的人,对熟悉的人有特殊友好的关系,并特别愿意与之接近。这时的婴儿一般仍然能够接受陌生人的注意和关照,同时也能忍耐同父母的暂时分离。这表明依恋尚在形成中。

(3) 依恋关系明确期(6~8个月至18个月)

婴儿对于熟人的偏爱变得更强烈,并出现"分离焦虑"和"陌生焦虑",即离开照看者时感到不安,对陌生人的谨慎与回避。由于婴儿运动能力的发展,他们可以去主动接近人和主动探索环境,同时他们把母亲或看护人作为一个"安全基地",从此出发,去探索周围世界;当有安全需要时,又返回看护人身边,然后再进一步去探索。

(4) 目的协调的伙伴关系(18个月以上)

由于言语和表征能力的发展,此时的婴儿能较好地理解父母的愿望、情感和观点等,同时能调节自己的行为。例如,他现在能够忍耐父母迟迟不给予注意,还能够忍耐同父母的短期分离,他相信父母将会返回。

通过与母亲建立依恋关系,婴儿认识到母亲是最值得信赖的,母亲在与不在都是安全的。长大后,儿童对人与人之间的关系产生一种安全感,能指导儿童建立各种亲密的人际关系。

3. 依恋类型

最广泛使用的评价依恋类型的方法为"陌生情景程序"(stranger situation procedure),

它是由美国心理学家艾恩斯沃斯（Ainsworth,1978）首次提出的。陌生情景法是一种在有控制的实验室情景中测量婴儿依恋行为的技术，它通过在实验室设置一种陌生情景，观察儿童在此情景中的反应，从而判断儿童依恋现状及其特点。这一技术的研究思路是，具有安全型依恋的婴儿能利用其母亲作为安全基地，从这一基地出发探索一个不熟悉的游戏场地；当母亲离开时，婴儿应表现出分离焦虑，陌生人的安慰行为不能很好地降低焦虑。

表 4-2　陌生情景技术实验步骤

顺序	出现的人物	持续时间	动作行为	观察的依恋行为
1	母亲、婴儿、实验员	30 秒	实验员将母子二人领入房间，随即离开	—
2	母亲、婴儿	3 分钟	母亲坐在椅子上，让婴儿自己探索环境，婴儿游戏时，母亲坐在那儿看	母亲作为安全基地
3	母亲、婴儿、陌生人	3 分钟	陌生人进入房间，第一分钟沉默，第二分钟与母亲交谈，第三分钟接近婴儿	对陌生人的反应
4	陌生人、婴儿	3 分钟或更短	母亲悄悄离开房间，婴儿首次与母亲分离，只有陌生人与婴儿在一起，若婴儿焦虑不安，陌生人前去安慰他	分离焦虑
5	母亲、婴儿	3 分钟或更长	母亲回来，首次重聚，陌生人离开。如必要，母亲安慰婴儿，或引导婴儿游戏	对团聚的反应
6	婴儿	3 分钟或更短	母亲离开婴儿，让婴儿独自在房间	分离焦虑
7	陌生人、婴儿	3 分钟或更短	陌生人进入，引导婴儿游戏，必要时安慰	陌生人安慰婴儿的能力
8	母亲、婴儿	3 分钟	第二次重聚，母亲进入房间，必要时安慰婴儿，引导婴儿游戏，陌生人离开	对团聚的反应

注：关于持续时间的更长或更短：如果婴儿极其压抑，则缩短该步骤时间；如果婴儿需较长时间才能开始游戏，则加长该步骤时间。

陌生情景法将婴儿的生活高度浓缩在短暂的 20 分钟内。这种浓缩，加上陌生环境，使婴儿比在家中更易产生焦虑或压抑反应。由于它跟真实的家庭情景相似，因而被认为是评价婴儿依恋的可靠技术。

该实验中有 3 人参与，即母亲、婴儿、陌生人。实验用的房间对所有母亲与婴儿来说均为陌生的地方，这房间经过布置，又使人感到舒适、自在，就像在婴儿的游戏室里。房间一边有一面单向玻璃，研究者可以从这里观察房间内的一切情况。母亲可意识到这块玻璃及其后面的观察者，但婴儿却不知道，因而婴儿的行为应不受观察者的影响。研究过程共有 8 个步骤，以引起婴儿的依恋行为，观察婴儿与母亲在分离前后的相互作用，以及婴儿独自时或与陌生人在一起时的反应，记录婴儿对母亲和对陌生人反应的异同。

艾恩斯沃斯通过对婴儿依恋的实验研究，指出婴儿的依恋行为可以分为三种类型。

(1) 安全型

最初和母亲在一起时,婴儿以母亲为"安全基地",很愉快地探索和玩;陌生人进入时,他有点警惕,但继续玩,无烦躁不安表现。当把他留给陌生人时,他停止了玩,并去探索,试图找到母亲,有时甚至哭。当母亲返回时,他积极寻求与母亲接触,啼哭立即停止。当再次把他留给陌生人,婴儿很容易被安慰。这类婴儿约占70%。

(2) 回避型

这类婴儿与母亲刚分离时并不难过,但独自在陌生环境中待一段时间后会感到焦虑。容易与陌生人相处,容易适应陌生环境,很容易从陌生人那里获得安慰。当分离后再见到母亲时,对母亲采取回避态度。当母亲抱起他时,他经常不去拥抱母亲。这类婴儿约占20%。

(3) 反抗型

这类婴儿与母亲在一起时,紧靠母亲,不愿离开母亲去探索环境。表现出很高的分离焦虑。由于同母亲分离,他们感到强烈不安;当再次同母亲团聚时,他们一方面试图主动接近母亲;另一方面又对来自母亲的安慰进行反抗,表现出矛盾的情感。这类婴儿约占10%。

4. 依恋的影响因素

婴儿属于哪种依恋类型,与母亲的教养方式及婴儿本身的气质特点等因素有关。依恋的质量取决于这些内外因素的相互作用。

(1) 母亲的养育方式

在婴儿依恋形成中起主要作用的是母亲的养育方式。母亲是否能够敏锐地、适当地对婴儿的行为做出反应,母亲是否能积极地同婴儿接触,母亲能否在婴儿哭的时候给予及时安慰等等,都直接影响着婴儿依恋的形成。

安全型依恋儿童的母亲对婴儿的信息很敏感,能及时做出反应,对婴儿的照顾体贴周到;回避型依恋儿童的母亲对婴儿提供了过多的刺激使其接受,例如她们常对婴儿唠叨个没完,以致婴儿不愿理睬;反抗型依恋儿童的母亲则对婴儿照顾不周,对婴儿发出的信息不能及时做出反应,使婴儿的情绪受到挫伤。

(2) 家庭因素和文化因素

除父母与婴儿的交往方式外,家庭环境因素,如家庭结构、家庭气氛等,也会影响婴儿依恋的发展。家庭的重大变故,如父母失业、婚姻危机或第二个孩子的出生,会影响亲子关系,自然也会影响依恋。

文化也是影响婴儿依恋的重要因素。一个德国、美国、日本的跨文化研究结果表明(Van Ijzendoorn & Kroonerberg,1988),三个国家的安全型依恋儿童约占样本的60%,而德国的回避型儿童的百分比(35%)高于日本(5%)和美国(20%);日本反抗型儿童的百分比(27%)高于美国(13%)和德国(7%)。研究者认为,这样的结果是由抚养实践中的文化差异造成的。例如,德国的父母鼓励儿童的独立性,不赞赏儿童与父母的身体接近,可能造成回避型儿童的比例较高。而日本母亲很少将婴儿单独留给陌生人,婴儿缺乏与母亲分离的经验,分离对日本婴儿造成的压力比西方国家的婴儿大得多,可能造成反抗型婴儿的比例较高。

（3）婴儿的心理特点

依恋是婴儿和抚养者之间建立的一种人际关系,他的产生和发展取决于关系的双方。

婴儿气质是最早表现出来的心理特点。婴儿气质与环境的相互作用影响父母的教养方式。有研究（Van den Boom,1995）表明,父母的养育方式是否符合婴儿的气质特点,决定婴儿依恋的类型。该研究教给母亲如何对待6个月大的易激怒的婴儿,母亲认识到了孩子的气质,对孩子变得亲切和耐心,并对孩子的需要快速做出反应,结果与婴儿建立起来安全型的依恋。因此,只要父母的养育方式适合婴儿的气质特点和需要,就可以和婴儿建立起安全型的依恋关系;否则,困难型气质的婴儿可能形成不安全型的依恋。

5．依恋对儿童心理发展的影响

不同的依恋类型影响着儿童的发展。安全型依恋的儿童社会技能强,亲子关系好,遵守规则,愿意学习新东西,容易适应新环境。反抗型儿童则经常用焦虑和反抗来对付父母的帮助,他们很难从父母的经验中得到教益。

这样的区别一直延续到学龄期。安全型儿童喜欢直接同教师接触,他们发现直接接触可以引起教师的注意。回避型儿童和反抗型儿童则频繁地请求帮助,但很少对得到的帮助感到满意。其中,回避型儿童和反抗型儿童寻求注意的方式不同。反抗型儿童会长期抱怨教师指导和帮助不够,回避型儿童则间接通过羊肠小道接近教师,他们总是被动地等待教师通知。

婴儿依恋类型也会影响其认知发展。安全型婴儿在以后的问题解决任务中表现出较高的热情和坚持性。

不安全型儿童的发展前景是否就一定糟糕？这取决于父母的养育方式的连续性。若父母的养育方式得到改变,关心婴儿,对婴儿的需要较敏感,婴儿就会发展得较好。

儿童的依恋是一个不断发展的过程,它将不断地反映父母—儿童关系的变化。在某种程度上,家庭情况及父母—儿童关系的变化,会改变早期依恋的性质。

（二）婴儿的同伴关系

虽然在出生后的头3年里,婴儿主要生活在家庭中,其主要的人际关系是亲子关系,但同伴交往也已开始了。随着婴儿的发展,与同伴的交往时间和交往数量越来越多,同伴在儿童发展中的作用也越来越大,并影响着婴儿个性、社会性的发展。

在婴儿出生半年后开始出现真正意义上的同伴交往行为。婴儿的早期同伴关系（peer relationship）的发展经历以下三个阶段:

（1）以客体为中心阶段（6个月～1岁）

这个阶段的婴儿通常互不理睬，只是看一看、笑一笑，或抓一抓同伴。他们的交往更多地集中在玩具或物品上，而不是另一个婴儿。一个婴儿的社交行为往往不能引发另一个婴儿的反应。因此，这个阶段没有真正意义上的同伴交往。但单方面的社交行为是社交的开端，当一个婴儿的社交行为能成功地引发另一个婴儿的反应时，就出现了婴儿之间的简单的交往。

（2）简单交往阶段（1～1.5岁）

这个阶段的婴儿已能对同伴的行为做出反应，并企图去控制另一个婴儿的行为，婴儿之间的行为开始具有应答性。这时婴儿之间的交往行为就是社交指向行为。社交指向行为指婴儿直接指向同伴的各种具体行为，如微笑、发声和说话、给或拿玩具、身体接触（如抚摸、轻拍、推、拉等）、走或跑到同伴身边等。婴儿发出这些行为时，总是伴随着对同伴的注意，也总能得到同伴的反应。于是婴儿之间就有了直接的相互影响，简单的社会交往由此产生。有研究者观察了一个日托中心的6个1～1.5岁婴儿的交往活动，结果发现，所有的婴儿都非常留意其他婴儿的一举一动，并对同伴发出一些具有社交意义的行为，如互相对笑、说话、给或拿玩具。

（3）互补性交往阶段（1.5～2.5岁）

随着婴儿的发展，婴儿之间的交往内容和形式都更为复杂。2岁以后的婴儿逐渐习惯与抚养者分离，与同伴交往。他们一起玩耍、嬉戏、吃午饭等，也出现了婴儿之间的合作游戏、互补行为，例如，你跑我追、你躲我找、一起搭积木等。伊克曼（Eckerman，1975）在研究中把0～12个月、16～18个月、22～24个月的3组婴儿分别和自己的母亲、不熟悉的同伴、同伴的母亲放在一起，观察他们与谁玩。结果表明，16～18个月和22～24个月的两组婴儿社会性游戏明显多于单独游戏，与同伴游戏的数量明显多于母亲。在1.5～2岁期间，只要有机会就与同伴交往，这个时期将是社会交往的转折点。

儿童同伴交往的发展要求有一定的环境条件。独生子女在3岁时还没有进入幼儿园，对儿童同伴交往和同伴关系的发展有不利影响。由于他们没有经历同伴交往的发展历程，对同伴很不熟悉，不会与同伴交往，其社交技能的发展也将被推迟。缺乏社交技能的儿童，其社会适应将会出现困难，到成人时再试图改变它，将会困难重重。

本 章 小 结

婴儿大脑和神经系统发展迅速，在婴儿期末接近成人水平。婴儿的动作发展遵循一定的规律，是婴儿心理发展的重要领域。婴儿期是儿童口头语言开始发生和发展的时期。婴儿从完全不能说话到能够初步掌握语言，开始理解成人言语，跟成人进行最初步的言语交际。目前最著名的儿童言语发展理论是乔姆斯基的转化生成理论。新生儿具有多种本能的反射、一定的感觉能力、最初的注意形式(定向反射)和一定的记忆和思维能力。婴儿期是思维发展的萌芽时期,特点是直观(直觉)的行动思维。新生儿有初步分化的情绪反应,婴儿的情绪的社会性逐渐增加。儿童在 2～3 岁的时候,掌握代名词"我",标志着儿童自我意识的萌芽。依恋是婴儿与抚养者(通常是母亲)之间所建立的亲密的、持久的情绪联结,也叫母婴依恋。艾恩斯沃斯使用"陌生情景"技术提出婴儿依恋的三种类型,即安全型、回避型和反抗型。托马斯和切斯将婴儿气质类型划分为三种,即容易型、困难型和缓慢型。婴儿气质对早期教养和发展有重要影响。婴儿主要的人际关系是亲子关系,但同伴交往也已开始发展,婴儿之间就有了直接的相互影响,产生简单的社会交往。

复习思考题

1. 为什么在描述婴儿心理发展之前要先描述婴儿生理发展情况?

2. 婴儿动作发展对心理发展有何意义?

3. 转化生成理论的主要观点是什么? 如何评价?

4. 如何促进婴儿言语发展? 你能设计一些小活动吗?

5. 你能在教材中总结出一些实验范式吗? 人们对婴儿认知能力的认识和实验技术有什么关系?

6. 婴儿能调节自己的情绪吗? 这对你有什么启发?

7. 什么是陌生情景技术? 婴儿依恋有哪些类型? 对婴儿的心理发展有何影响?

8. 经常有家长抱怨 2～3 岁的孩子"很不听话",如何帮助家长正确认识和对待这一现象?

第五章

幼儿心理发展

【学习目标】

　　通过本章的学习,使学生认识幼儿身心发展的一般特点,掌握游戏理论及幼儿游戏的种类和发展趋势、幼儿言语发展及幼儿认知发展(感知觉、记忆、思维、想象)的特点、幼儿自我意识、性别化和幼儿社会认知的特点,了解亲子关系与同伴关系的特点及其对幼儿心理发展的重要作用。

【关键概念】

　　具体形象性思维(concrete imagery thinking),抽象逻辑性思维(abstract logic thinking),性别认同(gender identification),性别稳定性(gender stability),性别恒常性(gender constancy),亲社会行为(prosocial behavior),攻击性行为(aggression behavior),社会认知(social cognition),观点采择(perspective taking),移情(empathy),心理理论(theory of mind),亲子关系(parent-child relationship),同伴关系(peer relationship)

　　3岁的晓晓已经上幼儿园了。刚入园时,晓晓还不愿意撒开妈妈的手,有点怯生。可是不久之后,她有了自己的小伙伴,一看到他们就欢欢喜喜地一起嬉戏、打闹,一副生龙活虎的样子。上了幼儿园中班的晓晓最喜欢玩"过家家"的游戏,她常常会给每一个小伙伴安排不同的角色,而自己要做什么她也很清楚,只是玩着玩着会忘记事先计划好的规则。晓晓也喜欢跟着老师做各种活动,学习那些新奇的好玩的知识。幼儿园的学习和生活给晓晓带来了无限的欢乐。

　　晓晓特别喜欢看动画片、读带插图的故事书,每天睡觉前都要妈妈讲故事给她听,有时还想象着自己就是故事中的小主人公，模仿她的一举一动。妈妈发现晓晓常表现出令他们意想不到的能力，比如语出惊人和喜欢提问，可是往往缺乏逻辑；能够理解别人的情绪，学会了看脸色。晓晓还变得越来越有独立意识了，她有了自己的想法和要求，偶尔会与爸爸妈妈展开"较量"。在爸爸妈妈正确地引导下，晓晓开始懂得了该做什么和不该做什么，逐渐发展着自控力。

就这样，晓晓在快乐的游戏和有趣的学习中慢慢长大。

幼儿期是指儿童3～7岁这一时期。通常儿童在这一时期进入幼儿园，因此叫做幼儿期。幼儿期也是儿童正式进入学校以前的时期，所以又叫学龄前期（或学前期）。幼儿期与婴儿期相比，在身心发展上有哪些新的变化？幼儿为什么如此热衷游戏活动？幼儿的认知发展和社会性发展有何进步？这是本章要重点阐述的问题。

第一节　幼儿生理发育

幼儿期神经系统的发展非常迅速，为幼儿的认知能力发展提供了生理基础和物质前提。同时，幼儿的神经系统和身体尚处于发育和成熟的过程中，又具有很大的可塑性。

一、幼儿神经系统发育

（一）大脑结构的发展

1. 脑重继续增加

新生儿的脑重约为350～400克，达到成人脑重的25％。3岁时儿童脑重达到约1 011克，相当于成人的75％。而7岁时约能达到1 280克，基本接近于成人的脑重量（成人脑重平均为1 400克）。

2. 大脑皮质更加成熟

从大脑生理学的角度来看，脑重的增加并不是神经细胞大量增殖的结果，而是由于神经细胞结构的复杂化和神经纤维分支增多，长度伸长，这更有利于神经联系。儿童2岁以后，脑神经纤维继续增长，到幼儿期神经纤维的髓鞘化逐渐完成，使得神经兴奋沿着一定道路迅速传导，并且更加精确。到6岁末，几乎所有的皮层传导道路均已髓鞘化。

根据儿童大脑皮质区成熟度的研究表明（见图5-1），大脑各区成熟的顺序是枕叶（occipital lobe）—颞叶（temporal lobe）—顶叶（parietal lobe）—额叶（frontal

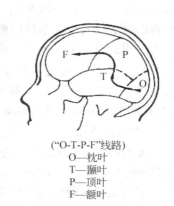

（"O-T-P-F"线路）
O—枕叶
T—颞叶
P—顶叶
F—额叶

图 5-1　儿童脑发育成熟程序示意图

lobe)。从各区成熟的程序看,到幼儿末期,大脑皮质各区也都接近成人水平。7 岁时,颞叶接近成人,额叶也比较成熟。因此,从大脑生理结构方面保证了幼儿智力活动迅速发展的可能性。

(二) 大脑功能发育

1. 脑电波的变化

脑电图(electroencephalogram,简称 EEG)用来记录脑的电生理活动,研究者将自发电位的频率作为神经系统成熟的一个指标。自发电位是指在没有刺激作用的条件下神经细胞自身的放电活动,自发电位的频率和成熟之间存在相关关系。自发电位的频率随着年龄的增加而逐渐提高。在安静条件下,人类脑电活动以 α 波(频率为 8~13 次/秒)为主,称为脑电活动的基本节律,它可作为大脑皮质成熟的标志。皮质上还有一种 θ 波(频率为 4~7 次/秒)。θ 波越多,表明皮质的控制作用越弱,它的出现说明皮质尚未成熟。大脑不同区域的成熟程度在 EEG 上表现为 α 波逐渐代替 θ 波。

国外相关研究(Corbin & Bickford,1955)指出,5 岁前儿童的脑电波 θ 波多于 α 波,5~7 岁时 θ 波与 α 波相当,7 岁以后 α 波逐渐占主导地位。我国有关研究表明,在 4~20 岁之间,脑电发展存在两个明显的加速期。第一次在 5~6 岁左右,表现为枕叶 α 波与 θ 波斗争最为激烈,α 波逐渐超过 θ 波;第二次出现在 13~14 岁左右,表现为除额叶外,整个皮层中 α 波与 θ 波的斗争基本结束,θ 波基本上被 α 波所代替。

2. 皮质抑制机能的发展

皮质抑制(cortical inhibition),即中枢抑制或内抑制,其机能的发展是大脑机能发展的重要标志之一。从儿童大脑皮质的兴奋和抑制过程的关系来说,儿童年龄越小,兴奋过程越比抑制过程占优势,兴奋越容易扩散,这也是儿童容易激动的生理上的原因。

儿童从很小的时候起,皮质抑制机能就在不断地发展着。在刚出生的第一年,各种抑制机能就出现了。但一般来说,3 岁以前的内抑制发展得很慢,约从 4 岁起,由于神经系统结构的发展以及生活条件的要求,更重要的是由于言语的掌握,内抑制开始蓬勃发展起来。内抑制的蓬勃发展使儿童有可能形成更复杂的、更细致的暂时联系,从而更好地分析综合外界事物,同时也使儿童有可能更好地控制、调节自己的行为,使自己的行为更有组织性。尽管幼儿的兴奋和抑制机能都在不断增强,但相比之下,抑制机能还是较弱。因此,儿童常常不能胜任过久地抑制自己的行动或者从事过分细致的作业活动。

3. 大脑单侧化

幼儿脑的发育还表现为左右脑优势半球的形成和加强。诸多研究表明,大脑单侧化现象(brain lateralization)自婴儿期开始显现,而在幼儿期明显形成。

根据对脑电活动的测量结果,两半球发育的速率是不相同的。对于大多数儿童,在 3~6 岁之间,左半球表现出发展的加速期,6 岁以后发育转向平稳。相对而言,在整个幼儿期和童年期，儿童的右半球成熟的速度较慢，仅在8～10岁之间略显出速度的增加。这种两半球之间成熟速率上的差异，表现为两半球功能的不对称性。例如，幼儿期儿童的语言能力发展迅速，而空间认知能力从童年期到青少年期才呈现逐渐发展的趋势。

大脑单侧化的外部标志之一是优势手（dominant hand）现象的出现。优势手反映了大脑的某一侧对控制、调节运动功能具有越来越大的优势。其他由优势脑半球控制的能力也得到更大的发展。研究发现，大约五六个月大的婴儿就开始表现出优势手的倾向。大约2岁的时候，优势手已经比较稳定，而在幼儿期和童年期，优势手继续发展和加强，这与脑的单侧化优势的发展相辅相成。

对于大多数人来说，右利手更为普遍，左利手者显得"稀有"。事实上，左利手者各方面的发展与右利手者一样正常，并且可能有更大的发展潜力。有研究表明，某些左利手者或双利手者在他们青少年时期比他们的同伴表现出更杰出的语言或数学能力（Benbow，1986）。如果强行纠正左利手，往往造成儿童口吃。

 阅读框5-1　左利手与口吃

左利手即"左撇子"。年轻的父母看到自己的孩子使用左手时，往往很着急，从而强制他使用右手。父母反复干涉、矫正，虽然可能改变孩子的用手习惯，但却可能导致孩子口吃。

人与人之间左右半脑分工不同，导致左利和右利的问题。左利变右利，左右半脑的相应功能就随之改变。而强制更换左右半脑的部分功能，可能引起功能紊乱和强加给大脑有些区域不能胜任的职能，因此出现功能性障碍。

尽管口吃产生的原因非常复杂，但现在一般认为它与左右半脑的功能分工和调整相关。在对宝宝早期行为的观察中，年轻的父母要注意他是否表现出明显的半脑优势。有些婴儿在早期活动中左手和右手可以自由替换，这说明他可能是右利者，或者他的半脑优势表现得不明显。这时，父母应适当引导，规范他的动作，使他成为右利。如果婴幼儿总是左手在先，有充分的理由认为他的半脑优势较明显时，我们不应强制他优先使用右手。否则，强行更换他的左右半脑的功能，优先使用他的劣势半脑，可能导致大脑在调整功能中发生故障。

大脑功能性障碍中，较明显的症状包括口吃。下列数据也许有助于我们认识口吃产生的原因。在有亲属关系的9对夫妻中，有5位丈夫是左撇子，没有一个口吃，而他们11个孩子中，有4个患口吃症，却无一个是"左撇子"。这11个孩子居住相距很远，相互交际少，有充分理由排除模仿这一因素。据他们父母讲，4个患口吃的孩子中，在开始使用筷子、玩积木时，有较明显的左利迹象，在父母的反复规范下，他们成为右利者。可是，后来出现的口吃症，让父母更加焦急却又一筹莫展。

> 幼儿是否左利,在两周岁前就会表现出来,而表现出口吃症状却要晚得多。幼儿在三四岁时,掌握了不少词汇,但难以连词成句,因而说话时结结巴巴。一般情况下,父母不要着急,孩子不一定是口吃。当幼儿长到五六岁时,说话仍有困难,这时,最好去咨询医生。
>
> (资料来源:秦为忠. 左利与口吃. 父母必读. 1995 年,(11):34)

二、幼儿身体发育

(一)躯体的生长

儿童在婴儿期,特别是婴儿期的头一年经历了身体生长的第一个高峰期。进入幼儿期,身体发育开始变得缓慢起来。体重平均每年增加 2 千克,身高平均每年增加 5～8 厘米。身体各部位比例也发生明显变化,比如头、躯干、四肢生长速度不同,躯干和下肢的发育较快,到五六岁时,身体各部分的比例越来越接近成人。

幼儿期儿童身高体重的增长是相对稳定的,如果 2 岁时儿童较高、较重,到 6～7 岁时,在同龄人中仍是较高、较重的。而且幼儿期的身高可以较好地预测成年期的身高,其相关约为 0.7。此外,幼儿的身高和体重存在性别差异和地区差异,体重指标表现得尤为明显。如表 5-1 所示是 3～6 岁儿童的体重和身高参考值。

表 5-1　3～6 岁儿童体重和身高参考值($\bar{x} \pm s$)

年龄(岁)	体重(kg)		身高(cm)	
	男	女	男	女
3.0	15.31±1.75	14.80±1.69	98.9±3.8	97.6±3.8
3.5	16.33±1.97	15.84±1.86	102.4±4.0	101.3±3.8
4.0	17.37±2.03	16.84±2.02	106.0±4.1	104.9±4.1
4.5	18.55±2.27	18.01±2.22	109.5±4.4	108.7±4.3
5.0	19.90±2.61	18.93±2.45	113.1±4.4	111.7±4.4
5.5	21.16±2.82	20.27±2.73	116.4±4.5	115.4±4.5
6—7	22.51±3.21	21.55±2.94	120.0±4.8	118.9±4.7

(资料来自:九市儿童体格发育调查协作组,首都儿科研究所。2005 年中国九市七岁以下儿童体格发育调查。中华儿科杂志,2007,45(8):609-614)

(二)骨骼肌肉系统的生长

幼儿的骨骼系统迅速发育,主要表现在骨骺的生长上。在 2～6 岁之间,大约有 45 个新骨骺出现在骨骼的不同部位。医生能据此对幼儿的骨龄做出判断。此外,幼儿骨组织中的水分和有机物质(骨胶元)多,而无机盐(磷酸钙、碳酸钙)少,因此骨的弹性较好但坚固性较差;幼儿的骨不易完全折断,但易于发生弯曲和变形。幼儿关节面软骨较厚,关节囊、韧带的伸展性大,关节周围的肌肉细长,活动范围大于成人,但关节的牢固性差,也较脆弱,在外力作用下容易脱位。

幼儿时期牙齿的生长是骨骼系统发育的另一个重要指标。幼儿通常于5～6岁时开始换牙。换牙的早晚一方面受身体成熟程度的影响,例如女孩比男孩成熟早而更早换牙;另一方面受环境因素的影响,例如长期营养不良可能推迟换牙时间。因此,这一阶段应注意牙齿保健,注意饮食卫生预防龋齿。

幼儿的肌肉组织也发育得相当快,但还处于不平衡阶段,幼儿3岁时的大肌肉群比小肌肉群更加发达,而小肌肉群在5～6岁时才开始发展。这个阶段跑、跳已经很熟练,但是手的动作还很笨拙,一些比较精细的动作还不能成功完成。

第二节　幼儿游戏

游戏是幼儿的主导活动。所谓主导活动,是指在人类各个发展阶段中,影响和支配其他活动并决定其心理发展的活动。游戏不仅促进了幼儿身体运动技能的发展,而且对认知能力的提高和个性的形成都有重要的意义。

一、游戏的理论

从19世纪下半叶至20世纪30年代左右是儿童游戏研究的初始阶段,人们开始把游戏作为童年期特有的现象予以关注,出现了最早的一批游戏理论和对儿童游戏最初的系统观察。诸如霍尔(G. S. Hall)的复演说、席勒(J. C. F. Schiller)和斯宾塞(H. Spencer)的精力过剩说、格罗斯(K. Gross)的生活准备说(或能力练习说)、拉扎鲁斯-帕特瑞克(Lazarus-Patric)的娱乐放松说、彪勒(Karl Bühle)的机能快乐说、博伊千介克(Buytenclijk)的成熟说等。这些经典的游戏理论是在达尔文进化论的影响下产生的,所以带有浓厚的生物学色彩。同时,它们主要是主观思辨的产物,缺乏可靠的实验依据。

从20世纪40年代到五六十年代,精神分析学派对于儿童游戏的研究,使游戏理论逐渐摆脱了美学的影响,成为以发展心理学理论为基础的新的游戏理论。

20世纪70年代至今,研究者们非常重视实验研究,从而加强了儿童游戏研究的科学性。诸如皮亚杰(J. Piaget)、维果茨基(Lev S. Vygotsky)推崇的认知发展游戏理论,伯莱因(Daniel E. Berlyne)的游戏觉醒—寻求理论,贝特森(G. Bateson)的"元交际"理论等。这些理论不仅深化了人们对于儿童游戏的认识,而且拓宽了游戏的研究领域。

(一)精神分析理论

弗洛伊德(S. Freud)提出了游戏的补偿说,又称发泄论。他认为,游戏是被压抑的欲望的一种替代行为,是补偿现实生活中不能满足的愿望和克服创伤性事件的手段。儿童就是为了追求快乐、宣泄不满而游戏。游戏是一种保护性的心理机制。

美国心理学家埃里克森(E. H. Erikson)从积极的方面发展了弗洛伊德的观点,提出了掌握论。他认为游戏是自我的一种机能,可以降低焦虑,使愿望得到补偿性的满足。儿童在游戏中可以修复自己的精神创伤。

(二)皮亚杰的游戏理论

皮亚杰(J. Piaget)把游戏看作是智力活动或认知活动的一个方面,游戏的实质就是同化超过了顺应。儿童早期,由于认知结构发展不成熟,常常不能够保持同化与顺应之间的协调或平衡,要么顺应大于同化,要么同化大于顺应。当顺应的作用大于同化时,表现为主体忠实地重复范型动作,即模仿;当同化大于顺应时,主体完全不考虑事物的客观特性,只是为了满足自我的愿望与需要去改造现实,这就是游戏。游戏给儿童提供了巩固他们所获得的新的认知结构及发展情感的机会。

(三)维果斯基的游戏理论

维果斯基(Lev S. Vygotsky)从文化历史发展的角度来探讨儿童的游戏问题。他认为游戏是社会性实践活动,儿童看到周围成人的活动,就把它模仿迁移到游戏中。当儿童在发展过程中出现了大量的、超出儿童实际能力的、不能立即实现的愿望时,游戏就发生了。

维果斯基认为游戏对儿童具有重要的发展价值。第一,游戏促进儿童思维的发展。游戏使思维摆脱了具体事物的束缚,儿童不仅按照对物体和情境的直接知觉行动,而且能根据情境的意义去行动。第二,游戏创造了儿童的"最近发展区"。在虚构游戏中遵循规则,儿童能够了解社会的模式形态与期望,并且努力表现出与之相符合的行为。第三,游戏有助于儿童意志行为的发展。维果茨基指出:"规则是游戏最本质的特征"。游戏规则是幼儿自己制定并乐于执行的一种内部自我限制,儿童必须遵循游戏规则,才能成功地进行游戏。游戏有助于儿童最大限度地控制自己的不良行为,促进儿童意志品质的发展。

(四)游戏的觉醒—寻求理论

游戏的觉醒—寻求理论出现于 20 世纪六七十年代,其主要代表人物有伯莱恩(Daniel E. Berlyne)、埃利斯(Ellis Albert)、哈特(Corinne Hutt)与费恩(Fein)等人。这一理论主要探讨游戏发生的生理机制与环境的影响,认为有机体的中枢神经系统总是要通过控制环境刺激量来寻求一个最佳觉醒水平。如果这种最佳觉醒水平被新奇的、不同的或不解的事物提高时,有机体就会通过减少注意来拒斥一些刺激。当环境的刺激量降低到最佳觉醒水平以下时,有机体会进行刺激寻求活动,通过多方探索制造新的刺激来提高觉醒状态。而游戏正是儿童用以调节环境刺激量以达成最佳觉醒状态的工具。

游戏的觉醒—寻求理论对儿童通过游戏调整刺激输入和激活环境的机制作出了解释,提示人们注意环境刺激适宜性问题。教育者在布置教育环境、安排教育内容及投入活动材料时均需注意这些问题,因为过多、过少的环境刺激均不利于儿童的游戏行为和心理发展。

(五) 元交际的游戏理论

贝特森(G. Bateson)运用人类学、逻辑学、数学的理论来研究游戏,试图揭示游戏的意识与信息交流过程的实质,由此提出了游戏的元交际理论。人类的交际不仅有意义明确的言语交际,而且有意义含蓄的交际。这种意义含蓄的交际就是元交际,它依赖于交际双方对于隐喻的信息的辨识和理解。游戏以一种"玩"、"假装"为背景来表现种种现实生活中的行为,只有理解了这些行为背后的含义,参与者才能真正进入游戏情景。只有当参与者能够携带着"这是玩啊"的信息达成协议或进行元交际,游戏才能发生。儿童游戏的价值不在于教会儿童某种认知技能或承担某种角色,而在于向儿童传递特定文化下的行为框架,并教儿童如何联系所处的情境来看待行为,以及如何在联系中评价事物。元交际理论不仅指出了游戏本身的价值,而且也为重新认识儿童游戏的地位提供了新思路。

(六) 学习理论

桑代克(E. L. Thorndike)认为,游戏也是一种学习行为,受到社会文化和教育要求的影响。而游戏也遵循"效果律",即强化会增加一种反应出现的可能性,而惩罚则会减少这种可能性。游戏中的强化者为社会上的成人。

近年来,研究者(John Byers, Andrew Iwaniuk & John Nelson, 2001)通过大量动物实验发现哺乳动物的脑体积和它们游戏的程度之间呈严格的正比关系,由此提出一种假设:游戏能促进新皮层和小脑的发育,整个脑结构是由游戏来塑造成形的。脑发育与游戏的关联性不仅超乎人们的推测,而且这种关联性还似乎作用于更高的认知过程。游戏经常包含着复杂的来自玩伴的评价、相关性的概念和特殊信号及规则的运用。游戏在整个脑中建立起更多的联系,使它在以后生命活动中具有较大的行为适应性,并增强了学习潜力。尽管上述观点还需要进一步的研究证实,但仍提示我们,儿童游戏对其认知发展和学习能力有重要影响。

我国心理学家认为,游戏是适合于幼儿特点的一种独特的活动形式,也是促进幼儿心理发展的一种最好的活动形式。游戏是一种有目的、有系统的社会性的活动。但是,游戏又跟劳动、学习这些有目的、有系统的社会性活动不完全一样。劳动要生产物质财富,而游戏并不生产什么。学习虽然也不创造什么财富,它却是一项必须完成的社会义务,而游戏则不是一种强制性的义务。游戏不但是适合幼儿特点的活动形式,而且是促使幼儿心理发展的最好的活动形式。在正确组织的游戏活动中,儿童的心理过程和个性品质能够得到更快更好的发展。必须指出,游戏在儿童心理发展上的作用,决不是自然而然实现的,而是跟成人特别是教师的正确组织和指导分不开的。成人一方面要关心、组织、指导儿童的游戏,同时,也不要包办代替,更不要随意打断儿童的游戏。教师更应该根据幼儿游戏的特点,有计划地把游戏作为对儿童进行教育的重要手段。

二、游戏的分类

幼儿的游戏是多种多样的,分类的方法也各不相同。在此,我们重点介绍皮亚杰的认知发展阶段游戏分类、帕腾的社会性发展游戏分类以及我国游戏分类。

(一)皮亚杰的游戏分类

皮亚杰根据儿童认知发展阶段把游戏分为练习性游戏、象征性游戏、结构游戏和规则游戏。

1.练习性游戏

在感知运动阶段,儿童的游戏以练习性游戏为主,这也是儿童出现最早的一种游戏形式,这种游戏的功能是对动作的积极重复和巩固,从动作的重复中得到机能性快乐,产生或获得有力量的感觉。练习性游戏不是出生后头两年或前言语阶段所特有的现象,而是在整个儿童期都可以看到的游戏形式。比如徒手游戏、操作物体的游戏等均属于练习性游戏。但是随着年龄的增长,儿童通过这种游戏而获得的新东西越来越少,这种游戏也逐渐减少。

2.象征性游戏

在前运算阶段,儿童的游戏有了关键性的变化,即发展出象征性游戏,它是幼儿游戏的典型形式。随着儿童象征功能的出现,儿童将一物体作为一种信号物来代替现实的客体,即以物代物或以人代人,象征性游戏就开始了。

3.结构游戏

皮亚杰把结构游戏描述为使用物体构成或创造出某种东西的活动,即儿童运用积木、积塑、金属材料、泥、沙、雪等各种材料进行建筑或构造,从而创造性地反映现实生活的游戏。值得注意的是,结构游戏并不与任何一个特定的认知阶段相对应。皮亚杰提出,结构游戏是感知运动游戏向象征性游戏转化的过渡环境,而且一直延续到成人期转变为建筑活动。

4.规则游戏

规则游戏是儿童在相互交往中以规则为目标的社会性游戏,是在象征性游戏之后出现的。规则可以是成人事先制定的,也可以是故事情节要求的,还可以是儿童自己规定的。有规则的竞赛游戏最能反映儿童的智力水平和认知能力。如果儿童的智力达不到一定的水平,他们就无法理解并遵守竞赛规则,更谈不上共同订立规则。更重要的是,在有规则的竞赛游戏中体现出来的社会行为的规范化反映了儿童参与有规则的或由规则支配的社会关系的能力,同时,也为儿童积极的交往奠定了良好的基础。研究表明,幼儿中期能按一定规则进行游戏,但常因外部刺激或过度兴奋而破坏规则;幼儿晚期不仅能较好地理解和坚持规则,还能利用规则约束参加游戏的所有成员。

(二)帕腾的游戏分类

美国心理学家帕腾(Parten,1932)按照儿童社会性发展把游戏分为六种:无所用心的行为、旁观者行为、独自游戏、平行游戏、联合游戏和合作游戏。

1. 无所用心的行为

是一种无目的的活动。儿童不是在玩,而是注视着身边突然发生的使他感兴趣的事情,或者摆弄自己的身体,或从椅子上爬上爬下,到处乱转,闲荡、东张西望而不参加游戏。

2. 旁观者行为

儿童大部分时间是在看其他儿童玩,听他们谈话,或向他们提问题,但没有表示出要参加游戏。

3. 独自游戏

独自游戏又称单独的游戏。儿童独自一个人在玩玩具,所使用的玩具与周围其他儿童的不同。他只专注于自己的活动,不管别人在做什么,也没有作出接近其他儿童的尝试。

4. 平行游戏

儿童在一起玩,所用玩具和游戏方式大体相同,但相互间不交往,不联系,不设法影响或改变同伴的活动,各自的游戏内容也没有什么联系,形成各种游戏同时并存的状态。随着年龄的增长,平行游戏越来越少。

5. 联合游戏

是一种没有组织的共同游戏。儿童有交往,互相借玩具,有说有笑,从事类似的活动,但儿童之间没有为同一目标而分工合作,各自根据自己的愿望做游戏。

6. 合作游戏

是一种有组织、有规则,甚至有首领的共同活动。儿童在一个组织起来的小组里游戏,服从首领的指挥,为了共同的目标而分工合作,有共同计划的活动和达到目的的方法。初级合作游戏多为戏剧性游戏或团体对抗游戏,如跳绳、玩球等,成员不固定也不一定有首领。高级合作游戏一般到中学时出现,具有较高的组织性。

(三)我国游戏分类

我国幼儿园的游戏活动常常依据游戏的目的性分类,主要有创造性游戏、教学游戏和活动性游戏。

1. 创造性游戏

它是由儿童独自想出来的游戏,具有明显的主题、目的、角色分配,有游戏规则,内容丰富、情节曲折。创造性游戏主要有角色游戏、建筑性游戏和表演游戏等。其中角色游戏是幼儿通过扮演角色,借助模仿和想象来创造性地反映周围的生活;建筑性游戏是利用积木、沙、石等材料建造各种建筑物,从而发展幼儿的设计创造才能;表演游戏则让幼儿扮演童话、故事中的各种人物角色,并以故事中人物的语言、动作和表情进行创造性表演。

2. 教学游戏

它是结合一定的教育目的而编制的游戏。利用这类游戏,可以有计划地增长儿童的知识,发展儿童的言语能力,提高儿童的观察、记忆、注意和独立思考的能力,培养儿童优良的个性品质。诸如让儿童用众多的三角形硬纸板拼出方形、大三角形等几何图案;或者让幼儿扮演教师和学生的角色,模仿教师上课的情景等。

3. 活动性游戏

它是发展儿童体力的一种游戏。这类游戏可使儿童掌握各种基本动作,如走、跑、跳、攀登、投掷等,尤其对于婴幼儿来说,活动性游戏是发展小肌肉动作、手眼协调能力的适宜形式。由此还可以提高儿童的身体素质并培养勇敢、坚毅、合作、关心集体等个性品质。

总之,幼儿正是在上述形形色色的游戏中获得身心的发展。各类游戏在幼儿的身体发育、认知、情感和社会性发展中均起着重要作用。

三、游戏的发展

随着儿童身心的发展,幼儿游戏的内容、形式、时间以及参加成员的多少都带有了明显的年龄特征。

(一)游戏内容的发展

儿童游戏内容伴随着生活经验的积累和生活范围的扩大而发展。从游戏的主题看,范围由幼儿熟悉的家庭、幼儿园日常生活逐渐扩大到生产劳动、社会生活;由反映人们运用物体的外部活动发展到反映人们在活动中的相互联系以至人们的内心情感和道德品质;由简单、自由到较复杂、有特定内容。从游戏的情节看,由零星、片断到较系统、丰富且有一定的创造性。

不同的年龄阶段幼儿游戏的内容具有明显的差异。幼儿初期与婴儿期的游戏差不多,其主题是一些生活琐事,多为模仿成人运用物体的动作,具有片段性。但不像婴儿那样简单地重复一些动作,而是为行动赋予一定的意义。幼儿中期的游戏内容经常反映一些成人社会生产劳动以及人们之间的一般社会关系,如"过家家"、"开火车"等。幼儿晚期的游戏总是力求揭示和反映成人活动的社会意义。

（二）游戏形式的发展

游戏形式是幼儿在游戏中的一切行为的表现方式,一般是从模仿性游戏发展到角色游戏、表演游戏,进而到有规则的游戏;从不会事先分配角色到能自行分配角色,甚至能带别人玩,组织能力也得到发展。

幼儿初期的游戏有了明确的角色和主题,但儿童的角色扮演有一定的局限性。幼儿中期的游戏从分配角色开始,有了一定的计划性,但角色分配常常起纠纷,也会由于外界刺激的作用忘了规则。幼儿晚期开始能事先计划自己的游戏,商量分配角色,并能更多地理解和坚持游戏规则。发生争执时,一般也能以游戏规则来解决问题。

（三）游戏时间的发展

儿童游戏的时间也随年龄增长而有所变化,游戏时间的长短反映了幼儿对游戏目标的坚持性。幼儿初期的兴趣容易转移,对同一个游戏只能坚持几分钟至十几分钟;幼儿中期能坚持长达 $40\sim45$ 分钟的游戏;幼儿晚期往往能好几天连续做同一个有趣的游戏。

（四）游戏参加人员的发展

幼儿初期的儿童 70％喜欢一个人做游戏,如独自摆弄玩具等;幼儿中期的儿童能与 $2\sim3$ 人做短时间的游戏;幼儿晚期的儿童游戏时参与的人数更多,往往总是进行集体性的游戏。

四、游戏对儿童心理发展的意义

游戏以一种浓缩的形式包含了所有的成长趋势,通过游戏儿童能够获得认知、语言、社会性以及情感等方面的发展。为儿童提供大量的自由游戏的机会,鼓励儿童参与游戏是促进儿童心理发展的重要途径。

第一,游戏促进儿童认知发展。游戏给幼儿提供了各种机会,使幼儿获得和巩固知识,锻炼和发展智力。尤其是专门的智力游戏,更能有目的地发展幼儿各项智力。

第二,游戏促进儿童语言发展。游戏为儿童提供了语言表达的环境,儿童在游戏中必须与同伴交流,练习表达与理解,语言中最复杂的语法和实用形式都是首先在游戏活动中出现的。

第三,游戏促进儿童情绪及社会性的发展。游戏常常给人快乐的情感体验,集中表现为儿童的成功感、自信心和自尊心的增强。在掌握语言之前,儿童通过自由游戏表达快乐,应对恐惧和创伤。在游戏活动中,儿童通过模仿成人的言行,体验成人的情感,为同情和移情的发展奠定基础。在社会性发展方面,游戏是自我意识发展的催化剂。通过游戏,儿童从发现自我、了解自我到发现他人、了解他人,逐渐学会了使自己的意见和他人的看法协调起来,学会相互理解、协商、合作,学会对同伴让步以及被同伴接纳等。此外,在游戏中,儿童还必须学会控制冲动、自我控制、延迟满足。借助游戏,儿童的社会性协作也可达到一个崭新的高度。

第三节 幼儿言语发展

幼儿时期是熟练掌握口头言语的关键时期,也是从外部言语(有声言语)逐步向内部言语(无声言语)过渡的重要时期,并有可能初步掌握书面言语。

一、词汇的发展

各种语言都是由词以一定的方式组成的,因此词汇的发展是语言发展的重要标志。幼儿词汇的发展主要表现在词汇的数量不断增加,词汇的内容不断丰富,词类的范围不断扩大,积极词汇不断增加。

(一)词汇数量的增加

幼儿期是一生中词汇数量增加最快的时期,7 岁时的词汇量是 3 岁时的 3～4 倍。关注词汇量的发展有许多研究。由于研究方法不同,儿童的生活和教育条件的差异,研究结果并不完全一致。但一般来说幼儿的词汇量是呈直线上升的趋势(见表 5-2)。

表 5-2 各国幼儿词汇量发展的比较

年龄（岁）	德国		美国		日本		中国	
	词量	年增长率	词量	年增长率	词量	年增长率	词量	年增长率
3	1 000～1 100		896		886		1 000	
4	1 600	52.4%	1 540	71.9%	1 675	89%	1 730	73%
5	2 200	37.5%	2 070	34.4%	2 050	22.4%	2 583	49.3%
6	2 500～3 000	15.9%	2 562	23.8%	2 289	11.7%	3 562	37.9%

(二)词汇内容不断丰富

1. 从掌握与日常生活直接有关的词到与日常生活距离稍远的词

根据史慧中等对我国十省市 3～6 岁幼儿语言发展的研究发现,以名词为例,每个年龄组幼儿使用最频繁和掌握最多的名词,都是与他们日常生活内容密切相关的词汇,如"日常生活用品类"、"日常生活环境类"、"人称类"、"动物类"等;但随着年龄的增长,一些离日常生活距离较远的词汇也逐渐开始增加,如"政治、军事类","社交、个性类"等,同时抽象名词的比例也开始增长。

2．从具体的词汇到抽象性、概括性比较高的词汇

幼儿词汇的抽象性和概括性也在增加,表现为抽象词汇逐渐增多,儿童对所掌握的每一个词的外延和内涵的理解不断丰富和深刻(见表5-3)。

表5-3　幼儿具体名词和抽象名词比率表

年龄(岁)	名词总量	具体名词		抽象名词		显著性检验
		数量	比率	数量	比率	
3～4	935	795	85%	140	15	$P<0.05$
4～5	1 446	1 211	84%	235	16	$P<0.05$
5～6	2 049	1 675	81%	374	19	$P<0.05$

朱曼殊关于儿童形容词发展的研究表明,儿童2岁时掌握的大多为描述物理特征的形容词,2.5岁开始使用描述动作、味觉、温度和机体觉的感觉词,3岁时能使用描述人的外貌特征、情感和个性品质的形容词,4岁以后是儿童形容词快速发展的时期,4.5岁开始使用描述事件情境的形容词。幼儿使用形容词的发展表现出以下基本特点:从描述物理特征到描述事件情境;从描述单一特征到复杂特征;从方言到普通话,再到书面语言词汇;从形容词的简单形式到复杂形式。

(三)词类范围扩大

词从语法上可分为实词和虚词两大类。已有大量研究表明,幼儿先掌握的是实词,其中最先掌握的是名词,其次是动词,再次是形容词。随着年龄的增长,名词和动词在总词汇量中的比例逐年递减,其他词类的比例日益增长。幼儿掌握虚词较晚,数量也较小,没有明显增加。实词在3～4岁增长的速度较4～5岁迅速;而虚词在4～5岁时的增长速度较3～4岁时迅速。5岁左右是幼儿言语能力朝着连贯、简练进展的转折点,也是言语质量提高的关键时期。

儿童掌握的词类与概念的发展有着密切关系。名词、动词、形容词反映事物及其属性,幼儿较易掌握。副词比较抽象,幼儿掌握较难。虚词反映事物之间的关系,幼儿掌握起来就更困难。

(四)积极词汇的增长

在儿童语言发展的过程中,既有很多积极词汇,也有很多消极词汇。积极词汇是指儿童既能理解又能正确使用的词汇;消极词汇是指那些或者不能理解,或者有些理解却不能正确使用的词汇。研究发现,幼儿积极词汇随年龄的增加而不断增加,并使消极词汇不断转化为积极词汇。

幼儿对词义的理解常有词义扩张或词义缩小的现象。例如:用"狗"这个词来指所有

四条腿的小动物,或指有毛的小动物等。词义扩张的倾向在1～2岁时最为明显,3～4岁逐渐有所克服。词义缩小的现象表现为对某些概括程度较高的词如"动物"、"蔬菜"等,往往只能应用于该范围中最典型的对象而排斥非典型的对象。到幼儿期,随着知识经验的积累和抽象概括能力的发展,词义缩小的倾向有所减少。

此外,当儿童词汇贫乏或词义掌握不确切时,还有一种"造词现象"。例如,幼儿把小狗叫"汪汪",把"一条裤子"说成"一双裤子"等。当幼儿确切地掌握了有关的词义时,这种现象就会逐渐消失。

幼儿的词汇中有不少消极词汇,因此常常发生乱用词的现象。例如把"解放军"一词与"军队"混用,以致把敌军说成"敌人解放军"等。所以在教育上应注重发展幼儿的积极词汇,促进消极词汇向积极词汇转化。

二、语法的发展

语法是指词的构成和变化的规则及组成句子的规则的总和。在整个幼儿期,儿童逐渐掌握了各种基本语法结构形式。

(一) 从简单句到复合句

幼儿主要使用简单句。2岁前儿童虽已使用复合句,但比例相当小。5岁时发展较快,主要为联合复合句和主从复合句两类。幼儿使用的复合句最显著的特点是结构松散,缺少连词,仅由几个单句并列组成。大约从3岁时开始使用极少数连词,以后虽逐年增加,但直到6岁,使用连词的句子仍不多(朱曼殊,缪小春,1990,1997)。

(二) 从陈述句到多种形式的句子

儿童最初掌握的是陈述句,幼儿期陈述句约占全部语句的1/3左右,其他句型如疑问句、否定句也都发展起来。幼儿对某些较复杂的句型仍不能完全理解,如双重否定句、被动句。特别是当句子表达的内容不符合儿童的经验时,尤其易发生错误。如让幼儿理解双重否定句"哪个小朋友今天没有不高兴"是相当困难的。幼儿还会将"明明被小红撞倒了"理解为"明明撞倒了小红"。

(三) 从无修饰句到修饰句

儿童最初的简单句是没有修饰语的,以后便出现了简单修饰语和复杂修饰语。简单修饰语的句子如"哥哥睡觉"。复杂修饰语句子如:"两个娃娃玩积木","小朋友把钢笔交给阿姨"。2岁儿童句子中有修饰语的仅占20%左右,3.5岁儿童已达50%以上,到6岁时上升到91.3%。

幼儿虽然已经能够熟练说出合乎语法的句子,但是并不能把语法当作认识对象。他们只是从言语习惯上掌握了它。专门的句法知识的学习要到小学才能进行。

三、口语表达能力的发展

幼儿期是口语表达能力快速发展的时期。口语表达能力的发展既有利于内部言语的产生,也为幼儿进入学校接受正规教育、掌握书面言语奠定了基础。连贯言语和独白言语的发展是儿童口语表达能力发展的重要标志。

(一)从对话言语过渡到独白言语

3 岁以前,儿童的言语大都采取对话的形式,而且他们往往只是回答成人提出的问题,或向成人提出一些问题和要求。到了幼儿期,由于独立性的发展,儿童常常离开成人进行各种活动,从而获得一些自己的经验、体会、印象等。这样,独白言语也就逐渐发展起来了。

3~4 岁时,幼儿已能主动讲述自己生活中的事情,但此时他们的词汇显得贫乏,表达也不流畅,还带有多余的口头语。4~5 岁的幼儿,能够独立地讲故事或各种事情。5~6 岁的幼儿言语表达能力进步明显,经过成人良好的教育,他们不但能够较清楚、系统地叙述,而且富有感情。然而幼儿的独白言语刚刚开始形成,发展水平还很低。尤其是在幼儿初期,虽然已能主动地对别人讲述自己生活中的事情,但由于词汇较贫乏,表达显得很不流畅,还有少数幼儿甚至显得口吃。一般到幼儿晚期,儿童就能较清楚地、系统地、绘声绘色地讲述看过或听过的事件或故事了。

(二)从情境言语过渡到连贯言语

幼儿初期的言语基本上都是情境性言语。虽然能够独自向别人讲述一件事情,但句子很不完整,常常没头没尾,虽辅以一些手势和面部表情,也让听者感到莫名其妙。4~5 岁幼儿不能说明事物现象、行为动作之间的联系,只能说出一些片断,但语句的连贯性已经有了一些进步。直到六七岁,儿童才能比较连贯地表达,由叙述外部联系发展到叙述内部联系。

一般来讲,随着幼儿年龄的增长,情境言语的比例逐渐下降,连贯言语的比例逐渐上升。有研究(范存仁等,1962)表明,4 岁儿童情境性言语占 66.5%,6 岁儿童情境性言语占 51%;4 岁儿童连贯性言语占 33.5%,6 岁儿童连贯性言语占 49%。

四、内部言语的发展

内部言语是言语的高级形式,它是在外部言语的基础上产生的,比外部言语压缩、概括。内部言语跟抽象逻辑思维有更多的联系,它主要执行着自觉的自我调节的机能。

幼儿初期没有内部言语,到了幼儿中期,内部言语才产生。幼儿的内部言语呈现一种介乎外部言语和内部言语的过渡形式,即出声的自言自语。

幼儿的自言自语有两种形式：一种是游戏言语，是在游戏、绘画活动中出现的言语，用言语补充和丰富自己的行动。另一种是问题言语，是在活动中遇到困难或问题时产生的言语，用以表示困惑、怀疑、惊奇等，这种言语一般比较简单、零碎，由一些压缩的词句组成。

幼儿这两种言语所占的比例不同。3～5岁的儿童游戏言语占多数；5～7岁的儿童问题言语增多，这是因为年幼儿童还不会独立解决问题。幼儿初期自言自语在口头言语中占有很大的比例。但随着年龄增长，它的比例逐渐缩小。皮亚杰指出，自我言语在儿童4岁时约占48％，7岁时下降到28％。同时，自言自语的比例数还受儿童所在环境的影响，通常在儿童单独游戏时出现较多。

 阅读框 5-2　亲子阅读

亲子阅读，亦称亲子共读，在国外被认为是早期教育最有效的方式，近几年在中国一些大城市也开始推行。英国每年有"寝前阅读周"，台湾地区有"故事妈妈"团队，都是政府认识到了亲子共读重要性后，进行的有计划的安排。

亲子阅读是长辈和孩子之间感情的交流。亲子共读传给孩子更重要的信息是：这是妈妈（或爸爸）在和我一起读，他们很爱我。这种感觉比起他自己阅读来，有着天壤之别。

亲子阅读最好是用图画书，图画书是幼儿早期的主要读物，这在西方成为所有父母的共识。图画书中精巧的故事和优美细腻的画面，不仅能紧紧吸引住孩子的眼睛，也能让您在讲述中焕发童心。《猜猜我有多爱你》《效率专家爸爸》等优秀的图画书都是不错的选择。

孩子小的时候，总会缠着父母讲故事，这也是父母的一门必修课。不过，很少有父母认识到，讲故事是需要一些专门技巧的。例如，给孩子读书时，不要直接地告诉书上的字念什么，你念过多次之后，他自然就能把这些字记住，这就是所谓的"吃语言"现象。念故事时，父母要先熟悉故事本身，知道哪些地方要加入一些解释性的词语或摹声词。念到故事的转折关头，要有意停下来让孩子猜一猜，故事会怎么发展，这是培养孩子想象力的良好机会。故事讲完后，可以适当和孩子讨论一些问题，但请不要直接问孩子："你读这个故事，明白了什么道理？"还可以通过故事做一些游戏活动。陪孩子阅读最好形成规律（一般放在临睡前比较好），但并不意味着必须固定，重要的是不要让孩子觉得这是临睡前的一门"必修课"。父母要有心理准备，有时孩子对一个故事感兴趣，可能要父母讲上几遍甚至几十遍，这是孩子正常的心理表现。

亲子阅读时间并不需要很长，每天只要10～15分钟就可以。每天10分钟左右的阅读时间是很重要的，它让孩子的一生都有了方向。试试看，看坚持亲子阅读后，孩子的语言是否更丰富，思维水平是否更高？每个父母都希望自己的孩子能成功，但有时成功的秘诀却相当简单：给他买有趣的书，陪他一起读。

（资料来源：王林等. 亲子阅读：给孩子爱与智慧. 文艺报. 2005年6月11日第1版）

第四节 幼儿认知发展

随着幼儿大脑结构和内抑制机能的成熟,幼儿的感觉、知觉、记忆、思维和想象等心理过程逐渐发展起来。

一、幼儿感知觉的发展

(一)感觉

1. 视觉

在整个幼儿期,儿童的视力都在不断地发展和提高,6岁时达到成人的正常水平。此后,儿童的视力在一段时间内维持这个水平,年龄再大一些后则发生水晶体弹性降低的现象,视力开始减弱。

幼儿辨别颜色及其名称有一定的顺序,3~4岁幼儿已经可以初步辨认红、橙、黄、绿、天蓝、蓝、紫七种颜色。但是,掌握颜色名称的顺序先是红,然后是黄、绿。并且幼儿在颜色辨别方面还存在着差异,一般说来,女孩的辨色能力要比男孩强一些。

2. 听觉

听觉是幼儿认识世界的重要途径。幼儿通过听觉辨别周围的声音,确定行为来源和方向,作出相应的反应。同时听觉还是幼儿学习语言的前提和基础。

幼儿的听觉感受性存在着巨大的个体差异,且随年龄的增长而不断提高。据研究,听觉感受性的发展曲线从0岁开始,在6~8岁间,听觉感受性提高大约一倍;在12~13岁时达到最大值。儿童的听觉感受性在20岁之前一直保持着这一水平。20岁以后,听力曲线就会有所下降;年老时,在高频率部分的听力丧失。

还有研究发现,幼儿在4岁时对有着明显差异的声音的辨别能力仍然很弱,不能建立分化反应。5~7岁幼儿的辨别能力则大幅度的提升,建立了巩固的分化运动反应。

(二)知觉

1. 空间知觉

空间知觉是指对物体距离、形状、大小、方位等空间特性的知觉,是由视觉、听觉、运动觉等多种分析器联合活动组成的。

(1)方位知觉

幼儿的方位知觉发展按照上下→前后→左右的顺序进行。具体来讲,幼儿在3岁时已经可以正确的辨别上下方位了。4岁时则能够正确辨别前后方位。但是对于左右,幼儿需要很长时间去掌握。如幼儿在穿鞋时如果没有成人的帮忙,大部分时间都会把鞋子穿反。5～7 岁时,幼儿初步掌握左右方位,能以自己为中心辨别左右。7～9 岁时,儿童渐渐掌握左右的相对性(学会辨别以别人为基准的左右方位,以及两个物体间的左右方位),但是还不能灵活运用,有时还要依赖自身动作和表象。儿童准确辨别左右方位要在 9～11 岁时方能完成。

(2) 形状知觉

形状知觉是对物体或几何图形的反映,是个体对物体各个部分的排列组合的反映。幼儿辨认物体形状的能力随年龄的增长而提高。一方面幼儿认知形状的种类逐渐增多,另一方面辨认形状的正确率也不断提高。5 岁是幼儿认知平面几何图形迅速发展的时期。6～7 岁的儿童除一些特殊、陌生的图形不能识别外,对于常见图形已经没有障碍了。幼儿掌握图形有一定的顺序。例如,对以下 8 种图形掌握的顺序是:圆形→正方形→三角形→长方形→半圆形→梯形→菱形→平行四边形。幼儿对几何图形的知觉只偏重于某一部分,往往忽略整体。实验证明,幼儿在 4～5 岁时,大多只能看到图形的个别部分;在 6 岁时,幼儿的整体知觉开始起作用,但是仍不稳定。

2. 时间知觉

时间知觉是对客观现象的延续性、顺序性和速度的反映。对于时间知觉,人们通常借助一些媒介来进行。幼儿的时间知觉从整体上讲还处于较低的水平,准确性和稳定性都很差。

4 岁幼儿基本上还不具有时间相对性概念。五六岁幼儿能够正确认知一日之内的时序,是因为一日之内的早上、中午、晚上是固定的。幼儿把这种时序看作是孤立、静止的,把它从整个时间流中割裂开来。而"昨晚"是在今天早上之前,"明早"则在今天晚上之后,这种具有相对性的时间概念,要求既认识时间顺序的固定性,又认识时间概念的相对性,到 7 岁时才能掌握。

二、幼儿记忆的发展

与婴儿期相比,幼儿的记忆容量相应地增大了,各种记忆类型开始出现并不断改进,记忆策略和元记忆初步形成。

(一) 记忆容量增加

关于记忆容量的研究主要集中于短时记忆容量的发展上。

1. 短时记忆容量

成人短时记忆容量为 7±2 个组块,7 岁前儿童尚未达到这一标准。

沈德立等(1985)曾对 3～6 岁幼儿视、听觉通道记忆保持量做了研究。在视感觉通道记忆容量的研究中,研究者用情节图片和抽象图片各一组,每组 20 张(其中 10 张让幼儿学习过,称为旧材料;另 10 张未学习过,称为新材料),以速视器依次向幼儿呈现,要求幼儿再认出识记过的图片。结果发现,不同年龄组幼儿对图片再认的保持量有显著的年龄差异。小班、中班和大班幼儿保持量分别为 7.47、11.38 和 13.57。在听感觉通道记忆容量的研究中,播放事先录好的幼儿熟悉的名词(每个词两遍,每次用一秒钟,中间间隔一秒钟),要求幼儿识记,然后分别采用再认法和再现法检查幼儿的保持量。结果表明,不论是再认还是再现,其保持量均随着幼儿年龄的增长而递增。

2. 工作记忆容量

所谓工作记忆是指在短时记忆过程中,把新输入的信息和记忆中原有的知识经验联系起来的记忆。短时记忆约持续 30 秒,在这一时间内,一个人能从长时记忆中提取的信息越多,他可同时利用的新信息的量也越大。工作记忆中持有信息的能力称为 M 空间(记忆空间)。

帕斯夸尔—莱昂内(Pascual-Leone,1970)用实验验证了 M 空间随年龄而发展的假设。他要求不同年龄儿童对不同刺激做出不同的动作反应。例如,看到红颜色就拍手,看到大杯子就张嘴,一旦儿童学会了这些简单的联想,就向他们同时呈现两种或多种刺激,要他们作出适当的反应。一个儿童的正确反应数与他在 M 空间能够综合的图式的最大数是一致的,而能正确完成的动作数,在幼儿和学龄儿童中随年龄增长而增加。

(二)无意识记和有意识记的发展

幼儿初期,无意识记占据着绝对优势。有意识记一般发生在幼儿中期,约四五岁的时候才可观察到。五六岁的幼儿,记忆的有意性有了明显的发展。这时幼儿不仅能努力去识记和回忆所需要的材料,而且还能运用一些简单的记忆方法,如自言自语、自我重复等来加强记忆。有意识记最初都是被动的,往往由成人提出识记的任务,以后幼儿才能逐步自己确定识记任务,主动地进行记忆。

苏联心理学家陈千科(Зинченко,1954)做过一项实验来研究幼儿的记忆。他向幼儿提供 15 张图片,上面画的都是幼儿熟悉的事物,如水壶、苹果、狗等。要求幼儿按照一定的对应关系,通过做游戏的方式,把这些图片放在实验桌上所画的地点位置上(厨房、花园、睡眠室等)。游戏结束后,要求幼儿回忆所玩过的东西,测查其无意识记的效果。另外,在同样的实验条件下,要求儿童进行有意识记,记住 15 张图片的内容。结果表明,幼儿中期和晚期记忆的效果都是无意识记优于有意识记。3 岁幼儿并未真正接受识记任务,基本只有无意识记。到了小学阶段才有有意识记,并逐渐超过无意识记(见图 5-2)。

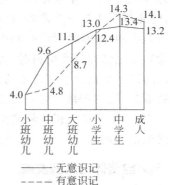

图 5-2　无意识记和有意识记的比较

（三）形象记忆与语词记忆的发展

儿童早期的记忆形式完全是形象记忆，在语言出现后儿童才具有语词记忆。在整个幼儿期，形象记忆仍然占据主导地位。

卡尔恩卡（1955）比较了幼儿形象记忆与语词记忆的效果（见表 5-4）。从表中可以看出，幼儿对熟悉的物体记忆效果最好，其次为熟悉的词，对生疏的词记忆效果最差。幼儿对熟悉的物体的记忆是通过形象记忆来完成的，形象记忆的效果依赖于材料的鲜明、直观、具体等特点，材料越鲜明、直观，效果越好；记忆熟悉的词，幼儿通过词语与头脑中具体形象结合，形成内部联系，记忆效果也较好；而生疏的词在幼儿头脑中完全没有形象，因而效果最差。

表 5-4　幼儿形象记忆与语词记忆效果的比较

年龄（岁）	熟悉的物体	熟悉的词	生疏的词
3～4	3.9	1.8	0
4～5	4.4	3.6	0.3
5～6	5.1	4.6	0.4
6～7	5.6	4.8	1.2

在整个幼儿期，形象记忆与语词记忆不是相互对立的，而是相互渗透的。形象记忆离不开词，而词的记忆也离不开形象。在形象记忆中物体或图形起主要作用，语词在其中也起着标志和组织形象记忆的作用。而在语词记忆中，语词所标示的事物的形象也起一定的作用。

（四）机械识记和意义识记的发展

幼儿期机械识记占优势，意义识记逐渐发展。由于幼儿知识经验贫乏，分析、综合和理解力差，他们习惯于采用简单重复的机械记忆方法，记忆事物的表面特征和外部联系。例如，幼儿早期在学习儿歌时，往往是凭借儿歌的音调进行机械模仿来识记的。

幼儿中期，随着生活经验的增加和思维能力的提高，意义识记在记忆中所占的比例逐渐增大。在记忆理解性材料时，机械识记的成分逐渐较少，意义识记成分增加。例如，幼儿对词的记忆要比无意义音节的记忆效果好；记忆熟悉的词要比生疏的词的效果好。在复述故事时，往往不是一句一句地照背，而是按自己的理解和感受进行取舍或增补。

总之，幼儿的机械识记和意义识记均随年龄的增长而提高，而意义识记的效果总是优于机械识记的效果。

（五）自传体记忆的发展

自传体记忆（autobiographical memory）是指个体对发生在自己身上的重要经历或事

件的记忆。自传体记忆在幼儿期出现。

年幼儿童的自传体记忆常常指向那些他们熟悉的环境中重复发生的事件,尤其是事件中的常规信息。在一项研究中,主试向2岁半的儿童询问最近发生的一些重大事件,诸如去海边、野营和乘飞机等。儿童没有回忆这些事件中新奇或令人兴奋的方面,而是把焦点放在了常规信息上。比如,儿童在回忆野营经历时首先想到的是睡觉和吃东西等。儿童年龄越小,越会把新奇的事件融入熟悉的常规活动中(Fivush & Hamond,1990)。随着年龄的增长,儿童对特殊的、非同寻常的事件的记忆时间更长并且会记得更多的细节。在3岁或4岁时参观过迪斯尼乐园的儿童,甚至在18个月之后,还记得许多发生于这次旅程的事件。一般而言,成人难以回忆起发生于3岁或4岁以前的事件,即婴儿期记忆缺失(infantile amnesia)。

然而,许多证据表明,婴幼儿对事件的记忆更容易受到暗示及错误信息的误导发生记忆扭曲。切奇等(Ceci,et al.,1995)在研究中询问幼儿是否记得曾经经历了诸如被老鼠夹夹到手指这样的事件。尽管几乎所有的儿童在第一次访谈的时候都没有承认经历过这些虚构的事件,但在不断询问下,超过50%的5岁以下儿童和约40%的五六岁儿童都说这些事件在自己身上发生过,并且还能生动描述自己的经历。即使告诉儿童这些事件是假的,实际上并没有发生过,许多儿童仍然相信这些事件确实在自己身上发生了。

(六)前瞻记忆的发展

前瞻记忆(prospective memory)指的是对于计划中的将来事件或行为的记忆。威诺格拉德(Winograd,1998)提出,前瞻记忆技能从儿童早期就开始发展起来了。

在一项实验研究(Kvavilashvili,Messer & Ebdon,2001)中,让4岁、5岁和7岁的儿童一边翻一堆卡片,一边说出卡片上物体的名称。当发现卡片上是动物时,要求将这张卡片藏在一个盒子里,这个动作大概需要5～6秒。结果发现,7岁儿童在前瞻记忆任务中的表现虽然好于4岁和5岁儿童,但差异并不大。这一结果支持了威诺格拉德的观点。

但也有一些研究发现,如果扩大被试的年龄范围或改变任务类型,年龄与前瞻记忆是有关系的。例如有研究发现7岁和9岁儿童的前瞻记忆有显著差异,甚至发现7岁和12岁儿童之间也有显著差异。这表明前瞻记忆可能是在学龄期才发展起来的。因此,儿童前瞻记忆有待研究。

(七)记忆策略的发展

记忆策略是人们为有效地完成记忆任务而采用的方法或手段,包括复述、组织和精细加工。记忆策略的数量和有效性随年龄的增长而增长。弗拉维尔等(Flavell,et al.,1966)提出记忆策略的发展可以分为三个阶段:一是没有策略;二是不能主动应用策略,但经过诱导,可以使用策略;三是能主动自觉地采用策略。一般来说,儿童5岁以前没有策略,5～7岁处于过渡期,10岁以后记忆策略逐步稳定发展起来。就记忆策略的种类而言,精细加工策略出现得最晚,直到青春期才出现。此外,年幼儿童自发运用记忆策略还有困难,但训练可以有效地改善儿童运用记忆策略的能力。

(八) 元记忆的形成

元记忆是个体关于记忆和记忆过程的知识。正式将元记忆纳入到心理学研究范畴的是弗拉维尔等人(Flavell,1971)。弗拉维尔将元记忆定义为个体关于记忆过程的各个方面的知识,诸如对记忆目的和任务的认识,材料的性质对记忆效果的影响的认识,记忆的准备状态,对记忆操作的调节和监控,对效果的预测和评价,策略的选择等等。

以往研究发现,幼儿能够意识到较少的东西比较多的东西容易记住,他们已经初步具备了元记忆知识。但是他们通常会高估自己的记忆能力,且对他人的记忆水平一样高估。幼儿对遗忘也不甚了解,他们认为在短期内能回忆的东西,经过很长一段时间以后也会回忆起来,而且回忆的难易程度与前面是相同的。研究发现,幼儿这种高估记忆水平的表现不是由他们对自己的盲目自信造成的,而是因为无法准确地监测自己的认知过程。研究者认为,这种高估能使幼儿保持乐观态度,使他们勇于尝试超过他们自身能力的任务,有助于他们的认知发展(Lipko,2009)。

幼儿的记忆目的往往不明确,对记忆效果的评价是笼统的,主观性很强。直到小学阶段以后,儿童开始了有目的的学习,这促进了儿童有意记忆的发展,也促进了儿童对自己记忆过程的认知、调节和评价等元记忆能力的发展。

三、幼儿思维的发展

婴儿期的思维形式主要是直觉行动思维,幼儿期思维的主要特点是具体形象性以及进行初步抽象概括的可能性。

(一) 幼儿思维的基本特点

1. 具体形象思维占主导地位

具体形象思维(concrete imagery thinking)是指儿童的思维主要是凭借事物的具体形象和表象,即凭借具体形象的联想来进行的。

幼儿的思维内容是具体的。他们能够掌握代表实际东西的概念,不易掌握抽象概念。比如"家具"比"桌子"、"椅子"等词抽象,幼儿比较难掌握。在生活中,抽象的语言也常常使幼儿难以理解。比如老师说:"喝完水的小朋友把碗放到柜子里。"初入园的幼儿全部没有反应。老师说:"李红,把碗放到柜子里去吧!"李红才懂得了老师的意思。在这里"喝完水的小朋友"是个泛指的词,没有具体指出哪个小朋友,而每个孩子的名字才是具体的。

幼儿思维的形象性表现在幼儿要依靠事物在头脑中的表象来思维。幼儿的头脑中充满着颜色、形状、声音等生动的形象。比如,兔子总是"小白兔"、猪总是"大肥猪",奶奶总是白头发的,儿子总是小孩。又如,一个幼儿能够正确回答"6个苹果,两人平分,每人分几个?",但是不会回答"3+3等于几?"。他所以能够正确解答第一个问题,是因为这个问题在他头脑中形成了直观的形象,而后一题只是抽象的数概念。

具体形象思维是直觉行动思维的演化结果,具体形象正是儿童的直觉行动在思维中重复、浓缩而成的表象。随着活动的发展,幼儿的表象日益发展,表象在解决问题中所占的地位越来越突出,在思维中所占的成分也越来越大,思维的具体形象性就是这样在直觉行动中孕育起来并逐渐分化,成为幼儿思维的主要方式。

2. 抽象逻辑思维开始萌芽

抽象逻辑思维(abstract logic thinking)反映事物的本质属性和规律性联系,是通过概念、判断和推理进行的,是高级的思维方式。

直觉行动思维、具体形象思维和抽象逻辑思维这三种思维形式并不是彼此孤立和相互对立的,它们在幼儿思维中所占的地位随着年龄的变化而变化。幼儿的直觉行动思维的概括性比婴儿期有明显提高,而抽象逻辑思维只是刚刚发展,在幼儿经验范围内,对幼儿来说是熟悉的事物,儿童能够进行简单的逻辑思维。我们常常可以发现幼儿不但能广泛了解事物的现象,而且开始要求了解事物的原因、结果、本质、相互关系等等。例如,4岁的儿童可以猜中像关于"花生""星星"的谜语;5岁的儿童已知道"把桃核种在地下可以长出桃树来"这一类因果性的联系。此外,他们遇到什么事情都喜欢追根究底,问个"为什么",反映了幼儿正在努力探索事物内在的奥秘和事物间的因果关系,这正是幼儿抽象逻辑思维活动的表现。

在正确的教育下,到了幼儿晚期,随着儿童知识经验的增长,言语特别是内部言语的发展,儿童认识活动中的具体形象成分相对减少,抽象概括成分逐步增加。当然,幼儿虽然开始能进行一些初步的抽象逻辑思维,但是他们的思维的自觉性还很差,还不能像学龄儿童那样自觉地调节和支配自己的逻辑思维过程。

3. 言语在思维发展中的作用增强

婴儿的思维活动起初主要依靠行动进行,即所谓直觉行动思维。后来才主要依靠言语来进行,并开始带有逻辑的性质。

柳布林斯卡娅(А. А. Люблинская,1959)的研究探讨了不同年龄幼儿在思维活动过程中动作和语言的关系。她要求幼儿把小图块拼成一张图,并在拼图前说出将要拼什么,拼完后再说明是怎样拼的。结果发现,小班幼儿在行动前说不出将要拼什么,他们拿到小图块就立即去拼。拼完之后,非常惊奇而又似乎是突然有所发现地说出自己拼的结果。中班幼儿在行动中边做边说,行动的计划性还很差。大班幼儿在行动之前已经能清楚地说出自己要拼什么和怎样去拼。这时,儿童的行动就带上了明显的目的性和计划性。

（二）幼儿概念掌握的发展

1. 幼儿概念掌握的一般特点

概念是人脑对客观事物的一般特征和本质特征的反映。概念是在概括的基础上形成起来的，是用词来标志的。

儿童知识经验和词的水平的高低，制约着儿童概括和概念水平的高低。幼儿概念掌握的特点有三：

第一，概括的内容比较贫乏。每一个词，基本上只代表一个或某一些具体事物的特征，而不是代表某一类事物的共同特征。例如，"猫"只代表自己家里的小花猫或少数他所看过的猫。到了幼儿晚期，概念所概括的内容才逐渐比较丰富。

第二，概括的特征很多是外部的、非本质的。儿童虽能概括某一类事物的共同特征，但常常把外部的和内部的、非本质的和本质的特征混在一起，还不能很好地对事物的内部的、本质的特征进行概括。正是由于这个原因，幼儿大多以功用性的定义来说明关于事物的概念。例如"杯子"，这是喝水的；"衣服"，这是穿的。

第三，概括的内涵往往不精确。有时失之过宽，例如，把桌椅、柜子概括为"用的东西"，把萝卜归为"果实"这个概念里。有时又失之过窄，例如，4岁儿童以为"儿子"一词就代表小孩，因此，有一天看见一个高大而嘴上有短胡须的男人，说是幼儿园里保姆的儿子，就感到非常惊奇。

幼儿由于概括水平较低，他们最初掌握的概念，往往不能反映事物的本质特征。他们掌握的概念数量也有限，而且多半是具体的实物概念和动作概念。这些概念是与具体事物相联系的，例如物体名称，动作名称。在教育影响下，直到幼儿晚期，他们才能够掌握一些比较抽象的概念，如"凶恶"、"团结"、"勇敢"，以及掌握一些数概念。

2. 实物概念的掌握

幼儿掌握实物概念一般要经过以下几个阶段：

第一阶段：幼儿园小班儿童，实物概念代表儿童所熟悉的某一或某些事物。例如问："什么是马？"答："就是那个大马（指幼儿所见过的马）"。

第二阶段：幼儿园中班儿童，已能在概括水平上指出某些实物比较突出的特征，特别是功用上的特征，例如答："马是拉车的"。

第三个阶段：大班儿童开始能指出某一实物若干特征的总和，但只限于所熟悉事物的某些外部的特征，而不能将本质和非本质很好地加以区分。例如，答："马有头，有尾巴，有四只脚，会拉车。"

在正确的教育下，大班儿童也有可能初步地掌握某一实物概念的本质特征。例如"马是兽类"，"马是动物"等等，但这要取决于这些事物是否为儿童所熟悉，也取决于儿童是否掌握进行抽象概括时所需要的词。

3. 数概念的掌握

儿童掌握数概念总比掌握实物概念晚些，也比较难些。掌握数概念包括理解：①数的实际意义（"3 是指三个物体"）；②数的顺序（如 2 在 3 之前，3 在 2 之后，2 比 3 小，3 比 2 大）；③数的组成（如"3"是由 1＋1＋1，1＋2，2＋1 组成的）。

林崇德的研究表明：儿童形成数概念的顺序是口头数数、给物说数、按物取数、掌握数概念等四个发展阶段。2～3 岁和 5～6 岁是儿童数概念形成与发展的关键年龄。

另有研究表明（刘范，1979），幼儿数概念的发展经历三个阶段：

第一阶段，对数量的感知阶段（3 岁左右）。这个阶段的特点表现在以下方面：①对大小、多少有笼统的感知；对明显的大小、多少的差别能区分；对不明显的差别，只说"这个大，这个也大，这个小，这个也小"；②能唱数，但一般不超过 10；③逐步学会口手协调地点数，但范围不超过 5；而且点数后说不出物体的总数；个别幼儿能做到伸出同样多的手指比划表示数量。

第二阶段，数词和物体数量之间建立联系的阶段（4～5 岁）。这个阶段的特点是：①点数后能说出物体的总数，即有了最初的数群概念；②这一阶段的前期，幼儿能分辨大小、多少、一样多；中期能认识第几、前后顺序；③能按数取物；④逐步认识数与数之间的关系，如有了数序的观念，能比较数目大小，能应用实物进行数的组成和分解；⑤开始做简单的实物运算。

第三阶段，数运算的初期阶段（5～7 岁）。这阶段的特点是：①大多数儿童对 10 以内的数能保持守恒；②计算能力发展较快，大多数儿童从逐个计数到按群计数过渡，从表象运算向抽象数字运算过渡；③序数概念、基数概念、运算能力的各方面均有不同程度的扩大和加深。一般儿童通过教学到幼儿晚期时可以学会计数到 100 或 100 以上，并学会 20 以内的加减运算，个别儿童可做到百以内的加减运算。

从以上发展阶段可以看出，幼儿数概念的掌握遵循着下列顺序：最初，从对实物的感知来认识数；其后，凭借实物的表象来认识数；最后，开始能在抽象概念的水平上真正掌握数的概念。

4. 类概念的掌握

在对事物或现象的特征有了充分的认识之后，则可以进行分类。通过分类，儿童可以逐渐掌握概念系统。

国内外的心理学家用实物或形象的材料为实验材料来研究儿童的类概念。研究表明，4 岁以下的儿童基本不能进行分类，六七岁的儿童已能按事物的功用和本质特点进行初步的分类，其抽象概括能力已开始初步发展。樊艾梅等（1995）研究发现，3 岁幼儿已能按基本类概念标准进行正确的种类匹配；对于上级类概念，3～5 岁儿童的匹配能力尚较差，6 岁基本达到掌握水平。实验材料的感知相似程度对 3～5 岁儿童的上级类概念匹配操作有显著性影响，6 岁儿童摆脱了这种制约作用。

（三）幼儿判断与推理能力的发展

判断是概念与概念之间的联系，是事物之间或事物与它们的特征之间的联系的反映。推理是判断与判断之间的联系，是在已有判断基础上推出新的判断。幼儿判断和推理的发展，是抽象逻辑思维的表现。

1. 幼儿判断能力的发展

一般来讲，幼儿判断的发展可分为四个基本阶段。第一阶段，幼儿只用物体名称（"称名判断"）来回答一切问题。第二阶段，儿童掌握了以谓语说明物体的品质、作用和数量的技能，儿童寻找客体的类似特征，并根据这些特征概括客体。第三阶段，儿童已不满足于物体的共同特征，而且能指出其差异。第四阶段，部分儿童开始掌握同时分析和综合物体特征的技能。总之，幼儿对事物的判断，流于表面，依赖直觉，缺乏客观性和准确性。幼儿判断有以下特点：

（1）判断形式间接化

幼儿的判断形式从感知形式的直接判断开始向抽象形式的间接判断发展。例如，3岁儿童指着一个小女孩说是"王老师的小姐姐"，这是根据感知的特征进行的直接判断；年龄较大的幼儿会说"王老师的女儿"，这是真正使用概念进行的间接判断。

李文馥等（1982，1983）在研究儿童对面积的判断时发现，五六岁儿童在判断两块相等的面积时，大部分依靠直接判断。他们倾向于认为一块完整的面积比被分割开的同样面积大，7岁以后儿童大部分进行间接判断。6～7岁判断发展显著，是两种判断变化的转折点。

（2）判断内容深入化

幼儿判断的内容从反映事物的表面联系，开始向反映事物的本质联系发展。幼儿初期往往把直接观察到的物体表面现象作为因果关系。例如，对斜板上皮球滚落下来的原因，3～4岁儿童认为是"球站不稳，没有脚"。而5～6岁幼儿会说"皮球是圆的，它要滚"。这一阶段的儿童开始能够按事物隐蔽的、本质的联系作出判断和推理。

幼儿最初对事物关系的判断是笼统而不分化的，如"火柴漂浮，因为在水里"，以后判断逐渐分化和准确化，如"钥匙沉下去，因为小而且重，水轻"。幼儿能够把客体（或其特性）之间的联系分解并概括起来，反映出事物的规律，判断的深度逐渐提高。

（3）判断根据客观化

幼儿判断的依据从以对待生活的态度为依据，开始向以客观逻辑为依据发展。幼儿初期的判断常常按照"游戏的逻辑"或"生活的逻辑"进行，这种判断没有一般性原则，而是从自己对生活的态度出发，属于"前逻辑思维"。例如，3～4岁幼儿认为物体会浮是因为它们"想洗澡"。

（4）判断论据明确化

幼儿的判断从没有意识到论据开始向明确意识到论据发展。幼儿初期，儿童难以说出判断的论据或只能说出模糊的论据,而且受制于他人。例如,3～4 岁儿童常说"妈妈说的"或"老师说的"。有时,他们甚至并未意识到用论据支持判断的论点。即使幼儿设法寻找论据,最初的论据也是游戏性的或猜测性的。到了幼儿晚期,儿童逐渐意识到判断要有论据。

2. 幼儿推理能力的发展

由于知识经验和认知水平的限制,幼儿的推理经常不合逻辑,局限于事物的表面。随着年龄的增长,幼儿晚期的儿童在所能理解的事物范围内,逐渐能够做出合乎事物本身逻辑的推理。

(1)推理过程

杨玉英(1983)采用玩具得奖游戏的方法要求被试进行四步实验:其一,归纳游戏规则;其二,分析形成规则的原因;其三,运用规则认识具体的事物或现象;其四,运用规则解决实际问题。结果发现,推理过程随年龄的发展而发展。各年龄阶段的可进行推理的人数为:3 岁组儿童基本上不能进行推理活动;4 岁组儿童的推理能力开始发展;5 岁组儿童的大部分(有 3/4)可以进行推理活动;6 岁和 7 岁儿童全部可以进行推理活动。研究还发现,儿童的推理方式由展开式向简约式转化。5 岁开始,简约的推理活动逐步占优势。5～6 岁是由展开式向简约式转化的关键期。

(2)演绎推理

演绎推理是从一般到特殊的推理。三段论推理是一种典型的演绎推理,是从两个前提推论出一个符合逻辑的结论的推理。近来的研究显示,幼儿也能进行三段论推理,但尚处于萌芽状态,很少能达到命题演绎水平。

乌利彦柯娃(1958)认为,幼儿演绎推理的发展,大致要经过五个阶段:第一阶段,幼儿还不会运用任何一般规则,对于自己的结论不提供任何论据或仅提供一些偶然的论据;第二阶段,幼儿运用了一般规则,并试图论证自己的答案;第三阶段,幼儿运用了一般原理,这种原理已能在某种程度上反映对象的本质特征,但还不能完全作出正确的结论;第四阶段,幼儿不说明一般原则,但能正确解决问题;第五阶段,幼儿能正确解决问题,并对结论进行有效地说明。

(3)归纳推理

归纳推理是由个别事实概括出一般结论的推理。归纳推理有两种基本形式,一种是从特殊到一般的推理,另一种是从特殊到特殊的推理。由于幼儿的理解能力有限,只能从自身易感知到的、简单的、表面的特征进行归纳,因而幼儿的归纳推理形式属于后者。

国外有研究表明,4～5 岁幼儿的归纳推理主要是基于知觉相似性,到 11～12 岁左右,儿童才能显著地表现出基于概念的归纳推理,而 7～8 岁是儿童从基于知觉相似的归纳推理向基于概念的推理进行转变的过渡期。而国内的研究表明,4.5 岁的儿童就能够显著地更倾向于基于概念进行归纳推理,两种推理发生转变的年龄不是在 7～8 岁,而是在 4 岁半之前。产生这种差异的可能原因与实验材料的差异以及以何种材料呈现知觉信息和概念信息有关。无论如何,研究者们一致认为,幼儿能够依据线索(颜色、质地、知觉、概念)进行归纳推理。

(4)类比推理

类比推理在某种程度上属于归纳推理,是对事物之间关系的发现和应用。典型的类比推理测验如"苹果/水果,？/文具",要求被试在"铅笔盒、铅笔、书、报纸"几个答案中作出选择。

许多研究表明,领域知识、关系转换以及关系复杂性等是儿童类比推理能力发展的重要影响因素。戈斯沃米和布朗(Goswami & Brown,1989)认为当儿童知道了相关关系的知识时,3 岁就能成功完成类比推理任务。辛格—弗里曼和戈斯沃米(Singer-Freeman & Goswami,2001)的研究表明,具备相关知识的前提下,4 岁左右儿童开始能够解决比例类比问题。莱特曼和詹特纳(Rattermann & Gentner,1998)发现小于 5 岁的儿童在解决类比问题时主要基于表面相似性。冯廷勇等(2006)研究表明结构相似性类比推理任务对于儿童来说更为困难。还有研究(Halford,1993;Andrews & Halford,2002)发现关系数目限制儿童在类比推理任务中的表现,儿童能够同时加工的关系数目随着年龄增长而增加。

(5)因果推理

皮亚杰认为前运算阶段的儿童思维缺乏逻辑,常常简单地把两个时间或空间上接近的事件解释为因果事件,皮亚杰称之为"转导推理"。但新近的研究表明,当简化了实验任务,且问题内容为儿童所熟悉时,幼儿也能像学龄初期儿童那样进行较复杂的推理。有研究发现,幼儿可以利用某些时空线索判断事物的因果关系。儿童对时间信息的利用比空间信息更为敏感;在同时利用时空双信息方面,幼儿已能利用时空接近性一致的信息(方富熹,1989)。因此,幼儿能认识事物的变化,在一定条件下思维是可逆的,且在经验熟悉的范围内能够理解事物的因果关系。

四、幼儿想象的发展

儿童 2 岁左右时开始出现想象的萌芽,此时的想象只是初级形态。幼儿期是想象发展最为活跃的时期。

(一)无意想象占据主导地位,有意想象初步发展

在整个幼儿期,无意想象都处于主导地位。幼儿的想象通常没有事先预定的目的,想象活动大多是外界刺激引起的。在日常生活和学习中接触的事物,直接影响着幼儿想象活动的内容、形式。幼儿的想象是在情境中进行的,情境变化,想象的主题也随之变化。

有意想象在幼儿早期开始萌芽,到了幼儿晚期逐渐发展并进一步完善。幼儿的想象有了较为明确的预定目的;在想象之前可以先确立目标,然后有目的地进行活动;想象主

题变得稳定,可以围绕某一主题展开想象活动,甚至为实现主题可以主动去克服一部分困难,保证想象活动的顺利进行。

(二)再造想象占据主导地位,创造想象逐步发展

再造想象在幼儿早期占据主导地位。想象在很大程度上具有复制性和模仿性。想象的内容基本上重现一些生活中的经验或作品中所描述的情节。例如,幼儿在"幼儿园游戏"中扮演的教师,常常是重现他班上的教师的模样。在自编故事时,往往把自己的行为作为故事中主人公的行为加以描述,或者仅是模仿以往听过的故事情节而已。幼儿再造想象往往是外界环境的刺激直接引起的。如,幼儿在作画时,听见以前的故事配的音乐,就会把注意转移到音乐上,想起以前故事中的情节。

创造想象是幼儿高级心理活动开始出现的重要标志。幼儿最初的想象是无意的自由联想,没有什么创造性可言;经过一段时间,幼儿的想象可以根据一定的原型进行,但是模仿的成分较多,如原型是"田"字式的 4 个正方形,幼儿根据图形创造出来的是 5 个正方形;接着,幼儿的想象进一步发展,创造的成分不断加大,创造想象逐步成熟。

(三)想象的极大夸张性与现实合理性

幼儿的想象常常喜欢夸大事物的某个部分或某种特征。例如,幼儿画小朋友吃苹果时,苹果比小朋友还大,几个小朋友围着一个大苹果快乐地吃着。幼儿喜欢童话故事就是因为童话内容的夸张性,如千里眼、顺风耳、大人国、小人国等等。

幼儿知识经验储备较少,缺乏想象的材料与技巧,因此幼儿的想象常与现实相混淆。幼儿容易把想象的东西当成现实的东西;将自己的想象看作是真实的事;把自己强烈渴望得到的东西说成是已有的东西;把自己希望发生的事情当作已经发生的事情述说。幼儿的这个特点常常被误认为在说谎,实际上并非如此。教师和家长应加以询问,不应不分青红皂白,予以严厉的斥责。

随着年龄的增长,知识经验的增加,想象的合理性、现实性逐步提高。如大班的幼儿在听到一些事情后常常会问:"这是真的吗?"表明幼儿已经意识到想象与真实情况是有区别的。

第五节　幼儿情绪、个性及社会性发展

社会化是个体在与社会环境相互作用中获得他所处的社会的各种行为规范、价值观和知识技能,成为独立的社会成员并逐步适应社会的过程。幼儿情绪个性和社会性的发展正是一个社会化的过程。

一、幼儿情绪的发展

幼儿的情绪常常处于激动状态,强烈且不能自制,容易受所处情境的感染与暗示,情绪的外部表现基本是自身真实感受的外显。因而,幼儿情绪具有易冲动性、不稳定性、外露性的特点。但随着年龄的增长、脑的发育和语言的发展,幼儿情绪不断丰富和深刻化,稳定性逐渐提高,且有不断社会化的趋势,情绪的调节控制能力也逐步加强。

(一)幼儿情绪理解的发展

情绪理解(emotion understanding)是儿童期的重要发展任务,是儿童早期形成的解释情绪表达以及理解情绪与其他心理活动、行为和情境之间关系的能力。

研究表明,幼儿阶段是儿童情绪理解能力迅速发展的时期,随着年龄的增长,儿童能在更为复杂的情境下理解自己和他人的情绪体验,对其做出合理解释。例如,儿童在 2 岁时就能正确识别面部表情,能谈论和情绪有关的话题(Southam-Gerow & Kendall,2002);3 岁儿童能根据情境线索判断他人的情绪状态(Denham& Couchoud,1990);5~6 岁儿童已经能对自己和他人的情绪状态给出合理的解释(Cassidy &Parke,1992)。

1. 幼儿对面部表情的理解

研究发现,2~4 岁儿童指认表情的能力优于命名表情的能力,指认和命名积极情绪的能力优于消极情绪。在消极情绪中,害怕是最难识别的表情。研究还发现幼儿在识别表情方面不存在性别差异。这可能是因为表情识别是一种基本的能力,它要为幼儿深入理解情绪奠定一定的基础。因此,在情绪识别上,性别差异不明显。儿童面部表情识别的研究说明,儿童最早理解他人的情绪状态是基于外部世界的,是和事件一一对应的关系,不涉及其他复杂的心理活动。

2. 幼儿对混合情绪的理解

混合情绪理解能力指个体意识到同一情景可以同时诱发两种不同的甚至矛盾的情绪反应的能力。一些研究表明,5 岁幼儿对冲突情绪的理解仍然有困难;到了 6 岁,幼儿开始知道同一客体可以引发一种以上的冲突情绪。

哈里斯(Harris,2001)等设计了非常精巧的实验来探索儿童对混合情绪的认识的发展过程。首先,他们设置能产生混合情绪的复杂情境,发现 6 岁儿童往往会选取其中一种情绪。于是,他们把实验拆分,将同一个情境拆成积极情绪版本和消极情绪版本进行研究。结果发现儿童都能够准确理解各自版本的情绪反应,但是如果把他们合在一起,儿童就会聚焦一种情绪而排除另外一种情绪。研究结果表明儿童不能同时理解一种情境下的两种情绪。年幼儿童不能意识到可以同时产生多个情绪的原因可能是他们对事情缘由的探索不够复杂,倾向于将情绪归因为第一次接触所认定的原因(Gnepp & Klayman,1992)。

3．幼儿对情绪情境的理解

情绪情境理解指的是在特定情境中，根据情境线索对主人公的情绪进行识别或推断。很多研究设计了一系列特定情绪情境，如通过木偶的肢体语言、声音、表情线索来呈现明显情境任务和非明显情境任务，以考察幼儿是否可以对情境中人物的情绪进行正确识别。明显情境任务指大多数人在此情境中都体验到同一种情绪，非明显情境任务是指在情境中有些人体验到某种情绪，而另一些人体验到另一种情绪。研究结果表明，在明显情境中，高兴、伤心等积极情绪最容易识别，害怕最难识别；在非明显情境中，当木偶的情绪和幼儿相反时，幼儿更容易识别，积极—消极情绪的组合较消极—消极情绪的组合容易识别。还有研究考察了情境线索与其他表情线索冲突时的情绪识别，结果发现，从6岁开始幼儿能够综合考虑矛盾情境的情绪线索来推断他人情绪。

4．幼儿对情绪归因的理解

情绪归因能力是在一定的情境中，个体对他人的情绪体验，并对使他人产生情绪体验的情境作出原因性解释和推断的能力。研究发现即使是3岁的幼儿也能够在情绪原因解释上表现出一定的能力。费比斯（Fabes,1991）等人研究表明，相比积极情绪，儿童对消极情绪产生的原因更能够稳定识别，这可能因为消极情绪的强度更大，更频繁且更容易突出情绪唤起的资源。

5．基于愿望与信念的情绪理解

基于愿望的情绪理解是指个体对于自己或他人在情景是否满足愿望时所产生的情绪的理解。研究表明，3岁可能是幼儿获得基于愿望的情绪理解能力的关键年龄，他们能够理解情绪和愿望之间的联系。例如，3岁幼儿能准确预测故事主角扔出的球被期望的对象接到时，会感到高兴；如果是另外一个对象接到，会感到难过。

基于信念的情绪理解指个体对于情境与自己或他人所持信念是否一致时所产生情绪的理解。研究发现，3岁幼儿能够正确理解基于愿望的情绪，但不能正确理解基于信念的情绪；4岁幼儿开始能够理解和信念有关的情绪，到6岁时幼儿才能够较普遍地通过基于信念的情绪理解任务。4岁可能是基于信念情绪理解的关键年龄。

（二）幼儿情绪调节的发展

情绪调节（emotional regulation）是个体在对自身和外界环境认知、理解的基础上，调控和管理自身情绪状态，以达到适应外界情景变化和自身需要的过程。

陆芳、陈国鹏等（2007）研究认为幼儿的情绪调节策略有以下六种：自我安慰、替代活动、被动应付、发泄、问题解决和认知重建。研究发现在面临消极情境时，幼儿会较多运用替代活动的调节策略，较少运用发泄调节策略，且已出现认知重建的调节策略。在有关策略的运用上存在显著的年龄差异，认知重建、问题解决的运用逐渐增多，发泄的运用则随年龄增长有显著递减的趋势。

幼儿情绪调节能力与其认知能力、运动能力和社会技能的发展密切相关,而且随着年龄的增长,所使用策略也逐渐丰富和恰当。具体特点如下:

(1) 幼儿情绪调节随着自身运动能力的发展而发展。从婴儿时期的吸吮手指之类的行为,到控制视觉注意,再到行为回避乃至更高级调节方式的转变,都与幼儿运动能力息息相关。

(2) 幼儿情绪调节随着社会认知能力的提高而发展。从本能式的哭闹反应到情绪伪装与掩蔽,从仅仅关注自身感受到逐步理解他人情绪等,幼儿情绪调节能力也不断发展。

(3) 幼儿情绪调节从使用单一策略向多种策略的综合灵活运用发展。年幼儿童大多只使用某种单一的方式来调节情绪,且主要依靠照料者提供支持性的情绪调节。随着个体元认知能力的发展,10 岁儿童大多都有了一套适当的调控情绪的技巧,并根据自己对事件可能结果的预测和控制程度,越来越灵活地独立运用各种不同的情绪调节策略。

二、幼儿自我意识的发展

自我意识(self-consciousness)是指一个人对自身特点和状态的认识、体验和控制。自我意识包括:自我评价、自我体验和自我控制三个成分。自我意识的发展是儿童个性形成的重要组成部分。随着独立活动范围扩大,认识能力提高,在教育的影响下,幼儿逐渐能把自己作为活动的主体来认识和理解,自我意识随年龄的增长而不断发展,其中自我控制的发展最为迅速。

(一) 幼儿自我概念的发展

7 岁之前,儿童对自己的描绘仅限于身体特征、年龄、性别和喜爱的活动等,还不会描述内部心理特征。一项研究(Keller,Ford & Meachum,1978)让 3~5 岁幼儿用"我是个……"和"我是个……的男孩(或女孩)"的句型,说出关于自己的 10 项特征。约 50% 的儿童描述了自己的日常活动,而对心理特征的描述几乎没有。早期儿童的认知能力处于具体形象思维阶段,他们很容易把自我、身体与心理混淆起来。塞尔曼(R. Selman)等人也认为,幼儿的概念是"物理概念",儿童对内在的心理体验和外在的物理体验不加区分。

(二) 幼儿自我评价的发展

幼儿正确、积极的自我认识是形成正确的自我评价的必要条件。幼儿的自我评价大约在 2~3 岁时开始出现,其发展趋势是:

(1) 从轻信成人的评价到自己独立的评价。幼儿初期儿童的自我评价只是简单重复成人的评价,到幼儿晚期开始出现独立的评价,对成人的评价逐渐持批判的态度,对成人不公正的评价产生怀疑、反感,提出申辩。

(2) 从对外部行为的评价到对内心品质的评价。幼儿的自我评价基本上停留在对自己外部行为的评价上，只有到幼儿晚期，才有少数儿童开始转向对内心品质的评价，但仍属于过渡状态。

（3）从比较笼统的不分化的片面的评价到比较具体的细致的全面的评价。幼儿初期儿童往往分不清一般行为规则和某项活动具体标准的区别，只是从个别、局部的方面出发对自己的行为作"好"和"坏"的粗略评价。幼儿晚期儿童开始能从几个方面进行自我评价，并能说出好与坏的具体事例。

（4）从带有极大主观情绪性的评价到初步较客观的评价。幼儿的自我评价常从情绪出发，尤其是幼儿初期的自我评价很少有理智的成分。幼儿一般都过高地评价自己。随着年龄的增长，自我评价渐趋客观、正确。

在整个幼儿期，儿童对自我评价的能力还很差，成人对儿童的评价在儿童个性发展上有着重要作用。因此，家长、教师必须注意对幼儿进行恰当的评价。既不过分夸奖、赞扬，使幼儿骄傲自大、任性，也不任意训斥、取笑，使幼儿失去自尊、自信。

（三）幼儿自我情绪体验的发展

在与成人和同伴的交往中，幼儿开始形成对自己的某种看法，如聪明或愚笨，漂亮或难看，听话或调皮，从而产生满意、自信或自我怀疑、自卑等自我体验。

幼儿自我情绪体验由与生理需要相联系的情绪体验（愉快、愤怒等等）向社会性的情感体验（委屈、自尊、羞愧等）不断深化与发展。3 岁的幼儿自我情绪体验还没有表现出来；4 岁是自我情绪体验发生转折的重要时期；5～6 岁儿童绝大多数都能进行自我体验。幼儿自我体验中各个因素的发生和发展是不同步的，愉快和愤怒体验发展较早，而委屈、自尊和羞怯感则发生较晚。5～6 岁的幼儿能对自己的错误行为感到羞愧。

在诸多自我情绪体验中，自尊感是最重要的一种情绪体验。在儿童成长过程中，对自己感到满意的孩子会有较高的自尊，他们能意识到自己的优点，也能知道自己的缺点，并希望能克服它。相反，低自尊的儿童对自己不是那么喜欢，常常宁可总是看到自己的缺点而忽视自己表现出的优点。幼儿 3 岁开始出现自尊感，4 岁时则有很大发展，自尊感稳定于小学。

（四）幼儿自我控制的发展

幼儿自我控制的发展是与意志行动的发展密切联系的。随着独立活动能力的增强，自主性的发展，幼儿初步认识了作为个体的我和我的力量，在 3 岁左右开始产生与成人消极、不合作的行为。这种"非理性的意志萌芽"或"违拗"，是幼儿自我发展的表现，在 3～4 岁时达到高峰，心理学上称这个时期为"第一反抗期"（the first period of resistance）。这就意味着幼儿自我控制能力开始出现。

在儿童自我控制研究中，延迟满足（delay of gratification）实验发挥着重要的作用。

米歇尔(Walter Mischel)20 世纪 70 年代在斯坦福大学附属幼儿园基地所做的实验提供了延迟满足研究的基本范式,即让儿童选择在实验室中等待一段时间后获得一个大奖品,或是示意研究者不愿意等待,此时只能获得一个较小的奖品。只有少数儿童能够抵制诱惑,并且在等待期间,他们采取了不同的注意转移的方式:闭起眼睛、唱歌、做游戏或想别的事情。研究发现,大多数幼儿不清楚注意转移策略可以帮助他们抵制诱惑,但在成人指导下,就可以很好地做到这一点。

由此看来,自我控制能力和方式随着年龄的增长而增长。研究发现,3～4 岁的幼儿自我控制能力还没有明显表现出来;4～5 岁是自我控制发生转折的重要时期;5～6 岁儿童绝大多数都能进行自我控制,但总的说来还很弱。

自我意识各种因素的发展速度与程度是不同的:自我评价能力高于自我情绪体验、自我控制能力;自我评价能力与自我情绪体验发展速度比较平稳,而自我控制能力发展则表现出明显的跳跃,在 5 岁左右变化最大。

三、幼儿性别化的发展

儿童获得性别认同和关于他所生活的社会认为适合于男人或女人的动机、价值、行为方式和性格特征的过程就是性别化(sexualization)。这是儿童个性和社会性发展的一个重要方面。

(一) 性别概念的发展

儿童的性别概念主要包括三个成分:性别认同、性别稳定性和性别恒常性。通常认为,这三个成分的依次获得标志了性别概念的发展。

1. 性别认同

性别认同(gender identification)是指儿童对自己和他人性别的正确标定。大多数研究认为,儿童的性别认同出现在 1 岁半到 2 岁之间。汤姆逊(Thompson,1975)在一项研究中向 2～3 岁的儿童提供一些性别化的洋娃娃和杂志的图片,要求儿童按性别把这些图片分类。同时问儿童他们自己的性别以及他们与这些图片是否一样。然后给每一位被试拍摄一张快照,让其添加到已经分类的图片中。最后把两张中性物品的图片(如"苹果")标上"好"或者"坏",或者标上"给男孩"或"给女孩",让他们从中选一个带回家去。结果表明,2 岁儿童的性别认同发展水平还很低,他们开始理解男人和女人这些词的含义,开始知道一些活动和物体同男性相联系,另一些同女性相联系。但不知道自己与其他人属于同一性别类型。到 2 岁半时,儿童不但能正确回答自己的性别,还能区分其他人的性别,也知道自己与同性别的人更相似。

2. 性别稳定性

性别稳定性(gender stability)是指儿童对自己的性别不随其年龄、情境等变化而改变这一特征的认识。3～4岁的儿童能够认识到，一个人的性别在一生中是稳定不变的。斯莱比和弗雷(Slabey & Frey,1975)曾在研究中向被试提出以下问题来考察儿童的性别稳定性："当你长大以后是当妈妈还是当爸爸？"结果表明，直到4岁儿童才能做出正确回答。儿童对自己性别稳定性的认识要早于对别的孩子性别稳定性的认识，他们早就知道，不管怎样，他们是不可能变为相反性别的人。

3. 性别恒常性

性别恒常性(gender constancy)最早是由柯尔伯格(Lawrence Kohlberg)提出来的。他把性别恒常性定义为"对性别基于生物特性的不变特征的认识，它不依赖于事物的表面特征，不会随着人的发型、衣着、活动的变化而变化"。例如，达到性别恒常性的儿童知道发型、服饰、活动表现等表面变化不能改变人的性别。儿童一般到6～7岁时达到性别恒常性，这也是儿童达到具体运算思维阶段获得守恒概念的时期。6～7岁儿童首先对自己产生性别恒常性，然后才能应用到他人身上。

总之，幼儿期可能是一个性别概念的敏感期。2岁左右能分辨出照片上人的性别，但不能确定自己的性别；2～3岁儿童能正确说出自己的性别，但不能认识到"性别是不变的"；3～4岁儿童能认识到性别的稳定性，但不能坚持性别的恒常性；6～7岁的儿童才开始理解性别的恒常性。到上小学的时候，大部分孩子都已形成稳定的、以未来为指向的性别概念。

（二）性别角色观的发展

性别角色观是指儿童对不同性别行为模式的认识和理解。这种研究通常采用的方法是向儿童列举一些典型的男性或女性的行为活动，如打架、烧饭、玩玩具枪、玩洋娃娃等，让儿童说出哪些活动是适合男孩干的，哪些活动是适合女孩干的，借此考察其性别角色观的发展。

例如，在一项研究中，研究者向2.5～3.5岁的儿童呈现一个男孩布偶和一个女孩布偶，然后问这些孩子这两个布偶中的哪一个会进行诸如烹饪、缝纫、玩洋娃娃、卡车、火车、说很多话、打架或爬树等两种性别的典型行为。几乎所有的2.5岁的孩子都具有一些与性别角色相关的知识。例如，认为女孩总是会说很多的话，从不打架，经常需要帮助，喜欢玩洋娃娃，喜欢帮助妈妈干家务活；男孩喜欢玩卡车，喜欢帮助爸爸，喜欢制作东西，还会打架。

儿童的性别角色观有个发展变化的过程。儿童3岁时能把传统的性别类型的玩具准确地归类，形成了对性别行为模式的认识和理解。4岁时，儿童能把特定的颜色与男性和女性联系在一起。此外，他们还知道大部分有关成人职业的性别标准，比如他们期待女人成为教师或者护士，而男人应该去做飞行员或者警察。幼儿对这些性别行为的划分还比较刻板，比如认为男人是一定不能换尿布的。4岁儿童很少把像攻击、专制、善良或情绪这样的行为特质准确地赋予男性和女性。直到 5 岁时，儿童开始从心理上理解不同性别的行为模式，并认为男性应该高大、说话响亮、富有进取心、独立、自信等，而女性应该娇小、温柔、文静、善良、富有情感等。

那么，儿童会认真看待这些性别角色，并要求自己做出角色行为吗？许多 3～7 岁的孩子将性别角色标准看作是不容侵犯的、所有人都必须遵守的准则。他们对于同伴或他人不符合性别化规定的行为常常表现出拒绝和轻视的态度。在幼儿园中，玩男子气玩具的男孩和举止女性化的女孩，都比较容易找到玩伴；而玩娃娃或举止服饰女性化的男孩，则可能遭到同伴的取笑或受到忽视。年幼儿童的性别角色观非常刻板，对逾越性别角色的行为不能容忍，这与他们对于性别的理解水平有关系。3～7 岁儿童正是坚定地把自己归入男孩或女孩，并开始意识到事情将会永远如此的时期。他们可能夸大性别角色以获得认知上的明了，因为只有这样，他们关于性别角色的认知与他们头脑中的自我形象才是一致的。

（三）性别化行为的发展

儿童的性别概念和性别角色观的形成使得儿童性别化的行为也得到发展。他们比较偏爱社会期待他们的性别所从事的活动。研究表明，儿童 2 岁时，就选择适合自己性别的玩具和游戏。比如，男孩偏爱小汽车之类的玩具，而女孩喜欢玩娃娃和毛绒玩具。在没有其他玩具的情况下，他们通常也会拒绝玩异性孩子的玩具。

男女儿童在性别化的过程中具有发展上的差异。例如，男女儿童对同性同伴的偏好出现的时间不同。女孩一般在 2 岁，男孩一般在 3 岁；但是儿童喜欢与同性伙伴玩耍的特点一直持续到儿童中期，并具有跨文化的一致性。还有研究发现，女孩在遵从性别相适行为上没有男孩那么严格。大多数文化以男性价值为主导取向，男性角色比女性角色定义得更清楚，因而男孩在遵从性别相适行为上受到的社会压力更大。父母往往能够接受具有男性气质的女孩，却不能容忍女子气的男孩。有研究发现，男孩的性别化兴趣比女孩更稳定，男孩在学前期和学龄期表现出的性别化倾向更多地保持到成年阶段。而且，由于大多数社会里男性的地位比女性高一些，所以男女儿童都常常被男性的事情所吸引。

（四）性别化的理论解释及双性化

1. 性别化的理论解释

社会生物学理论强调两性间发生学和荷尔蒙的差异在儿童性别化中的决定作用。他们认为是儿童的性别决定了父母或其他人怎样对儿童实施性别化的教育。精神分析理论认为性别化是儿童与同性别父母认同的结果之一。性别图式理论认为儿童会建构一种自我性别图式，并根据性别图式评价信息、环境刺激等对自己是否合适。社会学习理论提出儿童获得性别化态度和行为的两种机制是直接训练（强化适当的性别行为，惩罚不适当的性别行为)与观察学习。认知理论则指出,儿童性别角色的发展部分依赖于儿童的认知发展。

事实上,各种理论强调的不同过程在不同的发展时期分别具有特别的意义,儿童性别化发展的过程亦是各种理论观点相整合的过程。出生前的生理发展是人们判定一个孩子的性别并依照性别采取相应抚养方式的主要依据。儿童性别认同的形成则是他人强化的结果。2.5~3岁的儿童开始形成性别图式。而当他们到了6岁或7岁能够理解性别永远不变(性别恒常性)的时候,就不再完全依赖于性别图式,他们开始对同性别榜样给予更多的关注,并学习判断更适合自己性别群体的态度和行为方式,这一阶段,认知发展理论起着重要作用。在青春期及以后,青春期生理的巨变与新的社会期望(性别强化)一起,使青少年形成成人的性别认同。

2. 双性化

传统上,心理学家认为性别角色是一个单维结构,男性特质和女性特质是相对的两级。

1964年,罗西(A. S. Rossi)提出了"双性化"概念,即"个体同时具有传统的男性化特质和女性化特质",并认为最适合的性别角色模式是双性化,而非传统的单一性别角色。后来贝姆(S. Bem)等人提倡"心理双性化"的观点,认为男性和女性不是相对的两级,而是人格的两个独立维度。人可以具有两性化特质,而不必只接受某一性别而拒绝另一性别的特质。1974年,贝姆编制了性别角色调查问卷,问卷分别测量了男性特质(男子气)和女性特质(女子气)。最后可以测量出每种特质在个体身上的表现程度,分别记为男性化和女性化的分数。双性化的个体在男性和女性特质上评分都较高。贝姆提出,具有双性化的个体,既能按照传统的男性化的方式也能按照传统女性化的方式行动,具体要看情境的限制和需要,这就提高了性别角色的灵活性和适应性。

一些研究也发现,双性化的儿童和青少年似乎具有更高的自尊,而且比在性别上较为传统的同伴更受欢迎,具有更强的适应性。双性化男性同样觉得自己十分具有男子气,双性化女性的女性化程度也仍然适宜,虽然他们有时会表现出传统上与另一性别相关联的品质。但也有一些研究发现双性化的儿童往往处于被同伴拒绝的边缘,感受着较低的自尊。所以还不宜下结论说双性化从各方面都优于男性化或女性化倾向,但是具有双性化特征的人所表现出的行为的灵活性,以及对儿童整体自我价值感的重要意义,值得家长和幼儿教育工作者借鉴。

四、幼儿社会认知的发展

人们对客观世界的认知既包括对物理世界的认知,也包括对人类本身及社会关系的认知,后者是社会认知的研究对象。张文新(1999)认为,社会认知(social cognition)是指人对社会性客体之间的关系,如人、人际关系、社会群体、自我、社会角色、社会规范等的认知,以及对这种认知与人的社会行为之间的关系的理解和推断。

（一）儿童观点采择的发展

美国发展心理学家塞尔曼（R. Selman）认为，观点采择（perspective taking）在儿童的社会认知发展中处于核心地位，儿童对不同观点的理解、认同和协调能力的发展标志着其摆脱自我中心思维方式以及认识社会关系方式的重新建构。

1. 观点采择的含义及其分类

观点采择（perspective taking）经常被形象地比喻为"从他人的眼中看世界"或是"站在他人的角度看问题"（Shantz，1953）。观点采择是指区分自己与他人的观点，进而根据当前或先前的有关信息对他人的观点做出准确判断的能力（张文新，1999）。观点采择能力是在广泛的社会互动、在丰富多彩的社会线索的刺激下发展起来的。

观点采择有以下几种不同的分类：

（1）空间观点采择与社会观点采择

根据他人的观点所反映的客体的性质，观点采择可以分为空间观点采择和社会观点采择。空间观点采择（spatial perspective taking）是指从他人的物理角度看待一个情境事件时知道他人是如何看待的，也就是说对处于不同于自己空间位置的他人关于对某些事物的空间特性或空间关系的反映的判断。皮亚杰的"三座山实验"就是空间观点采择的典型范式。

社会观点采择（social perspective taking）是指能够识别他人情感、态度和观念的能力。它又分为认知观点采择和情感观点采择。认知观点采择（cognitive perspective taking）是指对他人关于人、情境和事件的思考或知识的推断，或指对他人关于某一事件或情境的思想或观念的判断。米勒（Miller et al，1970）的环套思维卡通故事测验、钱德勒和格林斯潘（Chandler & Greenspan，1972）的观点采择测验均是认知观点采择常用的实验任务。情感观点采择（affective perspective taking）又称移情（empathy），它是指对他人在某一情境中的情感状态或情感反应的判断。移情是儿童观点采择能力在情绪情感认知发展中作用的集中体现。

（2）情境观点采择与个人观点采择

根据判断者与被判断者观点差异（冲突）产生的原因，观点采择可以分为情境观点采择和个人观点采择。情境观点采择（situational perspective taking）是指被判断者与判断者观点的差异是由两者所处的不同情境造成的。个人观点采择（individual perspective taking）是指两者观点的差异是由个人特点的不同造成的。海根斯（Higgins，1983）认为，情境观点采择的难度小于个人观点采择，这种难度上的差异通常导致前者的出现早于后者。

2. 儿童观点采择的发展

（1）皮亚杰的研究

首先对儿童观点采择发展做出系统理论阐述和实验研究的是以皮亚杰为代表的认知

发展理论。皮亚杰(1980)认为,儿童对自我—他人关系认知的发展趋势是从自我中心发展到去自我中心或观点采择,即儿童从完全不能采择他人的观点发展到逐渐能够站在他人的位置,从他人的角度来看世界。

皮亚杰认为婴儿期是一个极度自我中心的阶段,婴儿不能区分自我与非我,只有在1岁末时,婴儿才开始认识到客体不依赖于自己的经验动作而存在(看它、接触它),获得客体永久性,从而将自我与周围的客观世界区分开来。

学步儿和幼儿的心理发展不像婴儿那样有强烈的自我中心主义,但仍存在着很强的自我与非我相混淆的倾向。例如他们有所谓"泛灵论"(animism)的表现,即把属于人的心理特征加之于非生物的事物上;或相反,把属于非生物的事物的属性加之于心理事物上(所谓"实在论"realism);有时他们把人为的目的外加于自然现实上去(所谓"人工主义"artificialism)。这表明他们不能区别物理世界与社会世界,也不能把自己的心理状态(思想、愿望、情感等)与别人的心理状态区分开来。最后幼儿还表现出不能区分自己认识的事物和尚待认识的事物,他不能反省自己掌握的知识而认为现实就是他所理解的那样。

儿童长到六七岁时,自我中心主义开始急剧地减少,这时他们才清楚地认识到别人可能有与自己不同的思想、观点、愿望,并逐渐能准确地推知别人的想法。这一切标志着儿童逐渐从自我中心中解脱出来,观点采择有了质的发展。皮亚杰认为儿童自我中心主义的减少是在与同辈小朋友的交往中通过解决矛盾、意见、冲突而实现的。

进入青少年期以后,儿童的自我中心进一步减少。这一时期儿童的观点采择已初步具有递推思维的性质,开始能够进行一些复杂的递推性的观点采择,即同时对具有联系的两个以上人的观点的认知判断。但是,青少年的观点采择仍然尚未完全成熟。

(2) 弗拉维尔的研究

弗拉维尔(Flavell,1985)提出了过程取向的观点采择模式。他把观点采择看作是一个认知过程或信息加工过程,即考察一个人对另一个人的观点作出判断时,究竟发生了哪些或什么智力活动。他提出儿童对他人的观点采择包括四类心理动作:①存在阶段:认知主体认识到别人可能存在着与自己不同的观点;②需要阶段:主体感到有需要去了解别人的观点,如为了要说服别人,或在游戏中赢对方;③推论阶段:主体根据所掌握到的线索推知别人的心理活动;④应用阶段:主体根据对别人心理活动的推断了解,作出进一步的反应。如在语言交际活动中决定自己的谈话内容和方式。随着儿童年龄的增长,他们不仅知道别人有不同于自己的观点,而且有必要对他人观点作出推断。同时,儿童对他人观点进行推断的能力在逐渐增强。

(3) 塞尔曼的研究

塞尔曼(Robert L. Selman,1980)依据发展的阶段水平提出了结构分析取向的观点采择模式。他认为儿童的观点采择经历着从自我中心到社会的这样一个发展历程。依据主体对自我与别人关系的理解的发展变化,观点采择经历如下发展阶段:

水平 0(3～7 岁)　　自我中心的或未分化的观点采择:这时儿童不能清楚地意识到每个人都有自己的主观世界,对同一事物可能有不同的看法。

水平 1(4～9 岁)　　主观的或分化的观点采择:儿童认识到每个人都有自己的主观世界,自己和别人都是外界信息的积极加工者和评价者,由于各人获得的信息不同,各人的动机目的不同,故不同的人对同一事情的观点态度不同。

水平 2(6～12 岁)　　自身反省的观点采择:儿童不仅认识到自己能推断别人的观点,而且认识到自己也能成为别人思考的对象,进而认识到自己能根据别人对自己观点的判断而主动地考虑对策从而作出进一步的反应。

水平 3(9～15 岁)　　第三者的观点采择:儿童认识到自己和别人都能设想有一个第三者作为"公平的旁观者",来观察两个人的相互作用,即使自己是两者中的一方。这使儿童能用一种较为客观的方式来观察自己、别人以及两者的关系。

水平 4(12 岁至成人)　　社会的或深层的观点采择:这时儿童不仅能对个别人作观点采择,而且能归纳整合社会的观点,思考抽象的政治、法律、伦理等观点进而认识到这些观点的社会历史制约性。

塞尔曼刻画的儿童观点采择发展阶段与皮亚杰的认知发展阶段之间有着密切的关系。认知发展处于前运算阶段(2～7 岁)的儿童,其观点采择的发展处于第一或第二水平(自我中心的或社会信息的观点采择);具体运算阶段(7～12 岁)的儿童,其观点采择处于第三或第四水平(自我反省的或相互的观点采择);大多数形式运算阶段(12 岁以上)的儿童达到了观点采择的第五即最后一个水平。

(4) 儿童观点采择发展的一般趋势

近年来有研究者指出,儿童达到观点采择的年龄要早于皮亚杰所指出的年龄。

丹尼尔(Daniel,1976)等通过测量发现 60% 的 2 岁孩子根本无法回答有关观点采择的问题,有 50% 的 3 岁孩子,60% 的 4 岁孩子和 85% 的 5 岁孩子能以非自我中心的方式回答所有的问题,而所有的 6 岁孩子都能以非自我中心回答问题。由此他得出结论:四五岁的孩子就能进行真实的认知观点采择。香茨(Shatz,1983)等人认为,儿童在四五岁即能达到认识上的去自我中心。我国学者方富熹等人(1990)也得出了类似的结论。张文新、郑金香(1999)采用标准化的观点采择测验任务考察了 6～13 岁儿童社会观点采择的一般趋势即年龄差异。结果发现,儿童观点采择的发展要经历一个较长的过程。6 岁左右儿童即开始初步能够区分自己和他人的观点,但在利用有关情境线索准确推断他人观点或视角方面存在较大困难。6～10 岁是儿童观点采择的快速发展时期,10 岁左右儿童已能够利用故事信息对他人的观点做出准确判断。

根据以上观点,观点采择发展的关键年龄可能在 5 岁左右。此时幼儿已经具备了基本的社会观点采择的能力,为发展这一能力提供了可能;而这种能力又尚不完善,可发展的弹性和空间较大。

3. 移情

移情(empathy)是一种特殊的观点采择,它与理解和表达情绪是相互交织在一起的,因为移情既是对他人情绪的意识,又是与别人的情绪产生共鸣的过程。当代理论学家认为移情是复杂的认知和感受的融合过程。

霍夫曼(Hoffman,1984)认为,儿童移情的发展要经历以下4个阶段。

阶段1:非认知的移情阶段,出生第一年,儿童对自我和他人的关系尚未分化,因此不能对他人的情绪和自己的情绪进行区分。

阶段2:自我中心的移情,发生在第二年,儿童开始能够对他人的情感作出反应,但只是为了减轻自己的焦虑、痛苦和不安。

阶段3:推断的移情阶段,两到三岁开始出现,此阶段的儿童形成了最初的角色采择能力。

阶段4:超越直接情境的阶段,主要发生在童年晚期以后,儿童能超越直接情境的局限,注意到他人的生活经验和背景,从而对他人的观念及情绪进行推断。

移情植根于儿童的早期发展中。新生儿听到别的孩子哭自己也会哭,这可能是最原始的移情表现。随着自我意识的发展,1岁的孩子第一次表现出移情。随着语言的发展,幼儿的移情更多地表现为依靠语言来安慰他人,并经常伴随着亲社会行为。如6岁的孩子发现母亲伤心难过,会这样安慰母亲:"你非常难过,是吗,妈妈?我想很快就会好的。"

幼儿的认知和言语发展水平、社会经验以及家长的教养方式对幼儿移情的发展有重要的作用。认知发展水平高的幼儿更容易有移情反应,对同龄伙伴也更容易表现出移情。父母培养和鼓励儿童对他人的情绪敏感,同情他人,儿童长大后就更懂得同情他人的疾苦。当儿童表现出不合适的情绪时父母如果及时进行指导,告诉他对人善良的重要性,也将提高儿童的移情水平。相反,急躁、以惩罚手段为主的家庭教育会中断其移情的发展,从而表现出害怕、愤怒或人身攻击。

总之,观点采择能力是儿童社会认知发展的关键。它促进了儿童的社会信息沟通,有助于儿童自身的评价与反应,又可推动儿童的道德发展,使儿童的道德判断顺利地从他律向自律过渡。此外,儿童的社会行为亦受到观点采择的制约,儿童的观点采择能力越成熟,他们的社会行为也相应地越成熟。反之,贫乏的观点采择技巧与问题行为和反社会行为有很高的相关。因此,教育者应当通过各种途径比如优化家庭环境、增强同伴互动或专门的训练课程来培养儿童的观点采择能力。

(二)儿童"心理理论"的发展

1. "心理理论"的含义及其研究范式

"心理理论"(Theory of mind,简称TOM)是指个体对他人的心理状态以及他人行为与其心理状态关系的推理或认知(Astington et al,1988)。

　　自 1978 年珀迈克和伍德鲁夫(Permack & Woodruff)在《行为与脑科学》杂志上发表了《黑猩猩是否拥有心理理论?》一文,首次提出"心理理论"概念以来,许多研究者对儿童"心理理论"进行了大量的理论探讨和实证研究,使该领域成为近 30 年来发展心理学中最活跃、最丰产的研究课题之一。

　　作为一个新兴的研究领域,目前发展心理学家关于儿童"心理理论"的研究主要集中在儿童对他人信念以及信念与行为的关系的认知发展方面。韦默和普纳(Wimmer & Perner,1953)首创了被誉为经典的"错误—信念"研究范式研究儿童的"心理理论",常用的研究任务是"地点变更任务"。

　　一个名叫马西(Maxi)的小男孩把巧克力放到橱子 A 里。然后他到外面玩去了。在马西不在的时候,他妈妈把巧克力从橱子 A 里拿出来做蛋糕,然后把剩下的巧克力放到橱子 B 里。马西回来了,想吃巧克力。实验者讲完故事后,问儿童"马西会到哪里找巧克力呢?"

　　许多研究发现,3 岁儿童认为马西会到橱子 B 里找,即预测马西会按照巧克力的真实地点去找巧克力,这说明他们尚不能理解错误信念,没有真正理解信念是对世界的表征。4 岁儿童认识到,尽管马西关于巧克力地点的信念是错误的,但他还是会按照自己错误的信念到橱子 A 里找。这表明,4 岁儿童达到对错误信念的理解,拥有了心理理论,因为他们拥有了元表征的概念,能够把心理表征与客观事实区分开来,真正理解了信念是对世界的表征而不是对世界的复制(Wellman,1990;Perner,1991)。

　　目前研究错误信念的方法除了"地点变更任务"之外,还包括"外表真实任务"(Flavell,1986)、"想象和现实的区分"(Wellman,Estes,1986)的测验任务和"二级视觉观点采择"(Masangkay 等,1974)测验任务等。经典的研究范式,主要还是通过与被试进行语言交流,从得到的信息反馈来进行推断,这个研究结果在一定程度上受到儿童语言发展水平和语言表达程度的影响。后来,研究者对经典的错误信念任务进行修改(如改变提问问题的内容和形式、让儿童参与等)发现 3 岁前的儿童已达到对错误信念的理解(Flavell等,1998)。

　　2."心理理论"的理论模式

　　研究者提出了几种不同的理论来解释儿童"心理理论"的发展。

　　(1) 理论论(Theory Theory)

　　其代表人物是韦尔曼(Wellman)。他认为,人们的心理知识逐渐形成一个像理论一样的知识体系,并根据这个理论解释和预测人的行为,但并不是一个真正的科学理论,而是一个日常的框架性的或基本的理论,常常称之为常识心理学或朴素心理理论。经验提供给儿童不能用当前"心理理论"解释的信息,这些信息最终致使儿童修正和改进他们已有的"心理理论"。如当他们反复看到人们的行为不仅要用愿望解释,还要用信念来解释时,他们逐渐由愿望心理学家变成信念—愿望心理学家。

（2）模块论（Modularity Theory）

模块论关注的焦点是儿童心理理论的起源问题，认为儿童心理理论是一种内在的能力。在个体出生时，心理理论便以模块的形式存在于个体的神经系统内。儿童通过先天存在的模块化机制在神经生理上达到成熟而获得对心理状态的认识，经验对心理理论的出现只起触发作用。

（3）匹配论（Matching Theory）

匹配理论认为"心理理论"发展的前提是婴儿必须意识到自己与他人在心理活动中处于等价的主体地位，从而认识到自己与他人在心理活动中的相似性，通过对这种情境的不断观察和再认，儿童对这种等价关系的认识得以不断发展，从而逐渐获得系统的关于心理世界的知识。

（4）模仿论（Simulation Theory）

该理论认为儿童是通过模仿来了解他人的心理，通过内省来认识自己的心理，然后通过激活过程把这些有关自己心理状态的知识概化到他人身上。激活过程就是指儿童把自己放在他人的位置上，从而体验他人的心理活动状态。一旦儿童能够建构这种其他人的愿望，他们就能够预期这个人试图达到这一目标的行为，以及源自该愿望得到满足或没有得到满足时的情绪。因此，通过某种"现象的引发作用（phenomenological bootstrapping）"，幼儿就能够利用他们对自己的感受、愿望以及其他心理状态的知觉，去推测他人的心理状态，并在发展过程中建构更一般的理论式的心理概念。模拟论强调心理模仿过程在获取社会认知知识与技能中的重要性。

（5）具身模仿论（Embodied Simulation Theory）

该理论认为在观察一个动作时观察者会自动无意识地在心理上模仿该动作，从而产生这个动作的内部运动表象，然后通过运动表象再从自身的运动记忆库中抽取出与该运动相关的其他表象（如情感、意图、信念），因此在"具身模仿"该动作时，我们了解了所有自身关于这个动作的所有信息（包括意图）。从认识论上看，具身模仿通过一种"无中介的共鸣"，即直接通过镜像神经元使自我与他人产生"感同身受"的体验，进而理解他人的心理状态。

3．儿童"心理理论"的发展

许多研究均表明，4岁以前儿童还不能认识到他人会有错误信念，即尚不具备错误信念的认知能力。一般认为，儿童的"心理理论"在4岁左右开始形成，其标志是成功地完成"错误信念"任务。

利克姆（Leekam，1993）对2～5岁儿童"心理理论"能力发展的研究进行了较为系统的总结：2岁儿童能够理解人的视线和行为的物理关系，进行假装游戏，开始理解假设的幻想世界；理解手段和目的之间的联系——目标指向行为的思想。3岁儿童能够理解他人看到的世界不同于自己看到的；理解想象客体不同于真实物体，人的行为决定于他们的愿望、意图和思想;理解知觉活动(如看)以某种方式与"知道"的概念相联系。4~5岁儿童能够认识到不同知觉和观察角度会使人对相同客体或事件有不同的解释;能理解知觉(看或听)获得知识与知识因果性的关系(有人知道某事,因为他们看或听见过它),理解知识和信念与行为因果性的关系(信念导致人以一定的方式活动);形成关于情境的错误信念,能够理解人对情境的错误表征会导致错误的行为。

王益文、张文新(2002)研究认为:3岁之前儿童已理解外表与真实的区别,但还不能理解错误信念。4岁儿童理解了欺骗外表任务中自己和他人的错误信念,5岁儿童理解了意外转移任务中的错误信念。4~5岁是儿童获得"心理理论"的关键年龄,但这会因测验任务的不同而有所差异。儿童的错误信念理解不存在显著的性别差异。

近年来研究焦点转移到探讨儿童心理理论发展的个体差异,大致可以划分为两方面:第一方面,解释儿童心理理论获得速度的差异,这方面的研究集中在影响儿童心理理论发展的环境因素,主要指家庭因素,如家庭背景、假装游戏、家庭交流方式等;第二方面集中在解释儿童心理理论发展质量上的差异,主要探讨儿童已有心理能力、社会交往能力、语言等与心理理论发展的关系,目前这方面的研究主要集中在自闭症儿童、聋哑儿童心理理论和跨文化研究上。

五、幼儿社会交往的发展

(一)与父母的交往

亲子关系(parent-child relationship)是指父母与子女的关系,也可以包含隔代亲人的关系。亲子关系有狭义和广义之分,狭义的亲子关系是指儿童早期与父母的情感联系,而广义的亲子关系是指父母与子女的相互作用方式,即父母的教养态度与方式。

1. 父母与子女交往的意义

良好的亲子关系对儿童的健康成长具有重要的作用。首先,早期亲子间的情感联系是以后儿童建立同他人关系的基础。儿童早期亲子关系良好,长大后就比较容易与其他人建立良好的人际关系。其次,父母的教养态度和方式直接影响到儿童个性品质的形成,是儿童人格发展最重要的影响因素。如父母态度专制,孩子容易懦弱、顺从,而父母溺爱则容易导致孩子任性等。

2. 亲子交往的影响因素

(1) 父母的性格、爱好、教育观念及对儿童发展的期望

脾气暴躁的人容易成为专制型的父母,而对孩子发展抱有极高期望的父母也往往采用高压控制的教养方式。相反,脾气温和、性格平稳的父母比较容易接受孩子的行为和态度,如果对子女发展抱有较高期望,则很可能成为权威型父母,而对子女将来不抱太高希望的父母,则可能放任孩子,表现出过分宽容的态度。

（2）父母的受教育水平、社会经济地位、宗教信仰以及父母之间的关系状况等

母亲是否参加工作，从事什么类型、性质的工作，对其与子女的交往关系乃至儿童的身心发展，都有相当程度的影响。有工作，尤其是从事知识性、层次较高工作的母亲，在亲子交往中多采用引导、说理和鼓励的抚养方式，亲子间关系融洽，儿童发展也较顺利。相反，母亲没有工作、家庭经济比较紧张，或者母亲从事层次较低的体力工作，在与儿童交往中母亲容易缺乏耐心，多采用简单化的或者训斥、拒绝的教养态度，影响亲子关系和儿童发展。

（3）儿童自身的发育水平和发展特点

儿童气质、体质上的差异往往引起父母不同的抚养行为。比如容易型的婴儿，常常对父母"笑脸相迎"，能对父母的抚爱作出积极响应，并少有哭泣，他们的父母一般倾向于对他们反应积极，给予更多的注意和爱抚；困难型的婴儿，经常哭闹，且很难平静下来，对父母的抚养行为缺乏积极的响应，他们的父母也往往倾向于不满、抱怨，甚至责备、惩罚孩子，很少为他们提供积极、耐心的指导，亲子关系容易紧张。儿童经常性的行为表现，不仅决定着其父母采取何种教养方式，而且可能使父母对儿童产生某些"成见"，从而影响父母对子女将来发展的期望以及教育方法的运用。

（二）与同伴的交往

同伴关系（peer relationship）是指年龄相同或相近的儿童之间的一种共同活动并相互协作的关系，或者主要指同龄人间或心理发展水平相当的个体间在交往过程中建立和发展起来的一种人际关系。同伴关系可分为同伴群体关系（同伴接纳）和友谊关系。前者表明儿童在同伴群体中彼此喜欢或接纳的程度，一般采用现场或照片"同伴提名法"了解其社交地位；后者是指儿童与朋友之间的相互的、一对一的关系。幼儿尚不能形成稳定的、相互的、一对一的友谊关系，因此，此处谈的同伴关系主要是指前者。

1. 幼儿同伴交往的意义

（1）同伴交往有利于儿童学习社交技能和策略

与亲子交往相比，儿童需要自己去引发和维持同伴交往，理解同伴传递出来的相对模糊的反馈信息，还要根据场合与情境性质的不同来确定自己的行为反应，这就使得儿童必须发展多种社交技能和策略，使其行为反应更富有表现性，通过不断地调整自己的行为方式，掌握较为适宜的交往方式。

（2）同伴交往是儿童积极情感的重要后盾

同伴间良好的交往关系，使儿童产生安全感和归属感，对幼儿具有重要的情感支持作用。如在陌生的实验室中，一些4岁的儿童与其同伴在一起，而另一些则独自一人。结果发现：前者比后者更容易安静地、积极主动地探索周围环境，玩玩具，或做操作练习。同伴关系良好的幼儿往往感到很愉快，反之，则会产生消极的情感体验。

（3）同伴交往促进儿童认知能力的发展

同伴交往为儿童提供了大量的同伴交流、直接教导、协商、讨论的机会,儿童常在一起探索物体的多种用途或问题的多种解决方式,他们分享知识经验、相互模仿、学习,这些都有助于儿童丰富认知,发展自己的思考、操作和解决问题的能力。

（4）同伴交往有助于儿童自我概念和人格的发展

儿童通过与同伴的比较进行自我认知。同伴的行为和活动就像一面"镜子",为儿童提供自我评价的参照,使儿童能够通过对照更好地认识自己,对自身的能力做出判断。

良好的同伴关系也可以促进人格的健康发展,甚至在儿童处于不利处境下,可以抵消不良处境对其发展的影响。对离群索居的猴子的研究表明:伙伴间的接触可以抵消亲子关系中对儿童的某些不利方面。尽管幼猴被剥夺了母猴照料的机会,但只要他们在"幼年"同其他的幼猴有充分接触和玩耍的机会,它们的发育是正常的。安娜·弗洛伊德和唐（Anna Freud & Sophie Dan,1951）的报告也证实了这一点:在"二战"期间,有 6 个儿童的父母都被纳粹分子杀害,他们被关在集中营内长到 3 岁。这期间他们很少得到成人照顾,几乎是彼此相互照顾着长大的,形成了深厚的、持久的依恋情感。他们没有一个人有缺陷或是精神病患者,成年后均成为正常的社会成员。

2. 同伴交往的影响因素

（1）早期亲子交往的经验

亲子关系对今后的同伴关系有预告和定型的作用,而新近的观点则认为二者是相互影响的。儿童在与父母的交往过程中不但练习着社交方式,而且发现自己的行为可以引起父母的反应,由此获得一种最初的"自我肯定"的概念。这种概念是儿童将来自信心和自尊感的基础,也是其同伴交往积极、健康发展的先决条件之一。有研究指出,婴儿最初的同伴交往行为,几乎都是来自于更早些与父母的交往。比如婴儿第一次对成人微笑和发声之后的 2 个月,在同伴交往中才开始出现相同的行为。

（2）儿童自身的特征

儿童自身的身心特征一方面制约着同伴对他们的态度和接纳程度,另一方面也决定着他们自身在交往中的行为方式。首先,性别、长相、年龄等生理因素以及姓名,影响着儿童被同伴选择和接纳的程度。其次,儿童的气质、情感、能力、性格等影响着他们对同伴的态度和交往中的行为特征,由此影响同伴对他们的反应和其在同伴中的关系类型。其中影响最大的是其在交往中的积极主动性、交往行为及交往技能。

（3）活动材料和活动性质

活动材料,特别是玩具,是幼儿同伴交往的一个不可忽视的影响因素,儿童之间的交往大多围绕玩具而发生。在没有玩具或有少量玩具的情况下,儿童经常发生争抢、攻击等消极交往行为;而在有大玩具,如滑梯、攀登架、中型积木等的条件下,儿童之间倾向于发生轮流、分享、合作等积极、友好的交往行为。

　　活动性质也影响同伴交往。在自由游戏情境下，不同社交类型的幼儿表现出交往行为上的巨大差异，而在有一定任务的情境下，如在表演游戏或集体活动中，即使是不受同伴欢迎的儿童，也能与同伴进行一定的配合、协作，因为活动情境本身已规定了同伴间的合作关系，对其行为提出了许多制约性。

（三）幼儿的攻击行为与亲社会行为

1. 攻击行为

（1）攻击行为的界定及分类

　　攻击行为（aggression behavior）又称侵犯行为，是指任何有目的地伤害他人（或其他生物）而被伤害者试图回避的行为。

　　攻击行为根据不同的标准有不同的分类方式，在所有分类中，哈吐普（Hartup，1974）的观点得到了广泛的采纳。哈吐普按照动机不同将攻击性行为划分为工具性攻击（instrumental aggression）和敌意性攻击（hostile aggression）。工具性攻击是指攻击的目的是为了得到某个物品，如争夺玩具或空间等，把攻击行为作为一种达到目的的手段，又称为以物为指向的攻击（object-oriented Aggression）。敌意性攻击是指攻击的目的是为了报复或伤害他人（身体、感情和自尊等），又称为以人为指向的攻击（person-oriented Aggression）。

　　（2）儿童攻击性行为的发展及影响因素

　　研究表明，不同年龄儿童攻击性行为的类型与形式都有很大的差异。从儿童攻击的类型看，幼儿不仅表现出了攻击性，而且争吵和打架更多是为了玩具和其他物品，他们的攻击性是"工具型"的；随着年龄的增长，学龄儿童更多地使用以人为中心的攻击或"敌意性攻击"，如批评、嘲笑、辱骂等。研究者认为，这可能是由于年龄较大的儿童已经掌握了角色采择技能，从而使其更好地推断他人的伤害意图，并对他人的伤害行为进行报复（Coie 等，1991；Hartup，1974）。从攻击性的表现方式看，幼儿主要使用身体上的攻击；随着年龄的增长，言语攻击逐渐替代身体攻击。这不仅是因为儿童言语沟通技能的提高，而且也因为成人期望与规则的变化，大多数父母和教师不再容忍年龄较大孩子的身体攻击，但对他们的"唇枪舌剑"则更容易忽视。

　　哈吐普（Hartup，1974）的研究表明：3～6 岁幼儿的攻击性行为随年龄的增长而增加，身体攻击在 4 岁时达到顶点；对受到进攻或生气的报复倾向，3 岁时有明显增加；进攻的挑起者和侵犯形式也随年龄而变化，身体攻击减少，言语攻击增多，以争夺玩具为主转向人身攻击，如取笑、奚落、叫绰号等。国内有研究也表明，幼儿园阶段和小学一至三年级的攻击行为有较大的差异。幼儿园儿童中发生频率较高的攻击行为有报复性攻击、打抱不平的攻击、为控制他人而进行的攻击、嫉妒性攻击、挫折性攻击。其中，报复性攻击在3～9岁较为稳定。

儿童的攻击性行为存在着明显的性别差异。国外有研究者（Whiting & Pope,1974）在七种文化下考察了 3～10 岁儿童的攻击性行为,发现男孩更多参与模拟攻击游戏,相互之间言语侮辱也多于女孩,如果遭受攻击,男孩比女孩更多地以言语或身体行为加以反击。麦考比（Maccoby,1980）等人的研究也表明,在幼儿期,男孩和女孩攻击性的发展过程截然不同,男孩比女孩更多地怂恿和更多地卷入攻击性事件,在受到攻击后男孩比女孩更容易发动报复行为,碰到对方是男性比对方是女性时更容易发生攻击行为。总之,无论在实际的攻击行为还是在攻击的倾向性上,自幼儿期起,男孩都比女孩表现出更强的攻击性,并且这种性别差异具有跨文化的普遍性。另外,在攻击的方式上,男孩较喜欢使用直接的身体攻击,而女孩则喜欢采用言语形式的攻击,而且年龄较大的女孩更多地采用间接的攻击;但在直接的言语攻击方面没有显著的性别差异。

2. 亲社会行为

（1）亲社会行为的界定及分类

亲社会行为（prosocial behavior）是指人们在社会交往中所表现出的谦让、帮助、合作、分享,甚至为了他人利益而做出自我牺牲的一切有助于社会和谐的行为及趋向。亲社会行为又称向社会行为、利他行为。

罗森汉（Rosenhan,1972）认为可把亲社会行为区分为两类:一种是自发的亲社会行为,即动机是关心他人的亲社会行为;另一种是常规性的亲社会行为,即期望得到对自身有利的好处如避免惩罚等。有研究者认为,真正的亲社会行为特指行为者既不期望得到酬赏也不为避免惩罚,而是从他人利益出发,以帮助他人为最终目的的行为。这就是所谓的利他行为（altruistic behavior）,是由同情他人或坚持内化的道德准则而表现出的亲社会行为,更具有道德性。

（2）儿童亲社会行为的发展

亲社会行为的萌芽可以在儿童的计划、游戏、分享中看到,儿童在满 1 周岁之前就学习通过指点和姿势来与人分享有趣的信号和物体。到了 1.5 岁左右,儿童不仅接近有困难的人,而且能提供特定的帮助,他们可能向一位打破了玩具的儿童提供另一种玩具,或为弄破了手指的母亲拿来绷带等。许多两三岁的儿童尽管对同伴的悲伤表现出了同情和怜悯,但他们不是非常热衷于真正做出自我牺牲,如和同伴分享一个心爱的玩具。只有当成人教育孩子要考虑他人需要的时候,或者当一个同伴主动要求甚至强迫他们作出分享行为时,分享和其他友善行为才有可能发生。

儿童虽然很早就表现出亲社会行为的倾向,但最初的亲社会行为伴随着具体、确定的奖赏,以后逐渐发展为自发自愿、不求外加报酬的利他行为。岑国桢等人（1988）的研究表明,在一般物品的分享上,儿童自 5 岁起已能表现出一定程度的"慷慨";在荣誉物品的分享上,从 9 岁开始,多数人认为应该让这方面需要更迫切的人分享荣誉物品。李丹、李伯黍（1989）对 4～11 岁儿童利他行为的研究发现,各年龄儿童作出利他选择的人数比例随着年龄的增长而增多,儿童的利他观念和实际的利他行为之间的一致性随年龄增长而增加。一般认为,亲社会行为在幼儿期逐渐增加,6～12 岁是发展最快的时期,这与儿童的认知能力的发展和生活的范围、内容的变化使他们的道德判断从自我中心转向互惠是一致的。

儿童的亲社会行为包括多种类型,如助人、分享、合作、安慰等。国外的有关研究发现,在儿童的亲社会行为中,发生频率最多的是合作行为,而其他类型的亲社会行为发生的频率相当低。此外,有研究发现亲社会行为具有稳定性,根据 4～5 岁儿童的亲社会行为能够预测他们 19 岁时的亲社会行为(Eisenberg,et al.,1999)。

本 章 小 结

幼儿期是指儿童 3～7 岁这一时期,是儿童成长的重要阶段,幼儿心理的发展为其今后步入学校从事正规学习准备了必要的条件。幼儿期脑和神经系统的发展非常迅速,为幼儿的认知能力发展提供了生理基础和物质前提。游戏是幼儿的主导活动,是适合于幼儿特点的一种独特的活动形式,也是促进幼儿心理发展的一种最好的活动形式。

幼儿期是熟练掌握口头言语的关键时期,也是从外部言语逐步向内部言语过渡的重要时期,并有可能初步掌握书面言语。幼儿的认知发展主要表现在:感知觉更加完善;记忆容量相应地增大,各种记忆类型开始出现并不断改进,记忆的策略和元记忆初步形成;思维的具体形象性和不随意性占主导地位,抽象性和随意性初步发展;想象进入发展最为活跃的时期。

幼儿最初的个性倾向开始形成,自我意识在四五岁时发展速度最快。幼儿时期情绪的社会性也慢慢增强,自我中心减少。性别化是儿童个性和社会性发展的一个重要方面。3 岁以后,幼儿的性别化差异更加明显和稳固。

儿童观点采择以及"心理理论"在社会认知发展研究领域中备受关注。儿童 4 岁获得"心理理论"能力,5 岁具备观点采择能力。在整个幼儿期,父母仍然是儿童主要的交往对象。同时,同伴也逐渐成为幼儿重要的交往对象,在同伴交往中幼儿常常表现出攻击行为和亲社会行为。

复习思考题

1. 幼儿的身心发展的一般特点是什么?
2. 关于幼儿游戏有哪些理论?其基本内容是什么?
3. 游戏对幼儿心理发展的作用是什么?有哪些种类?

4. 幼儿言语发展的主要特点是什么？

5. 简述幼儿自我意识发展的特点。

6. 什么是儿童的"性别认同"和"性别恒常性"？儿童性别化的发展有何特点？

7. 幼儿思维发展的主要特点是什么？

8. 阐述不同养育方式对亲子交往的影响。

9. 同伴交往对幼儿心理发展有何意义？

10. 阐述幼儿的攻击行为和亲社会行为的发展趋势。

第六章

小学儿童心理发展

【学习目标】

    通过本章的学习,使学生认识小学儿童心理发展的特点和规律,掌握小学儿童学习的一般特点、主导学习动机的种类、口头言语的发展特点、学习能力的发展特点、学习策略的发展特点、注意发展的特点、记忆发展的特点、思维发展的特点、教师期待效应、小学儿童友谊的发展阶段、校园欺侮的特点,了解小学儿童第二信号系统的发展、生长发育的总体特点、学习兴趣的发展特点、学习障碍的特征、童年期亲子关系的变化特点、自我评价发展的表现、对校园欺侮采取的措施。

【关键概念】

    学习(learning),学习能力(learning ability),学习障碍(learning disabilities),注意缺陷多动障碍(attention-deficit/hyperactivity disorder, ADHD),自主学习(autonomous learning),记忆策略(strategies of memory),复述策略(retelling strategy),组织策略(organizational strategy),精细加工策略(fine processing strategy),元记忆(meta-memory),元思维(meta-thinking),智力超常(extraordinary intelligence),智力低下(mental retardation,MR),教师期待效应(teacher expectation effect),罗森塔尔效应(Rosenthal effect),皮格马利翁效应(Pygmalion effect),同伴提名(peer nomination),校园欺侮(campus bullying)

    王强今年8岁了,已经是小学三年级的学生了,他已经完全适应了小学的学习生活。相比两年前刚入学时,他的学习兴趣更高,聪明善学,但成绩一直不稳定。有时由于上课不注意听讲、过于贪玩和骄傲自满,他的学习成绩就会下降,在老师和家长的督促下,他的成绩又会迅速提高。在家里,父母对他的要求非常严格,他是父母眼中的乖孩子,听话懂事,很少调皮。在学校,他特别爱听老师的表扬,如果遭到批评,他会难过和害羞。但在同学的眼中,他比较内向,不爱说话,不喜欢和别人一起做游戏,有时还会受到个别同学的欺侮,他会因此而感到害怕和无奈。但他有自己的快乐时光,那就是坐在家里搭积木,玩玩具,那是属于他自己的世界,在那里他憧憬着自己的梦想。

王强的例子能够代表一大批这个年龄段儿童的特点,在听话、贪玩的同时,少了几分儿童的阳光表现。小学儿童的心理发展究竟应该是怎样的呢?下面我们就来一起进入小学生的心理世界。

童年期是指一个人六七岁至十一二岁这一时期,也就是一个人在小学学习和生活的时期。

第一节　小学儿童生理发育

进入童年期后,儿童大脑发育迅速而显著,但身高和体重的变化并不明显,多数儿童的发展经历着一个相对平缓的发展阶段。

一、神经系统发育

(一)大脑结构的发育

在正常的生活条件下,童年期儿童的神经系统在结构和功能两方面都有了显著的发展。大脑结构的发展首先表现为儿童脑的重量逐渐增加,六七岁时脑重可以达到 1280克,约为成人脑重的 90%,到 12 岁时约为 1400 克,达到了成年人的平均脑重。这是脑神经细胞体积增大,突起分支增多,神经纤维延长的结果。但脑的生长速度较幼儿期有所下降。

另外一个重要的指标是大脑额叶部分的显著增大。大量研究表明,额叶与人类的记忆、思维等高级心理活动以及肢体的随意运动有着密切的联系。额叶增大是现代人类与类人猿在脑解剖结构上的重大区别之一。从脑电图的特征上看,8～12 岁时 θ 波开始逐渐从枕叶、额叶和顶叶消失,α 波逐渐占据主要地位,而儿童脑成熟的指标之一就是大脑皮质细胞的电活动频率基本达到 α 波范围,θ 波消失。13 岁左右,儿童脑电波基本达到成人水平。沃建中等人(2000)研究了小学生脑电 α 波的发展特点,发现随着年龄的增长,小学生 α 波的平均频率呈明显上升的趋势。现在小学生的脑电 α 波的发展已经明显超过20 世纪 60 年代时期小学生的水平。现在 6 岁的小学生 α 波的平均频率达到了 60 年代10 岁小学生的水平,7～10 岁小学生的平均频率介于 60 年代 12～13 岁儿童的发展水平。

这也是多年来人类大脑长期变化的表现之一。

(二) 大脑机能的发展

1. 兴奋机能与抑制机能的发展

新生儿每天需要的睡眠时间平均为 22 个小时,3 岁儿童每天平均为 14 个小时,而到了 7 岁时每天平均睡眠时间降为 11 个小时;10 岁时为 10 个小时;12 岁时,每天只需要9～10 个小时。觉醒时间延长,睡眠时间缩短,这说明大脑的兴奋机能在逐渐增强,并且兴奋机能与抑制机能逐渐趋向平衡。抑制机能的发展主要表现在内抑制的发展。内抑制是从大约 4 岁时开始发展。儿童言语能力的不断发展促进了其内抑制机能的进一步发展,致使儿童对外界事物有更细致的分析和综合能力,更善于调节和控制自己的行为,为学习和记忆的发展创造条件。

尽管儿童的兴奋与抑制机能得到发展,但与青少年或成年人相比,大脑兴奋与抑制的平衡性仍然较差。因此,要求儿童大脑过分的兴奋或抑制都会影响脑功能的发展。过分的兴奋容易引发疲劳。例如,儿童作业量过大,负担过重,长时间过度用脑,使大脑超负荷地兴奋,长此以往,会破坏兴奋机能与抑制机能的关系。同样,过分的抑制则会引发不必要的兴奋。例如,强迫儿童学习他们不感兴趣又难以理解的内容,时间一长,他们就会烦躁不安。

2. 条件反射的发展

条件反射(conditioned reflex)特别是抑制性条件反射的发展对儿童适应外界环境有重大意义。抑制性条件反射(inhibitory conditional reflex)是指因条件刺激的出现而致使个体反应减弱的现象。抑制性条件反射能够增强儿童心理的稳定性。随着儿童要完成在学校生活的各种要求(上课认真听讲,遵守纪律等),各种抑制性条件反射能够更快地形成并且得到强化和巩固,使儿童能对刺激物进行精确的分析,并准确有效地支配自己的行为。

3. 第二信号系统的发展

幼儿的第一信号系统占据主要地位。由于教学的影响和儿童言语能力的进步,童年期儿童第二信号系统(second-signal system)日益发展起来。但是,在整个童年期,儿童的第二信号系统只是初步占主要地位,儿童还不能拥有很高的思维能力。例如,幼儿在计算时往往要依靠直接的刺激物(实物、图画);进入童年期以后,随着教学的要求,儿童计算逐步脱离直接刺激物,但这个发展过程要持续整个童年期。此外,儿童的抽象思维能力和判断道德准则的能力也是比较差的。因此,在教学过程中还是要重视直观性原则。

除了大脑以外,儿童神经系统的其他部分也逐步发育成熟。在 6 岁时,儿童所有皮层传导通路的神经纤维几乎都已髓鞘化,神经传导的准确性较幼儿期有了极大的提高。这些结构的变化带来了相应机能的迅速发展。主要表现为,儿童可以随着中枢神经系统的逐渐成熟做出一些复杂的精细动作,而且身体平衡能力也有了显著的提高。例如,6岁的儿童已经能够使用锤子,会粘贴东西、系鞋带和扣纽扣,说明"手—眼"协调能力趋于完善。到了10岁时,儿童的运动协调能力已经发育得很好了。

二、身体发育

(一)身高和体重

相对于其他发展阶段而言,童年期儿童身体生长发育的总体特点是变化不明显,处于一个发展速度相对平缓的时期。一个人从胎儿到成人,身体的生长发育会出现两次高峰期。第一次出现在胎儿期4个月至出生后1年;第二次出现在青春发育早期。整个生长发育的速度曲线呈波浪式,而童年期就处于这个"生长速度波浪"的低洼平缓处。

身高和体重是生长发育的两个重要指标。女孩由于发育较早,在小学高年级身高和体重会超过男孩,男孩在进入青春期之后才在身高和体重上全面超过女孩。据调查,我国汉族7岁男孩的平均身高是125.52厘米,12岁时平均达到152.39厘米;7岁女孩的平均身高是124.13厘米,12岁时平均达到152.16厘米。在体重方面,我国汉族7岁男孩的平均体重是25.53千克,12岁时平均达到43.98千克;7岁女孩的平均体重是23.85千克,12岁时平均达到42.33千克,如表6-1所示。

表6-1　中国汉族学生身高和体重的平均值

年龄/岁	身高(cm)		体重(kg)	
	男	女	男	女
7	125.52±5.99	124.13±5.93	25.53±5.42	23.85±4.53
8	130.74±6.17	129.40±6.23	28.46±6.24	26.51±5.38
9	135.81±6.57	135.02±6.82	31.79±7.50	29.74±6.26
10	140.88±6.95	141.25±7.37	35.46±8.84	33.78±7.52
11	146.25±7.87	147.24±7.72	39.63±10.13	38.15±8.64
12	152.39±8.86	152.16±7.18	43.98±11.45	42.33±8.88

(资料来源:中国学生体质与健康研究组. 2010年中国学生体质与健康调研报告. 北京:高等教育出版社,2012)

(二)骨骼发育

这一时期儿童骨骼变得更加坚硬而富有弹性,由于含有的石灰质较少而胶质较多,因此,儿童骨骼容易变形和脱臼,但不易骨折。尽管生长发育的速度减慢,长骨的生长与附着在其上的肌肉的生长相比仍要快一些,由于这些软组织的伸长,有时会使肌肉和韧带产生痛感,因此,一些儿童会感觉到"生长性疼痛"(growth pain),这是生长发育过程中的正常现象。此外,儿童的头面部骨骼也有很大变化。由于头部骨骼的迅速生长,八九岁时儿童头部大小已经达到成人的 95％。儿童的面部特征较幼儿时期也有了很大的变化，额部加宽，嘴唇增厚，鼻孔加大，幼儿期稚气的娃娃脸逐渐消失。这是因为面部的骨骼，特别是颧骨、眼眶诸骨、上颌骨和下颌骨有了较大的生长，牙齿也由乳齿逐渐变为永久齿。随着骨骼和肌肉的发育，儿童的胸围也逐年增长，如表 6-2 所示。

（三）身体其他系统的发育

在循环系统方面，儿童的心脏和血管的容积尚未达到成人的水平，而且心脏生长的速度落后于血管，因此，儿童的心率比成人高，约 80～90 次/分，新陈代谢也较快。在呼吸系统方面，整个童年期肺泡发育逐渐成熟，肺泡体积显著增大，肺活量也随之迅速增加，如表 6-2 所示。在免疫系统方面，胸腺逐渐增大，到青春中期（女 12 岁、男 14 岁）时达到最大。儿童的免疫能力逐渐加强，并不像幼儿时期那样容易患病。整个身体的各个器官、系统都按照自己的生长模式有条不紊地进行发育。生殖器官除了子宫以外，在青春期之前基本呈幼稚状态。

表 6-2　中国汉族学生胸围和肺活量的平均值

年龄/岁	胸围（cm）		肺活量（ml）	
	男	女	男	女
7	59.87±5.33	57.64±4.69	1099.40±343.16	1004.91±313.71
8	62.15±5.93	59.79±5.39	1282.34±375.35	1154.11±342.89
9	64.69±6.82	62.29±5.98	1467.88±415.42	1308.22±377.83
10	67.37±7.74	65.48±6.80	1661.01±456.46	1501.26±444.98
11	70.08±8.32	68.90±7.38	1867.70±526.98	1670.58±476.45
12	72.39±8.57	72.01±7.34	2102.11±610.54	1829.93±533.21

（资料来源：中国学生体质与健康研究组. 2010 年中国学生体质与健康调研报告. 北京：高等教育出版社，2012）

第二节　学　习

学习是小学儿童的主导活动。随着脑和神经系统的发育以及学校教育的推动，儿童的认知能力以及言语能力显著提高，其学习动机、学习能力和学习策略都得到明显发展。

一、学习

进入小学之后，儿童的学习能力迅速发展，表现为学习动机、学习能力和学习策略等多方面的发展。

（一）儿童学习的一般特点

进入小学后，学习就成为儿童的主导活动。对于小学生来说，学习不仅是决定其心理发展的主导活动，而且是他们必须完成的一种强制性的社会义务。

学习（learning）包括广义的学习和狭义的学习。广义的学习是指经验的获得及行为变化的过程。这种学习是人类从出生开始并且持续一生的在生活和实践中进行的学习。狭义的学习是指学生在教育环境中有目的、有计划地掌握系统的知识技能和行为规范的活动。儿童在学校里所进行的学习就是指狭义的学习。这种学习是学龄儿童主要的学习形式，有以下几个方面的特点：

1. 儿童学习必须要有教师指导

由于儿童的认知能力有限，小学生的学习必须要靠教师的指导来完成。教与学是主客体相互作用的过程，对于主客体的相互关系，林崇德等（1989）指出，在教的过程中，教师是主体，在教学过程中起主导作用；在学的过程中，学生是主体，在学习过程中发挥能动作用。在教学过程中，教师的指导与学生自身的学习动机、学习能力和学习策略都起到了至关重要的作用（见表 6-3）。

表 6-3 　师生主客体作用过程简表

	主　　体	客　　体	媒　　体
教	教师	学生	知识
学	学生	知识	教师

2. 儿童学习是超越直接经验，学习间接经验的过程

在学习内容上，儿童在小学阶段必须要经历一个超越直接经验，学习间接经验的过程。他们在幼儿阶段的学习方式主要靠游戏来进行。从某种意义上来说，在幼儿阶段，游戏就是学习，学习就是游戏。在学习过程中，孩子们利用实物、图片或者其他生动形象的道具来进行游戏，这是一种学习直接经验的过程。在小学阶段，儿童要在教师的指导下逐步超越直接经验的学习，从而学习比较系统的知识和行为规范等间接经验。小学阶段的学习与中学阶段的学习虽然都是学习间接经验，但又有本质的不同。小学阶段主要学习读、写、算等基本知识技能和学校集体生活的基本行为规范；而中学阶段的学习则是主要掌握有着严密体系的科学知识以及树立正确的人生观、世界观和价值观。

3. 儿童的学习动机是学习的动力

儿童的学习必须要有一定的学习动机作为推动力。儿童的学习动机包括多个方面，其中起主要推动作用的是主导学习动机，主导学习动机在儿童的成长过程中是不断变化的。在学习动机中，学习兴趣也是一个活跃的因素，在整个童年期，学习兴趣也是在不断变化的。关于学习动机的内容将在本节的第二部分加以详细阐述。

4.儿童在学习中要运用一定的学习策略

如果把学习动机看作是"爱学"的基础的话,那么,学习策略则是"会学"的基础。学习策略使儿童逐步实现由"爱学"到"会学"的飞跃。掌握一定的学习策略是学会知识和技能的必备条件,学习策略直接影响学习效果。关于学习策略的内容将在本节的第四部分加以详细阐述。

5.儿童的学习过程是智力、品德、知识和技能的发展过程

儿童通过学习活动,最终要达到的目的就是在智力、品德、知识和技能等各个方面的全面发展,从而为未来更高层次的学习深造打下良好基础。因此,对于儿童的教育,应重视德、智、体、美、劳的全面均衡发展,把提升儿童的综合素质作为出发点和落脚点,而不仅仅是片面地追求分数。

(二)学习对于儿童心理发展的作用

1.有利于儿童责任感和意志力的发展

小学阶段的学习是儿童的义务活动。在这种带有强制性的学习活动中,他们必须要在教师的指导下,在一定的时间内学会相应的知识,形成相应的品质,掌握相应的技能,并且要接受相应的考核。他们对于学习过程本身以及学习结果都会产生一定的期待,并且形成一定的对自己行为的责任感和集体荣誉感。另外,小学的学习生活有很强的组织性和纪律性,他们必须按照学校的安排,按时上课、下课,完成作业和进行各种课外活动,不能完全按照自己的意愿或兴趣行事。这种特殊的学习环境有利于儿童意志力的发展。这个过程中责任感和意志力的培养对于儿童的个性发展具有重要意义。

2.有利于儿童抽象思维的发展

幼儿阶段的学习主要依靠人的形象思维能力来完成,例如,通过图片、实物或者头脑中的各种表象。小学阶段的儿童在学习过程中要超越这些直接经验,学习内容更为丰富的间接经验,而这些间接经验的获得更多的是依靠人的抽象思维能力的发展。在具体的学习活动中,儿童的思维活动逐渐从形象思维过渡到抽象思维。例如,在幼儿阶段,教师在教学生算术时,往往拿出具体的实物或让学生在头脑中形成实物的表象;而在小学阶段,儿童不需要依靠事物具体的形象就要学会较为复杂的四则运算和逻辑推理。

3.有利于儿童社会交往技能的发展

儿童从进入小学起就拥有"小学生"的称号,这就意味着他们的社会地位发生了变化。在新的环境中,他们逐渐学会了适应小学生的学习生活,学会了在学习中如何与教师和同学进行交流。在学校的集体学习生活中,儿童与教师在教学过程中发展了师生关系;与同学相互交流,相互帮助,发展了手足关系。他们在群体中学会了沟通,发展了社会交往技能,培养了互助合作的集体精神,收获了友谊和快乐。

4. 有利于儿童自我意识的发展

在学校的学习生活中,儿童逐步发展了自我认识、自我评价,形成一定的自我体验(如自信)和自我调控能力,并且提高了自己对于他人和社会的认知能力。需要注意的是,儿童自我意识的发展主要是通过别人对自己的评价以及自我与外界的互动来实现的。外界对儿童的评价对于其形成良好的自我意识有着至关重要的作用。因此,在与儿童的沟通中,教师和家长要尽量避免对学习能力和其他表现较差的儿童进行负面评价,应多从积极的角度来评价儿童的行为表现。

二、小学儿童学习动机的发展

学习动机(learning motivation)是推动儿童进行有效学习的动力。在学习动机中,学习兴趣又起到了关键的作用,因此对儿童学习兴趣的培养是非常重要的。

(一)小学儿童主导学习动机的发展

学习动机是激发并维持学习行为以达到学习目标的动力。由此可见,学习动机有着两种功能,一是激发功能,二是指向功能。激发功能可以激起并维持学习行为;指向功能使学习行为指向学习目标。儿童的学习动机是一个比较复杂的多层次的系统。在这个系统中,各种动机相互影响,但总是有一种动机起着主导作用,决定或支配儿童在一定时期内的学习行为,从而影响着儿童的学习态度和学习成绩。这种在儿童学习行为中起主导作用的学习动机就是主导学习动机。

主导学习动机是随着儿童年龄的增长以及受教育程度的提高而逐渐发展变化的。林崇德等(1983)曾调查了中小学生的学习动机,并把主导学习动机分为四种:

第一种,为了得到好成绩,或为了得到家长和教师的表扬与奖励的学习动机,这是一种与学习活动本身直接相联系的学习动机。

第二种,为了完成学校或教师交给自己的任务,或为学校群体争光的学习动机。

第三种,为了个人的理想和前途,甚至为了自己未来的出路和幸福的学习动机。

第四种,为了国家和社会的发展,以及为了人类的幸福的学习动机。

在这四种主导学习动机中,第一种动机是与学习活动的直接结果相联系的,后三种动机是与一定的社会意义相联系的,是较为长远的动机。调查发现,不同年龄阶段的儿童,主导学习动机是不一样的。在整个小学阶段,主导学习动机是第一种和第二种,低年级学生以第一种学习动机居多。因此,儿童由于认知能力和社会阅历的限制,学习动机往往与学习活动本身以及学习结果直接相连。

根据上述研究,教师在对小学低年级儿童进行教学时,要充分利用直接与学习活动本身相联系的学习动机来引导学生学习,同时还需要逐步地引导儿童发展出长远的、有社会意义的学习动机。在儿童学习动机的培养中,家长的作用同样不可忽视,家长要与教师密切配合,逐步培养儿童良好的学习动机。对于特殊儿童学习动机的激发,孟万金等(2007)的研究表明,可以用 ARCS 动机模式为理论基础,从注意、相关性、自信心和满足感这四个方面探索激发特殊儿童学习动机的教学策略。

(二) 小学儿童学习兴趣的发展

在儿童的各种学习动机中,学习兴趣是最活跃的成分。学习兴趣可以分为直接兴趣和间接兴趣。直接兴趣是由客观事物或学习活动本身所引起的,比如喜欢画画、书法、做算术题,对这些活动的过程感兴趣等;间接兴趣是对活动结果的兴趣,比如对较高的分数、老师的表扬或父母的赞赏感兴趣,从而引发了对学习的兴趣等等。

促使儿童积极地进行学习的重要手段之一就是有效地激发他们的学习兴趣。只有让儿童感到学习活动是很有趣的行为,他们才不会感到学习是一种沉重的负担。这样,儿童才能积极主动地投入到学习活动中去,充分发挥自身的学习能力,从而进行有效的学习。

随着年龄的增长和教学的影响,儿童的学习兴趣是不断发展的,主要表现出如下特点:

1. 学习兴趣向着内容深化的方向发展

刚入小学的儿童最初对学习过程以及一些附加的外部活动感兴趣,例如,一会儿计算,一会儿识字,一会儿绘画。尤其是一年级的儿童,他们不太注意学习的内容和结果,虽然偶尔会注意到,但一会儿也会忘记。随着年级的提高和学习的深入,学习内容更加复杂,儿童才逐渐对学习内容以及需要独立思考的作业感兴趣。这一阶段也是儿童在学习活动中独立性和创造性逐渐发展的时候。根据这个规律,对于不同年级的学生,教师可以采取不同的教学策略来激发学生的学习兴趣。对于低年级的学生,教师可以不断变化学习形式和学习过程来激发儿童的学习兴趣;对于小学三年级以上的学生,教师应该特别重视向学生解释学习内容,并且恰当地评价他们的学习结果,鼓励他们在学习活动中发挥独立性和创造性,以此来激发和保持他们的学习兴趣。

2. 学习兴趣向着学科分化的方向发展

在小学低年级时,儿童对每门课程的学习兴趣是大体一致的,他们对读、写、算有同样的兴趣。随着年龄的增长,儿童逐渐形成了自己对某些学科的独特的学习兴趣,而对另一些学科的学习兴趣下降,从而产生了学习兴趣的学科分化。产生这种情况的原因主要有三点:一是由于教师教学水平的影响;二是由于儿童在不同学科所取得的成绩不同;三是由于学生觉得该学科是否有用和需要动脑。学习兴趣的学科分化一般是从小学三年级开始的,这一时期儿童对于学科兴趣的分化尚不稳定。

3. 学习兴趣向着抽象化的方向发展

在整个小学时期,儿童对有关具体事实和经验的知识比较感兴趣,同时也正在初步发展着对有关抽象的逻辑关系的知识的兴趣。小学低年级甚至一些中年级的儿童最感兴趣的是具体的事实和实际活动,例如体育活动、读故事、手工劳动等。而对一些抽象的有关事物逻辑关系的规律性知识,一般不感兴趣。从中年级起,特别是到了高年级,儿童对抽象的逻辑关系以及一些规律性的知识逐步产生了兴趣。例如,简单的自然现象和社会现象的因果关系,初步的运算规律以及文学作品中人物的内心体验等。这与儿童的思维方式正在由形象思维向抽象思维过渡有关。

4. 学习兴趣向着去游戏化的方向发展

对于小学低年级的学生,游戏在一定程度上起着激发学习兴趣的作用。随着年龄的增长和教育的影响,儿童对游戏的兴趣逐渐减弱,游戏在教学中的作用也逐渐降低。到了中年级,儿童对学习这种专门的活动更感兴趣,他们更渴望通过一般模式的课堂教学来获取知识和技能。此时如果在教学中过多地运用游戏的形式反而会引起儿童厌烦,严重影响教学效果。学习兴趣向着去游戏化的方向发展反映了儿童从学前期的学习方式向学龄期的学习方式转化的特点。

5. 学习兴趣向着丰富化的方向发展

小学生的学习兴趣随着思维能力、运动技能和审美能力的提高而日益丰富起来。例如,在阅读方面,一般从课内阅读发展到课外阅读,从童话故事发展到科普读物;在体育方面,从简单的运动类游戏发展到喜欢各种竞技运动(如球类);在音乐方面,从唱儿歌发展到爱好流行歌曲等等。由于儿童学习兴趣的丰富化和广泛化,学校应重视开设符合儿童兴趣的个性化的选修课程(如书法课、国画课),以满足儿童学习兴趣多样化的需求。

一般来说,小学三年级是开发学习兴趣的最佳时机,小学六年级学生的学习兴趣最高,但到了中学阶段,随着年级的提高,学生的学习兴趣反而下降。充分了解儿童的学习兴趣及其发展变化规律,在不同的阶段给予儿童适当的引导,对于儿童始终保持良好的学习兴趣,对未来发展出爱好科学和探索真理的观念都是非常重要的。过于繁重的学习压力会抑制学生学习兴趣的发展,导致在中学阶段学习兴趣严重下降或丧失。

三、小学儿童学习能力的发展

童年期是学习能力发展的关键时期,随着儿童认知能力的迅速提高,多数儿童的学习能力都有显著提升,但由于各种原因,一些儿童会表现出学习落后,甚至是学习障碍。

(一)学习能力发展的一般特点

学习能力(learning ability)是指儿童在学习过程中所表现出来的技能和技巧的总和,这些技能和技巧是在教学的影响下逐渐发展起来的。儿童在学校中能否顺利地进行学习取决于两方面的因素,一方面是儿童学习的积极性,包括学习动机、学习兴趣和学习态度等;另一方面则是儿童的学习能力,即顺利进行学习所必需的技能和技巧。这两个因素对于儿童的学习是缺一不可的。

1. 从"学玩不分"到独立学习的发展

小学儿童的学习能力是在教学的影响下逐渐发展的。刚入小学的儿童仍然会把学习和游戏当作一个活动,学习时还保留着一些幼儿园时的特点,比如:不能安静耐心地听课,自由而散漫的课堂表现等。对于这种情况,教师必须要有足够的耐心,循序渐进地引导儿童学会把学习当作一种有目的、有系统的独立活动来对待,并且重点培养儿童学习的主动性和坚持性。教师要在教会儿童怎样观察,怎样思考,怎样计算,怎样记忆等学习方法的基础上,让儿童逐步发展出独立学习的能力。

2. 智力活动发展显著

随着教学的深入,小学儿童的智力活动发展迅速,且有明显的阶段性和连续性。朱智贤(1962)指出,儿童智力活动的形成和发展过程包括五个阶段:

(1) 了解当前活动的阶段,如听老师讲解或演示。

(2) 运用各种实物来完成活动的阶段,如用手指来计算。

(3) 有外部言语参加的、依靠表象来完成活动的阶段,如一边说,一边在头脑中出现算式来进行计算(口算)。

(4) 只靠内部言语参加而在头脑中完成活动的阶段,如进行心算。

(5) 智力活动过程的简化阶段。如多次进行某一智力活动后,这一智力活动的各个阶段就会自动简化,从而快速完成智力活动。

(二)学习障碍

1. 学习障碍

美国特殊教育专家柯克(S. Kirk)在 1963 年最先提出学习障碍(learning disabilities)的概念。他认为学习障碍是指那些无显著的视、听和智力缺陷的儿童,在心理与行为上有明显的偏差,以至于无法正常地进行学习和适应社会生活的一类障碍。因此,学习障碍又被称为学习能力障碍或学习技能障碍。主要表现为儿童由于某一方面或某几方面的学习能力的缺陷而产生了学习困难,导致了在这些方面的学习障碍。但这些儿童并没有显著的视力、听力、运动或智力缺陷,也没有明显的情绪困扰。

美国联邦教育署全国障碍儿童专家委员会于 1981 年给学习障碍下的定义是:儿童在理解或应用语言的基础心理过程上,表现出一种或多种的异常状态,以致在听、讲、思考、说话、阅读、书写或计算时显得能力不足,这些异常就像有知觉障碍、脑伤、大脑功能轻微失调、阅读缺陷、失语症的情况一样,但此障碍不包括因视觉、听觉或运动障碍、智力不足、情绪困扰以及由文化、经济或教学环境不利因素所导致学习障碍的儿童在内。

在美国,并不是所有的相关协会都认可这个定义,有几个关于儿童学习障碍的学会也共同拟定了一个定义:学习障碍是指在求知、听讲、说话、阅读、写字、推理和算术能力上出现重大困难的一群不同性质学习困难者的通称,其困难一般认为是中枢神经系统的功能异常,即由一个人的内在因素所导致。虽然某种学习缺陷也可以与其他障碍(如感官损伤、智能不足或情绪困扰)同时存在,或是由于环境(如文化差异、教育方法问题、处境不良)的影响,它却不是因此状况或影响所直接促成的。

2．学习障碍的特征

许多学者都认为学习障碍包括四个基本特征:

(1) 差异性。学习障碍儿童的实际行为与同龄正常儿童应该达到的行为有显著差异。例如,尽管智力水平正常,但其某一学科或几个学科的实际学习成绩却远低于同龄正常儿童。

(2) 缺陷性。学习障碍儿童有特殊的行为障碍。这种儿童在很多学科中能取得好成绩,但却不能做其他正常儿童很容易做的事。例如,有的儿童谈话能力和理解能力的水平较高,手眼协调能力也很好,但却在阅读方面有明显障碍。

(3) 集中性。学习障碍儿童的缺陷常集中在语言方面以及空间与数学方面。语言方面主要表现为"阅读障碍"、"书写和拼写障碍"和"失语症";空间与数学方面主要表现为"建构性动作障碍"和"计数障碍"。

(4) 排除性。学习障碍不是由视力、听力或一般的心理发育迟缓所引起的,也不是由于情绪问题或教育缺乏所引起的,而是独立于这些问题以外的特殊障碍。

我国学者近年来对于学习障碍的影响因素有深入的研究,结果表明,家庭因素对学习障碍的影响不可忽视,创造和改善家庭教育环境,加强对儿童的关心,改良教育方式是降低儿童学习障碍的有效措施。娇宠型的教育方式是儿童学习障碍发生的危险因素。

从学习障碍的定义、特征和影响因素中可以看到,这种障碍对儿童的学习成绩和生活水平有很大的影响。如果能够对其影响因素加以注意和控制,预防和治疗学习障碍还是有章可循的。例如,钟世彪(2006)等研究表明,通过视、听认知训练软件的训练并结合心理辅导能有效提高学习障碍儿童的某些认知功能。因此,家长或教师要特别关注那些有学习困难但看似正常的儿童,仔细分析其学习落后的原因,必要时要带儿童及时做医学检查,对于学习障碍儿童争取做到早发现、早治疗,以免因延误治疗而错过最佳治疗时间,留下终身遗憾。

📷 阅读框 6-1　注意缺陷多动障碍

注意缺陷多动障碍(attention-deficit/hyperactivity disorder,ADHD)俗称"儿童多动症",指由非智力因素引起的、与年龄不相称的注意障碍、冲动、活动过度,并伴有学习困难和社会适应力低下的一组儿童行为异常症候群。患病率约占学龄儿童总数的3%~5%,男孩多于女孩。通常起病于7岁前,主要表现为:①认知方面,注意广度狭窄、抗干扰性差、不能预见行为后果;②情绪方面,易兴奋,缺乏对冲动的控制力;③行为方面,以多动并伴攻击性行为为主;④人际交往方面,与家长、教师和同伴关系不良。其病因复杂,常为遗传、脑损伤、铅中毒、心理社会因素和不良家庭环境等多因素的综合作用结果。防治关键是提高家长、教师对该病的认识。虽然家庭、学校、社会等因素对ADHD发生所起的作用尚不明确,但对该症的发展和结局有影响的结论是肯定的。家庭不和睦、单亲家庭、教养方式不当、早期母子感情剥夺、寄养等,都可能增加ADHD的发生几率,进而影响儿童行为、情绪的发展。因此,ADHD的干预需要家庭、学校、专业机构三方面的共同努力,开展心理治疗、教育和行为训练结合的综合性矫治,重点是提供行为指导。行为治疗多通过正强化法,帮助其建立一些适应良好的行为。也可采用感觉统合训练、生物反馈训练等方法。治疗同时,应取得父母、教师的充分理解、参与和配合。例如,可故意忽视其一些问题行为的表现;相反,一看到良好的行为表现即给予鼓励,引导其逐步强化这些行为。

（以上摘自:季成叶主编.儿童少年卫生学.第6版.北京:人民卫生出版社,2007）

四、小学儿童学习策略的发展

进入小学之后,儿童的学习任务不仅仅是学习知识和技能,更重要的是要让自己学会学习。学会学习,实际上就是发展学习策略的过程。所谓学习策略(learning strategies),是指在学习活动中,为达到一定的学习目标而采用的规则、方法、技巧及其调控方法的总和,它能够根据学习情境的各种变量、变量间的关系及其变化,对学习活动和学习方法的选择与使用进行调控。学习策略也是一种在学习活动中思考问题的操作过程,是认知策略在学习中的一种表现形式。由此可见,儿童的学习策略会干预学习环节,调控学习方式,直接或者间接地影响到学习效果。

(一)儿童掌握学习策略的意义

学习策略对学习的重要性已经被众多学者所接受,因此,对学习策略的掌握也是非常重要的。

1. 掌握学习策略是学会学习的要求

教师在教学过程中不仅要"授人以鱼",更重要的是"授人以渔"。尤其对于初步接触科学知识的小学儿童来说,教会他们使用正确的学习策略要比传授知识本身更重要。儿童掌握了一定的学习策略才会逐步发展出自主学习的能力,在未来面对知识的海洋时,才会充满力量,乘风破浪,勇往直前。学会学习不仅对于一个人的童年阶段有重要意义,对于他的毕生发展同样是非常重要的。现代社会要求每个成员具备终身学习的意识和能力,随着知识大爆炸时代的到来,个体面对的是一个快速变化的社会生活,为了适应时代的要求,就必须具备学习的能力。因此,联合国教科文组织教育发展委员会的埃德加·富尔(Edgar Darfur,1982)在《学会生存》一书中说:"未来的文盲不再是不识字的人,而是没有学会怎样学习的人。"

2.掌握学习策略是学生主体性的体现

儿童在学校学习,其主体性主要表现在两个方面:一方面是学生学习的主体性。从学习的过程来看,学生是学习活动的主体,学生只有主动地对知识进行认知加工,积极地接受教师的指导,才能实现学习目标。而对知识进行信息加工的过程离不开学习策略,因此,从某种意义上来说,学习策略是学习主体性的体现。另一方面是学生发展的主体性。学生不仅要学会知识和技能,而且要在学习的过程中完成发展自我的艰巨任务,掌握并不断完善正确的学习策略,是学生发展自我的重要体现。因此,对于小学儿童来说,无论是学习的主体性,还是发展的主体性,都与学习策略的掌握有密切的联系。

3.掌握学习策略是提高学习效率的保障

对于相同的学习材料,儿童使用不同的学习策略会产生不同的学习效率。因此,正确的学习策略对于学习效率的提高是非常显著的。特别是针对不同的学习材料,儿童要学会选择适当的学习策略来进行学习,这是儿童能否真正掌握学习策略的指标。如果掌握了正确的学习策略,学习效率大幅提高,就能使儿童从比较繁重的课业负担中解放出来,有利于儿童更多地从事其他方面的活动,使他们能够全面健康地成长。

(二)儿童学习策略发展的特点和水平差异

1.学习策略发展的特点

儿童学习策略的发展经历了一个从无到有,从缺陷到完善的过程。米勒(Miller,1994)认为,儿童学习策略的发展可以分为四个阶段:第一阶段是不能使用策略的阶段,此阶段的儿童要么自发地使用策略,要么在他人要求或暗示下使用某一策略。第二阶段是部分使用或使用策略的某一变式,即有些场合儿童会使用策略,有些场合儿童又不会。第三阶段是完全使用策略但不受益阶段,即儿童能够在各种场合使用某一策略,但策略的使用并没有带来成绩的提高,也就是策略使用缺陷阶段。第四阶段是使用且受益阶段,即儿童能够使用策略来提高成绩。

对于儿童学习策略的发展,其他学者也作了许多相关研究,都从不同的角度直接或间接地发现了一些儿童学习策略逐步提高的现象。席格乐(R. S. Siegler,1986,1987)的研究发现,儿童在获得策略的早期阶段多使用单一的策略,当儿童的作业从非技能性向技能性过渡时,策略运用的多重性就比较明显地表现出来了。我国学者何进军(1994)等对10～14岁的学生进行研究,发现了儿童的认知策略随年龄增长而发展的趋势,其中从小学升入初中是儿童认知策略发展较为迅速的时期。左梦兰(1994)等对5～13岁儿童的研究发现,儿童的记忆策略、元记忆和解决问题策略水平随着年龄的增长而不断提高。这些信息加工能力的提高是儿童学习策略不断发展的基础。

2. 学习策略发展的水平差异

儿童学习策略的水平差异会体现出学习能力上的差异。刘小天(2011)的研究表明，小学生中的学习优秀学生和学习不良学生在认知策略、元认知策略、学习资源管理策略以及学习策略的整体水平上有显著差异。也就是说，一些儿童学习能力较差的现象很可能与他们学习策略发展水平较低有关。主要表现在两个方面：一是学习困难的儿童缺乏正确的学习策略，他们不能阻挡多余信息的输入，缺乏信息编码策略，不能有效地选择线索，也不能产生问题解决的策略。二是学习能力差的儿童由于缺少丰富的相关经验，难以获得及使用高级的、复杂的策略；而学习能力强的儿童则容易获得这些策略并从中受益。

 阅读框 6-2　自主学习

自主学习(autonomous learning)是当今中小学教育界备受推崇的理论，是以发展学生的自主性、能动性和创造性为目的，是使学生乐于进行以自主探究学习为主的学习模式。对于自主学习的含义，不同的学派有不同的观点。行为主义学派认为：自主学习包括三个子过程，即自我监控、自我指导和自我强化。建构主义学派认为，自主学习实际上是元认知监控的学习，是学习者根据自己的学习能力、学习任务的要求，积极主动地调整自己的学习策略和努力程度的过程。我国学者庞维国认为，如果学生在学习活动之前自己能够确定学习目标、制订学习计划、作好具体的学习准备；在学习活动中能够对学习进展、学习方法做出自我监控、自我反馈和自我调节；在学习活动后能够对学习结果进行自我检查、自我总结、自我评价和自我修改，那么他的学习就是自主学习。

如何培养儿童的自主学习能力呢？首先，在教学中要主动创设问题情境，利用儿童的好奇心，鼓励他们自己发现答案。在日常的学习生活中，父母和教师可以根据儿童的兴趣、爱好和思维发展程度，有意识地利用生活中的事例主动地去创设一些问题情境，引导儿童不自觉地投入到自主探索问题和发现答案的过程中去。其次，要给儿童一定的学习自由和自主权。父母和教师应当尊重孩子的意见，相信孩子的能力，让他们有更多的机会根据自己的兴趣和爱好去自行安排自己的学习，这样能使儿童获得较强的自我控制感。再次，指导儿童掌握良好的学习策略。教师应在教学过程中，运用多种教学方法和手段，帮助儿童获得学习策略。只有让儿童学会学习，自主学习的质量才能得到保障。最后，在学习中培养学生良好的意志品质。在学习困难面前，良好的意志品质是克服困难、实现学习目标的基石。教师要在教学中培养儿童的目标意识，并逐步渗透一些克服学习困难的方法和自我强化技术。

第三节 小学儿童言语发展

在整个童年时期,随着教学的深入,儿童的言语能力有了很大的飞跃。表现在口头言语和书面言语两个方面的发展。

一、小学儿童口头言语的发展

刚进入童年期的儿童,口头言语能力(oral speech ability)已经在幼儿阶段有了很大的提高,他们能够比较自如地与家长和同伴表达自己的感受。儿童之间的谈话初步听起来与成人没有太大的差异。但是,这种表面上的相似具有很大的迷惑性,儿童的口头言语能力在整个童年期阶段仍然需要进一步锤炼,才能达到成年人的水平。

(一)口头言语能力发展的特点

1. 词汇量迅速增加

进入小学后,儿童的词汇量迅速增加。费尔德曼(R. Feldman,2007)的研究表明,在美国,6岁儿童大概拥有8000～14000个单词的词汇量,而9～11岁儿童的词汇量又增长了大约5000个单词。李丹(2007)对我国儿童的研究发现,顺序信息短时记忆能力的提高是儿童词汇量发展水平的决定因素(顺序信息指的是呈现项目的序列顺序)。罗增让等(2002)研究发现,社会情境因素对儿童词汇量发展水平的影响很大。因此,在发展儿童词汇量时,应该重视教育环境的作用,要给儿童提供丰富的语言交流环境,这样有利于儿童词汇量的增加。

2. 口头交流技能迅速发展

6岁左右的儿童在交谈中还不能完全自如地实现意见的交换。9～10岁的儿童能够根据交谈对象明确提出的要求来调整自己的交谈内容。到了11岁左右,儿童在交流中就能够表现出更多自如的意见交换。

3. 对句子的理解和运用程度进一步提高

随着年龄的增长,儿童能够使自己的发音更加准确,并且系统地、连贯地表达自己的意思。特别是童年时期言语音调的烙印,常可影响人的一生。有些人到了中年甚至老年,还带着童年时的乡音,而且很难改变。小学儿童能用越来越复杂的句子进行口头表达,并且能纠正一些别人口头表达上的错误。而且儿童还能听懂别人的"反话",理解别人话语的言外之意。这说明儿童已经学会结合具体的语境来理解说话人的意思,而不是只从字面去理解语句。

4. 言语的情境适应能力提高

随着年龄的增长,儿童逐渐能够根据交际对象的特点来调整自己的言语行为和交谈内容。例如,儿童如果知道一个人对某个事物不太熟悉,他们就会在交谈中提供更多的信息来帮助对方认识事物。在一项研究中,研究者要求 4～10 岁的儿童隔着一块不透明的隔板,用言语向隔板另一边的同伴描述画有不熟悉图案的积木,以便让同伴能够辨认出积木来。结果表明,幼儿通常不能恰当地描述这些图案,他们的同伴也无法根据他们提供的信息辨认积木;但是,8～10 岁的儿童则能较好地描述图案,并且向同伴传达更多的、有效的信息,同伴也能迅速地辨认出他们提到的那些积木。

另外,儿童言语能力的发展有助于自我控制的提高。例如,在一项实验中,实验者告诉儿童如果他们选择立刻吃掉一颗果汁软糖,他们就可以再得到一颗糖,但如果他们选择再等一会儿的话,将得到两颗糖。结果显示大多数 4～8 岁的儿童选择了等待,但他们在等待时所使用的策略具有显著差异。4 岁儿童在等待时经常看着果汁软糖,难以控制自己不去吃。相反,6～8 岁的儿童会使用语言来帮助自己克服诱惑。但他们所使用的方式不同,6 岁儿童依靠对自己说话和唱歌来提醒自己如果多等待一会儿就能得到更多的糖;8 岁儿童却关注果汁软糖与味道无关的方面,比如它们的外观,这样有助于他们等待下去。因此,随着言语能力的发展,儿童会通过"自言自语"的策略来帮助他们控制自己的行为。

值得注意的是,在小学语文教学中,教师非常重视儿童读、写这样的书面言语的培养,而忽视听、说这样的口头言语的培养。在对低年级儿童的教学中,教师有时对儿童的口头言语还比较注意,儿童出现发音不准或讲话不完整时还能及时加以纠正;到了中、高年级,教师往往就会忽略儿童口头言语的培养和纠正。因此,在我国的小学语文教学中,应该大力扭转当前忽视口头言语教学的局面,把口语训练落实到语文教学的各个环节中去,例如,开设说话训练课或故事演讲比赛等。

(二) 口吃

口吃(stammer),俗称结巴,是由于发音器官的肌肉痉挛导致第一个字说不出来,或者中途某个词的发音困难而导致说话间断,产生个别词的多次重复的现象。口吃是童年期常见的言语功能疾病,我国儿童口吃的患病率为 5% 左右,7 岁组儿童的患病率最高;男女性别比为 3.9:1。

产生口吃的原因多种多样,一是突然发生的意外使儿童感到震惊,可以引起口吃;二是在陌生人或令人敬畏的人面前,儿童由于情绪紧张而导致口吃;三是儿童由于好奇,常常模仿别人的口吃而引起自己的口吃。国外有调查显示:父母有口吃,其子女中的 67% 患有口吃;父母无口吃,其子女中只有 10% 患有口吃,可见模仿是导致口吃的重要原因。

改善口吃的根本方法是消除儿童的紧张情绪和自责心理。因此,对于口吃的儿童,不应催促和责备,更不可以模仿逗乐,这样会严重伤害儿童的自尊心,使儿童口吃加重或不敢说话。发现儿童出现口吃现象,应该抱着乐观和鼓励的态度来对待,帮助他们树立改善的信心,并指导他们进行相应的矫正训练。训练朗读是改善口吃的有效方法,让口吃儿童学会把每句话的字与字之间的发音拖长,并且尽量保持相同的停顿时间,尤其是把每句话的第一个字发音减轻。

(三)小学儿童口头言语能力的培养

1. 创设丰富的交往和活动机会

言语本身就是在人与人之间的交往中产生和发展的,口头言语的发展离不开交往活动。因此,儿童只有在广泛的交往中,收获到知识、经验、情感、愿望,并把这些收获表达出来的时候,言语活动才会迅速发展起来。调查显示:聋哑人的子女生活在集体中时,口头言语发展正常;如果只生活在自己家中,口头言语的发展就会受到很大限制。因此,家长和教师要充分创造条件,增加儿童与成人或与同伴之间的交往和各种活动,这样有利于儿童口头言语的发展。

2. 发挥规范言语的榜样作用

儿童言语能力的发展很大程度上来源于对别人的模仿。因此,榜样的示范作用对于儿童言语的发展是极其重要的。我们常常可以看到,儿童说话时的语调和用词,甚至是表情和动作都酷似他们的双亲,或者是他们所喜爱的人以及大众媒体上的某些形象。尽管在全国已经普及了普通话,不同地域的儿童在生活中还是会说不同的方言,这也是榜样示范的作用。因此,家长和教师应该重视榜样的示范作用,在日常生活中有意识地引导儿童模仿规范的口头言语,从而为言语的发展打下良好的基础。

3. 加强口头言语的训练

在日常教学中,教师应要求儿童在说话时要尽量做到发音正确,用词恰当,句子完成通顺,表达清楚、连贯,并且要及时纠正儿童的不良发音,对于儿童在口头言语方面出现的各种问题要采取针对性的训练来加以改善。在生活中运用各种方法调动儿童说话的积极性,促进儿童的口头言语向着规范化的方向发展。

二、小学儿童书面言语的发展

在幼儿阶段,儿童的口头言语有了一定的发展,这就为他们在童年阶段发展书面言语奠定了基础。对于书面言语(written speech)的学习,儿童一般是进入小学后才开始的。可是,有些提倡早期教育的人,甚至早在儿童 2～3 岁时就教他们识字。但究竟教儿童书面言语的最佳时期是什么时候,这还需要做进一步的研究。儿童对于书面言语的掌握是遵循一定程序的,一般包括认识字词、阅读和写作三个过程。

（一）认识字词

儿童识字能力是在口头言语的基础上发展出来的,也就是说他们对于汉字的发音和意思已经基本掌握,识字主要是对字形的辨认过程,从而把字的音、形、义三者结合起来。根据我国 2001 年课程标准的规定,小学毕业生需要认识 3500 个左右常用汉字。一般来说,小学三、四年级的儿童就可以达到这个标准。对于字形的认识是识字的重要开端,对于儿童来说也是最难的。在这个过程中,教师可以采用综合—分析—再综合的方法。也就是说先让儿童从一个字的轮廓入手,然后再细致地分析字形结构、偏旁部首和笔画,最后得到对于字的新的总体的认识。通过这种学习方法来识字会取得较好的效果。对于较难记的形近字、多音字和同音字,可以采用比较的方式来帮助区分和识记。另外,字音和字形必须通过字义为中介在头脑中构成有机的整体,绝对不能忽略字义对于识字的作用,如果抛开字义来学习字音和字形的话,那就是一种机械的学习方式。儿童在识字后容易出现回生现象,即学会之后又遗忘的现象。容易引起回生现象的字的特点是出现率低或者笔画多、结构复杂。儿童在考试之前学的那个单元的字也容易出现回生现象。对于回生现象,教师要耐心地培养儿童学习后多加复习和巩固的好习惯。

在刚入小学的阶段,儿童的书面言语的词汇量远远落后于口头言语的词汇量。随着教学的深入,书面言语的词汇量逐步丰富起来,并逐步超过了口头言语。在小学一年级,儿童书面言语与口头言语的词汇量比例是 20∶40;二年级是 42∶46;三年级是 73∶75;四年级则是 106∶76。这说明,儿童大约到了四年级以后,词汇量的优势逐渐从口头转移到了书面。

（二）阅读

儿童阅读能力的发展主要表现在理解能力、阅读速度和阅读方式三个方面。

1. 理解能力

儿童对于文章的理解能力是和他们对于字词的掌握以及思维发展水平有密切关联的。对于低年级的儿童,由于他们的思维水平的限制,在阅读文章时只能依靠词语所代表的具体事物的表象帮助理解。有时他们也会通过想象来体会和理解词语所表达的意境。他们不会从抽象的定义出发,因此,他们只了解话语表面的意思。随着思维水平的发展以及教学的深入,他们会逐步加深对词语的本质意义的理解,从而能更准确地把握整个文章的意义。从这个意义上来说,阅读理解也是对于儿童思维的分析综合和抽象概括能力的培养。

2. 阅读速度

阅读速度也是儿童阅读理解能力发展的重要标志。低年级儿童由于词汇量的限制,在阅读时往往以字为单位,一个字、一个字地读,并且停顿的次数非常多,阅读速度较慢。

随着词汇量的丰富以及对于词汇熟悉程度的提高,儿童在阅读时的"视觉广度"扩大,逐渐从以字为单位发展成以词组和句子为单位。这样,停顿的次数逐渐减少,阅读速度也就逐渐加快。提高理解能力和阅读速度的有效方法就是加大儿童的阅读量,特别是对于有益的课外读物的阅读,这样才能快速而显著地提高儿童的阅读水平。

3. 阅读方式

阅读方式有两种,即朗读和默读。对于低年级的儿童,在教学中往往采取朗读的方式来进行,因为朗读的速度较慢,而且大声朗读时更有利于词汇的记忆,比较适合低年级的儿童在课堂上集体进行。默读时的"视觉广度"更大,速度更快,因此比较适合中、高年级的儿童,因为这个年龄段的儿童的内部语言有了一定的发展。显然,默读需要在朗读的基础上发展起来,小学中、高年级以后的阅读几乎都是靠默读来进行的。

儿童阅读能力的培养是一项复杂的任务。家长在儿童阅读能力培养的过程中起到关键作用,因为儿童的阅读能力在一定程度上要受到其父母态度的影响。例如,父母对儿童识字价值的评价、对儿童学习成绩的重视程度、为儿童提供的阅读书籍、与儿童在一起阅读的时间和方式等都可以影响儿童阅读能力的发展。因此,家长可以和儿童一起阅读故事书籍,或让儿童重复阅读书籍,这样可以增加儿童的词汇量。在每次阅读后,家长可以向儿童提出一些问题来促进儿童的思考,这样可以使儿童对于文章的理解进一步加深,或者家长进一步拓展故事的内容来和儿童进行讨论。按照维果斯基的理论,这是父母在利用最近发展区与儿童进行互动。

(三)写作

写作是书面言语能力的高级阶段。儿童写作能力的发展,大致经过以下三个阶段:

1. 口述准备阶段

儿童在这一阶段的任务是培养书面言语的口头表达能力,一般是从口头造句和看图说话开始练习的。这一阶段的目的是使儿童的话语连贯而有系统,这样可以为写作能力的发展奠定坚实的基础。因此,写作能力的培养需要从对口头言语的训练开始。

2. 口头与书面的过渡阶段

由口头言语向书面言语的过渡可以从两个方面进行。一是将口述的内容直接写成书面的东西,也就是让儿童将看图说话的内容用文字一点儿不差地写下来,这种过渡方式对于儿童来说是较为简单的。二是从阅读的书面言语过渡,即让儿童阅读一段材料,然后模仿阅读过的材料写成文字,这种过渡方式对于儿童来说相对较难。在过渡阶段,可以采取两种方式同时进行的模式,也可以采取先从口述过渡,再到模仿过渡的模式。

3. 独立写作阶段

这一阶段相当于独立作文阶段,对于儿童来说是写作的最困难阶段,也是书面言语的最高阶段。这一阶段不仅要求儿童有较强的思维能力,还需要有一定的语法和修辞方法等语文写作功底。小学生的写作是从记叙文开始入手的,写作能力随着年龄的增长而逐步发展。靳开宇(2006)的研究认为,小学三年级是学生开始有意识运用所阅读和学习过的书面语句并进行内化的过渡阶段。教育者应该有意识地利用这一时期帮助学生建立良好的书面言语表达基础。使小学生的口头言语表达和书面言语表达的衔接能够更紧密,从而为学生顺利过渡到书面表达打好基础。一般来说,小学三年级开始开设作文课,刚开始要求学生写作的篇幅为二百多个字,以后逐年增多;写作对象从开始以亲人、朋友为主逐渐过渡到以社会人物为主;写作内容从开始对生活、学习的具体方面逐渐过渡到对人的品德和性格的描写和评述。

书面言语的发展也对儿童内部言语的发展起到了重要的推动作用。例如,儿童在阅读文章时,阅读方式由朗读转化为默读,而在默读中的思考就需要内部言语来完成。在写作的过程中,儿童需要思考写作内容是什么,中心思想是什么以及先写什么,后写什么,这些都需要在头脑中构思,这种构思的训练也可以促进内部言语的迅速发展。因此,书面言语的发展与内部言语的发展紧密联系,在儿童掌握书面言语的过程中,内部言语也同时不断得到发展。当然,内部言语的发展也不仅仅依靠书面言语,儿童在日常生活中的思考以及无声的运算都对内部言语的发展起到了重要作用。

第四节　小学儿童认知发展

随着脑功能的迅速发育以及学校教育的影响,儿童的认知能力有很大提高,表现在注意、记忆和思维等各种认知能力的发展。

一、小学儿童注意的发展

儿童在无意注意、有意注意和注意品质上均得到发展,有意注意的发展速度更明显。到小学高年级阶段,有意注意才占据主导地位,童年期是加强注意能力培养的关键时期。

(一)小学儿童注意发展的一般特点

对于刚入小学的儿童来说,无意注意还占有重要的地位,有意注意正在逐步发展起来,但尚未达到完善的程度。

1. 无意注意的发展

我国的心理学工作者研究发现,童年期高年级儿童和低年级儿童在无意注意(involuntary attention)的某些方面几乎处于同一水平,而在另一些方面则有很大的差异。例如,阴国恩、沈德立(1989)采用不连续图形为刺激材料对小学儿童的注意进行研究。给被试呈现的材料是分别被五条白横线分割成几部分的大写"K"字图形,每种图形都画在卡片上,用速示器呈现给被试。通过学生估计 K 字上白横线的数目来比较小学生有意注意和无意注意的发展水平。结果表明：二年级和五年级的学生对线条的估计正确率分别为 27% 和 31%，二者的差异不显著，因此可以看出童年期儿童对于同一材料的无意注意基本处于同一水平。但对于不同材料，低年级和高年级的学生还是有明显差别的。例如，对于组织材料的无意注意，二年级和五年级的学生的差异就比较大，五年级学生的表现更加成熟。因此，对于儿童无意注意的发展，还需要作更深入的研究。

2. 有意注意的发展

在小学阶段，儿童的主导活动由游戏变为学习，外界要求儿童必须适应新的环境，原有的无意注意已经不能适应新的环境，逐步发展出有意注意，因此，有意注意（voluntary attention）的发展不仅是生理成熟的需要，还受到儿童所处环境变化的影响。但儿童有意注意的发展并不是迅速成熟的。对于小学低年级的学生，无意注意仍占主要地位，但有意注意已经开始形成和发展起来，他们一般已能按照教师的要求进行观察、听讲和读写等活动。但此时的有意注意还处在发展的初期，水平比较低，自觉控制注意的能力比较差，这就是低年级学生更容易被其他刺激分心的原因。随着年龄的增长以及教师不断提出各种要求，儿童的有意注意逐步发展，到了小学高年级阶段，有意注意才逐渐占据主导地位，但还未达到完善的程度。

（二）小学儿童注意品质的发展

1. 注意稳定性的发展

注意的稳定性是指注意力集中的时间和强度特征。在注意的稳定性方面，小学儿童无论是无意注意还是有意注意，都比幼儿有了很大的发展，表现在注意力的集中时间更长，强度更大。我国学者李洪曾等（1983）对儿童注意稳定性的研究表明：6 岁儿童的注意稳定性普遍优于 5 岁儿童。这说明，进入童年期后，注意的稳定性就会快速发展。但小学低年级的儿童注意的稳定性还是比较差的。观察显示，一年级的儿童对学习的聚精会神的状态，往往不能长时间持续，在课堂上，只要教师的组织稍有松懈，他们就很容易分散注意力，去搞小动作。儿童到了中年级，注意的稳定性有了很大进步。心理学家麦克沃思（J. F. Mackworth，1950）的实验结果表明，一般 5~7 岁的儿童每次注意稳定的时间约为 15 分钟，7~10 岁儿童约为 20 分钟，10~12 岁儿童约为 25 分钟，12 岁以后约为 30 分钟。但在实际的教学过程中会发现，只要教师在教学上组织得紧凑，内容生动直观，能够充分引起学生的兴趣的话，儿童在学习时保持 45 分钟的注意力是不成问题的。

2. 注意广度的发展

儿童注意广度的大小与他们的过去经验有很大关系。小学低年级儿童由于经验不多，注意的范围就比成人小，这一点在阅读上表现得比较明显。低年级儿童在阅读时往往一个字、一个字地读，这是因为他们的知识经验少。随着经验的丰富，注意的广度逐渐扩大，阅读速度也就提高了。儿童的注意广度除了与他们的过去经验有关，还与他们的思维发展有关。低年级儿童的思维比较形象具体,在面对复杂事物时,他们只能注意到一些个别特点,因此,注意的范围比较狭窄。随着儿童思维能力的发展,他们的注意广度也得到了逐步提高。

3. 注意分配性的发展

儿童在上小学后,注意的分配性逐步发展。但对于低年级的儿童,注意的分配性还较差,主要表现为在课堂上不能同时注意上课的任务和自己的行为。例如,教师要求儿童写字或看书时坐姿要正确,但当他们集中注意写字或看书时,对坐姿的注意力就会明显地下降。高年级的儿童则可以比较从容地分配对于看书和坐姿的注意力。我国学者刘景全等(1993)使用"注意分配仪"研究小学儿童注意分配的发展。研究表明,小学二年级和五年级儿童的注意分配能力基本处于同一水平,由此认为,人的注意分配能力的快速发展期在幼儿至小学二年级阶段;随后注意分配能力发展较慢。可见,关于儿童注意分配能力的发展究竟是怎样的,还需要作进一步的研究。但无论对于儿童还是成年人,要做到注意的分配,必须其中一件活动达到自动化的程度才能进行,并且注意的分配可以通过练习获得。

(三) 小学儿童注意能力的培养

1. 创造良好的环境

因为儿童注意的稳定性较差,还不能像成人那样不易受外界刺激物的干扰,因此,家长和教师要为儿童创造良好的学习和生活环境,尽量避免其他刺激物对儿童注意力的影响。例如,儿童在看书或者做作业时,大人应该尽量排除一切可能分散儿童注意力的因素,不要打扰他们,为儿童注意稳定性的发展创造良好的环境。

2. 增强自控能力

要维持长时间的注意力,儿童必须具备一定的自我控制能力,家长可以从帮助孩子控制外部行为做起,让孩子在一段时间内专心做好一件事情。对于自控能力差的儿童,也可以通过练琴或书法这样的专门训练来培养他们的自控能力。自控能力的发展有利于儿童在他们不感兴趣却又必须做的事情上保持注意力集中。这就需要家长或教师有意识地对儿童提出一些活动的目的和要求,并促使他们坚持完成。在活动过程中,家长或教师应当及时提醒注意分散的儿童,使其注意力尽量保持稳定。

二、小学儿童记忆的发展

儿童的记忆能力随着年龄的增长和教学的深入而逐渐发展,主要表现为有意记忆、意义记忆、抽象记忆和记忆容量的发展;并且能够运用多种记忆策略;元记忆也得到发展。

(一) 小学儿童记忆发展的一般特点

在小学阶段,儿童的记忆能力有了长足的发展,主要表现在"三个超越和一个扩展",

即:有意记忆超越无意记忆、意义记忆超越机械记忆、抽象记忆超越形象记忆,短时记忆容量的扩展。

1. 有意记忆超越无意记忆

幼儿阶段的记忆是以无意记忆为主,他们常常凭借自己的兴趣去记住一些事物,而对于不感兴趣却又要求他们记住的东西,记忆效果往往很差。对于刚入学的小学生来说,他们仍然保留着幼儿时期无意记忆的特点。但是,小学的学习生活要求他们更多的是要记住自己不感兴趣但又必须要学习的知识,在这种外部环境的要求以及自身生理条件成熟的作用下,儿童的有意记忆逐步发展起来,并逐步超过无意记忆,成为儿童主要的记忆方式。

心理学家哈根(J. W. Hagen,1977)对儿童的无意记忆和有意记忆进行了研究,结果表明,随着年龄的增长,儿童对有意识记材料的记忆成绩日益提高,而对无意识记材料的记忆成绩基本没有变化。此研究进一步说明,随着年龄的增长,儿童越来越能支配自己的记忆去有意识地记住自己想要记住的材料,有意记忆能力逐步提高。

2. 意义记忆超越机械记忆

幼儿阶段的记忆方式主要以机械记忆为主,虽然他们可能并不知道自己所要记住的材料的意义,但他们的记忆效果却比较好,这表明幼儿机械记忆的能力很强。进入小学阶段,随着学习环境的变化以及学习要求的提高,儿童意义记忆的能力逐步发展,并且逐渐超过了机械记忆,成为主要的记忆方式。但是,小学低年级儿童在学习和生活中运用机械记忆的频率还是比较高的,这是因为他们的思维能力(尤其是抽象思维)的发展有限,还不善于对记忆的材料进行思维加工。也就是说,儿童意义记忆的发展往往与他们的理解力的发展密切相关,理解力是意义记忆的前提条件。因此,儿童由机械记忆向意义记忆转化的关键年龄往往与理解力发展的关键年龄一致,大致在小学三、四年级。当然,在整个的小学学习过程中,由于学习材料不同,为了达到良好的记忆效果,有时需要意义记忆,有时也需要机械记忆。

3. 抽象记忆超越形象记忆

幼儿阶段的记忆是以形象记忆为主,因为这时幼儿的知识经验尚不丰富。在小学低年级阶段,随着学校系统知识的学习以及第二信号系统的发展,儿童抽象记忆的能力迅速发展起来,表现为抽象记忆的增长速度比形象记忆快,但形象记忆在童年期的发展中仍占有重要地位。随着年级的提高,抽象记忆与形象记忆的能力越来越接近,到了高年级阶段,儿童的抽象记忆才逐渐占据优势。因此,在整个小学阶段,教师仍需要重视直观形象教学的作用。

4. 短时记忆容量的扩展

与幼儿阶段相比,儿童由于自身发展以及学习的需要,他们的信息加工速度更快,更有效率,表现为他们的短时记忆的容量加大。一般来说,成人的短时记忆容量为 7 ± 2 个单元(组块),儿童在不同的发展阶段,其短时记忆容量的发展速度是有比较大的差异的。钱含芬(1989)的研究表明,一年级儿童与三年级、五年级儿童的数字记忆广度差异显著;而三年级与五年级儿童的数字记忆广度则差异不显著。这表明,7~9岁是儿童短时记忆容量迅速发展的时期,过了这一时期,短时记忆容量的变化不明显。

(二)小学儿童记忆策略的发展

儿童在记忆策略(strategies of memory)上发展的一般特点是:在儿童刚刚学会使用记忆策略时,他们只会在那些条件最为适合的情况下运用记忆策略;而当记忆材料和外部条件发生变化时,儿童不能很好地用刚刚学会的记忆策略来进行迁移;年龄大的儿童与年龄小的儿童相比,能在更加复杂多样的情况下使用记忆策略,在使用记忆策略的过程中也会表现出更多的主动性和灵活性。

儿童记忆策略的发展主要体现在三种常用的记忆策略的发展上,即:复述策略(retelling strategy)、组织策略(organizational strategy)和精细加工策略(fine processing strategy)。

1. 复述策略的发展

复述策略是个体在记忆的过程中,对识记材料不断进行重复以便能更准确、更牢固地记住这些信息的一种记忆策略。幼儿一般不会主动使用复述策略,进入小学之后,儿童才在学习中逐渐学会有效地使用复述策略。复述策略的运用随着年龄的增长而逐步熟练。刚开始的复述只是被动的复述,随着复述的质量不断增强,复述方式逐渐转向主动复述,并且复述的灵活性也不断提高。能够进行主动复述的儿童,其记忆的效果要好于被动复述的儿童,因此训练儿童的复述技能可以提高儿童的记忆效果。

2. 组织策略的发展

组织策略是个体在记忆过程中,根据识记材料的不同意义,将其分成不同的类别或改组成不同的形式,并抓住记忆材料间的联系来进行记忆的一种记忆策略。组织策略比复述策略要更为复杂,它是对识记材料的更深层次的编码策略,需要依靠信息的深层加工来完成。9~10岁的儿童在使用记忆的组织策略的数量和质量方面要明显强于5~6岁的儿童,说明记忆的组织策略在童年期的发展是比较显著的。

3. 精细加工策略的发展

精细加工策略是指个体在识记那些在意义上没有联系的材料时,通过丰富的联想能力,为这些没有意义联系的材料人为地"创造出"一些联系,从而使它们成为有意义联系的材料,再进行记忆的一种记忆策略。例如,电话号码本身没有意义联系,有的儿童学会运用谐音的方式来记忆电话号码,这就是使用精细加工策略来进行记忆的表现。再比如,让儿童记住云彩、草地、柳树这些没有明显意义联系的词。儿童如果用精细加工策略来记忆的话,可以把这三个事物联系起来,把它们想象成一幅画:天上飘着云彩,天空下是草地,草地上有一棵柳树。可见,精细加工策略是一种较高级的记忆加工策略,需要儿童在充分理解事物之间的丰富的联系的基础上才能进行,因此,儿童在小学高年级时才会有意识地运用这种记忆策略。

由此可见,在儿童身上不同记忆策略的发展是不平衡的。记忆策略的发展在很大程度上依赖于儿童自身的知识经验。总的来说,8岁左右的儿童处于记忆策略发展的萌芽期,10岁以上的儿童基本上能自发地运用一定的记忆策略来帮助记忆。

(三)小学儿童元记忆的发展

元记忆(meta-memory)又被称为后设记忆,是个体对自己的记忆活动的认知、体验和调控能力。也就是说,元记忆是个体在记忆方面的自我意识。从这个定义可以看出,元记忆包括对自己记忆的认知、对自己记忆的体验和对自己记忆的调控三个方面。

在教学的影响下,小学儿童的元记忆逐渐发展。例如,8岁儿童对自己记忆能力的评价要比5岁儿童客观得多。小学低年级儿童已经能认识到再认要比回忆更容易;中年级儿童已经能认识到从识记到再认或回忆的时间间隔越长,对于材料的再认或回忆就越困难。但是,儿童对于记忆策略的知识发展较慢。7~9岁的儿童已经知道复述策略和组织策略的有效性,但是,到了11岁左右,儿童才知道组织策略一般来说比复述策略更有效。关于对自己记忆的调控能力,高年级儿童已经做得比较好了。例如,对于背诵一篇文章时,高年级儿童会重点记忆前几次没有记住的部分,而不是一味地重复记忆已经记住的部分。元记忆能力对于学习效果有很大影响,俞国良等(2006)研究发现,学习不良儿童在元记忆的学习判断上显著低于一般儿童,在元记忆的前瞻式记忆监测方面,学习不良儿童与一般儿童也存在显著差异。桑标(2002)的研究表明,智力超常儿童在元记忆方面要显著强于同龄的智力正常儿童。

三、小学儿童思维的发展

童年期儿童脑和神经系统的发展已经非常接近成人,加之进入小学后接受系统的教育,这些主、客观因素都促使儿童的思维能力迅速得到发展,并在思维的许多方面与幼儿相比有了质的变化。

(一)小学儿童思维发展的一般特点

1. 从具体形象思维向抽象逻辑思维发展

在幼儿阶段,儿童的思维方式主要是具体形象思维。进入小学后,儿童的具体形象思维和抽象逻辑思维都得到了发展,但抽象逻辑思维的发展速度要更快一些,所占的比重也越来越大,并且逐步后来居上,儿童的思维实现了从以具体形象思维为主导的思维方式向以抽象逻辑思维为主导的思维方式的跨越。这种跨越是一个逐步积累,从量变到质变的过程。对于低年级的儿童来说,由于其知识经验大部分是具体、形象和可以感知的,他们的思维很大程度上要依靠事物的具体形象;到了中高年级,由于知识经验的不断扩充,抽象逻辑思维不断发展,其主要的思维方式也逐步从具体形象思维向抽象逻辑思维发展。

2. 思维的发展存在"关键期"

小学儿童的思维从具体形象思维向抽象逻辑思维发展的过程中,存在一个由量变到质变的"关键期"。一般认为,这个关键期是在小学四年级(约 10～11 岁),也有的学者认为是在高年级,甚至有人认为如果有特别合适的教育条件的话,这个关键期也可以提前到三年级。实际上,小学儿童思维发展存在着很大的潜力,这个"关键期"是在何时出现主要取决于教育的结果,因此,这个"关键期"是可以变化的,是有一定伸缩性的年龄范围。

3. 思维发展存在不平衡性

这种不平衡性体现在儿童的思维从具体形象思维向抽象逻辑思维发展的整个过程中。虽然儿童的抽象逻辑思维发展迅速,但是,对于不同的思维内容,或者说不同的学科的知识,儿童从具体形象思维向抽象逻辑思维发展的速度和水平是不同的。例如,在数学知识的学习中,许多学生已经达到了较高的概括水平;而在语文知识的学习中,有些学生能够达到较高的概括水平,而有些学生则达不到。就是对于同一门学科,不同的儿童实现从具体形象思维向抽象逻辑思维过渡的速度也是不同的。

(二) 小学儿童思维基本过程的发展

1. 概括能力的发展

小学儿童由于知识经验不够丰富,他们对事物进行概括时,不能充分地利用包括在某一概念中的所有的特性。在整个小学阶段,儿童概括能力的发展大致经历三个阶段:

第一阶段是直观形象水平。低年级的儿童(6～7 岁)主要处于这一阶段。他们的概括水平和幼儿差不多,只能对事物的直观的、形象的或外部典型的特征或属性进行初步的概括。

第二阶段是形象抽象水平。中年级的儿童(8～9 岁)主要处于这一阶段。这一阶段是从形象水平向抽象水平过渡的状态,在他们所能概括的事物中,本质的、抽象的特征或属性的成分逐渐增多,而直观的、形象的特征或属性的成分逐渐减少。

第三阶段是初步本质抽象水平。高年级的儿童(10～11 岁)主要处于这一阶段。这一阶段儿童的概括能力是以对事物的本质抽象的概括为主。这是由于脑机能的发展以及知识经验的积累已经达到一定的程度,他们已经能够抓住事物的本质特征以及事物之间的内部联系来进行抽象概括。但是这种概括也只是一种初步的科学概括,也就是说只能对在他们生活中经常接触的事物进行概括,对于离他们生活比较远的科学领域的规律的概括还有待于提高。

2．比较能力的发展

儿童比较能力的发展是随着年龄和年级的增长而不断提高的。一般遵循的规律是：从正确区分具体事物的异同逐渐发展到能够区分抽象事物的异同；从区分事物个别部分的异同逐渐发展到区分事物许多部分的关系的异同；从直接感知条件下进行比较逐渐发展到运用语言在头脑中引起的表象的条件下进行比较。另外，儿童比较能力的发展，在不同的外部条件下，具有不同的特点。例如，在某些条件下，对某些事物进行比较时，儿童既能在相似的事物中找到相同点，同时又能找出其细微的不同点；而在另一些条件下，对另外一些事物进行比较时，则不一定就能充分表现出这些能力。因此，我们不能笼统地认为儿童（特别是低年级儿童）就容易找出事物的不同点来。在教学中应注意对于特殊的教学内容要使用特殊的方法来引导儿童进行比较学习。

3．分类能力的发展

儿童的分类能力随着年龄的增长逐步提高，并且分类能力的发展是与思维的比较和概括能力联系在一起的。如果一个儿童已经具备一定的分类能力，这就说明了这个儿童的比较和概括能力的提高，因为分类往往是以比较和概括为基础的。儿童只有对要分类的材料进行比较，概括出不同材料的异同之处，才能进行有效的分类。低年级儿童在进行分类时，往往以事物的外部特征作为标准；中年级是字词概念分类能力发展的一个转折点；到了高年级，儿童逐渐能根据事物的本质特征进行分类。从重组分类能力来看，一至三年级的儿童，对分类材料只能做一次分类，不能做二次重新组合分类；四年级的儿童，已经能够表现出一定的对材料进行二次重组分类的能力；从五年级起，儿童的重组分类能力有较明显的发展。

在整个童年期，各种具体的思维过程（抽象、概括、比较、分类、具体化和系统化）最初只能在对事物的直接观察下进行，并且很简单；其后逐渐能以过去的知识经验和头脑中的表象为基础来进行；最后发展成能够以概念为材料全面、深入地进行。

（三）小学儿童思维形式的发展

1．概念的发展

儿童概念的发展是与他们概括能力的发展相协调的。概念的发展主要表现在三个方面：

（1）概念逐步深化：我国学者丁祖荫(1984)把儿童掌握语词概念的特点分为 8 种形式：①不能理解；②原词造句；③具体实例；④直观特征；⑤重要属性；⑥实际功用；⑦种属关系；⑧正确定义。研究表明：小学低年级儿童"不能理解"的概念较多，他们较多地运用"具体实例"和"直观特征"的形式掌握概念。高年级儿童"不能理解"的概念较少，他们较多地运用"重要属性"、"实际功用"和"种属关系"来掌握概念，而且"正确定义"

的方式也占有很大的比例。中年级儿童则处于概念掌握的过渡阶段。

（2）概念逐步丰富：国外对于儿童概念发展的比较著名的理论表明，儿童概念发展随着年龄的增长而逐渐丰富。如表 6-4 所示。

表 6-4 心理学家关于童年期概念发展的描述

心理学家	童年早期概念描述	童年晚期概念描述
皮亚杰	具体的	抽象的
布鲁纳	感知的	概括的
魏纳和卡普兰	泛化的	分化的
维果斯基	主题的	分类的
英海尔德	综合的	具体的

（3）概念逐步系统化：儿童概念的发展不仅表现在概念本身的学习，而且还表现在概念系统的掌握上。儿童在掌握概念的基础上，逐步学会在概念的关系中去掌握概念，这又使他们在学习概念的速度和质量上都有很大的提高。因此，儿童对于概念和概念系统的掌握是相互促进的。

2．判断能力的发展

判断能力可以分为两类，一类是以感知形式为主的直接判断；另一类是以抽象形式为主的间接判断。直接判断不需要复杂的思维活动，比较简单，而间接判断需要使用概念进行推理，因此，判断能力是和推理能力紧密联系在一起的。儿童判断的发展遵循着从简单到复杂，从反映事物的外部联系到反映事物的内部联系，从反映事物的单一方面的联系到反映事物的多方面联系的规律。例如，一年级儿童的判断大多是以事物的外部特征为依据的，反映事物单一方面的联系的判断；二年级儿童则会表现出一些初步的盖然判断（也称或然判断，可能判断），在这种判断中，对象和属性的联系是不确定的，只是一种可能的推测。在儿童的话语中能够听到"可能"、"也许"等不确定的词语；中年级儿童有时也会表现出比较独立地论证一些复杂的盖然判断的能力。但是，中高年级儿童的逻辑判断能力还不是十分的完备，有待于进一步的发展。

3．推理能力的发展

推理是从一个前提或多个前提，推出另一个新的结论的思维过程。推理能力的发展是儿童抽象逻辑思维发展的重要标志。

推理可以分为直接推理和间接推理。小学低年级的儿童主要能够掌握直接推理。例如，从"甲比乙多"这个前提可以推出"乙比甲少"。随着年龄的增长，儿童的间接推理能力不断发展。间接推理是由几个前提推出一个结论的推理，其主要形式有演绎推理、归纳推理和类比推理。演绎推理是从一般规律演绎出个别事实；归纳推理是从个别事实归纳出一般规律。它们是相互联系的两种推理方式，一般来说，到了小学高年级阶段，儿童的演绎推理和归纳推理才能够处于有机的统一之中,这时他们才算真正掌握了抽象逻辑思维能力。类比推理是指根据两个对象的一定关系,从而推出其他两个事物也具有相类似的关系,或者推出相类似的其他事物。它是归纳过程与演绎过程的综合。儿童类比推理能力随年龄的增长而逐步提高,并且在低、中、高年级均有显著差异,这说明类比推理能力的发展在年龄上有明显的阶段性,并且中年级儿童的类比推理以具体形象性质为主,而高年级儿童类比推理的抽象性质则有明显的增加。张婷等人(2012)研究发现,儿童解决不同类型传递性推理任务的能力随年龄的增长而不断增强,到了7岁时已初步具备了解决三类传递性推理任务(真传递性推理、不确定传递性推理、否定性传递性推理)的能力。

阅读框 6-3 智力超常和智力低下

智力是指人在不同种类活动中表现出来的一般能力,如:观察力、记忆力、抽象概括力、想象力和创造力等。其中,抽象概括力是智力的核心。智力在整个人口中基本呈现正态分布,智力超常和智力低下者不足人口的 5%。在日常生活中,我们偶尔会遇到智力超常(extraordinary intelligence)和智力低下(mental retardation, MR)的儿童。那么,什么样的儿童属于智力超常者,什么样的儿童属于智力低下者呢?

一个人的智力可以用智商来衡量,而智商又分为比率智商和离差智商。一般认为,比率智商在 140 分以上或者离差智商在 130 分以上就可以认为是智力超常者。这类儿童一般表现为观察能力强,注意力容易集中,记忆速度快而准确,思维灵活且创造性强。比率智商或者离差智商在 70 分以下就可以认为是智力低下者。这类儿童一般表现为知觉速度慢、范围窄,记忆力差,语言发展缓慢,抽象概括力差,学习能力不足,严重者生活不能自理。在智力低下者当中,智商在 50~70 分之间属于轻度低下,他们的生活可以自理,能从事简单劳动,但学习和应付复杂的环境比较困难;智商在 25~50 分之间属于中度低下,他们的生活能部分自理,语言和动作有一定的障碍;智商在 25 分以下属于重度低下,他们的生活不能自理,语言和动作存在严重障碍。

对于智力超常的儿童,在教育上可以采取"加速"和"丰富"两种方法来促进他们的发展。加速是指根据他们的实际情况,允许他们以比别人更快的速度发展;丰富是指为他们提供丰富的课程和个性化教学,扩展他们的知识领域或让他们向某一领域更深入地发展。对于智力低下的儿童,大多数人需要接受特殊教育。在生活中要给予他们特别的关心和帮助,在教育上更要从他们的实际情况出发,使他们的智力和生活技能尽量获得一定程度的发展。

第五节　小学儿童个性和社会性发展

儿童的主要生活空间是家庭和学校。因此,在和家长、教师以及同伴之间的交流过程中,儿童的自我意识、亲子关系、师生关系和同伴关系有了明显的发展和变化。在同伴关系中,校园欺侮现象值得重视。

一、小学儿童自我意识的发展

在童年期,人的自我意识开始加速发展,但要达到成熟稳定的状态,还需要经历漫长的发展过程,甚至可以说,人的自我意识是终生都在发展变化的。

(一)小学儿童自我评价的发展

随着儿童的生活阅历逐渐丰富以及思维的发展,儿童的自我评价也进一步发展。主要表现为:

1. 自我评价的独立性逐步提高

年龄越小的儿童,其自我评价越是依赖于他人对自己的评价,随着年龄的增长,儿童对自身的认识逐步加深,他们会逐渐减少自己对他人评价的依赖性,从而越来越能独立地进行自我评价。

2. 自我评价的范围逐步扩展

小学低年级儿童对自己的评价往往是一些简单的外在特征或外显行为的评价,例如,他们会说:我6岁了;我是个男孩儿;我上课能认真听讲;我在学校不打架。随着年龄的增长,儿童对自己的评价逐渐向着内在特征或内心世界发展,并且向着自身多方面的特征发展。例如,他们会说:我是一个节俭的孩子;我是一个诚实的孩子。因此,儿童自我评价的范围随着年龄的增长在逐步扩展。

3. 自我评价的稳定性逐步增强

小学低年级儿童在进行自我评价时,往往会出现前后两次评价不一致的现象,这是由于他们的观察和思维能力比较低导致了自我评价能力低;随着年龄的增长,儿童自我评价的前后一致性在逐步提高。这说明儿童自我评价的稳定性随着自我评价能力的提高而逐步增强。

(二)小学儿童自我体验的发展

自我体验是一个人对于自身内心情绪状态的觉察。儿童自我体验的一个重要表现是儿童的自尊心。由于儿童有了一定的自尊心,因此,他们比较在意外界对自己的评价,从而能够约束自己的行为。儿童的自我体验与自我评价有较高的相关,因此,自我体验的发展趋势与自我评价的发展大体一致。随着儿童对自身理性认识的提高,其情绪体验在逐步加深。此外,小学儿童对于自我情绪的理解水平也是自我体验的重要方面。王昱文等(2011)研究发现,小学儿童自我意识情绪和理解水平随着年级的升高而提高,1~3年级提高得较快,3年级以后提高速度变缓。同时发现,小学儿童的自我意识情绪理解水平与亲社会行为、同伴接纳呈现显著正相关,并且羞愧的理解对亲社会行为有显著的预测力,自豪的理解和亲社会行为对同伴接纳有显著的预测力。

（三）小学儿童自我控制的发展

在进入小学后,由于外界约束力的增强,儿童的自我控制能力主要在家庭和学校的双重要求下进一步发展。这种发展体现在生活的方方面面,例如,在整个小学阶段,他们逐渐学会按照家长和学校的要求来约束和调节自己的行为,能够发现自己的一些缺点并努力去改正;到了中高年级阶段,他们还能够有效地控制自己去完成自己不感兴趣的任务。儿童自我控制能力的发展与他们未来个性中的意志品质是紧密联系的。因此,在教育过程中,要抓住这个意志品质发展的关键期,通过各种方法训练儿童的自我控制能力。

二、小学儿童道德认知的发展

道德是调整人们相互关系的行为准则和规范的总和。道德发展包括道德认知、道德情感和道德行为三个方面。道德认知是道德情感和道德行为产生的基础,了解儿童道德认知的发展显得尤为重要。

（一）道德认知发展理论

1. 皮亚杰的儿童道德认知发展研究

皮亚杰在1932年出版的《儿童的道德判断》,是儿童道德研究的里程碑。皮亚杰认为,对儿童道德判断的性质的研究,采用直接的提问不可靠,更不能把儿童放在实验室里剖析,只有在儿童对特定行为的评价中才能分析出他们对问题的真实认识。因此,皮亚杰创立了"临床法",设计了许多包含道德价值内容的对偶故事,研究儿童对规则的意识和道德判断,提出了儿童道德认知发展阶段。

（1）对偶故事和道德发展阶段

下面是皮亚杰设计的一个对偶故事:

故事A:一个叫约翰的小男孩,听到有人叫他吃饭,就去开吃饭间的门。他不知道门外有一张椅子,椅子上放着一只盘子,盘内有15只茶杯,结果撞倒了盘子,打碎了15只杯子。

故事B:有个男孩名叫亨利,一天,他妈妈外出,他想拿碗橱里的果酱吃,一只杯子掉在地上碎了。

故事讲完后,要求儿童判断哪个男孩犯了较重的过失,据此皮亚杰概括出儿童道德认知发展的 3 个阶段:

第一阶段:前道德阶段。约在 4～5 岁以前。处于前运算阶段的儿童的思维是自我中心的,其行为直接受行为结果所支配。因此,这个阶段的儿童还不能对行为作出一定的判断。他们没有道德观念。

第二阶段:他律道德阶段。约在四五岁至八九岁之间,以幼儿居多。此阶段儿童对道德的看法是遵守规范,只重视行为后果(打破杯子就是坏事),而不考虑行为意向,故而称之为道德现实主义。例如,很多 5～9 岁的孩子认为约翰(不小心打破 15 个杯子)比亨利(因偷吃果酱打破一个杯子)的行为更坏。同时,儿童认为规则是绝对的、固有的,是权威所给予的,而父母是制定规则的最高权威,他们把这些规则看作是神圣不可侵犯的。

第三阶段:自律道德阶段。自律道德始自九、十岁以后,大约相当于小学中年级以后。此阶段的儿童,不再盲目服从权威。他们开始认识到道德规范的相对性,同样的行为,是对是错,除看行为结果之外,也要考虑当事人的动机,故而称之为道德相对主义。10 岁的儿童通常会说在偷果酱时打破一个杯子的亨利比去吃饭时打破 15 个杯子更淘气。同时,儿童的道德观念变得比较灵活、容易改变,大多数儿童会认识到父母和其他权威人物也难免会犯错误。所以,当询问如何惩罚不良行为时,自律道德的儿童通常更偏好互换性惩罚,即惩罚结果要适合罪行的处置方式,目的是让犯规者理解规则并减少错误行为。所以对于打破杯子的男孩来讲,对他的惩罚就是要求赔偿而不是体罚。

按皮亚杰的观察研究,个体的道德发展达到自律地步,是与其认知能力发展齐头并进的,自律阶段大约跟形式运算阶段(11 岁以上)同时出现。

(2)皮亚杰研究中存在的问题

① 方法上的问题:年幼儿童真的忽略了行为者的意图吗？研究发现,即便是幼儿,他们在做道德判断时也能考虑行为者的意图,会通过"妈妈,我不是故意的"这样一些辩解试图逃避惩罚。

事实上,皮亚杰的研究在方法上存在缺陷。对偶故事法最突出的问题是,两个故事的后果是不对等的(15 只杯子对 1 只杯子),这样会引诱儿童忽略其中的有意性。另外,这些故事的设计也存在问题。例如,故事中淘气的亨利去拿果酱,他可能并不是有意打破杯子,而是不小心打碎的。同时,这些故事对儿童的记忆要求也较高。有些研究表明,如果方法改善了(如造成同样的后果,让儿童比较故意的和偶然的两种条件下哪种更坏),即使是 5 岁的儿童也会以故意性为基础来进行判断。例如,莫雷(1993)研究发现,5～7 岁的儿童的道德判断受到行为后果和动机两个方面的影响,只不过行为后果的影响要大大超过行为动机;随着年龄的增长,两者的相对影响逐步会此消彼长。

② 社会习俗与道德规则的区分:年幼儿童是否遵守所有的规则和成人的权威？根据皮亚杰的观点,他律的儿童把规则看作是受尊敬的权威人物制定的神圣不可侵犯的规

定。但是实际上,儿童会遇到两种规则:习俗规则(社会传统规则)和道德规则。皮亚杰认为儿童以相同的方式对待不同范畴的规则。事实上,儿童能够区分那些违背社会习俗的行为(如不要把你的物品放在右边)和那些违背道德规则的行为(如要分享玩具,不要打别的孩子)。即使是 3 岁儿童,他们也会把打架、偷窃和拒绝分享等违背道德规范的事情看作是更严重和更应该受到惩罚的事情。当问及在未遭反对的情况下是否可以犯规时,儿童认为,不应该违反道德规范,但是在没有明确规定的情况下可以违反社会传统规则。

2. 柯尔伯格的儿童道德认知发展研究

柯尔伯格(Lawrence Kohlberg)是美国当代发展心理学家,被称为是皮亚杰在道德发展领域的继承人。他致力于儿童道德判断力发展的研究,提出了"道德发展阶段"理论。

(1) 道德两难故事和道德发展阶段

柯尔伯格对皮亚杰的研究方法进行了改进,应用道德两难故事研究道德发展问题。每个故事包含一个在道德价值上具有矛盾冲突的情境,其中最著名的道德两难故事是"海因茨偷药"。这个故事的大意是:

欧洲有一位妇女患了癌症,生命危在旦夕。医生告诉她的丈夫海因茨,只有本城一个药剂师最近发明的一种药可以救他的妻子。但该药价钱十分昂贵,要卖到成本价的十倍。海因茨四处求人,尽全力也只借到了购药所需钱数的一半。万般无奈之下,海因茨只得请求药剂师便宜一点儿卖给他,或允许他赊账。但药剂师坚决不答应他的请求,并说他发明这种药就是为了赚钱。海因茨在走投无路的情况下,为了挽救妻子的生命,在夜间闯入药店偷了药,治好了妻子的病。但海因茨因此被警察抓了起来。

柯尔伯格围绕这个故事提出了一系列问题,如:海因茨该不该偷药?为什么该?为什么不该?海因茨犯了法,从道义上看,这种行为好不好?为什么?通过大量的研究,柯尔伯格提出了三水平六阶段理论。

① 前习俗水平(0~9 岁):处在这一水平的儿童,其道德观念的特点是纯外在的。他们为了免受惩罚或获得奖励而顺从权威人物规定的行为准则。根据行为的直接后果和自身的利害关系判断好坏是非。

第一阶段:惩罚与服从定向阶段。这一阶段的儿童还没有真正的道德概念,根据行为的后果来判断行为的好坏及严重程度,他们服从权威或规则只是为了避免惩罚,认为受赞扬的行为就是好的,受惩罚的行为就是坏的。

第二阶段:相对功利取向阶段。这一阶段的儿童道德价值来自于对自己需要的满足,他们不再把规则看成是绝对的、固定不变的,评定行为的好坏主要看是否符合自己的利益。

② 习俗水平(9~15 岁):处在这一水平的儿童,能够着眼于社会的希望与要求,并以社会成员的角度思考道德问题,已经开始意识到个体的行为必须符合社会的准则,能够了解社会规范,并遵守和执行社会规范。规则已被内化,按规则行动被认为是正确的。

第三阶段：寻求认可定向阶段，也称"好孩子"定向阶段。处在该阶段的儿童，个体的道德价值以人际关系的和谐为导向，他们顺从传统的要求，符合大家的意见，谋求大家的赞赏和认可，总是考虑到他人和社会对"好孩子"的要求，并总是尽量按这种要求去思考。

第四阶段：遵守法规和秩序定向阶段。处于该阶段的儿童其道德价值以服从权威为导向，他们服从社会规范，遵守公共秩序，尊重法律的权威，以法制观念判断是非，知法懂法。认为准则和法律是维护社会秩序的。因此，应当遵循权威和有关规范去行动。

③ 后习俗水平(15岁以后)：又称原则水平，达到这一道德水平的人，其道德判断已超出世俗的法律与权威的标准，而是有了更普遍的认识，想到的是人类的正义和个人的尊严，并已将此内化为自己内部的道德命令。

第五阶段：社会契约定向阶段。处于这一水平阶段的人认为法律和规范是大家商定的，是一种社会契约。他们看重法律的效力，认为法律可以帮助人维持公正。但同时认为契约和法律的规定并不是绝对的，可以应大多数人的要求而改变。在强调按契约和法律的规定享受权利的同时，认识到个人应尽义务和责任的重要性。

第六阶段：原则或良心定向阶段。这是进行道德判断的最高阶段，表现为能以公正、平等、尊严这些最一般的原则为标准进行思考。在根据自己选择的原则进行某些活动时，认为只要动机是好的，行为就是正确的。在这个阶段上，他们认为人类普遍的道义高于一切。

（2）对柯尔伯格理论的批评

① 方法上的问题：许多心理学家对柯尔伯格的研究方法提出了质疑。他们指出，从道德两难问题中获得的儿童道德判断是凭直觉的，其内部相关性并不高，而且这种方法主观性太强，以致影响儿童真实判断的结果。还有人认为，10~17岁儿童的生活中不可能发生"海因茨偷药"这类问题，因而儿童的道德判断缺乏现实性的参考。

② 社会习俗与道德规则的区分：特里尔(Turiel,1983)认为，柯尔伯格没有很好地区分习俗规则（如"你不应该在众人面前脱衣服"）和适用于公平、真理和是非原则的道德规则（如"偷盗是错误的"），把两者混为一谈。特里尔发现，与习俗相比，4岁儿童更多地把道德规则看作是具有约束力的，儿童的习俗判断和道德判断的发展规律也各不相同。这表明，柯尔伯格的道德发展理论并不适合于儿童的习俗判断。

③ 被试性别问题：对于柯尔伯格的另一种批评是，他研究中的被试都是男性。这种性别的单一化只是表明了男性道德发展的阶段，不能充分代表女性的道德推理。

④ 低估了年幼儿童的能力：柯尔伯格只关注法律法规的两难问题，而忽略了其他一些影响学龄儿童行为的非法律性质的道德推理形式。例如，8~10岁儿童还会发展一些有关公平分配的复杂概念，即在群体中决定如何对有限的资源进行公平公正的分配，这种推理在柯尔伯格的理论中没有体现出来。可见，由于过多关注与法律有关的道德概念，柯尔伯格明显低估了学龄儿童道德的复杂性。

（二）小学儿童道德认知发展

1. 道德概念由具体形象性向形象抽象性发展

幼儿的道德概念总是和具体的事物或情境联系在一起，并且局限于表面。例如，好孩子就是不打人。到了小学阶段，儿童道德概念逐渐摆脱具体形象，学会利用抽象思维比较全面地理解道德概念。例如，他们会认为好孩子的表现是多方面的，不仅是不打人。

2. 道德判断由他律道德阶段向自律道德阶段发展

幼儿的道德判断处于前道德阶段，还不能对行为做出一定的判断。小学低年级儿童的道德判断主要处于他律道德阶段，到中年级以后，逐渐向自律道德阶段过渡。例如，小学低年级儿童会认为打坏 3 个杯子的孩子比打坏 1 个杯子的孩子更淘气，不会考虑打坏杯子的原因；小学高年级儿童会认为故意打坏杯子的孩子比不小心打坏杯子的孩子更淘气。

3. 道德评价由依赖成人向独立评价发展

幼儿的道德评价基本上是以成人的意志为转移的，小学儿童在对事物进行评价时已经不再过分地依赖成人，逐渐学会依据一定的准则进行独立的评价。但由于心理发展水平的限制和生活经验的局限，小学儿童的道德评价还不够全面和深刻。

三、小学儿童亲子关系的发展

上小学后，虽然学校教育在儿童生活中的地位越来越重要，儿童与教师、同伴之间的交流越来越多，但父母在儿童的生活中仍然扮演着最重要的角色。在整个童年期，儿童与父母之间的关系发生了一些变化，其中，父母与儿童的互动方式，特别是教养方式，对于儿童个性发展的影响是至关重要的。

（一）父母对儿童的影响

在家庭生活中，父母可以通过多种途径对儿童施加影响，主要的影响途径有四种：

1. 教导

父母通过言语直接向儿童传授各种社会经验和行为准则。例如，过马路要看交通灯；与长辈说话要有礼貌；在学校要听老师的话等等。

2. 强化和惩罚

父母通过一些奖惩的方法来强化儿童的良好行为，消除儿童的不良行为。例如，当儿童取得好成绩时，父母会给孩子一些奖励来强化他们的学习动机；当儿童有无理取闹或偷懒耍赖的表现时，父母会通过一些方式惩罚孩子，目的是逐渐消除这些不好的行为。

3. 榜样

父母是孩子的第一任教师。儿童是非常善于模仿的，父母的言行是儿童最早开始模仿的对象。因此，父母可以通过自身良好的行为修养在孩子面前树立榜样，让孩子通过观察来学会好的行为。

4. 关怀

父母对孩子的关心和照顾使得孩子对父母形成依恋感,这种依恋感会使孩子感到安全和温暖,他们容易向父母倾诉自己的不安和烦恼,并得到父母的安慰和帮助。关怀可以使儿童感受到足够的爱,这对他们未来的个性发展有非常重要的作用。

(二)亲子关系的变化特点

1. 儿童的独立性逐步提高

随着年龄的增长,儿童对于父母的依赖性逐渐降低,自我的独立性逐步提高,这是童年期亲子关系变化的最突出的特点。在幼儿期,父母通常是儿童心目中的"绝对权威",儿童对于父母的指示基本上是言听计从的,他们通过父母对自己的评价来逐步认识自己,在生活中对于父母的依赖性特别强。进入童年期后,由于儿童的体力和智力的发展以及自我意识的显著增强,父母一般会给儿童一些自主权,对于一些身边的小事让他们自己做决定,自己做力所能及的事情,相对独立地学习和生活。只有经历这样的过程,儿童才能更好地发展出独立思考和解决问题的能力。但是,由于生活经验和技能的缺乏,儿童的生活在很大程度上还是要依靠父母的关心和指导。

2. 亲子之间的沟通内容发生变化

在幼儿期,父母主要关注儿童的身体健康和包括语言在内的各种能力的发展。到了童年期,父母的关注重点一般会转移到儿童的学习成绩上来。他们会更加关注儿童在学校的表现以及知识技能的学习。因此,父母与儿童在一起的时候,他们之间谈论的话题常常是围绕着学习和校园生活展开的,学习成为这一时期亲子之间交流的重要内容。

(三)教养方式

父母对儿童的教养方式在很大程度上决定着儿童的心理状态以及未来的个性发展。美国心理学家戴安娜·鲍姆林德(Diana Baumrind,1978)认为父母的教养方式可以从两个维度来考察,一是父母对孩子的关心程度;二是父母对孩子的管教程度。这两个维度的交叉可以衍生出四种教养方式,如表6-5所示。

表6-5　父母的教养方式

		关 心 程 度	
		高	低
管教程度	高	权威型	专制型
	低	纵容型	忽视型

1. 权威型的方式

权威型的父母对儿童的管理和教育比较多,同时给予儿童的关心和照顾也比较多。他们对孩子的行为有明确的规定,但对这些规定又有合理的解释,尊重孩子,对于孩子的诉求能够做出有效的回应,这种教养方式是合理和民主的。

2. 专制型的方式

专制型的父母对儿童的管理和教育比较多,但给予儿童的关心和照顾却不足。他们要求孩子对于规则要绝对服从,却很少去解释为什么要遵守这些规则,经常依靠对孩子的体罚来获得孩子的服从。这种教养方式是典型的封建家长式的作风。

3. 纵容型的方式

纵容型的父母给予儿童的关心和照顾比较多,但对儿童的管理和教育却不足。他们对孩子的各种不合理的需求也会尽量给予满足,但却很少对孩子提出成长中的要求,也很少对孩子的不良行为施加控制。这是一种溺爱式的教养方式。

4. 忽视型的方式

忽视型的父母对儿童的管理和教育比较少,同时也很少关心和照顾孩子。由于父母忙于工作、夫妻关系不和或者其他因素,这些父母很少与孩子交流,在孩子的成长过程中起到的作用太小,甚至几乎在情感上处于抛弃孩子的状态。这是一种对孩子不负责任的教养方式。

大量的现实表明,那些关心、支持、尊重和鼓励孩子,并且注重说理教育的父母,他们的孩子通常能够发展出良好的个性品质;而那些独断专行的父母、溺爱孩子的父母或者放纵孩子的父母,他们的孩子通常会存在一些个性上的缺陷。

四、小学儿童师生关系的发展

在整个小学阶段,教师在儿童的学习生活中扮演着重要角色。在这一时期,师生关系对于儿童的学习状态以及社会性的发展具有重要的作用。师生关系中教师与学生互相影响的行为,可以从儿童对教师的态度和教师的期望这两个方面来进行分析。

(一)小学儿童对教师的态度

教师在儿童心目中占有重要的地位,这可能是由于在学校里,儿童把对父母的态度和情感转移到教师身上,从而对教师形成了类似于父母的情感体验。从总体上看,儿童对教师充满了崇拜与敬畏,对于多数低年级的儿童来说,他们对教师可以说是绝对服从。余强基(1985)的研究表明,84%的小学生(低年级小学生为100%)认为要听老师的话,这与皮亚杰认为6～8岁儿童的道德认知发展为权威阶段相符。对于低年级儿童来说,听老师的话有利于他们迅速掌握各种学校要求,从而适应学校生活。但是,随着年龄的增长,儿童的独立性迅速发展,特别是从三年级开始,儿童不再一味地服从和信任教师了,他们开始对教师做出各种评价,并对不同的教师表现出不同的态度。他们对自己喜欢的教师会产生积极的反应,而对不喜欢的教师则产生消极的反应。例如,同样是批评,如果来自于自己喜欢的教师,儿童就会更多地体验到内疚与羞愧;而如果来自于自己不喜欢的教师,则可能引起儿童的反感和不满。儿童对不同教师的态度还会影响他们在不同学科中的学习状态。例如,对于他们喜欢的教师所教的课程,他们倾向于更积极地学习;而对于他们不喜欢的教师所教的课程,他们学习的努力程度就要差一些。由此可见,儿童对教师的态度中的情感成分较重,因此,教师应注重与儿童保持良好的关系,这样有助于教育和教学的开展。

(二)教师的期望对学生的影响

20世纪60年代,美国心理学家罗森塔尔(R. Rosenthal,1866,1968)等人曾经作过一项著名实验。在实验中,实验者首先对小学生进行智力测验,然后随机选取20%的学生,告诉教师这些学生是很有发展潜力的,他们的进步会很快。教师并不知道这些学生是实验者随机挑选的。8个月后,再次对这些学生进行智力测验,结果发现,那些被随机挑选的所谓有发展潜力的学生都表现出了长足的进步,特别是一、二年级的学生更为明显。实验者认为,这是教师听信了实验者的预言,从而对被挑选的学生产生了期望效果所致。研究表明,教师对儿童的期望会通过各种途径被儿童所感知,并转化为儿童的自我期望,从而使教师的期望成为现实。这种现象被称为"教师期待效应"(teacher expectation effect)或"罗森塔尔效应"(Rosenthal effect)。

这种效应和古希腊神话传说中的一个故事有异曲同工之妙。这个故事是这样讲的:一个叫皮格马利翁的国王喜欢雕刻,他用神奇的技艺雕刻了一座美丽的象牙少女像。在夜以继日的工作中,皮格马利翁把全部的热情和爱恋都赋予了这座雕像,并向神乞求让她成为自己的妻子。他的真诚打动了爱神阿佛洛狄忒,她赐予雕像生命。雕像慢慢复活了,露出了甜蜜的微笑,散发出温柔的气息。后来这位少女与皮格马利翁结婚,过着幸福的生活。因此,这种效应又被称为"皮格马利翁效应"(Pygmalion effect)。

尽管罗森塔尔的研究受到很多批评,但教师的期望可能至少会影响一年级和二年级儿童的表现。这是因为低年级儿童对自我的认识较为模糊,对教师的期望更为敏感。

事实上,教师对不同的学生确实存在不同的期望,而且,教师往往根据儿童的性别、体貌特征、家庭的社会经济地位以及兴趣爱好等信息形成对某个儿童的期望。教师对儿童的积极期望和儿童的良好表现之间可以有相互促进的现象,从而形成师生关系的良性循环;反之,教师对儿童的消极期望和儿童的不良表现之间也会形成师生关系的恶性循环。因此,教师应深刻理解对儿童期望的重要性,努力表现出良好的期望,特别是对于后进学生更应采取积极鼓励的方式来激励他们。

五、小学儿童同伴关系和同伴团体

在小学阶段,儿童与同伴一起学习和活动的时间很多。在这一时期,同伴关系对于儿童社会性的发展具有重要的作用。对于儿童来说,与家长形成依恋关系,与同伴形成友谊关系是他们发展的最佳模式。

(一)小学儿童同伴关系

1. 同伴地位

研究儿童的同伴地位,主要用"同伴提名"(peer nomination)方法。所谓"同伴提名",是指要求儿童回答最喜欢的同学和最不喜欢的同学,或要求儿童对自己所选择的伙伴进行评定。儿童所得的提名次数就是其分数,积极提名的分数被看作是儿童的人缘或同伴接纳的指标,消极提名分数高的儿童被看作是被拒绝者。据此便可以判断某个儿童被同伴接纳和拒绝的程度,以此来了解某一儿童在同伴中的社交地位。

在实施同伴提名时要考虑到儿童的年龄差异。对于幼儿或低年级小学生,由于心理发展水平较低,特别是识字量有限,一般采用现场提名或照片提名。现场提名一般是这样进行的:在儿童集体活动的现场,挑选一处既能使儿童看到班上其他所有同伴,又不致使儿童被别人所干扰、分心的地方,逐个向每名儿童提问:"你最喜欢班上哪三个小朋友?"(正提名)和"你最不喜欢班上哪三个小朋友"(负提名),详细记录儿童的提名情况。或在儿童面前呈现班级小朋友的照片,让儿童指着照片提名。对于小学中高年级学生,可提供一份班级同学的花名册,让儿童按同学名字前面的编号提名。

还可以使用同伴评定(peer rating)方法研究儿童的同伴地位。该方法要求儿童根据具体的量表对同伴群体内的全部成员逐一进行评定。如问儿童"你喜不喜欢和 * * * 玩?"可以让儿童选择很喜欢、喜欢、一般、不喜欢等几个级别。

考依等人(Coie,1983)采用同伴提名的方法,把儿童分为5类:

第一类:受欢迎儿童。他们被多数同伴喜欢,只有较少的同伴不喜欢他们。他们一般具有良好的社交技能,他们更容易理解同伴的意图,善于合作,对人友好,乐于助人。

第二类:被拒绝儿童。他们的朋友比较少,更多的同伴不喜欢他们。这些儿童要么具有较强的攻击性,经常攻击别人;要么行为退缩,自卑懦弱。但是也有少数攻击性较强的儿童会得到同伴的羡慕,因为有的儿童认为他们很"勇敢"、"顽强",这表明儿童对于一些社会行为的理解还存在明显的局限性。

第三类:有争议儿童。喜欢他们和不喜欢他们的人数大致相同,这是因为他们身上的优点和缺点都比较明显。

第四类:被忽视儿童。不论积极提名还是消极提名,这些儿童被提名的次数很少。他们没有突出的特点,或者很少与人交往,经常被同伴忽略。

第五类：一般儿童。他们的同伴接纳和同伴拒绝的程度一般。

受欢迎的儿童在团体中更容易成为地位高者。在一个团体中,地位高的儿童更容易与其他地位高的儿童建立友谊,地位低的儿童更可能与其他地位低的儿童成为朋友。一般来说,地位高的儿童要比地位低的儿童有更多的朋友。儿童在团体中的地位以及其他成员对自己的评价对儿童自我意识的发展起着重要的作用。

池丽萍、辛自强(2003)采用此方法对小学 3～5 年级儿童进行测量,这五类儿童所占比率分别为 14.6%、16.3%、20.7%、6.1%、42.3%。

2. 友谊

在同伴交往的基础上,儿童之间逐渐发展出友谊。塞尔曼(Selman,1981)认为,儿童友谊的发展要经历以下几个阶段：

第一阶段(3～7 岁)：儿童尚不具备友谊的概念。儿童之间的关系只是短暂的游戏同伴关系。认为朋友仅仅是和我一起玩的人。

第二阶段(4～9 岁)：单向帮助阶段。处于这个阶段的儿童是极其以自我为中心的,他们把在活动中是否顺从自己当成是不是朋友的标准。如果对方能够顺从自己,那么就把对方视为朋友,否则就不是朋友。

第三阶段(6～12 岁)：双向帮助阶段。儿童在这一阶段能够明白合作的重要性,并且能够以互助互惠为原则进行交往,但双向帮助的功利性比较明显。

第四阶段(9～15 岁)：亲密的共享阶段。儿童开始认识到朋友之间心灵上的沟通的重要性,能够与朋友保持信任和支持,并且可以互相倾诉秘密,友谊关系趋于稳定。但这一时期的友谊有明显的排他性。

第五阶段(12 岁以后)：自主独立阶段。这是儿童友谊发展的最高阶段。儿童对于友谊的认识更加深入和全面,能尊重朋友的需要和自由,对朋友的选择比较慎重,友谊关系也更加稳定。

(二)小学儿童同伴团体

1. 同伴团体的建立

小学时期,儿童开始建立属于自己的同伴团体。同伴团体的建立是有明显阶段的。日本心理学家广田君美把小学儿童同伴团体的建立过程分为五个阶段：

第一阶段：孤立期。儿童之间基本没有形成一定的团体,大家都在活动中探索与谁交朋友(一年级上半学期)。

第二阶段：水平分化期。儿童由于空间上(如座位、家庭住址)的接近而在相互接触的过程中形成一定的联系(一至二年级)。

第三阶段：垂直分化期。根据儿童在学校中的表现(如：学习成绩、身体素质)分化成居于统领地位和被统领地位两个部分(二至三年级)。

第四阶段：部分团体形成期。儿童之间由于分化而形成了一些小团体,在小团体内出现了领导者,团体成员的团体意识逐渐加强,团体内形成了一些规范(三至五年级)。

第五阶段：集体合并期。各个小团体联合成大团体,并出现了带领大团体的领导者。大团体内形成了统一的规范。

2. 班集体

班级是儿童在学校进行学习和生活的基本单位。班集体具有以下特点：一是班集体是大家朝夕相处的团体;二是具有统一的领导;三是大家要遵守统一的纪律;四是班集体是每个学生必须加入的团体,具有一定的强制性。

对于刚入学的儿童来说,他们还没有形成真正的集体意识。到一年级下学期时,儿童才会初步形成集体意识。二年级时,儿童会把集体的荣誉当成自己的荣誉,服从集体的要求。在这一时期,儿童在班集体中的地位也开始分化,一部分能力较强的儿童成为班集体的领导者,而另一部分儿童就成为了班集体中的普通成员。此时班集体在组织性和纪律性上得到巩固和加强。随着年龄的增长,中高年级的儿童集体意识日益提高,能够自觉地服从集体,懂得集体的利益高于个人的利益,有时会牺牲个人的利益来维护集体的利益。班集体对于培养儿童交往能力以及发展集体主义精神具有重要作用。

六、小学儿童的校园欺侮

校园欺侮(campus bullying)是儿童之间在学校的学习和生活中经常发生的一种特殊的攻击性行为。这种行为在校园当中(尤其是小学)非常普遍,不利于儿童的身心成长。张文新等(2000)的调查发现,小学男生中欺负者的人数极其显著地多于女生,但受欺负者的人数不存在显著的性别差异。杨英伟等(2012)对农村中小学生的调查发现,小学生校园欺侮的报告率为34.5%,其中,性别、玩暴力游戏、学习成绩是小学生欺侮发生的主要影响因素。

(一)校园欺侮的特点

1. 校园欺侮与年龄的关系

校园欺侮在小学阶段尤其严重,中学阶段有所减弱。很多欺侮行为是由年龄和身材较大的儿童对年龄和身材较小的儿童实施的,随着年龄的增长,受欺侮的机会逐渐减少。张文新等(2001)调查发现,三年级儿童受直接身体欺侮的比例极显著地高于四、五年级儿童。

2. 校园欺侮与性别的关系

对于欺侮者来说,由于男性的攻击性较强,男生中的欺侮他人者比女生要多,并且男生更多地使用身体欺侮,女生则更多地使用言语欺侮。对于受欺侮者来说,男生受欺侮者多数只受到来自同性的欺侮,而女生受欺侮者不但受到来自同性的欺侮,还受到来自异性的欺侮。

3.校园欺侮与学校的关系

一般来说,管理水平高的学校校园欺侮现象比较少见,而管理水平低的学校校园欺侮现象则比较多见。另外,生源质量较好的学校校园欺侮频率相对较低;反之则较高。

4.校园欺侮的形式多样

欺侮行为主要包括身体欺侮、言语欺侮和关系欺侮三种形式。身体欺侮是指对被欺侮者的身体攻击和财产勒索;言语欺侮是利用语言对被欺侮者进行人格的侮辱等;关系欺侮是指通过恶意造谣和社会拒斥等方式使被欺侮者处于同伴关系中处境不利的地位。一般来说,身体欺侮事件比较容易受到重视,但其他形式的欺侮事件往往容易遭到忽视。

5.校园欺侮的严重后果

校园欺侮对于欺侮者和被欺侮者的身心发展都是不利的。对于欺侮者来说,童年期的攻击性行为如果得不到及时矫正,成年后容易因为攻击行为而走上犯罪道路。对于受欺侮者来说,短时期内会表现出恐慌、抑郁和不愿上学等后果。更严重的是,被欺侮者的自尊心将受到严重影响,这种影响将会持续终生,长期受欺侮的儿童甚至会出现自杀倾向。李海垒等(2012)对青少年受欺侮与抑郁关系的调查发现,受到言语欺侮、关系欺侮以及身体欺侮的被试,其抑郁得分均显著高于未受欺侮的被试,说明受欺侮者的心理状况令人担忧。尽管这是一项对青少年的调查研究,但对于小学生同样具有警示作用。

(二)校园欺侮的原因分析

1.个人原因

那些经常欺侮别人的儿童通常具有较好的身体素质和过高的自我认同感,但对他人感受的理解能力则较差;而受欺侮者的特点通常是内向、胆小和依赖性强,他们经常被群体孤立,不受老师、同学的喜爱,或者因为自身的一些缺点容易引起别人的嘲笑和反感。谷传华等(2003)研究发现,儿童的自尊越低,情绪越不稳定,受欺负的可能性越大。

2.家庭原因

家庭破裂、缺乏父母的监督和关爱是导致儿童产生欺侮行为的一个重要因素。儿童的模仿能力极强,父母的不良言行都会被他们模仿。因此,长期生活在缺乏温暖、充满虐待和暴力的家庭中的儿童要么性格孤僻、怯懦,成为被欺侮的对象;要么性格暴躁、极具攻击性,成为欺侮者。

3.学校原因

校园欺侮在很多时候是比较隐蔽的。教师和学校管理人员有时会疏于监管,即便了解到相关信息,也可能会认为儿童之间的小摩擦是无伤大碍的,从而导致处罚的方法不当或力度不够。受欺侮的学生由于害怕受到报复,不敢向校方或家长反映,旁观者也因为畏惧成为被攻击的对象而不敢报告,这些都是校园欺侮现象的促进因素。

4. 社会原因

大众媒体中的暴力和色情内容对儿童的校园欺侮行为起到了一定程度的促进作用。童年期是求知欲旺盛而世界观尚未形成的时期,在他们对人类行为的善恶、是非、美丑缺乏基本判断的时候,极易简单地模仿,这促进了儿童在学校中对他人的攻击行为。

(三)对校园欺侮采取的措施

对于校园欺侮现象,需要全社会(尤其是教育部门)积极行动起来,采取多种措施,从宏观层面到微观层面建立一个系统的保障工程。例如,政府健全法规政策,学校加强监管力度并建立校园欺侮援助机构,加强教育宣传以及对教师进行反欺侮工作专项培训,这些都是反欺侮的有效措施。但更重要的是在学生层面进行有效的干预。张文新等(2008)采用行动研究法在某小学进行欺负问题的干预研究,研究发现通过召开班会、家长会、内省、自信训练、角色扮演等一系列的行动干预,实验组学生在学校情境中受欺负的程度显著下降,在学校里的安全感显著增强,可见通过一系列的学生层面的干预能够有效遏制欺侮行为。对于被欺侮者,要教给他们一些能够避开或者缓解欺侮情境的言语技能和自我防卫技能,鼓励他们报告欺侮事件。另外,缓解被欺侮者的心理压力也是非常重要的,对有严重焦虑、抑郁或退缩反应的受欺侮者应进行心理辅导。同时,对于性格孤僻、懦弱的学生,要鼓励他们多参与集体活动。对于欺侮者来说,他们往往是自控能力和同情心发展较差的儿童。可以告诉他们欺侮行为可能带来的严重后果,或者通过角色扮演活动、讨论会、自控能力训练以及移情能力训练来降低他们的攻击性。对于家长,要鼓励他们多和孩子沟通,提高他们对欺侮事件的敏感性,并且积极参与到解决欺侮问题的行动中来。

本 章 小 结

1. 进入童年期后,大脑的结构有了显著的改变,大脑重量增加,额叶显著增大,脑电波在 13 岁时基本达到成人水平。大脑机能迅速发展,主要表现为兴奋机能与抑制机能的发展、条件反射的发展以及第二信号系统的发展。儿童身体的生长速度相对于其他时期比较平缓,但骨骼、肌肉和身体的其他系统都有了进一步的发展。

2. 学习成为儿童的主导活动。学习对于儿童心理的发展具有重要作用,儿童的学习有其显著的特点。儿童在学习动机、学习能力和学习策略上都有显著发展。儿童的主导学习动机决定或支配儿童在一定时期内的学习行为。在学习动机中,学习兴趣又起到了关键的作用。童年期是学习能力发展的关键时期,随着教学的深入,儿童的认知能力迅速提高,其学习能力显著提升,但由于各种原因,一些儿童会表现出学习落后,甚至有些儿童出现学习障碍。家长或教师要特别关注那些有学习困难但看似正常的儿童,仔细分析其学习落后的原因,对于学习障碍儿童争取做到早发现、早治疗。儿童的学习策略是影响其学习效果的重要因素。因此,儿童掌握一定的学习策略具有重要意义。儿童学习策略的发展有显著的特点和水平差异。

3. 随着学校教育的推进和深入,儿童的言语能力有了显著发展。言语能力的发展表现在口头言语能力和书面言语能力的发展。口头言语能力的发展表现在词汇量的增加、言语的情境适应能力、对句子的理解和运用程度以及口头交流技能的提高。书面言语能力的发展是遵循一定程序的,一般包括认识字词、阅读和写作三个过程的发展。应重视儿童口头言语能力和书面言语能力的培养,及时纠正口吃现象。

4. 儿童的认知能力发展显著,主要表现在注意、记忆和思维等能力的发展。在注意方面,无意注意、有意注意和注意品质均得到发展。在记忆方面表现为有意记忆、意义记忆、抽象记忆和记忆容量的发展,儿童能够运用多种记忆策略,元记忆也得到发展。在思维方面,儿童从具体形象思维向抽象逻辑思维发展,并且儿童思维的发展存在"关键期",其中,元思维从不自觉到自觉的发展,思维的发展也存在不平衡性;从思维的基本过程来看,儿童的概括能力、比较能力和分类能力都得到了发展;从思维形式来看,概念、判断和推理能力均有显著发展。

5. 在个性和社会性方面,儿童的自我意识得到发展,亲子关系、师生关系和同伴关系均有变化。在自我意识方面,儿童的自我评价、自我体验和自我控制能力有很大发展。在亲子关系上,父母在儿童的生活中仍然扮演着最重要的角色,儿童的独立性逐步提高,亲子之间的沟通内容发生变化,教养方式对儿童的个性发展具有深远影响。在师生关系上,儿童对教师的态度中的情感成分较重,而教师的期望对儿童(特别是低年级儿童)的表现有一定程度的影响。在同伴关系中,儿童友谊的发展要经历一定的阶段,同伴地位和班集体对儿童的社会性发展同样重要。校园欺侮现象非常普遍,不利于儿童的身心成长,这需要全社会(尤其是教育部门)积极行动起来,采取多种措施,从宏观层面到微观层面建立一个系统的保障工程。

复习思考题

1. 小学儿童大脑机能有哪些发展?
2. 小学儿童学习兴趣的发展特点是什么?
3. 小学儿童的书面言语能力有哪些发展?
4. 小学儿童思维发展的一般特点是什么?
5. 如何解决小学儿童的校园欺侮现象?

第七章

青少年心理发展

【学习目标】

通过本章的学习,使学生认识青少年心理发展特点和规律,掌握生理发育对心理发展的影响、少年期抽象逻辑思维的特点、青年初期辩证逻辑思维的发展阶段、青少年情绪两极性的表现、少年期自我意识发展的主要特点、青少年自我同一性的四种类型、青少年品德发展的总体特征、青少年自杀的危险因素,了解青春期男女第二性征的表现、逆反情绪的表现类型、青少年品德发展的关键期和成熟期、青少年自杀的预防措施、青少年抑郁症的临床表现、青少年常见的心身问题。

【关键概念】

心理断乳(psychological weaning),代沟(generation gap),性意识(sexual awareness),自我中心(self-centered),情绪管理(emotional management),自我意识(self-consciousness),自我同一性(ego identity),早恋(puppy love),自杀(suicide),抑郁症(depression),精神分裂症(schizophrenia),心身问题(psychosomatic problems),神经性厌食症(anorexia nervosa),神经性贪食症(bulimia nervosa),神经性呕吐症(nervous vomiting disease),失眠症(insomnia)

转眼间,五年过去了,王强今年13岁了,已经是初中二年级的学生了。随着一年年的长高,他觉得自己"已经长大了"。进入中学之后,由于课业压力较重以及父母对他学习上的严格督促,加之自己对学习重要性的深入理解,相比小学时,他的学习更加努力刻苦,成绩经常名列前茅。但在父母的眼里,他似乎已经不是以前对家长言听计从的乖孩子,有时对父母的话听而不闻,有时会在家长面前大谈自己的想法和意见,甚至对于家长的约束表现出很强的抗拒。在学校,不是所有的老师都能得到他的认可,对于自己喜欢的老师教的课程,他特别爱听,成绩很好;对于自己不喜欢的老师教的课程,他的学习兴趣就没那么高了。相比小学时期,他开始关注自己在同学眼中的形象,重视别人对自己的评价,并因此开始积极地与同学进行交往。童年时的玩具已经不能满足他对于快乐的需求,他更喜欢各种体育运动,爱看体育节目,有自己崇拜的偶像和明星,这些偶像是他生活中模仿的对象,也是他未来生活的榜样。

王强的例子能够代表一大批青春少年的特点,在青春发育期这个充满着快乐、激情、矛盾和悲伤的花季年华,如何能够把握住这个人生发展的重要时期呢?下面我们就来一起了解青少年的心理成长。

青少年期是指 11、12 岁~17、18 岁这一时期。相当于一个人的中学时代。其中,11、12 岁~13、14 岁被称为少年期,相当于初中时期;14、15 岁~16、17 岁被称为青年初期,相当于高中时期。

第一节 青少年生理发育

青少年期是身体发育的第二个高峰期,伴随着大脑功能的完善、身体的快速生长、内脏机能的增强以及性机能的成熟,在青年初期,个体在外形和机能上都逐渐达到成熟状态。

一、大脑发育完善

进入青少年期后,大脑在结构和机能两个方面都逐渐趋于完善,为心理机能的发展和完善提供直接的物质基础。

(一)大脑结构的完善

青少年期脑重量和脑容积的指标几乎可以达到成人的水平,人在 12 岁时脑重量可以达到约 1400 克,这也是成年人脑的平均重量。同样,12 岁时的脑容积也接近成年人的水平。

青春发育初期时,神经系统的结构基本上和成年人没有什么差异了。大脑皮层内部的联络纤维数量猛增,功能加强,脑皮质的沟回组织已经发育完善,神经细胞也比童年期更加完善和复杂,传递信息的神经纤维的髓鞘化已经完成,这样可以保证信息传递的通畅和互不干扰,就好像在导线外边包上一层绝缘体一样。脑电图的研究表明,大脑各区域成熟的顺序是:枕叶最先成熟,其次是颞叶,再次是顶叶,最后是额叶。一个人的枕叶到 9 岁基本成熟,颞叶到 11 岁时基本成熟,顶叶、额叶到 13~14 岁基本成熟。大脑结构的完善为大脑机能的完善奠定了坚实的物质基础。

（二）大脑机能的完善

随着大脑结构的日趋完善，大脑机能也逐渐成熟。刘世熠等对脑电的研究发现，在4～20岁之间，脑电发展在5～6岁出现第一个加速期，表现为枕叶α波与θ波的交替出现，随着年龄的增长，α波逐渐占据优势；在13～14岁左右出现第二个加速期，在这一阶段，除了额叶外，大脑皮层中的α波基本上取代了θ波，这是脑功能基本成熟的标志之一（见表7-1）。脑神经的兴奋与抑制过程逐步平衡和协调，特别是内抑制机能逐步发育成熟，到了16、17岁后，兴奋和抑制过程才真正协调一致。青少年的脑发育基本成熟，为各种心理机能的成熟提供了生理基础。但是，脑机能的完全成熟还需进一步通过学习和生活加以锻炼。因此，中学生要在学习生活中注意科学用脑，合理安排作息时间，做到劳逸结合，这对于他们的身心健康成长非常重要。

表 7-1　8～20 岁儿童和少年的脑成熟年龄表

成 熟 指 标	成 熟 年 龄
枕叶皮质细胞震荡达到α波的范围而θ波消失	9 岁
枕叶与颞叶皮质细胞震荡均达到α波的范围而θ波消失	10 岁
枕叶、颞叶与顶叶皮质细胞震荡均达到α波的范围而θ波消失	13 岁
枕叶α波频率接近成人	13 岁
"重脉搏"与"复脉搏"呈现百分值接近成人	13～14 岁

二、身体形态变化

青春期的孩子身体外形会发生比较明显的变化。为了保证生长发育的顺利进行，他们不仅需要充足的营养物质，还需要加强体育锻炼。

（一）身高

进入青春期后，人的身体形态变化的最显著的标志就是生长陡增。在童年期，儿童的身高平均每年增长 3～5 厘米，但在青春发育期，每年长高少则 6～8 厘米，多则 10～11 厘米。

身高的快速增长时间在性别上是有差异的。童年期男女的身高相差不大，男孩略高于女孩。在青春发育前期则会出现明显的变化，一般来说，女孩从 9 岁开始进入生长发育的快速时期，11～12 岁时生长速度最快。男孩的这个过程要比女孩晚将近两年，男孩从 11、12 岁才开始进入生长发育的快速时期，在 14 岁左右身高又超过了女孩。据调查，我国汉族 11 岁男孩的平均身高是 146.25 厘米，17 岁时平均达到 171.39 厘米；11 岁女孩的平均身高是 147.24 厘米，17 岁时平均达到 159.29 厘米，如表 7-2 所示。女性的身高一般到

19 岁时就不再增长了,男性的身高在 23、24 岁时达到顶峰,有的甚至可以长到 26 岁。不管是男性还是女性,身高的增长都有早晚之分。因此,对于身高发育较晚的孩子,家长也不必过多地担心,因为很多发育较晚的青少年的身高往往最后要高于发育较早的青少年。

（二）体重

处于青春期的青少年体重随着身高的增长也在迅速地增加。童年期儿童每年体重增加不超过 5 千克;到了青春期,体重增加非常显著,每年可以增加 5~6 千克,有的甚至可以增加 8~10 千克。调查发现,我国汉族 11 岁男孩的平均体重是 39.63 千克,17 岁时平均达到 60.97 千克;11 岁女孩的平均体重是 38.15 千克,17 岁时平均达到 51.70 千克,如表 7-2 所示。

体重的增加也存在性别差异,在 10 岁之前,男女生体重差异不大,10 岁之后,由于女生率先进入快速发育期,体重增加的要比男生快,两年之后,男生进入快速发育期,体重增加的速度后来居上。体重可以反映一个人肌肉和内脏器官的发育,是反映一个人发育好坏的标志之一。

表 7-2　中国汉族学生身高和体重的平均值

年龄/岁	身高（cm）		体重（kg）	
	男	女	男	女
11	146.25±7.87	147.24±7.72	39.63±10.13	38.15±8.64
12	152.39±8.86	152.16±7.18	43.98±11.45	42.33±8.88
13	159.88±8.66	155.99±6.17	49.37±11.62	46.21±8.56
14	165.27±7.81	157.79±5.80	53.84±11.72	48.63±8.10
15	168.75±6.96	158.54±5.73	57.22±11.39	50.12±7.85
16	170.53±6.43	159.03±5.66	59.20±10.57	51.11±7.32
17	171.39±6.29	159.29±5.71	60.97±10.58	51.70±7.33
18	171.42±6.32	159.19±5.66	61.46±10.34	51.68±7.32

（资料来源:中国学生体质与健康研究组.2010 年中国学生体质与健康调研报告.高等教育出版社,2012）

（三）骨骼和肌肉

骨骼和肌肉的变化是身高和体重变化的基础。进入青春期后,青少年的骨骼和肌肉加速发育,不仅表现在身高和体重的突增,还表现在胸围的增大。据调查,我国汉族 11 岁男孩的平均胸围是 70.08 厘米,17 岁时平均达到 83.74 厘米;11 岁女孩的平均胸围是 68.90 厘米,17 岁时平均达到 79.76 厘米。随着骨骼和肌肉的发展,青少年的力量也显著增长。调查发现,我国汉族 11 岁男孩的平均握力是 18.58 千克,17 岁时平均达到 42.05 千克;11 岁女孩的平均握力是 16.99 千克,17 岁时平均达到 26.19 千克,如表 7-3 所示。

表 7-3   中国汉族学生胸围和握力的平均值

年龄/岁	胸围（cm）		握力（kg）	
	男	女	男	女
11	70.08±8.32	68.90±7.38	18.58±4.62	16.99±4.27
12	72.39±8.57	72.01±7.34	22.40±6.16	19.51±4.74
13	75.84±8.21	75.03±6.80	28.32±7.26	22.09±4.64
14	78.73±8.01	76.88±6.38	33.34±7.52	23.47±4.73
15	80.87±7.62	78.10±6.20	37.40±7.46	24.68±4.88
16	82.38±6.96	79.19±5.96	40.45±7.05	25.52±4.81
17	83.74±7.03	79.76±5.82	42.05±7.13	26.19±5.19
18	84.30±6.73	80.01±5.84	43.10±7.18	26.52±5.07

（资料来源：中国学生体质与健康研究组. 2010 年中国学生体质与健康调研报告. 高等教育出版社,2012）

（四）第二性征的出现

第二性征是由于一个人的性发育而出现的一些外部形态特征。不同性别的第二性征有各自显著的特点。

1. 男性的第二性征

男性的第二性征包括三大表现：一是喉结突起,声调变粗而低沉。一般来说,男孩在 13 岁左右进入变声期,到 15 岁时几乎所有男孩都已进入变声期。变声期持续的时间存在个体差异,短者持续 4～5 个月,长者可以达到 1 年。二是面部出现胡须,额两鬓向后移。胡须是由上唇中部向下唇中部生长,再向下唇两边生长。三是出现阴毛和腋毛。大约在 14、15 岁的时候,男孩出现阴毛,腋毛一般比阴毛发育晚一年。

2. 女性的第二性征

女性的第二性征表现在四个方面：一是声音变尖。女孩在青春期虽然喉结没有明显的外观变化,但内部结构却有显著变化,声带变窄,因而说话时音调高。二是乳房发育。乳房发育是女孩进入青春期的显著标志。乳房发育的时间存在比较大的个体差异,最早的可以从 8 岁开始,也有少数人在 13 岁时才开始发育,多数人开始发育的年龄是 11 岁。三是骨盆变宽。在雌性激素的刺激下,青春期女性的骨盆逐渐变宽,臀部由于脂肪的堆积而变大。四是出现阴毛和腋毛。一般来说,阴毛和腋毛的发育要晚于乳房。多数女孩的阴毛在 13 岁时开始出现,而腋毛在 15 岁时出现,但也有个别女孩的腋毛早于阴毛发育。

三、内脏机能增强

（一）内分泌腺的机能

青春期内分泌腺的功能非常活跃。内分泌腺的功能是分泌作为青春期生长发育的

"动力源"的各种激素。人体的一些重要的内分泌腺,如:垂体、甲状腺、肾上腺、胰岛和性腺等,都在青春期大量地分泌高效能的生物活性物质,这些物质对它们各自靶器官中的细胞代谢过程进行调节,以保证机体的各种组织和器官能够顺利地生长、发育和成熟。

(二)心肺的发育

1. 心脏的发育

到 12 岁时,青少年心脏的大小已接近成人水平。随着心脏的长大,血压也会发生变化。成年人正常的血压高压为 120 毫米汞柱,低压为 80 毫米汞柱。而处于青春发育期的 11、12 岁的青少年,一般高压为 90～110 毫米汞柱,低压为 60～75 毫米汞柱。由于处于青春发育期时脑的兴奋性强,心脏的排血量少,要满足生理机能对血液的要求,心脏需要加快跳动,因此,青春发育期的少年,其心率也与成人不同,11、12 岁时为 80 次/分钟,而 20 岁左右为 62 次/分钟。

2. 肺的发育

肺的结构在 7 岁时就已经发育完成,大约 12 岁时,肺的重量可以达到 390～500 克,是出生时的 9 倍。在 12 岁左右,肺的重量迎来了快速发展时期,衡量肺发育水平的重要指标是肺活量。肺活量越大的人,其肺部发育越好,肺的功能越强。男女中学生的肺活量是有明显差异的,一般来说,男生的肺活量明显大于女生。调查发现,我国汉族 11 岁男孩的平均肺活量是 1 867.70ml,17 岁时平均达到 3 554.53ml;11 岁女孩的平均肺活量是 1 670.58ml,17 岁时平均达到 2 332.39ml,如表 7-4 所示。

表 7-4 中国汉族学生肺活量的平均值

年龄/岁	肺活量(ml)	
	男	女
11	1867.70±526.98	1670.58±476.45
12	2102.11±610.54	1829.93±533.21
13	2477.08±700.10	1995.88±544.02
14	2830.13±776.04	2108.74±573.59
15	3164.06±808.37	2207.75±570.07
16	3413.35±784.29	2301.95±565.96
17	3554.53±774.09	2332.39±550.84
18	3601.56±766.41	2352.11±562.26

(资料来自:中国学生体质与健康研究组.2010 年中国学生体质与健康调研报告.高等教育出版社,2012)

四、性的成熟

生殖器官在青春发育期之前发育得非常缓慢,几乎没有什么变化。但随着青春发育期的到来,在性激素的作用下,生殖器官开始迅速发育。在整个青少年期,生殖器官逐渐发育成熟,性功能也达到了成年人的水平。男女青少年的生殖器官和性功能的发育,有各自鲜明的特点。

(一)男性生殖器官与机能的成熟

男性生殖器官分为内、外两部分。内生殖器包括睾丸、输精管和附属腺;外生殖器包括阴囊和阴茎。男性在 10 岁以前,睾丸只是缓慢地生长,并没有机能上的明显变化。大约到 11.5 岁左右,在性激素的作用下,睾丸开始迅速发育。15 岁时,睾丸的重量接近成人水平。阴茎开始增大的年龄比睾丸晚半年至 1 年左右,大约在 12.5 岁左右开始生长突增,2～3 年内即从青春发育期前的不到 5 厘米,增长到 12～13 厘米。男性的阴茎发育与身高突增几乎同时进行。

随着生殖器官的发育,男性大约在 15、16 岁左右(最早 12 岁,最晚 17 岁),出现了遗精现象,我国汉族城市男生首次遗精的平均年龄为 13.97 岁;乡村男生首次遗精的平均年龄为 14.08 岁。首次遗精多数发生在夏季,初期精液中主要是前列腺液,有活力的成熟精子不多,到 18 岁左右,随着睾丸和附睾的进一步发育,精液的成分逐步与成人接近。遗精标志着男性生殖机能开始走向成熟。

(二)女性生殖器官与机能的成熟

女性生殖器官也分为内、外两部分。内生殖器包括阴道、子宫、输卵管和卵巢;外生殖器包括阴阜、大小阴唇、阴蒂、前庭和会阴。卵巢从 8～10 岁起开始加速发育,重量从 6～10 岁时的 1.9 克发育到 11～15 岁时的 4 克,18～20 岁时可以达到 8.3 克左右。开始排卵后,卵巢的表面从光滑变成凹凸不平。子宫的重量有明显的增加。女性外生殖器的变化也非常明显,阴阜由于脂肪的堆积而隆起;大阴唇变厚;小阴唇变大,并且有色素沉着;阴道分泌物大量出现。

女性性机能发育最重要的指标是月经初潮,这是女性在性发育过程中的“里程碑”。一般来说,月经初潮比男性出现的遗精时间要早,且大多数发生在夏天。一般在 12～14 岁来潮,但初潮时间的个体波动非常大,在 11～18 岁之间。我国汉族城市女生月经初潮的平均年龄为 12.35 岁;乡村女生月经初潮的平均年龄为 12.59 岁。初潮年龄的早晚与个体的营养状况有密切关系,营养充足的个体,初潮时间较早。绝大多数女孩的初潮出现在身高突增高峰后一年左右,来潮后身高生长开始减速,而体重增长的速度显著加快。一般来说,不论成熟早晚,女孩初潮时的身高水平,都相当于其成年身高的 95.8% 左右。由于月经初潮之时,卵巢还未达到成熟时重量的 30%,因此,在初潮之后的半年至一年内,月经还不能按照规律每月来潮。

五、生理发育对心理发展的影响

在人的一生中,生理变化与心理变化是密切联系的,这一点在青春期特别明显。处于青春期的人,生理发育非常迅速,在2～3年内就能基本上完成身体各个方面的生长发育任务并逐步达到成熟水平。生理上的迅速成熟带来了一系列的心理发展与变化,但是,他们心理发展的速度则相对缓慢,尤其是个性和社会性的发展相对于生理发展比较滞后,心理水平尚处于从幼年向成熟发展的过渡时期。这样,青春期少年的生理发展与心理发展就处在一种不平衡的状态。

(一)身体生长对心理发展的影响

由于青少年在身体外形上的迅速发展,他们的自我意识也迅速发展,逐渐产生了"成人感"。在心理上他们希望摆脱童年期的状态,尽快进入成年人的世界,扮演一个全新的社会角色,获得一种全新的社会评价;在行为上他们想追求成年人的一些生活模式,模仿成年人行为的频率逐渐增多。但是,青少年在心理发展上还存在许多不完善的方面,例如:他们在思维方式上存在一定的片面性和表面性;对自身情绪的管理能力还比较薄弱;行为模式带有很大的可变性;缺乏挫折承受力和克服困难的意志力;社会经验还比较欠缺,其个性发展尚不健全。可见,青少年自我意识的"成人感"与其心理发展上的相对幼稚性并存,主要表现在:

1. 反抗性与依赖性并存

由于青少年的"成人感"越来越强烈,他们在生活中往往喜欢自己做主,当他们的行为与父母、教师的意见不一致,或者父母和教师过多地干预他们的生活时,他们就会表现出对父母和教师的反抗。这种反抗可以表现在生活的方方面面。

青少年的反抗心理也被称为逆反心理,主要有两种表现类型,一是价值逆反,即由于青少年与成人在价值观上的差异而造成的逆反情绪。例如,青少年喜欢的事物,父母却不喜欢;青少年要做的事情,父母认为不好,不让他们去做。二是超限逆反,即父母对青少年的关心或者管教超过一定的限度而造成的逆反情绪。例如:父母在青少年面前反反复复地强调天冷要多穿衣服而引起青少年的反感。

这些逆反心理的产生与青春期的"心理断乳"和两代人之间的"代沟"有密切的关系。进入青春期以后,在自我意识加速发展的同时,青少年时常会有一种在生活中逐步摆脱父母束缚,追求独立自主的想法和行为,这种现象被称为"心理断乳"(psychological weaning)。这是一个与婴儿期因断奶而改变营养摄取方式的生理性断乳(physiological weaning)相对照的概念。"心理断乳"是一个人逐步脱离家庭的呵护,并逐渐独立面对社会的过程,也是一个人从幼稚走向成熟的必经之路。因此,在"心理断乳"的过程中,孩子不可避免地会与成人之间产生摩擦,从而出现逆反心理。"代沟"(generation gap)是指两代人之间因为社会历史环境和成长经历的不同而导致的对待事物和现象的态度以及价值理念上存在的很大的差异。这些差异如果不能得到有效协调的话,就会引起两代人之间的矛盾。由此可见,成人如果不能正确面对青少年的"心理断乳"现象,或者不能处理好与青少年之间的"代沟",青少年的逆反心理就会被激发或者放大。

虽然青少年的独立意识显著增强,反抗心理和反抗行为经常发生。但是,他们在内心中并没有摆脱对父母的依赖,只是依赖的形式与童年期有所变化。童年期对父母的依赖主要是生活上的悉心照料,而青少年期的依赖则更多地表现为精神上的理解和支持。实际上,在很多时候,尤其是在遭受挫折时,青少年还是需要成人帮助的。因此,青少年对成人的反抗性与依赖性是并存的。

2.闭锁性与开放性并存

由于自我意识的发展以及对他人评价的重视,青少年有逐渐将自己的内心封闭起来的倾向,主要表现为在别人面前不愿过多地表露自己。如果他们对外部世界存在怀疑和不满的话,就会加重这种封闭性。但他们在隐藏自己的同时,有时又会感到孤独和寂寞,希望得到别人的关注,特别是希望有人来关心和理解自己。因此,他们也想找到生活中的知己,一旦找到了,他们就会敞开心扉,毫无保留地与朋友推心置腹。由此可见,青少年在社会交往中是闭锁性与开放性并存的。

3.自负和自卑并存

虽然青少年的自我意识在不断膨胀,但是他们对自己的评价还很不稳定,很难对自己做出全面而恰当的评价,往往只是凭借一时的感觉给自己轻易地下结论。主要表现在遇到一次或者几次的成功经历后,他们就会沾沾自喜,骄傲自满,认为自己是一个非常优秀的人;而遇到一次或者几次失败的经历后,他们又会认为自己很无能,是一个没用的人,并因此而自卑。自负与自卑这两种情绪往往在同一个青少年的生活当中交替出现,使他们对自己的评价忽高忽低。实际上,这是一个人的自我意识从发展到走向成熟的必经阶段。

(二)性成熟对心理发展的影响

1.遗精与月经的影响

男孩首次遗精的主要心理体验包括无所谓、新奇、害羞和恐慌等。这是因为在遗精的时候他们多少会有一些关于性的体验,这使他们感到既新奇又害羞。不少男孩会认为遗精伤"元气",影响体质,从而对遗精感到担心。还有一些男孩对遗精几乎一无所知,毫无心理准备而感到恐慌。但如果他们对遗精有了充分的心理准备和一定知识上的储备,他们就很少会因为遗精而受到消极影响。对于女孩来说,月经初潮会对她们产生一定的心理影响,特别是对于早熟和对此无心理准备的女孩更是如此。女孩在月经初潮的过程中可能会产生疲倦、腹痛、腰酸、嗜睡、易怒、抑郁等身心反应,这些反应有可能加剧她们对月经的厌烦和紧张的体验。一般来说,如果女孩对月经初潮有一定的心理和知识上的准备,她们中的多数人都会从容面对。因此,女孩在即将进入青春期的时候就应该学习有关生理卫生的知识。

2. 早熟与晚熟的影响

性成熟的时间存在个体差异,表现为青少年的早熟与晚熟现象。青少年身体成熟(尤其是性成熟)的早晚往往会导致成年人及同龄人对其评价的差异,这种差异对青少年的心理发展及其社会化的进程会产生很大的影响。早熟的男孩由于他们身材高大,运动能力强,在体育活动中表现出色,更容易受到同伴的喜欢和敬重,这对于他们自信心的建立比较有利;但是,如果他们对自己抱有过高的期望却没有实现的话,就容易伤害到自尊心。晚熟的男孩通常身材矮小,力量较弱,在同伴交往中容易被忽视,身边人还会把他们当成儿童来对待。这样,他们很有可能会对自己产生过低的自我评价,从而陷入自卑当中。早熟的女孩由于身体经历着同龄人没有经历过的变化,与身边的人有一种不同步的感觉,她们因此可能会产生一定的担心和焦虑。晚熟的女孩看到同龄女孩已经具有女性的风采时,也可能会怀疑自己是否有身体上的异常,但她们一旦开始发育,这些疑问就会随之化解。

3. 性意识的发展

性意识(sexual awareness)是关于性的心理因素的总称,它包括个体对于性别的认识,对两性生殖器官发育过程的认识、对两性关系的认识、对爱慕异性的这种特殊体验的领会和理解等。性意识的发展是青少年心理发展的重要特征之一。

(1)性意识的发展阶段

① 性意识的潜伏期。这个阶段大约是在 10 岁以前的童年期。这一阶段的儿童已经知道男女两性的生殖器的差别,知道结婚的事情,在游戏中也会扮演不同的性别角色,但对于性别的本质特征还不清楚,对性的知识处于萌芽状态。

② 异性疏远期。这个阶段大约在 10~12 岁左右,也就是小学高年级和初中低年级时期。由于性的发育,男女生越来越意识到两性的许多不同特点,并进入自己的性别角色之中。两性同学之间由于羞怯而故意拉开距离,表现出疏远和冷淡的关系。这种表面疏远的状态实际上隐藏着想要和异性交往的强烈动机。

③ 异性爱慕期。这个阶段大约在 12~17 岁左右,这是性意识发展的重要阶段。此时的青少年,异性之间会表现出很强的吸引力,他们不但会被年龄相仿的异性所吸引,还容易对一些年长异性产生好感,异性之间交往的动机和行为越来越明朗化。

④ 成熟恋爱期。这个阶段大约出现在 18 岁以后。由于个体的身心发展逐渐达到了成人水平,他们的个性和价值理念趋于成熟和稳定,能够逐渐认清爱情和婚姻的社会内涵。这一时期,他们能够按照社会认可的方式去追求异性,并获得爱情。

总之,个体的性意识是在性发育的推动下,在生活环境和教育的影响下逐步从朦胧到清晰、由肤浅到深刻发展起来的。其中,少年期是健康性意识发展的关键时期。

（2）性意识的发展特点

① 对性知识的渴望。随着性发育的出现，青少年开始关注两性特点，渴望获得性知识。主要表现为喜欢阅读有关性的书籍、观看与性有关的影视节目和谈论性话题等。因此，通过学校教育对青少年普及健康的性知识十分必要，这样可以在很大程度上避免他们通过不良的途径来获得不健康的性知识。

② 对异性的爱慕。对异性的身体产生好奇以及对异性产生爱慕是性意识发展的重要特点。两性之间会因彼此的外表和性格特点而相互吸引，他们会在异性面前更兴奋和紧张，并希望自己表现得更出色。

③ 性冲动的不断出现。从青春发育期开始，性冲动就时刻伴随着青少年。对于青少年来说，年龄越大，性冲动的频率就越高。由于生理上的差异，男性对于接触异性身体的欲望要比女性更强烈。一般来说，男性容易被异性的身体唤起性冲动，而女性更容易被与异性情感的联系唤起性冲动。

第二节　青少年思维的发展

青少年的思维是在小学儿童思维发展的基础上，因脑功能的发展以及教育环境的影响而出现了一些新的特点。其中，最突出的特点就是抽象逻辑思维迅速发展并趋于成熟。

一、少年期思维的发展

少年的思维是从以具体形象思维为主导的思维方式向以抽象逻辑思维为主导的思维方式发展。

（一）抽象逻辑思维占主导地位

少年期是抽象逻辑思维迅速发展并逐渐占据优势地位的时期。抽象逻辑思维分为形式逻辑思维和辩证逻辑思维两个发展阶段。形式逻辑思维是从具体到抽象的思维过程，事先不考虑事物的个别性、差异性和矛盾性，片面、静止、抽象地反映事物某一方面的本质或普遍性。辩证逻辑思维是在形式逻辑思维的基础上，由抽象上升到具体的思维过程。它是一种将事物的个别性、差异性和普遍性统一起来，在思维中恢复事物的本来面目，反映事物的矛盾运动，达到对事物全面的、灵活的、具体的认识的思维过程。在少年期，形式逻辑思维处于优势，而辩证逻辑思维也在迅速发展。

一般来说，少年期的抽象逻辑思维具有以下几个特点：

第一，通过假设进行思维。少年在解决问题的过程中逐渐学会了通过假设来进行思维，即按照提出问题、明确问题、提出假设、检验假设的顺序来思考问题。

第二，思维具有预见性。古人云："凡事预则立，不预则废"，这里的"预"指的就是思维的预见性。思维的预见性是在思维的假设性的基础上发展起来的,少年在面对复杂任务时,能够事先做好心理预判或者设计一定的方案等。

第三,思维的形式化。按照皮亚杰的理论,在思维成分中,少年期逐步由具体运算思维占优势发展到由形式运算思维占优势。所谓形式运算思维,就是在头脑中把形式和内容分开,可以离开具体事物的思维。

第四,思维活动中自我意识或监控能力明显化。少年在思维过程中能够意识到自己思维活动的过程,对自身思维的反省和监控能力逐渐增强。当然,他们有时也会依靠直觉来思考,直觉思维对少年来说同样重要。

第五,思维的创造性增强。这是少年期思维发展的一个重要特点。创造性的增强得益于思维中假设检验能力的发展,这种能力的发展使得思维的内容必然会跳出旧的传统,并产生新的内容。

由此可见,少年期的思维和小学儿童的思维有很大的不同。小学儿童的思维正处于从具体形象思维向逻辑思维过渡的阶段。而在少年期的思维中,抽象逻辑思维逐渐占主导地位。但并不是说在少年期就只有抽象思维,而是说,在思维的具体成分和抽象成分同时发展的过程中,抽象成分日益占有重要地位。

(二) 思维的独立性和批判性日益明显

进入青春期后,少年思维中的独立性和批判性有了明显的发展。这是因为他们在一定程度上已经掌握了比较系统的知识和技能,在此基础上能够独立地理解自然和社会中的一些复杂现象,具有强烈的求知欲望和探索精神。他们的兴趣比童年期更加广泛,涉及生活中的很多领域,例如爱好时事、体育、音乐、美术、文学、书法、影视等,同时由于自我意识的迅速发展,他们认为自己已经能够对某些事情做出独立的评价。因此,少年在与成人(特别是父母和教师)的接触中,常常不满足于成人或书本中关于事物和现象的解释,他们喜欢独立思考,并提出一些标新立异的观点。而且他们还能够比较自觉地看待自己的思维活动,并且有意识地调节、支配、检查和论证自己的思维内容和过程。这些都是他们的思维能力达到了新的水平的标志。

由于少年思维的独立性和批判性的迅速发展,他们在对事物和现象的解释不可避免地与成人或同龄人相矛盾。因此,他们在生活中经常有怀疑别人和与人争论的表现,甚至由于情绪激动,还会出现"顶撞"父母和教师的现象。对于这种情况,父母和教师不要轻易地认为他们是故意反抗自己而批评和压制他们,而应该理性地看待他们这种思维发展上的新特点,在教学和生活中要有足够的耐心,在注重启发中学生积极主动思考问题的同时,还要让他们学会尊重别人的意见,懂得在与人交流的过程中注意文明礼貌。由于少年现有的知识水平和生活阅历比较有限,这和他们思维中的独立性、批判性之间存在明显的矛盾,父母和教师还要防止他们在思维的过程中走极端而对事物和现象产生偏激的认识。

（三）思维的表面性和片面性依然存在

尽管少年的思维在独立性和批判性方面有了比较大的发展，但是依然存在明显的表面性和片面性。原因来自两个方面：其一，少年的思维发展水平不高。他们的形式逻辑思维占有优势，而辩证逻辑思维则处于不成熟发展中，还属于经验型阶段，需要感性经验的支持，尚不能用理论做指导来分析和综合各种事实材料，即达到理论型阶段。因此，虽然他们在思维形式上有了一定的发展，但思维内容不深刻，容易受到事物的个别特征或外部特征的影响，经常会遗漏本质特征；他们看问题还容易偏激、极端、缺乏全面、客观、辩证地分析问题和解决问题的能力；他们在行为上也容易顽固执拗，缺乏灵活和变通。其二，少年的情绪管理能力差。少年期正是"风华正茂，血气方刚"的年龄，他们的情绪很不稳定，情绪自控能力明显不足，不良的情绪状态也容易干扰他们的思维活动，导致思维出现表面性和片面性的特点。例如：他们在激情或应激状态下常常会失去理性思考；或者在陷入抑郁、焦虑状态中时出现看问题偏激和做事情武断的情况。

少年思维中的表面性和片面性的特点在生活中具体表现为：怀疑一切，坚持自己的观点但又常常论据不足，或者有时肯定一切或否定一切。他们看问题比较偏激，会把谦虚理解为卑躬屈膝，把勇敢理解为粗鲁，把自信理解为自满，把自己的过失理解为是别人的过错等。在学习上也会出现相似的思维特点，例如，把已经掌握的原理和公式不恰当地运用到新的条件中去，或者死守教条而不知变通。对于少年思维中的表面性和片面性，父母和教师不能轻易采取嘲笑、放任不管或严厉斥责的态度，而应该悉心指导，用理性的观点来说服教育。

（四）思维的自我中心性再度出现

少年思维具有明显的自我中心性（Self-centered）。少年的自我中心主要表现在以下几个方面：首先，他们在对事物和现象进行判断时会表现出强烈的主观性。他们能够区分自己与别人的想法，但不能明确自己关注的焦点与别人关注的焦点可能存在差异，因此往往倾向于认为自己的观点是完全正确的。其次，他们自我内省的频率增多，在生活中经常反思并审视自己的思想和感受。再次，他们认为在生活中别人总是在关注自己。例如，他们会假想身边的人都是自己的观众，而自己就是生活这个舞台上的"演员"，时刻注意别人对自己的态度和评价，并因此特别注重自己在他人面前的表现。最后，他们更关注自己身体的细微变化，并有夸大自己感受的倾向。例如，当身体的某个部位不舒服或与他人有较大区别时，他们会格外地关注并有较强烈的情绪变化。

在人的心理发展的整个过程中，有两个阶段会表现出明显的自我中心性，第一个阶段是在幼儿期，第二个阶段是在少年期。同样是自我中心，但二者具有本质的区别。幼儿的自我中心是由于他们的认知水平很低，很难脱离主观意识去客观地理解、评价周围事物及其与他人的关系,例如:虽然幼儿能够区分自己的左右手,但却不能理解对于站在对面的人来说,其左右方位是与自己相反的。而少年是在认知水平发展到较高阶段的基础上,随着自我意识的膨胀、思维的独立性和批判性的发展,进而在思维中出现自我中心现象的。

二、青年初期思维的发展

处于青年初期的人,由于环境的要求以及个体认知发展的需要,其抽象逻辑思维仍然占据优势并继续高速发展。与少年期不同的是:青年初期的抽象逻辑思维从以形式逻辑思维为主导向以辩证逻辑思维为主导的方向发展。

(一)抽象逻辑思维的总体发展特点

1.思维的假设性、预计性和内省性充分发展

抽象逻辑思维的重要表现就是思维的假设性,即在抛开具体事物之后运用概念和假设进行思考。处于青年初期的高中生在思维中运用假设的能力不断增强。由于思维假设性的发展,使得思维的预计性也有显著提高,表现为在解决问题之前,事先的计划、方案和结果预判都比少年时期更加成熟。由于思维的内省性充分发展,对思维的自我认识和调节能力也不断增强,使得青年在解决问题时的思路更加清晰。

2.辩证逻辑思维逐步超越形式逻辑思维而成为主导思维方式

在少年时期,形式逻辑思维在抽象思维中占主要地位。在青年初期,由于辩证逻辑思维的高速发展,辩证逻辑思维逐步超越形式逻辑思维而成为主导思维方式。辩证逻辑思维成为主导思维方式,标志着青年的思维能力有了质的飞跃。

3.抽象逻辑思维进入成熟期

青年初期,抽象逻辑思维逐步完成了由经验型向理论型的转化,这意味着抽象逻辑思维已经进入成熟期。主要表现为:一是各种思维成分基本发展到稳定状态;二是个体思维品质和思维类型上的差异也已经趋于定型;三是思维中的各个方面的水平已经与成年人基本保持一致,思维的可塑性已经大大减少。

(二)形式逻辑思维的发展

尽管青年初期辩证逻辑思维逐渐超越形式逻辑思维而成为主导的思维方式,但形式逻辑思维依然发展显著。

1.概念的发展

高中生掌握概念的能力要比初中生有明显的发展。从分类能力来看,初中生能够对概念进行正确的分类,但他们中的一些人不能从本质上说明分类的依据;而高中生在对概念进行正确分类的基础上,能从本质上说明分类依据的人数显著多于初中生。从初、高中学生在理解字词概念的能力比较中也可以看到,初中一年级的学生,大多数是从功用性的

定义或具体的描述水平向接近本质的定义或做具体的解释水平转化。初中二年级的学生进入了发展掌握字词概念能力的转折点,他们中的大多数人达到接近本质的定义或做具体的解释水平。进入高中阶段以后,他们就会达到本质定义水平,而且他们掌握字词概念的数量也比初中生多。同时,他们对于哲学和其他社会科学概念以及自然科学概念也能做出正确的定义。这就说明,在正常的教学条件下,高中生能够对他们所理解的概念做出比较全面地反映事物本质特征和属性的合乎逻辑的定义。

2. 推理能力的发展

尽管初中一年级的学生已经开始具备各种推理能力,但仍处于初级水平,特别是关于假言、选言、复合以及连锁等演绎推理和运用推理解决问题的能力都还表现得不是很强。从高中开始,学生的推理能力有明显的进步。特别是高中二年级以后,学生的推理能力基本达到成熟状态,表现在各种推理能力都达到了较高的水平。从整个中学阶段来看,学生的推理能力是一个逐步发展的由量变到质变的过程。

3. 运用逻辑法则能力的发展

初中生已经基本上掌握了运用逻辑法则的能力,但还处于不成熟的状态,到了高中二年级,学生掌握和运用逻辑法则的能力趋于成熟。但此时尚未达到真正的成熟状态,主要表现在学生掌握不同逻辑法则的能力上存在着不平衡性。例如,在对三类逻辑法则的掌握上,排中律的成绩明显低于同一律和矛盾律的成绩;再如,在正误判断、多重选择和回答问题这三种类型的问题中,对正误判断的总成绩最高,多重选择次之,而回答问题的成绩最差。这说明高中生在运用逻辑法则的能力上仍有上升的空间。对于逻辑思维的培养,李丽(2008)认为应该从开设专门课程、强化系统思维训练;调整教学内容、凸显知识的逻辑性;优化教学方法、激发学习兴趣这三个方面入手。

(三)辩证逻辑思维的发展

在高中阶段,辩证逻辑思维在形式逻辑思维的基础上快速发展。由形式逻辑思维过渡到辩证逻辑思维一般要经历四个发展阶段:

第一阶段:两重性阶段。这一阶段的思维具有绝对性和机械性,即非此即彼的思维,用静止的眼光看待问题,容易将知识看成是固定不变的真理,或把客观世界或周围人简单地分为好与坏。

第二阶段:多重性阶段。这一阶段的青年会把不同的事物、观点或方法视为相互独立的集合体,不能看到它们的内在结构以及外在联系,孤立地看待问题,因此,无法做出有价值的判断。

第三阶段:相对性阶段。这一阶段的青年能够看到知识的可变性,对事物有不同种类的分析和评价。他们不再孤立、静止地看待事物和现象,而是通过借鉴不同的观点,得出解释现实的答案。

第四阶段：约定性阶段。这一阶段的青年已经具有高度的组织化的辩证图式，能够用发展、联系、全面的方式看待事物和现象，说明其辩证思维能力已经有了充分的发展。

当然，尽管在高中阶段辩证逻辑思维逐渐超越形式逻辑思维成为主导思维方式，但二者是抽象逻辑思维的不可分割的组成部分，形式逻辑思维是辩证逻辑思维的基础，辩证逻辑思维是形式逻辑思维的发展，这两种思维方式相互促进，使青年的思维水平向着更高的层次发展。

第三节　青少年情绪、个性和社会性发展

青少年的生活是丰富多彩的，由于生活范围的不断扩大以及生活内容的不断深入，青少年在情绪、自我意识以及社会性方面都得到了长足的发展，为成年时期的成熟打下了坚实的基础。

一、青少年情绪的发展

青少年情绪的发展与生理发展、认知能力发展、个性发展以及他们所处的社会和家庭环境有密切的联系。随着身体发育的加速，生活空间的扩展以及性意识的萌发，青少年的情绪发展呈现出独特的色彩。

情绪的两极性是青少年情绪发展的最突出的特点，表现为情绪在不同时间和空间的不稳定性，经常处于某种情绪维度的两个极端。

1. 强烈性与温和、细腻性共存

青少年的情绪有时表现得非常强烈，甚至可以用暴风骤雨来形容。一些微小的刺激在成人看来并不会引起多大的反应，而对于青少年来说就能引起强烈的情绪反应。这些刺激不仅是外界的，还包括自己身体上的变化。例如，当遭到他人的言语攻击或听到对自己有利的消息，他们容易出现激情状态；而当自己感到身体的某个部位不舒服时，他们也会格外关注，表现得非常紧张。除了强烈性以外，青少年的情绪有时也会表现得比较温和、细腻。温和性是指他们的情绪会经过文饰后以温和的形式表现出来，他们要比儿童更善于掩饰自己的内心。例如，明明厌恶一个人或事物，但在某种场合下，他们也会表现得不在意或比较友好，这是青少年环境适应能力发展的表现。细腻性是指他们在情绪体验上更加深刻和准确。他们能够在一定程度上体会到自己和他人的情绪强度以及变化情况。

2. 可变性与顽固性共存

青少年的情绪体验不够稳定，经常会从一种情绪转变为另一种情绪，且情绪变化迅速，出现快，平息也快，有时会给人一种喜怒无常的感觉。这是由于他们对自己的评价在一定程度上还受到他人评价的影响，情绪常常随着他人评价的不同而产生不同的变化。

另一方面的原因是由于青少年身心发展处于不平衡的状态,他们时常会出现各种矛盾心理,这也会引发情绪上的快速变化。尽管青少年的情绪变化多端,但由于生活经验和阅历有限,且辩证思维尚处于发展阶段,他们对待事物容易产生偏激的看法,进而导致某种情绪处于顽固状态。例如,当他们经受几次挫折之后,就容易陷入一种抑郁和无助的情绪状态之中而难以自拔。

3. 内敛性与表现性共存

内敛性是指青少年在情绪表现上有时会趋于内敛和隐蔽,他们不喜欢把情绪完全真实地写在自己的脸上。这是因为进入青春期后,青少年逐渐脱离了童年时期的单纯和率真,随着自我意识和观察能力的发展,他们学会如何在别人面前隐藏自己的情绪,特别是一些消极情绪隐藏得会更严密。尽管青少年的情绪内敛性表现得比较明显,但由于他们的生活丰富多彩以及身心快速成长,他们也会经常表现出激情洋溢、活力四射的一面。他们的自我表现欲望比较强烈,情绪有明显的外露性,并且通过丰富的表情和动作表现出来。

为什么青少年的情绪两极性如此明显呢? 主要有两方面的原因:一是心理社会原因。由于青少年身心的迅速发展,他们各种各样的需要也日益增长,但这些需要存在合理与不合理的成分,而客观现实也存在合理和不合理的因素,这就容易导致个体需要与现实的矛盾,促使情绪两极性的出现。二是生理方面的原因。由于青春期性腺功能的活跃,性激素的分泌会通过反馈作用增强下丘脑部位的兴奋性,使下丘脑的神经过程经常表现出兴奋性的特点,这种兴奋性与大脑皮质原有的调控能力发生一时的矛盾,使大脑皮质与皮下中枢暂时失去平衡的联系,由此出现情绪两极性的变化。

阅读栏 7-1   青少年情绪管理

情绪管理(emotional management)既是一种要求人们的情绪反应具有灵活性、应变性和适度性,以使人们能以有组织的、建设性的方式,迅速而有效地适应变化的社会情景的活动过程;也是人们在了解自己情绪特征的基础上,有意识地培养健康积极的情绪体验,建立科学的情绪宣泄和调控机制,自觉克服和消除负面情绪的影响,保持积极的人生态度的方法。青少年正处于身心发展显著变化的时期,情绪变化迅速而强烈。因此,情绪管理能力对于青少年的健康成长是非常重要的。青少年可以从以下三个方面来管理自己的情绪:

1. 通过认知调控情绪

美国著名心理学家艾利斯认为:不良的情绪不是由刺激事件本身产生的,而是由于人们对于刺激事件的不合理认识而产生的。因此,是许多不合理的信念才使人们产生情绪困扰。根据这一理论,青少年在出现不良情绪时,可以从对引起不良情绪的事件的看法中寻找原因,及时改变对于事情的不合理信念,建立积极合理的信念,不良情绪就会在一定程度上得到有效的改善。

2. 通过合理方式宣泄情绪

合理地情绪宣泄是指青少年在处于比较激烈的情绪状态时,以社会所允许的方式直接或者间接地表达其情绪体验的方式。长期的情绪压抑不利于青少年的身心健康。当出现不良情绪时,青少年可以找家人或朋友倾诉出来,也可以通过痛哭来宣泄情绪,因为流眼泪的过程可以缓解紧张情绪,眼泪也会把紧张或悲伤时体内产生的有害物质排出体外。运动也是宣泄情绪的好方法,运动的过程使人精神振奋,汗液的排出也有利于压力的释放。

3. 通过建设性的行动来改善情绪

青少年经常会抱怨"心情不好",因为心情不好而不去学习或做其他事情,并由此影响学习和正常生活。这种状态是以情绪为本位的生活原则,即:行动跟着情绪走。这是不成熟的生活理念,而成熟的生活理念是以目的和行动为本位的生活。因此,不妨尝试一下"情绪跟着行动走",也就是无论心情好与坏,我们都要做有意义并计划好的事情。在做事情的过程中,你会不知不觉地发现心情也随之好转了。

二、青少年自我意识的发展

进入青春期后,青少年的自我意识发展非常迅速,表现在自我意识的各个方面都有所发展,但少年期和青年初期的自我意识发展仍然有各自不同的特点。

(一) 少年期自我意识的发展

少年期自我意识发展的主要特点是自我意识高涨,体现在自我评价、自我体验和自我控制三个方面。

1. 自我意识高涨

自我意识高涨是指自我意识的发展速度和程度都超越了以往,呈现出"高涨"的状态。一个人从出生到成熟,自我意识是不断发展变化的。在整个发展过程中,自我意识的发展速度是不均衡的,有两个快速发展期,第一个快速发展期在1~3岁;第二个快速发展期就在少年期。伴随着生理上进入快速发育期,他们的注意力更加指向自我。

自我意识高涨主要表现为:他们从理性上认为自己已经长大了,生活可以独立自主了。他们看问题的主观性比较强,对事物和现象有自己独特的想法,敢于表达自己,敢于挑战权威,标新立异和自我表现的愿望比较强烈。另外,少年的内心世界越来越丰富,他们内省的频率越来越高,内省能力在不断发展。他们常常会问一系列关于自我的问题,例如:"我到底是个怎样的人?""我的性格是什么样的?""他们是喜欢我,还是讨厌我?"等等。自我意识高涨在初中生的作文和日记中也可以清晰地表现出来。例如,小学生的作文大多是纯粹地描述客观世界的内容,而初中生的作文除了描述客观世界以外,还更多地出现了自己的内心感受以及对自我进行评价的记述。又如,同样是记日记,在小学生的日记中,主要记述的是这一天发生的事情以及自己肤浅的看法,而且小学生经常是为了完成教师和家长的任务才去记日记的。由于在日记中很少有关于自己的评价,他们对日记的保密性也要求不高。但初中生的日记与小学生相比,则有很大的变化。初中生的日记中除了记述事件外,更多的是自己的感受和对于自己在事件中的表现的评价。另外,初中生记日记是真正出于自我表达和自我宣泄的需要,对自己的日记细心保管,不允许别人看。这说明他们在日常生活中勤于观察和分析自己,并且特别重视对自我感受和隐私的保密。

2. 自我评价的发展

自我评价是指个体对自己的思想、愿望、行为和个性特点的判断和评价。少年的自我评价在独立性、抽象性、全面性和稳定性这几方面都有很大的发展。

(1) 独立性

在儿童阶段,自我评价的内容主要来源于成人的评价标准。进入青春期后,少年的自我评价对于成人的依附性减弱,他们不再一味地相信成人对自己的评价,自我评价的独立性显著提升,表现为对自己的评价特别有主见。另外,少年会非常重视同龄人对自己的评价,有时甚至会因为重视同龄人的评价而忽视成人的意见。

(2) 抽象性

抽象性是相对于具体性而言的。儿童的自我评价有很强的具体性,他们总是从外部表现和具体的行为结果来评价自己。因此,他们对自己的评价往往比较具体琐碎,就事论事地进行评价。少年往往可以从内部动机来剖析自己的行为,自我评价比儿童更加概括和深化,能够从一些具体的行为中抽象出自我的特点。

(3) 全面性

儿童一般是依据成人的标准来评价自己,而少年往往可以依据一定的道德观念和社会行为准则来评价自己的思想和行为,自我评价更加全面和深刻。在此基础上,少年有时可以做出一些对自己的批判性的评价。因此,他们自我批评的意识开始发展,但由于少年自我意识的膨胀,自我批评还不够自觉和深入,自我批评的成熟发展还要等到青年时期。

(4) 稳定性

儿童自我评价的稳定性是较差的,这与他们的认知发展水平有关;少年的自我评价随着年龄的增长而越发的稳定。韩进之等对中小学生进行前后两次自我评价的研究结果表明,初中生自我评价的稳定性显著提升(相关系数:小一 0.37,小三 0.51,小五 0.61)。

3．自我体验的发展

在少年的诸多自我体验中,成人感、自尊感以及自卑感对自我意识的发展最有影响力。

（1）成人感

在进入青春期后,随着生理发育的迅速成熟,少年的成人感日趋强烈,他们感觉自己已经长大,特别渴望得到成年人的各种体验。成人感的出现和发展,在绝大多数情况下会使少年产生积极的情绪体验,使他们产生强烈的自立愿望,推动少年用独立的姿态去接触他人,探索世界。但成人感的发展有时会带来对成人的反抗心理,并因此带来一些不良的情绪体验,例如,在与成人的意见不一致时,少年就容易出现抑郁或愤怒的情绪体验,甚至会有冲动的表现。

（2）自尊感

自尊感是个体的自尊需要与社会评价之间相互关系的反映。张丽华等(2009)研究表明,少年自尊结构由社会认可、自我胜任感、外表感、归属感和重要感五个维度构成。自尊感的发展在少年的个性发展中占有重要的地位。随着成人感的发展,少年在生活中对于自尊的需要日益增长,特别需要在品德、人格和能力等方面得到他人的认可,同时也需要得到自我的认可。因此,当个体自尊感得到满足时,他们容易沾沾自喜或得意忘形;当自尊感得不到满足时,他们又容易妄自菲薄,自暴自弃。如果在生活中自尊感得不到满足的时候非常多,就很有可能发展出自卑的个性。

（3）自卑感

自卑感是一种对自我的某一方面或某些方面持否定态度的情绪体验。处于自卑感中的少年会有心情抑郁的体验和闷闷不乐的表现。少年时期往往是自卑感的萌芽时期,在青年初期会表现得比较明显,而到了成年时期就会稳定下来成为人格的一部分,难以改变。李艺敏等(2010)的研究发现,性格自卑感在学生自卑感的形成与发展中起着桥梁与中介的作用,社交自卑感是学生性格自卑感发展的必然结果。由于少年期是性格发展的关键期,因此,少年时期是抑制自卑感发展,形成良好自我体验的重要时期。在这一时期如果能够对有自卑感的少年给予正确指导的话,自卑感是比较容易矫正的。

4．自我控制的发展

青少年自我控制能力表现出以下几个特点:

（1）自我控制更多依靠内部动力

儿童的自我控制能力相对较低,他们更多的是依靠外部的约束来调控自己的行为。到了青春期后,随着自我意识的迅速发展,少年的自我控制由以前的依靠外部约束逐渐转变为依靠自身内部动力来进行,这是少年自我控制能力发展的主要特点。例如,儿童在学习上主要依靠成人的鼓励和鞭策;而少年更多的是依靠自己学习的愿望和动机来调控学习行为。儿童在成人面前有礼貌主要是因为家长和教师是这样要求的;少年在成人面前有礼貌主要是他们发自内心的认为理应这样做。

(2) 自我控制的稳定性有待提高

少年的自我控制能力虽然整体上在不断发展,但仍然缺乏稳定性和持久性。王红姣、卢家楣(2004)对中学生的自我控制能力的研究表明:中学生自我控制能力的三个方面(思维自控、情绪自控和行为自控)都表现出初一学生的得分高,初二学生呈现下降趋势,初三和高一的学生得分最低,高二学生得分又开始上升。其中,初三学生在情绪自控上的得分最低,高一学生在思维自控和行为自控上的得分最低。由此可见,少年的自我控制能力还没有达到稳定状态,在波动之中发展,到了青年初期(高中阶段),自我控制的稳定性会大幅提高。

(二) 青年初期自我意识的发展

青年初期,个体自我意识的各个方面仍在不断地发展和完善。高平(2001)调查发现,高中学生自我意识发展水平明显高于初中学生,其中高中一年级和高中二年级是重要转折时期。与少年时期相比,青年初期自我意识的发展总体上表现出更成熟的特点。

1. 独立性的发展与成熟

青年要求独立的愿望比少年更加强烈。由于换位思考能力的提高以及情感体验、社会阅历的丰富,他们能够意识到父母和教师的良苦用心,能够深刻体验到成人的情感变化。而且,青年的独立性是建立在与人和睦相处的基础上的,特别是与成人(家长和教师)的关系更加和谐,因此,青年对成人的反抗性要比少年时期减少很多。多数人能够与其父母或其他长辈保持一种肯定的尊重的关系,很多成人都有一种"孩子长大了,懂事了"的感觉。由此可见,在与外界保持和谐的同时逐步达到自我独立的状态,这是青年自我意识中独立性走向成熟的标志之一。

2. 自我意识的分化与统一

在少年时期就出现了自我意识分化的早期状态,原来笼统的自我分化成主观自我与客观自我。主观自我是认识的主体,客观自我是认识的客体。在成长过程中,主观自我不断审视和评价客观自我。在少年时期,个体的自我意识还会分化成理想自我、现实自我和投射自我。理想自我是自己想要达到的、理想状态下的我;现实自我是自己目前处于实际现状中的我;投射自我是自己认为他人眼中的自我,即:认识到别人对自己的评价。这两种自我意识的分化在青年阶段发展得非常明显,青年能够明显地意识到主观自我对客观自我的评价、体验和控制,并且能够准确地分清理想自我、现实自我和投射自我的状态。

由于自我意识中的理想自我、现实自我和投射自我的显著分化,势必造成各种自我之间的矛盾。主要体现在以下三个方面:

(1) 理想自我和现实自我的矛盾

理想自我和现实自我有一定的差距可以激励青年奋发图强、积极向上。当理想自我与现实自我的差距过大,即感到自己目前的现状远远低于理想中的状态时,青年会出现强烈的自我否定性评价以及不良的情绪状态,甚至产生自暴自弃的想法。

（2）投射自我和现实自我的矛盾

投射自我和现实自我有一定的差距可以让青年的思想和行为在一定程度上考虑到社会评价,不至于过于偏激。当投射自我和现实自我的差距过大,即感到他人对自己的评价与自己对自己的评价相差过大时,青年会认为自己不被别人所理解,从而产生强烈的委屈感、无奈感和无助感。

（3）理想自我与投射自我的矛盾

理想自我与投射自我有一定的差距可以让青年的思想和行为既考虑到他人评价又符合自我要求,逐步接近完善状态。当理想自我与投射自我的差距过大,即感到他人对自己的评价与自己的理想状态相差过大时,青年会表现出过于强烈的虚荣心,用外在行为极力掩饰和包装自己,来满足自己的“面子”。

自我意识的统一是自我意识走向成熟的另一个标志。所谓自我意识的统一,是指理想自我、现实自我、投射自我三者之间的差距在合理的范围内,而且青年能够客观、理性地看待三者之间的矛盾,并在此基础上得出对自己的统一的认识和评价。

3. 自我评价的成熟

少年时期个体的自我评价虽然有了一定的发展,但在各个方面还不够深化。到了青年时期,随着个体认知能力(特别是辩证思维能力)的显著提升,个体对自己的认识和评价有了全面的发展,并逐步走向成熟,表现为自我评价在独立性、抽象性、全面性以及稳定性等各个方面的深化与成熟。他们不仅能够更加独立地看待自己,而且可以更加全面、客观、辩证地分析和评价自己,并且自我评价的稳定性即前后评价的一致性有所提高。青年自我评价的成熟会加速自我监督、自我调控以及自我改造能力的完善。

对于大多数青年来说,他们都有比较恰当的自我评价,能够全面地认识自己的优缺点,但少数青年会出现自我评价有明显偏差的情况。例如,当主观自我对客观自我的评价过高时,青年会出现自负的心态,表现为自我陶醉、自吹自擂以及脱离实际地去追求自我实现。当主观自我对客观自我的评价过低时,青年就会出现自卑的心态,表现为悲观失望和萎靡不振。当主观自我对客观自我的评价忽高忽低、体验或好或坏、控制或强或弱时,就是一种自我矛盾的心态,表现为有时觉得自己比其他人都强,有时又觉得自己一无是处,积极而统一的自我难以建立,这也是自我同一性危机的一种表现。

4. 自我同一性的发展与同一性危机

心理学家埃里克森(Erik Homburger Erikson,1963)认为青年要具有健康的自我意识必须保持自我同一性。自我同一性(ego identity)是一种复杂的内部状态,包括四个方面:一是个体性,是指能够意识到独特感,以不同的、独立的实体而存在;二是整体性和整合性,是指个体内在的整体感以及自我意识能把自己零碎的自我表象整合成一种有意义的整体;三是一致性和连续性,是指个体追求一种过去与未来之间的内在一致和连续感,感受到生命的连贯性并朝着有意义的方向前进;四是社会团结性,是指个体具有团体的理想和价值的一种内在的团结感,感受到社会的支持和认可。如果青年只有内在零星的、少数的同一性感觉,并且感受不到自己的生命是向前发展的,不能获得一种满意的社会角色或职业所提供的支持的话,这个人就处于自我同一性危机的状态。

以埃里克森的理论为基础,心理学家詹姆斯·玛西娅(James Marcia,1966)认为可以根据两种特性——危机或承诺,来看待自我同一性——存在或缺失。其中,危机是同一性发展的一个阶段,在这个阶段中,青少年有意识地在多种选择中做出抉择。承诺是对一种行动或思想意识过程的心理投资。根据上述说法,玛西娅提出了青少年自我同一性的四种类型,如表7-5所示:

表7-5　玛西娅青少年发展的四种状态

		承　诺	
		存　在	缺　失
危机/探索	存在	同一性获得	同一性延缓
	缺失	同一性早闭	同一性扩散

(1)同一性获得。是指青少年在考虑了各种选择之后对某一特定同一性做出承诺的状态。他们已经成功地探索过他们是谁和自己想做什么的问题。这一类型的青少年是心理状态最好的。

(2)同一性早闭。是指青少年在没有充分地探索各种选择的情况下就过早地承诺某种同一性的状态。他们接受的是别人为他们做出的决定。例如,父母在孩子很小的时候就决定以后让孩子进入自己的家族企业工作。

(3)同一性延缓。是指青少年可能在一定程度上探索了各种同一性选择,但是还没有对某一特定选择做出承诺。他们的思想往往是比较活跃的,同时会表现出较多的焦虑感和心理冲突,他们正在努力解决同一性问题。

(4)同一性扩散。是指青少年考察各种同一性选择,但是没有对某个选择做出承诺,或者还处于思考的状态。他们的思想容易变来变去,对承诺的缺乏损害了他们建立亲密关系的能力。他们通常会有社会性退缩的表现。

实际上,青少年的同一性并不止是这四种状态中的一种,有些青少年会在同一性延缓和同一性获得这两种状态之间不停转换,这是由于他们会在达到一种状态后通过对自己的重新评价,然后进入另一种状态。青少年期并不是自我同一性发展的唯一时期,自我同一性发展是一个人一生的课题。在现实生活中,很多人的自我同一性要到成年早期才能充分发展。

三、青少年社会性的发展

随着青少年的生活范围不断扩大,他们的社会性显著发展,主要体现在品德的发展以及各种社会关系的发展。

(一)青少年品德的发展

在整个青少年期,个体的品德迅速发展。少年时期品德发展并不稳定,具有动荡性,到了青年初期,品德的发展才逐渐趋于成熟。

1. 青少年品德发展的总体特征

一般来说,青少年品德发展具有以下几个方面的特征:一是青少年能够独立并自觉地按照道德准则来约束和调节自己的行为,其道德行为的自律性有很大发展。二是青少年的品德发展与人生观、世界观和价值观的发展有密切联系,道德信念和理想在青少年道德动机中占有重要地位。三是在青少年的品德发展中,道德心理的自我调节能力越来越强,这是青少年自我意识迅速发展带来的结果。四是青少年的道德行为习惯随着年龄的增长而逐步得到巩固。五是青少年品德发展的组织形式逐渐完善化,道德动机和道德心理特征在其组织形式或进程中,形成了一个较为完整的动态结构。

2. 少年期品德发展的特点

少年期品德发展的特点是虽然已经具备了一定的伦理道德水平,但仍然是不成熟、不稳定的,存在较大的动荡性。主要表现为:道德动机理想化但又具有敏感性和易变性;道德观念遵循原则但又受一定具体经验的限制;道德情感丰富但又容易冲动;道德意志虽已形成但又比较脆弱;道德行为有一定的自主性但又难以自控。因此,少年时期的品德发展有很大的可变性,容易产生个体之间的两极分化,有的少年道德水平稳步提高,有的少年则误入歧途,品德低下,甚至走上违法犯罪的道路。由此可见,少年时期正处于品德发展的十字路口,家长和教师要特别注意这一时期孩子的道德培养。

3. 青年初期品德发展的特点

与少年期的不稳定性相比,青年初期个体进入了以自律为形式,遵守道德准则,运用信念来调节行为的稳定的品德成熟阶段。个体的品德发展逐步具备了上述青少年品德发展的五个总体特征。虽然青年初期个体的品德发展日趋成熟,但在刚刚步入青年初期的时候(高一阶段),有些青年的道德水平仍然具有少年时的动荡性特征。因此,在高中阶段,家长和教师也不应该放松对青年的道德教育。

4. 青少年品德发展的关键期和成熟期

青少年的品德发展存在关键期和成熟期。林崇德(1990)对北京市中学生道德发展的研究表明:初中二年级是道德最容易变化的时期,也就是青少年道德发展的关键期;而初中三年级下学期到高中一年级是青少年道德发展的初步成熟期。王挺等人(2012)的调查发现,中学生道德判断能力发展的关键期是初中二年级和高中二年级。由于品德发展在成熟以前的可塑性较强,而成熟以后的可变性较差,因此,家长和教师要特别重视并把握住青少年品德发展的关键期和成熟期,加强青少年的品德教育。另外,颜炼钢等人(2006)认为,对于青少年的品德不良行为,必须依靠社会、学校和家庭各方面的积极配合,并采取协同一致的教育措施,才能收到预期的效果。

(二) 青少年社会关系发展

随着年龄的增长,青少年的社会交往范围也不断扩大。在整个青春期,他们的人际交往水平是在不断发展变化的。沃建中等(2001)对初高中学生的人际交往水平的研究表明:从总体上来看,中学生的人际交往水平在初一和初二阶段有明显下降的趋势,初三时有明显提升,在高中阶段保持在一个较高的水平上,女生的人际交往水平高于男生。在同伴交往中,中学生的同伴交往水平较高,与异性同伴的关系要好于与同性同伴的关系;从初二到初三,女生与异性同伴交往水平迅速提高,初三后保持稳定;从初二到高一,男生与异性同伴交往水平迅速提高,高二后保持稳定。在与成人的交往中,中学生与相对陌生的成人的关系要好于与父母和教师的关系;从初一到初二,中学生与父母和教师的交往水平显著下降,高中生与父母的关系有所改善,但与教师的关系一直处于较低的水平上。由此可见,对于中学生来说,亲子关系、师生关系、同伴关系特别是异性关系在他们的生活中依然扮演着重要的角色。

1. 亲子关系的发展

青少年期子女与父母的关系会出现一些微妙的变化。一般来说,在少年时期,由于自我意识的迅速发展,子女对父母的反抗性明显增强,加之父母的教育方式不当,在家庭当中极有可能出现亲子冲突的现象。父母经常会觉得孩子长大了,越来越不听话了;而子女则会经常抱怨父母不理解自己,过分干涉自己的生活。这一时期,家长的教育方式在亲子关系中起着决定性的作用。因此,针对子女的叛逆心理,家长应该机智灵活地运用各种教育方法,既要维护好亲子关系,又要让孩子的个性健康发展。在进入青年初期以后,随着子女的认知能力和情绪自控能力的提高,子女能够在一定程度上体会到父母的良苦用心,并在情感上与父母重新建立亲密关系,亲子冲突的现象越来越少。因此,青少年期的亲子关系经历着从叛逆到疏远再到亲密的过程。但是,如果在童年期和少年期父母的教育方式极端偏激而且始终没有改善的话,青年初期的子女尽管与父母的正面冲突减少,但他们会用冷漠的方式继续进行抗争,导致亲子关系逐步疏远而难以挽回。刘海娇等(2011)的研究发现,对于青少年来说,来自母亲的支持多于来自父亲的支持,母子冲突多于父子冲突,随年级的升高,父母支持减少,亲子冲突增多。

2. 师生关系的发展

张文娟等(2012)研究发现,中学生的师生关系总体状况良好,且存在显著的年级和性别差异：初一、高一年级的师生关系好于初二、高二年级；在亲密性和支持性方面，不存在显著的性别差异；在冲突性方面，男生显著高于女生；在满意感方面，女生显著高于男生。

在中学时期，师生关系受到很多因素的影响：一是教师的学识，学生喜欢学识渊博的教师；二是教师的教育和教学能力，学生喜欢教育方法得当的教师；三是教师的态度，学生喜欢工作负责、有爱心的教师；四是教师的人格魅力，学生喜欢年轻活泼、有幽默感、能与学生有共同语言的教师。师生关系是一种互动关系，除了教师方面的因素外，学生对教师职业的理解程度也在一定程度上影响着师生关系。学生如果把教师只当成传授知识的人，就会自觉或不自觉地排斥教师对其进行的日常管理和道德教育。中学生一般能够自觉地尊重教师，与教师建立良好的师生关系。但是，他们不再像小学生一样对教师的话言听计从，百依百顺，而是有选择性地接受教师的话语，并且由于青春期的叛逆性，如果教师的教育方法不当还有可能导致师生关系的紧张或冲突。因此，教师的教育态度和方法对于师生关系的发展是至关重要的，可以说，师生关系的好坏主要取决于教师。

3. 同伴关系的发展

青少年在青春发育期感受到了身心的巨大变化，他们对于自己和外界时常感到不可捉摸，尤其能够体验到一种不安。所以，他们迫切需要一个与自己相仿的对照来认识自己、认识世界。同伴关系正是为他们提供了这样一个参照。同伴之间常常可以交流彼此对事物的看法以及经验和感受。因此，同伴关系可以为青少年带来安全感和稳定感。另外，同伴关系对青少年成长的重要意义还表现在：首先，同伴关系有利于满足自我认识的需要，有利于发展自我同一性；其次，同伴关系有助于情感和人格的发展，有助于培养合作精神；再次，同伴关系可以减少对父母的依赖，发展独立自主的能力；最后，同伴关系有助于发展人际交往能力。青少年往往喜欢和自己兴趣爱好相同的同伴交往并成为朋友，这一时期的友谊往往比以后任何一个年龄段的友谊都更纯洁和直率。许多青少年在交友时往往过分看重感情，却对感情的基础缺乏考虑，有些中学生把友谊简单地看成所谓的"江湖义气"而失去理性的思考。因此，中学生在交友的时候不能单凭兴趣，也要重视品德标准。

4. 异性交往的发展

进入青春期后，随着性机能的成熟和性意识的觉醒，青少年开始对异性同学产生兴趣。他们逐渐改变了童年时期异性疏远的状态，开始学会和异性同学和睦相处并逐渐发展出友谊。几乎在所有男女生的心中，都有一位自己喜爱的异性朋友。一般来说，女生喜欢那些友好大方、举止自然、不粗鲁、有活力的男生；男生喜欢那些相貌好、文雅、活泼的女生。青少年时期的异性交往很容易产生爱慕之情，但这种爱慕之情是很稚嫩的，缺乏牢固的基础，很少有能够保持下来并最终发展成爱情和婚姻的。异性之间的爱慕如果不能得到正确处理的话，会影响各自的学业。

阅读框 7-2　早恋

　　青少年正处于青春发育期,性生理的成熟带来性心理的快速发展。异性之间产生爱慕之情是常有的事。通常,人们把中学生甚至小学生之间的恋爱称为"早恋"(puppy love),也就是过早地谈恋爱的意思,因为成年人通常认为他们尚未到社会许可的谈恋爱的年龄,主客观条件都不允许他们在这个年龄谈恋爱,甚至谈婚论嫁。

　　早恋现象如果处理不当的话,会对青少年的成长带来很多不良影响。一是陷入早恋之中的青少年会严重分散学习精力,导致学习成绩的下降,甚至会荒废学业。二是青少年正处于青春发育期,性需要强烈,性知识缺乏,处于早恋之中的青少年容易做出"越轨"行为,导致身心两方面的伤害。三是青少年的个性尚未完全成熟,对于爱情和婚姻的认识并不全面,在谈恋爱的过程中难免会遇到挫折,加之心理承受能力相对薄弱,很容易造成心灵上的严重打击,不利于未来个性的发展。

　　早恋现象如果处理得当的话,就不会造成以上的严重后果,相反,还有可能会促进青少年的个性发展和学业进步。那么,家长和教师在发现青少年早恋之后应该如何进行处理呢?首先,不要对孩子的日常生活进行过于严格的管理与监督。对于孩子早恋行为不能简单粗暴的、甚至采用打骂的方式来制止。要给予孩子一定的自由空间,因为越是禁止的东西,由于探索心理和逆反心理,青少年就越容易去尝试。反而会造成事与愿违的局面。其次,对青少年要给予深切的理解和关怀,早恋的学生有很多都是在家庭之中缺乏温暖和关爱的孩子。由于对关爱的需求得不到满足,就容易在恋爱当中寻找满足。因此,家长要让子女充分体会到家庭的温暖,只有这样才容易和孩子进行有效的沟通。最后,要对孩子进行性和伦理教育以及前途理想教育。逐步去除孩子对性的神秘感,使他们对性能有正确的认识。让孩子了解爱情和婚姻的社会属性。并且加强前途理想教育,让孩子把主要精力放在学业和个性发展上。

第四节　青少年心理行为问题

　　青少年时期被称为人生中的"疾风暴雨"期,不仅是因为在这一时期人的身心发生巨大变化,还因为这一时期人的心智尚未成熟,比较容易出现各种心理行为问题。因此,了解青少年常见的心理行为问题,对于帮助青少年的身心健康发展是十分重要的。

一、自杀

　　自杀是青少年常见的心理行为问题,而且自杀率随着年龄的增长而上升。自杀死亡已经成为青少年的主要死亡原因。因此,预防青少年自杀是全社会都要面对的公共卫生问题。

（一）青少年的自杀行为

自杀（suicide）是一个人以自己的意愿，通过自我操作来结束自己生命的行为。据调查发现：在美国，自杀是 10～19 岁年龄组的第三位死亡原因；在芬兰，自杀是 15～19 岁年龄组的第一位死亡原因；我国 15～24 岁人群自杀死亡发生率居世界第二位。由此可见，自杀是危害青少年身心健康的重要原因，应该引起足够的重视。黄雄英等（2011）研究发现，从我国 2002 年到 2009 年的青少年自杀率统计数据显示中可以看到，与国际青少年自杀现象发展趋势相反，我国青少年自杀率整体较低，并且一直处于下降态势，从 2002 年的 8.79/10 万，下降为 2009 年的 3.01/10 万，如图 7-1 所示。自杀是我国青少年因伤害致死的第三原因，我国预防青少年自杀的成效处于世界较高水平，但我们仍需警惕因经济和社会发展问题带来青少年自杀现象的波动。

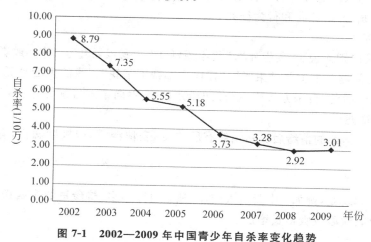

图 7-1　2002—2009 年中国青少年自杀率变化趋势

1. 自杀的发展阶段
自杀是多种行为表现的集合，可以表现出不同的发展阶段。
（1）自杀意念，只有自杀的想法，但没有实施计划和实际行动。
（2）自杀企图，不仅有自杀的想法，还有自杀计划，但未实施。
（3）自杀未遂，出现自杀行为，但未造成死亡。
（4）自杀死亡，出现自杀行为，并导致死亡。

2. 自杀的心理过程分析
自杀的心理过程可以分为三个阶段。
（1）自杀的动机形成阶段
个体在面对难以解决的困难时，出现强烈的无力感和无助感，从而产生逃避现实的心理,准备用自杀的方式来解决困境。

（2）自杀的矛盾冲突阶段

自杀动机出现后,个体的求生本能会使自己陷入一种生与死的矛盾冲突之中,难以做出决定。此时个体情绪波动很大,并有特殊的外部表现,此时可以看作是个体引起别人注意并寻求帮助的信号。

（3）自杀的行为选择阶段

个体在经过激烈的思想斗争之后,情绪逐渐恢复平静,开始考虑自杀的方式、时间和地点,做自杀准备,并最终实施自杀。

3. 自杀的征兆

自杀并不是没有任何规律可循的,大多数自杀者在自杀前都有特殊的行为表现,如果周围的人能够加以注意并及时干预的话,就能够在很大程度上避免自杀。自杀的征兆可以分为言语征兆、情绪征兆和行为征兆。

（1）言语征兆

例如,直接向别人说:"我想死","我不想活了","我没希望了"等。或者间接向别人说:"我的所有问题马上就要结束了","任何人都帮不了我","我的生活毫无意义"等。谈论与自杀有关的话题(自杀方式或生与死的问题);突然向亲友告别等。

（2）情绪征兆

长时间处于抑郁的情绪后突然情绪有所改变,表情淡漠,或极度悲伤,有过度的罪恶感或羞耻感。

（3）行为征兆

突然的行为改变,例如:中断与人交往,独处时间增多,将珍贵的东西送人;经常出现意外事故;吸烟、饮酒或吸毒量增加。

（二）青少年自杀的危险因素

青少年自杀的危险因素包括五个方面:生活变故、个性缺陷、缺乏支持、严重抑郁以及各种精神障碍。危险因素占得越多,个体自杀的风险就越大,但严重抑郁常常是最直接的因素。

1. 生活变故

当青少年在生活中遇到重大变故时,心理承受能力差的个体容易陷入抑郁的情绪,甚至出现自杀的动机。例如,身患重病或残疾、亲人去世、父母离异等。

2. 个性缺陷

自身个性有严重缺陷的青少年容易产生自杀的想法,特别是自我评价低的个体,有严重的自卑感,看不到未来的希望。

3. 缺乏支持

社会支持是评估一个人的心理健康状况是否处于安全水平的重要指标。青少年的社会支持来自于家庭、学校和社会,但最主要的是家庭方面的支持。当青少年缺乏有效的社会支持时,处于抑郁状态的个体就容易产生自杀的想法。

4. 严重抑郁

心情长时间严重抑郁是出现自杀想法的最直接原因。由于情绪长时间低落而得不到缓解,青少年会陷入抑郁状态,有生不如死的感觉,这就促使他们用死亡来寻求解脱。

5. 各种精神障碍

青少年罹患各种精神障碍,特别是精神分裂症等精神病性障碍,这些都是自杀的危险因素。

如果某个青少年既遇到了重大的生活变故,同时又有严重的个性缺陷,再加之缺乏有效的社会支持,就会处于抑郁状态,如果长时间没有改善的话,就极有可能产生自杀的想法。

(三)青少年自杀的预防措施

对于青少年的自杀现象,可以从社会、学校、家庭和个人四个层面来进行预防。

1. 社会层面

大众传媒要开展青少年自杀问题的社会宣传教育,说明自杀现象对青少年的危险,提高大众对青少年自杀现象的认识和警惕,提醒广大青少年珍爱生命,不要轻易选择自杀作为解决问题的方式。

2. 学校层面

在中学时期,就要开展生命教育,让青少年认识到生命本体存在的价值,树立正确的生死观,尊重并珍爱自己和他人的生命,对家庭与社会负责。在教育学生的同时,也要对家长进行关于青少年自杀现象的知识培训,提高家长的警惕性与处理自杀问题的能力。

3. 家庭层面

家长要时刻关注孩子的情绪变化,加强与子女的沟通,特别是要建立平等的沟通模式,让孩子在家长面前能够敞开心扉地交流。当孩子遇到挫折与失败时,父母要成为他们有力的社会支持,帮助他们走出困境。

4. 个人层面

青少年要关注自我的内心世界,树立良好的自我意识以及积极的人生观,提高挫折应对能力,并学会及时调节不良情绪,在自己无法摆脱困境时要学会寻求帮助。

二、抑郁症

由于身体上的急剧变化以及心理上的各种矛盾冲突,青少年难免在生活中感到不高兴,甚至心情压抑,这种状态就是抑郁状态。抑郁是一种常见的情绪状态,一般情况下,随着时间的推移以及个体认知的改变,抑郁情绪会自动缓解。但如果青少年的抑郁情绪长时间存在而不能缓解或有其他症状表现,那么他(她)就很有可能患有抑郁症了。

(一)抑郁症及其临床表现

抑郁症(depression)是一种常见的心境障碍,可以由各种原因引起,以显著而持久的心境低落为主要临床特征,且心境低落与其处境不相称,严重者可出现自杀想法和行为。

典型的抑郁症有三大临床表现,即"三低":心境低落、思维迟缓、活动减少。心境低落表现为长时间的情绪不佳,并且自己难以改善和恢复,有很强的无助感和无力感,有时感到天空都是灰蒙蒙的,外界事物好像都没有了好看的颜色。另外,心境低落有时还表现为"晨重夜轻"的节律变化,即清晨抑郁比较重,晚间比较轻。如果抑郁情绪加重到一定程度的话,就会出现思维迟缓的现象,即感到自己的头脑变笨重了,不灵活了,记忆力也减退了。伴随着心境低落和思维迟缓,个体的活动也会减少,表现为生活懒散,提不起精神,以前的兴趣爱好也都丧失了,甚至表现为对生活失去了信心,对未来失去了希望。

目前国内常用的是《中国精神障碍分类与诊断标准第 3 版(CCMD—3)》其中对抑郁症的诊断标准是:

(1)症状标准

以心境低落为主,并至少有下列中的 4 项:

① 兴趣丧失、无愉快感;

② 精力减退或疲乏感;

③ 精神运动性迟滞或激越;

④ 自我评价过低、自责,或有内疚感;

⑤ 联想困难或自觉思考能力下降;

⑥ 反复出现想死的念头或有自杀、自伤行为;

⑦ 睡眠障碍,如失眠、早醒,或睡眠过多;

⑧ 食欲降低或体重明显减轻;

⑨ 性欲减退。

(2)严重标准

社会功能受损,给本人造成痛苦或不良后果。

(3)病程标准

① 符合症状标准和严重标准至少已持续 2 周。

② 可存在某些分裂性症状,但不符合分裂症的诊断。若同时符合分裂症的症状标准,在分裂症状缓解后,满足抑郁发作标准至少 2 周。

（4）排除标准

排除器质性精神障碍，或精神活性物质和非成瘾物质所致抑郁。

（二）青少年抑郁症的病因

迄今为止，抑郁症的病因尚不明确，相关研究还处于各种假说阶段。一般认为抑郁症与遗传因素、生化因素和心理—社会因素都有密切关系。

1. 遗传因素

流行病学调查显示，与患者血缘关系愈近，患病概率越高。一级亲属患病的概率远高于其他亲属，这与遗传疾病的一般规律相符，提示青少年抑郁症可能与遗传有很大关系。

2. 生化因素

生化因素主要是指两种假说，多数学者认同的是儿茶酚胺假说，指抑郁症的发生可能与 5-羟色胺（5-HT）和去甲肾上腺素（NE）的浓度下降有关，但只是发现了相关关系，因果关系尚不明确。由于很多抗抑郁剂，如选择性 5-羟色胺再摄取抑制剂（SSRI）或者选择性 5-羟色胺和去甲肾上腺素再摄取抑制剂（SNRI）等使用后，虽然大脑突触间隙这些神经递质的浓度很快升高，但抗抑郁的效果一般还是需要 2 周左右才会起效，因此就有了 5-羟色胺和去甲肾上腺素受体敏感性增高（超敏）的假说。

3. 心理—社会因素

青少年面对各种重大挫折或压力，或对事物存在明显的不合理认识以及存在严重的自卑心理，都有可能长时间处于抑郁状态不能自拔，导致抑郁症的发生。

（三）青少年抑郁症的治疗

抑郁症的诊断一旦成立，就需要立即进行治疗。治疗方式主要包括：药物治疗和心理治疗。

1. 药物治疗

药物治疗是通过服用抗抑郁药物来进行治疗。它的特点是起效快，疗效确定，适合中、重度抑郁症，有效率可以达到 60%～80%。

2. 心理治疗

心理治疗是专业的心理咨询师或心理治疗师使用一些心理咨询或心理治疗的方法对抑郁症进行治疗。心理治疗一般适合由明显的心理—社会因素而导致的抑郁症，或者严重抑郁症在用药物控制症状之后的巩固和维持治疗。心理治疗需要较长的治疗时间，患者本人及家长也需要密切配合治疗。对青少年抑郁症患者进行综合式家庭心理治疗，能够有效地减少临床复发，降低再住院率，提高患者的社会功能。

三、精神分裂症

青少年期是精神分裂症的高发期,精神分裂症对青少年的危害巨大,严重损害患者的社会功能,需要引起家长和教师的高度关注。

（一）精神分裂症及其分型

精神分裂症(schizophrenia)多起病于青壮年,主要表现为感知、思维、情感、意志行为等多方面的障碍,精神活动与内心体验不协调或脱离现实。一般无意识障碍和明显的智能障碍,可有一些认知功能的损害,发病期自知力基本丧失。病程迁延,反复发作,部分患者发生精神活动的衰退和社会功能缺损。根据临床表现,精神分裂症可以分为如下几种类型。

1. 偏执型

偏执型以妄想为主要临床表现,常常伴有幻觉。以敏感多疑、关系妄想、被害妄想多见,其次为物理影响妄想和嫉妒妄想等,绝大多数病人多种妄想同时存在。

2. 青春型

青春型在青少年期起病,多表现为兴奋、话语多、活动多,但言语凌乱、行为怪异、愚蠢幼稚,其思维、情感和行为极不协调。

3. 紧张型

紧张型主要表现为紧张综合征,包括紧张性木僵和紧张性兴奋。

4. 单纯型

单纯型以思维贫乏、情感淡漠、意志缺乏、社会性退缩等为主要症状。常起病缓慢,并逐渐趋向精神衰退。

5. 未定型

未定型即不符合以上四种类型,根据临床症状难以分型或为几种类型的混合型者。

（二）精神分裂症的病因

精神分裂症的病因尚不明确,目前比较公认的观点是,个体的易感性素质和外部不良因素通过内在生物学因素共同作用而导致疾病的发生。因此,病因可能包括神经生物因素、遗传因素和心理—社会因素。

1. 神经生物因素

神经生化的研究显示,患者有多种神经递质功能异常,主要包括多巴胺、5-羟色胺、谷氨酸。神经解剖和神经影像学的研究显示,患者颞叶、额叶及边缘系统存在脑组织萎缩,脑室扩大和沟回增宽。另外,母孕期的病毒感染、围产期并发症、幼年的躯体疾病等都与神经系统发育缺陷有关,这与精神分裂症的发病有一定关系。

2．遗传因素

流行病学调查显示,患者亲属中的患病率高于一般人群数倍,血缘关系越近,患病率越高。另外,分子遗传学的研究也提示出与精神分裂症有关的易感基因位。目前普遍认为,精神分裂症可能是多基因遗传,发病可能是由若干基因的叠加作用所致。

3．心理—社会因素

青少年不良生活经历所带来的精神刺激以及个性缺陷等因素在精神分裂症的发病中可能起到了诱发和促进作用。

（三）精神分裂症的治疗

精神分裂症的治疗原则是:早发现,早治疗;以药物治疗为主。青少年患者会面临心理和社会问题,在缓解期应配合一定的心理治疗。家庭对青少年患者的治疗、康复起着非常重要的作用,家长需要了解该疾病的知识,积极配合医生治疗。精神分裂症治疗属于长期治疗,青少年患者和家长要防止疾病的反复发作,维持病情的长期稳定,并且应与医务工作者建立良好的治疗联盟。

精神分裂症的治疗包括:药物治疗和心理治疗。药物治疗可以缓解绝大部分症状,抗精神病药物治疗应作为首选的治疗措施。在疾病的缓解期可以配合心理治疗,心理治疗可以帮助青少年患者恢复社会功能和掌握疾病的自我管理能力。

四、心身问题

心身问题(psychosomatic problems)是指与心理因素有关的躯体问题,也就是说,临床表现是躯体问题,但心理因素是主要的病因,或者心理因素在发病中起到一定的作用。青少年常见的心身问题包括:进食障碍和睡眠障碍。进食障碍包括:神经性厌食症、神经性贪食症和神经性呕吐症;睡眠障碍包括:失眠症、嗜睡症、睡眠—觉醒节律障碍、睡行症、夜惊、梦魇。其中,失眠症是青少年中最常见的睡眠障碍。

（一）神经性厌食症

神经性厌食症(anorexia nervosa)是由于患者故意节制饮食导致体重明显低于正常标准的一种进食障碍。在临床上表现为不计后果地限制进食的数量和种类,严重者拒绝进食,造成身体的极度消瘦或严重的营养不良,体重明显下降,并伴有青春期发育停滞,女性可出现闭经。

神经性厌食症多发于年轻女性,主要原因是患者过分地追求身材的苗条,对体重增加和发胖有过度的恐惧,即便自己已经非常瘦了,却还坚信自己胖,继续通过限制饮食来防止发胖,最终导致极度的营养不良。患者性格多具有完美主义、依赖性强、追求与众不同和自我评价低等特点。但也有人认为厌食的原因是青少年对情绪问题的回避以及向儿童期退行的表现。

对神经性厌食症如果不进行及时有效的治疗的话，严重的营养不良会带来各种并发症，将有可能危及生命。对神经性厌食症的治疗要采取心理治疗与躯体治疗并重的原则。在进行心理治疗时，首先要取得青少年患者及家长的信任和配合，了解其发病的原因。研究发现，神经性厌食症往往与青少年患者的家庭（特别是父母对子女的态度）有很大关系，另外，青少年患者的其他生活环境中的因素也可能导致其病态认知。在弄清病因后，应给予一定的认知治疗、行为矫正治疗或家庭治疗。也可采用躯体治疗，主要包括躯体支持治疗、促进食欲治疗和精神药物治疗，目的是改善青少年患者的营养状况以及控制其不良情绪。

（二）神经性贪食症

神经性贪食症（bulimia nervosa）是指发作性的、不可抗拒的摄食欲望和行为，一餐可摄入大量的食物，食后以呕吐、导泻、利尿、禁食或过度运动等方法来抵消体重增加的进食障碍。

发作性暴食是神经性贪食症的核心症状。暴食发作时，食欲大增，吃得又多又快，甚至一次吃进常人食量的数倍，直到难以忍受为止。暴食后出现厌恶、内疚、担忧，有的为此而产生自杀观念和行为。发作间期食欲多数正常，但少数青少年患者食欲下降。发作频率不固定，多数为一周内发作数次。神经性贪食症可与神经性厌食症交替出现，在厌食表现的过程中伴随着贪食行为，两者具有相似的发病原因，即对于自己身材的病态认识以及对于发胖的恐惧。神经性贪食症的发病过程大致是：暴食—恐肥—催吐—暴食的恶性循环。绝大多数病人是年轻女性。

对神经性贪食症的治疗既要重视心理治疗，又要配合药物治疗。心理治疗的方法有认知行为治疗、精神分析及家庭治疗，用来改变青少年患者对体型和体重的歪曲看法，改善抑郁情绪，减少贪食行为。药物治疗主要采取抗抑郁剂来治疗抑郁情绪，抗躁狂药对贪食行为也有效。

（三）神经性呕吐症

神经性呕吐症（nervous vomiting disease）是指一组自发或故意诱发反复呕吐的精神障碍。呕吐物为刚吃进的食物，不伴有其他明显的症状，呕吐常与心理社会因素有关。

其临床表现与神经性厌食有部分重叠，但神经性呕吐患者的体重无明显减轻，体重保持在正常体重的80%以上，而且较少有控制体重的动机和行为。呕吐行为与心理因素密切相关，青少年患者个性多具有自我中心、易受暗示、易感情用事、好夸张做作等癔症性特点，躯体没有明显的器质性疾病。

神经性呕吐症的治疗要以心理治疗为主，认知行为疗法是较常采用的方法，并可以取得良好的疗效。另外,使用抗焦虑药对症状的缓解有一定帮助。

(四) 失眠症

失眠症(insomnia)是一种持续时间相当长的睡眠的质或量不能令人满意的状态。失眠可引起青少年的焦虑、抑郁,或恐惧心理,并可导致精神活动效率下降,妨碍学习和交往等社会功能。

在失眠的青少年当中,以入睡困难者最多见,其次是睡眠浅和早醒,有些表现为睡眠感觉缺乏,还有以上情况并存的个体。对失眠产生越来越多的恐惧和对失眠导致后果的过分担心,使失眠者通常陷入一种恶性循环难以自拔。失眠者入睡前就会对失眠感到紧张焦虑,清晨起床后感到精神倦怠、疲乏无力。

失眠症的原因很多,对于青少年来说,心理因素是最主要的。包括:学习和生活中的各种不愉快事件造成焦虑、抑郁、紧张,或者对健康问题的过分关注。另外还有环境因素,包括:生活习惯的改变、更换住所、声音嘈杂、空气污浊和光线刺激。躯体因素,包括:疼痛、瘙痒、喘息、吐泻、饥饿、疲劳、性兴奋等。药物和食物因素,包括:酒精、咖啡、茶叶、药物依赖或戒断症状。以上因素都会导致失眠现象,失眠者对失眠本身的过分担心会使症状逐渐固定下来。

对于失眠症的治疗,首先要弄清导致失眠的原因以及失眠的特点和规律。如果是由心理因素导致的失眠,一般以心理治疗为主,包括:利用生物反馈、自我催眠、森田疗法等治疗方法可以改善睡眠前的紧张状态。另外,调整和改善睡眠环境,保持有规律的作息制度也是非常重要的。必要时可以在医师的指导下使用药物作为辅助治疗手段,但应当避免形成药物依赖。

本 章 小 结

青少年期是生理发育的第二个高峰期。青少年大脑的结构和功能趋于完善,身高、体重、骨骼和肌肉都有显著变化,并出现第二性征。内脏机能明显增强,生殖器官迅速发育并逐步成熟。青少年的生理发展与心理发展处在一种不平衡的状态,心理发展滞后于生理发展。

少年期的思维是从以具体形象思维为主导的思维方式向以抽象逻辑思维为主导的思维方式发展,思维的独立性和批判性共存,思维还具有表面性、片面性以及自我中心性。到了青年初期,抽象逻辑思维仍然占据优势并继续高速发展,抽象逻辑思维从以形式逻辑思维为主导向以辩证逻辑思维为主导的方向发展。

青少年的情绪有明显的两极性的特点,即强烈性与温和性共存、可变性与顽固性共存、内敛性与表现性共存。青少年的逆反情绪与青春期的"心理断乳"和两代人之间的"代沟"有密切的关系。

少年期自我意识发展非常迅速,自我意识高涨,并且在自我评价、自我体验和自我控制方面均有明显进步。青年初期自我的独立性和自我评价趋于成熟,自我意识产生分化与统一,多数人能够发展出良好的自我同一性,但有一些人会出现自我同一性危机。

在整个青少年期,个体的品德迅速发展,少年时期品德发展具有动荡性,到了青年初期,品德的发展才逐渐趋于成熟。初中二年级是青少年道德发展的关键期;而初中三年级下学期到高中一年级是青少年道德发展的初步成熟期。

青少年期的亲子关系经历着从叛逆到疏远再到亲密的过程。青少年一般能够自觉地尊重教师,与教师建立良好的师生关系。同伴关系在青少年的成长中有重要意义,青少年往往喜欢和自己兴趣爱好相同的同伴交往并成为朋友,这一时期的友谊往往比以后任何一个年龄段的友谊都更纯洁和直率。

青少年比较容易出现各种心理行为问题,如自杀、抑郁、精神分裂及心身问题等,必须引起家长和教师的重视。

复习思考题

1. 青少年生理发育对心理发展有哪些影响?
2. 少年期思维发展有哪些特点?
3. 青少年情绪的两极性有哪些表现?
4. 青少年品德发展的总体特征是什么?
5. 应该如何预防青少年自杀?

第八章

成年初期的心理发展

【学习目标】

　　通过本章的学习,使学生对成年初期个体的生理特征、亚健康、自我、人生观,友谊、爱情、职业等有基本的了解,掌握成年初期后形式思维的特征、成年初期个体发展的主要任务。

【关键概念】

　　成年初期(early adulthood),亚健康(sub-health),后形式思维(postformal thought)

　　张某大学刚刚毕业,对未来充满了无限的向往和迷惘,他希望找个漂亮、有气质的女朋友,希望能有一份让人羡慕的好工作。然而,他并不清楚自己的未来在哪里?女朋友迟迟不见影,找工作屡屡受挫。最让他苦恼的是总有一些声音在他的内心萦绕:自己这么辛苦地找工作到底是为了什么?人活着的价值是什么?意义又在哪里?

　　成年初期又称青年晚期,年龄段为18~35岁。成年初期是个体进入成人角色、承担成人责任和义务的时期。

第一节　成年初期的生理发展

　　个体的生理发育和成熟完成于成年初期,此时个人的健康、力量、精力和耐力达到巅峰状态,感觉能力和运动能力亦处于高峰期。随着社会压力的增大,亚健康渐渐逼近成年初期的个体,尤其是白领阶层。

一、成年初期的生理特征

个体的生理发育和成熟在成年初期已经完成。他们的身高、体重获得充分的发育,骨化完成,身高的增长逐渐停止;身体内部各系统功能指标趋于平衡,大脑和神经系统功能显著发展并逐渐成熟;生殖系统功能成熟,已具有良好的生殖能力。此阶段,个人的健康、力量、精力和耐力达到巅峰状态,感觉能力和运动能力亦处于高峰期。

与中年和老年人相比,青年人的死亡比例较低,显示了其优良的健康状况。意外事故、被杀和自杀是导致成年初期个体死亡的三大因素,此外,肥胖、运动量不足和威胁健康的行为(饮食、睡眠不足、吸烟、饮酒、药物滥用)也是重要的影响因素(戴安娜·帕帕拉,萨莉·奥尔兹,蕾丝·费尔德曼,2005)。

二、亚健康

世界卫生组织(WHO)的一项全球性调查表明,真正健康的人仅占5%;患有疾病的人占20%;处于亚健康状态的人占75%(赵瑞芹,宋振峰,2002),年龄分布在20~45岁之间(刘姝,宁利苗,2003)。白领的亚健康现象已经极其普遍,大约98.8%的白领有不同程度的亚健康状态,其中26~30岁的白领是重度亚健康的主力军,比例高达64.2%。

中华医学会曾对33个城市、33万人做过一次随机调查,结果表明,我国亚健康人数约占全国人口的70%。其中,沿海城市高于内陆城市,脑力劳动者高于体力劳动者,中年人高于青年人,高级知识分子、企业管理者的亚健康发生率高达70%以上。

(一)亚健康的概念

从1998年苏联学者布赫曼提出界于健康与疾病之间的"第三状态"至今,"亚健康状态"的提法在我国已被公众所广泛使用。王文丽、周明洁、王力和张建新(2010)将亚健康状态定义为:一种介于健康与疾病的中间状态,是个体在适应生理、心理、社会应激过程中,由于身心系统(心理行为系统、神经系统、内分泌系统、免疫系统)的整体协调失衡、功能紊乱,而导致的生理、心理和社会功能下降,但尚未达到疾病诊断标准的状态,这种状态通过自我调整可以恢复到健康状态,长期持续存在可演变成疾病状态。

(二)亚健康症状的表现形式

亚健康状态是机体在无器质性病变情况下发生了一些功能性改变,大体有以躯体症状为主的躯体性亚健康、以心理症状为主的心理性亚健康、以人际交往中的不良症状为主的人际交往性亚健康(赵瑞芹,宋振峰,2002)。闫剑勇、丁国允和雷达(2005)认为亚健康状态的主要表现形式为生理、心理和社会适应三方面的改变。生理方面主要表现为疲劳、困倦、乏力、多梦、失眠、头晕、目眩、心悸、易感冒、月经不调、性功能减退等。心理方面主要表现为抑郁、烦躁、焦虑、妒忌、恐惧、冷漠、孤独、记忆力下降、注意力分散、反应迟钝、精神紧张、情绪低落等。社会适应方面主要表现为工作吃力、学习困难、人际关系紧张、家庭关系不和谐等。

（三）亚健康的影响因素

产生亚健康状态的原因既有心理、生理和社会三方面因素失调导致机体的神经系统、内分泌系统和免疫系统整体协调失衡、功能紊乱而致，又有生活习惯和行为方式、环境污染等多因素的影响所致。

1. 心理因素

王文丽、周明洁和张建新（2010）提出易感素质—危险诱因—心理危险信号病理模型来解释心理因素对亚健康的影响。他们认为亚健康的危险因素应区分为易感素质、危险诱因和危险信号。易感性是个体的稳定而持久的特质，它是存在于个体内部的、内隐的特质。易感性是症状发生的独立的基础，但它对症状的发生却是必要而不充分的。易感性只有在应激的条件下才能对症状发生构成充分条件。易感性一经激活，就可能成为心理症状的维持性因素。因此，易感性既是发生症状的先兆性危险因素，也能成为预示着症状将维持下去的维持性危险因素。易感性特征包括描述性易感特征和易感素质。易感素质则由心理易感人格、认知模式、创伤史的残余压力等和生理易感素质构成。生理易感素质分为体质、基因等影响生理机能的生理素质和神经系统等影响心理机能的生理素质。危险诱因是指各种应激源。个体发生亚健康状态时，除了主观体验外，还会有一些可观察的症状表现，这些症状表现称之为亚健康的危险信号，它提示了亚健康状态的发生或存在。危险信号包括生理危险信号和心理危险信号。他们认为三因素导致亚健康的机制是应激作用于个体时通过与原有易感素质的交互作用实现对原有系统机制平衡的干扰破坏，以危险信号（症状）的形式表现出亚健康状态。

2. 生理因素

第一，身体过度疲劳。由于现代工作竞争的日趋激烈，人们用心、用脑过度，身体的主要器官长期处于入不敷出的非正常负荷状态，身体过度疲劳造成精力、体力透支，导致亚健康状态。第二，身体的自动老化。机体的各个器官随着年龄的增长都会减退，表现出体力不足、精力不支、适应能力降低，进而导致亚健康状态的发生。第三，心血管、肿瘤等疾病的前期。在疾病发生前，人体在相当长的时间内不会出现器质性病变，但在功能上已经发生了障碍，如胸闷气短、头晕目眩、失眠健忘等症状（李志敏，2006）。

3. 社会因素

社会因素的干扰表现在：社会竞争激烈，工作、学习负担过重，生活压力过大；人际关系复杂，上下级或同事之间关系紧张；遭遇不良生活事件，如离婚、丧偶、失业、法律纠纷、经济负担过重；机械化、公式化的生活、工作和学习占去了人的大部分时间，使人们之间的情感交流越来越少,孤独成为人们生存的显著特征(柯新桥,朱炎林,范鹏,李金萍,2007)。

4. 不良的生活与行为方式

现代社会人们的工作和生活节奏加快,身心负荷加重,生活不规律,缺乏休息和充足的睡眠,极易发生疲劳,而疲劳是危害健康的重要因素。不良的生活习惯主要体现在以下几方面:第一,饮食结构不合理。机体摄入低蛋白、高热量食物。不重视早餐,甚至不吃早餐,机体经常处于饥饿状态,致使大脑供血供氧不足,影响肾上腺素、生长激素、甲状腺素等内分泌激素的正常分泌,严重者可产生情绪抑郁、心慌乏力、视物模糊、低血糖、昏厥等症状。第二,长期偏食。人体在正常状态下,血液为弱碱性,血液中不论酸性过多还是碱性过多,都会引起身体不适,主食的面、米及副食中的肉、蛋类、白糖等食物,食入过多都会导致酸性体质,诱发亚健康状态。第三,暴饮暴食。暴饮暴食可造成消化道器质性病变,人体不能吸收必需的各种营养物质、维生素、微量元素(李志敏,2006)。

5. 环境的污染

现代生活中,尤其是大城市汽车尾气、灰尘、空调等,对空气造成了污染,人们吸入了不新鲜的空气,这也是导致亚健康状态的因素之一。

总之,随着现代生活节奏不断加快,导致亚健康的因素会很多,只有正确认识导致亚健康的因素,克服不良的生活习惯,积极参加体育锻炼和娱乐活动,放松情绪,缓解工作压力,提高身体和心理素质,才能有效地预防亚健康的发生。

阅读栏 8-1　慢性疲劳综合征(CFS)(引自杨振东,董向荣,2007)

CFS 是在 1988 年由美国疾病控制中心(CDC)提出来的,是具有一组临床症状的疾病。以长期疲劳为主要临床特征,还有低热、咽炎、淋巴结肿大、头痛、肌肉酸痛、关节痛、失眠、精神不集中、记忆力下降、抑郁等复杂的症状。CFS 的病因尚不十分清楚,一般认为与病毒感染有关,如肠道病毒感染,人类疱疹病毒 6 型、巨细胞病毒等,尤其是与 EB(Epstein-Barr virus)病毒感染有关。

1994 年美国疾病控制中心修订并简化了 CFS 的诊断标准:

1. 主要表现:经临床评定不能解释的持续反复的慢性疲劳,该疲劳是新发生的或者有明显的开始日期;不是持续用力而造成的;经充分休息而不能明显缓解;因疲劳而导致工作、学习、社会活动或个人活动水平较发病前有明显的下降。

2. 临床症状:发生慢性疲劳表现之后同时有 4 项或 4 项以上下述症状,且这些症状已经持续存在或发作 6 个月或更长时间。

(1) 短期记忆力或注意力集中能力明显降低;

(2) 咽痛;

(3) 颈部或腋下淋巴结肿大、触痛;

（4）肌肉痛；

（5）没有红肿的多关节疼痛；

（6）出现一种新的、程度较重的头痛；

（7）不能解乏的睡眠；

（8）运动后发生的疲劳持续在 24 小时以上。

第二节　成年初期的思维发展

皮亚杰认为认知发展止于形式运算阶段，即形式运算是人类认知发展的顶峰。然而，成年人面临着复杂的社会环境及其不明确的情境，形式运算这种严格按照形式逻辑规则进行推理的认知活动很难帮助成年人解决现实生活中的复杂问题。一些发展心理学家确信：个体的思维发展一直持续到成年期，并且表现为更高的发展阶段；大多数成人并不是以形式运算方式进行思维的，也不寻求合乎逻辑的问题解决方式，而是寻求最有效的问题解决方式；形式运算也不是成熟思维的唯一形式，成熟思维应该更加复杂和丰富，能够应对不确定的、不一致的、矛盾的情境（Papalia，Olds，& Feldman，2005）；受情境、经验、情绪、身体等因素的影响，成人认知发展在多领域内具有动态变化性，表现出灵活性、开放性、实用性和个人性。心理学家将成人这种更为成熟的高级认知称为后形式思维（postformal thought）。心理学家从各自的角度阐释了成年人的后形式思维。

一、帕瑞的相对性思维

帕瑞（W. Perry）认为成年初期是个体理解世界的重要发展时期，思维在成年初期获得了持续发展。进入成年初期后，个体渐渐意识到就同一个问题存在多种不同的观点以及多种解决方法，个体思维中逻辑的绝对成分逐渐减少，辨证成分逐渐增多，个体的思维从以形式逻辑思维为主向以辩证逻辑思维为主过渡。辩证逻辑思维是对客观现实本质联系的对立统一的反映，其主要特点是既反映事物间的相互区别，也反映相互联系；既反映事物的相对静止性，也反映事物的相对运动性，在强调确定性和逻辑性的前提下，承认相对性和矛盾性。帕瑞将这种过程分为四个阶段。（1）二元思维阶段（duality）：个体认为所有的问题都有正确答案或者是可以解决的，因此，该阶段大学生的任务就是学习正确的知识。大学新生对问题的看法非此即彼，要么对，要么错，问题的不确定性是不存在的。他们确信权威者（教师、父母或者专家）拥有问题的正确答案、他们所获得的知识是固定不变的真理，因此，此时的大学生往往执著于追求真理。（2）多元思维阶段（multiplicity）：个体意识到问题具有不确定性，可以分为有正确答案和没有正确答案两类，个体的任务是学习怎样获得正确答案。随着发展，个体进一步意识到很多问题是没有答案的，每个人都有权利发表自己的观点。因此,他们不再毫无区分地把知识看做是固定不变的真理。他们认识到如果自己经过成熟的思考,也会获得正确的观点。(3)相对性阶段(relativism):个体确信问题的不确定性是固有的和普遍存在的,同一问题有多种解决方案,方案的优劣取决于特殊的情境等因素,因此,学生的任务是学会对方案做评价,通过权衡,比较不同的观点,进而找到解决问题的途径。(4)约定性阶段(commitment):个体的承诺表现在各方面,此阶段的学生会在价值观、职业、理想和具体的人物方面做出承诺,并能够做出调整,进而努力地实践自己的承诺。

二、拉勃维维夫的实用性思维

吉塞拉·拉勃维维夫(G. Labouvie-Vief)明确提出后形式思维解释成年人的思维发展。他认为成年初期,个体的思维会发生质性的变化。完全基于形式运算的思维不能满足成年初期个体的需要,复杂的社会以及个体自我发现的挑战要求个体的思维不能完全基于纯逻辑思维。他认为成年初期适应性的思维应该是能运用类比和隐喻进行比较;能应对社会相互矛盾的事件;能轻松地处理各种不同的主观理解和感受。这种思维不再从纯逻辑角度思考问题、不再用绝对的对与错衡量问题、不再相信绝对真理;而是具有相对的、辨证的思考能力,赞同那些相对于具体情况而成立的多重真理;思维更加灵活、宽容和现实。因此,从成年初期开始,伴随着形式逻辑思维的进一步完善,个体逐渐表现出一种相对的、实用的并具有背景性的思维形式,这种形式开始出现于大学生阶段,随后逐渐被固定下来,发展成为成年期认知活动的一般形式。

拉勃维维夫对10~40岁个体的思维进行了实验研究。实验中,研究者向个体呈现不同的故事情境,每个故事都有一个清晰的、逻辑的结论,但是,如果考虑真实世界的要求和压力,对故事的解释会有所不同。如:苯是一个经常饮酒过量的人,尤其是他去酒吧时,饮酒情况更加严重。苯的妻子警告他,如果他再饮酒,自己将带着孩子,离开这个家。今晚,苯参加了办公室的聚会,很晚回到家,而且喝了酒。他的妻子会离开他吗?研究结果表明,成年初期的个体会考虑现实生活情境中的各种可能性,如,苯是否承认错误、道歉,请求妻子原谅他;他的妻子是否有地方可去等。实验说明,成年初期个体表现出了超越形式运算思维的后形式思维。

三、辛诺特的相对性后形式思维

辛诺特(J. Sinnot, 1984)提出相对性后形式运算(relativistic post-formal operation)作为认知发展的最高级阶段,区别于后形式运算。相对性后形式运算强调在理解现实情境中,个体主观能动性的重要作用。在面临某情境时,个体要充分解决某一实际问题,并不仅仅存在单一的形式分析方法,多种甚至相互矛盾的解决方法也是可能存在的,个体必须对几种可能的方法做出选择,而在可能的方法中进行选择或者运用某种方法乃是依靠个体内部的力量(McBride,1998)。

辛诺特提出了相对性后形式运算的 4 个标准(戴安娜·帕帕拉,萨莉·奥尔兹,蕾丝·费尔德曼,2005):

(1)切换:具有在抽象推理和现实世界之间进行转换的能力,如,认为某个观点理论上是可以的,但在现实世界中却是行不通的。

(2)多因多法:意识到大多数的问题并不仅仅是由单一因素引起的,也不是只有一种解决方法,而且有些方法比另外一些方法更有效。

(3)实用主义:能够在几种可能的解决办法中选择最佳方案并知道选择的标准,如,想稳妥一点就选择 A 方法,如果想快一点就选择 B 方法。

(4)悖论意识:能够认识到一个问题或方法含有固有的冲突,如,这样做会让你得到想要的东西,但最终你会为此付出代价。

成年期思维发展的各理论均表明,成年期个体的思维特点不同于青少年时期所表现出来的形式逻辑思维的特点。辩证的、相对的和实用性的思维逐渐成为这个时期个体的主要思维方式。

第三节 成年初期的自我与人生观发展

通过自我接纳和自我排斥过程,成年初期个体的自我得以形成。而此时,个体的主要任务是获得自我同一性,避免角色混乱,体验着诚实品质的实现。成年初期亦是人生观成熟和稳固的重要时期。

一、成年初期自我意识的发展

在成年初期,个体自我意识的发展促进了自我的形成。自我的形成是经过整个青年期的分化、整合过程之后得以最终完成的。整合和统一主要是通过自我接纳和自我排斥的过程实现的。自我接纳是对自我积极肯定的心理倾向,是以积极的态度正确对待自己的优点和缺点,接受自己的长处和短处,以平常心面对自我现实,能根据自己的能力和条件,确定自己的理想目标。自我排斥是对自我消极否定的心理倾向,即否定自己、拒绝接纳自己的心理倾向。自我排斥和自我接纳是自我意识发展过程中必不可少的心理过程,是个体形成良好的心理品质所必需的心理过程。

自我分化和整合的过程受到众多因素的影响,既包括个体积累的知识经验、来自他人的评价,也包括个体独立的意识及自身在社会中的作用、地位和身份等。青年在生活中所积累的知识经验直接影响到自我意识的发展,特别是"成功"和"失败"的经验对自我的形成及自我意识的发展具有巨大影响。青年正是通过对这些经验的再评价,来不断修正自我意识。来自他人的评价也会直接对自我意识的修正、自我的形成产生作用。自我意识尚未得以确立的青年,往往对他人的评价非常敏感。成年初期的青年则可以通过他人对自己的态度、评价来认识并确认自我的存在价值。另外,成年初期自我明显的分化,意味着自我矛盾冲突的加剧,其结果造成自我在新的水平和方向上达到协调一致,即自我统一。但是,这并不意味着自我发展的结束。自我的形成是以自我同一性确立而获得安定的心理状态为标志的(崔光成,2007)。

二、成年初期自我同一性的确立

埃里克森(E. H. Erikson)认为人格的发展并非止于青春期,而是终其一生的。他根据个体遇到的心理社会危机将人的一生分为八个阶段,每个阶段都有其独特的发展任务,亦面临相应的发展危机,只有将危机化解,才能顺利地进入下一个阶段。埃里克森指出步入成年初期的主要任务是获得自我同一性,避免角色混乱,体验着诚实品质的实现。

青年期是自我发现与再整合的时期,是各方面摇摆不定的时期。青年人虽然应该而且有能力承担诸多社会责任和义务,但他们在做出某种决断的时候往往进入一种"暂停"局面,以尽可能地满足避免同一性提前完结的内心需要,而社会也给予青年暂缓履行成人责任和义务的机会,因此,这是一种心理的、社会的延缓偿付期。在延缓所承担的义务和责任的同时,青年学习并实践着各种角色,以形成各种本领。同时,青年可以利用这一时期触及各种人生观、价值观,尝试着从中选取一些符合自己的东西。青年经过反复摸索,就可以确定自己的人生观、价值观及将来的职业等等,最终确立自我同一性。经过以上的各种体验,青年的心理延缓期也已经结束,青年开始被看做一个能独立地履行成人所必须承担的责任和义务的个体。

在现代社会,大学时代的青年应该说正处于"延缓偿付期",是探索自我和确立自我,形成人生观和价值观的重要时期,即自我同一性确立的重要时期。我国学者(徐娜,王国霞,盖笑松,2011)采用纵横结合的设计考察大学生的自我同一性发展,他们对925名大学生进行了为期一年的追踪调查,研究发现,大一上学期至大二上学期和大四年级是大学生自我同一性水平下降较明显的时期;男、女生的自我同一性发展趋势有所不同,女生在"过去的危机"和"将来自我投入的愿望"上的投入程度先降低再上升,而男生则是一直降低,且女生对"将来自我投入的愿望"普遍高于男生;达到自我同一性形成地位并不意味着自我同一性发展的完成,而是仍然有可能倒退至其他状态。

三、成年初期的人生观发展

人生观是对人生目的和意义的根本的看法和态度,是世界观在人生问题上的看法,即有关人生目标及其实现方式的观念系统。人生观的内容比较复杂,是以人生目的为核心的,包括对人生的态度、对人生的评价、对人生的情感、对人生的意义等。

（一）成年初期人生观的形成和稳固

个体的人生观萌芽于少年期，初步形成于青年初期，成熟和稳固于成年初期。少年人虽然能够提出人生的各种疑问，但是，他们还不能自觉、成熟地探索人生的道路和思考人生的意义。进入青年初期，由于社会生活范围的扩大，生活经验的丰富，心理发展水平的提高，他们开始经常而且主动地从社会意义与价值的角度来评价所从事活动和接触到的事件。此时，个体迫切地、认真地关心和思考人生态度、人生意义以及生存价值等一系列的问题。他们努力地去探求和摸索人生的意义。青年初期的人生观具有很大的感性色彩，并不稳定。到了成年初期，个体的思维和自我意识水平快速的发展，以及社会性需要水平的提高，个体对社会生活意义和作用的认识进一步加深，他们对社会生活意义的评价并不因为外界环境条件的变化而改变，人生观表现出一定的稳定性。

（二）我国大学生人生观的变化

研究者于不同时期对我国大学生的人生观进行了研究，从中可以看出随着时代的发展，大学生的人生观也表现出一定的变化性和时代性。

安藤（1965）利用莫里斯"生活方式问卷"对美国、加拿大、日本、印度、菲律宾、挪威、中国等国大学生的调查资料进行比较研究。研究发现，这些国家大学生的价值取向可以分成4类：第一类，中国青年有服务的志向，有为自己的国家革新的愿望；第二类，美国大学生厌恶服务，在生活方面不拘泥于一种生活方式，力求丰富多彩；第三类，印度和菲律宾的大学生是以中庸、努力、克己型为主；第四类，挪威的青年把慈爱、同情他人放在首位，而日本青年在1949年以慈爱为志向，到1965年转变成和美国青年一样，以多彩的生活为志向。

黄希庭等（1989）对两千多名青少年进行过测查。结果发现，我国青少年学生的人生价值观总的来看相当一致。终极人生价值观中，有所作为、真正的友谊、自尊、国家安全被列为4个最重要的人生价值，而内心平静、舒适的生活、兴奋的生活、拯救灵魂被列为4个最不重要的人生价值观；工具性的价值观中，有抱负、有能力、胸怀宽广被视为很重要的人生价值观，而整洁、自我控制、服从则被列为很不重要的人生价值观。

辛志勇、金盛华（2005）对全国10省市13所高校650名大学生进行了问卷调查，结果表明，大学生个人目标可根据重要性依次排序为工作成就、自身修养、荣誉地位、金钱物质；社会性目标依次排序为合格公民、友谊爱情、婚姻家庭；超然性目标依次排序为回归自然、贡献国家、人类福祉（姚本先，何元庆，2007）。

姚本先和何元庆（2008）对不同地区5所高等学校665名大学生的人生观现状和特点进行了较为全面的考察。结果发现，当代大学生人生观总体上积极进取，他们追求自身的完善与发展。

第四节   成年初期的社会性发展

进入成年期,个体的生活事件发生了一系列的变化。在成年初期,个体的主要社会性任务是寻求友谊、开始恋爱、组建家庭、经营婚姻、开创并发展自己的职业与事业。

一、友谊

友谊对个体具有重要的适应性意义,友谊是成年初期主要的情感依恋方式和人际关系。进入成年期后,友谊也相应地发生了变化。除了要求彼此信任、忠诚和亲密外,朋友之间更多的是分享思想与情感。因此,成年人在择友方面以情趣相投为基础,主要体现在追求工作、社交、志向和价值观等方面的共识。与青少年时期相比,成年期的交友数量有所减少,但是亲密度却有所提高。在成年初期,朋友之间交往比较频繁。然而,随着家庭建立、孩子降生、职业压力等问题接踵而至,朋友之间的交往范围与频率有所下降。已婚成年人的朋友类型主要有两类,一类是兴趣相同的同性朋友;另一类是双方共同的家庭朋友。

研究发现友谊关系具有人格适应和发展的功能。友谊关系的人格适应功能表现在以下方面:在成年人当中,朋友的支持性和亲密性与工作成就感、社会满意感、对上司的态度等呈显著正相关。在老年人中,朋友的支持性和亲密性与主观幸福感和生活质量呈显著正相关(陈建文,黄希庭,2000)。心理学家哈特普指出要理解友谊关系的人格适应功能,应该把友谊关系分为"有朋友"、"朋友的一致性"和"友谊质量"三个层次。"有朋友"可以从是否拥有朋友、拥有朋友的数量、与朋友相处的时间和朋友关系的持续时间等几个方面来衡量。"朋友的一致性"即朋友之间的相似性,取决于形成朋友关系的内在和外在条件。共同的生活背景(如居住地、家庭背景、阶层种族等)、相似的生理特征(如年龄、性别、长相、身高等)、相近的心理和行为特征(如能力、学识、性格、行为习惯等)都是产生朋友一致性的条件。"友谊质量"可以采用以下两种方法加以考察:一是维度评估,即根据朋友交往的频率、特征和规律概括抽象出友谊质量的几种特质;另一个是类型评估。

二、爱情

找到伴侣并建立一种持久的情感联结是成年初期一项主要的发展任务。正如埃里克森所描述的一样,成年初期是建立亲密关系的重要时期,建立亲密关系是此阶段个体的一项主要的发展任务。与青少年相比,成年初期的浪漫关系更加持久;彼此更加信任和支持;情感更加亲密;同居更加频繁。Scott, Steward-Streng, Manlove, Schelar, & Cui, (2011)在儿童发展趋势研究中指出,青年初期的性关系具有多样性、暴力性和忠诚性。他们对 7539 位年龄在 18~25 岁的异性恋者进行调查。研究发现,75% 的人有亲密的伴侣,其中,同居的有 20%,结婚的有 20%,约会的有 35%;发生性行为的时间也因亲密关系类型不同而表现出差异,在非正式约会的亲密关系中,性行为发生的时间更早,30%已婚、24%正式约会和 21%同居的青年是与伴侣相识一年后发生性行为的;对伴侣的年龄要求存在性别差异,选择比自己大 3 岁以上伴侣的女性是男性的 4 倍;亲密关系的忠诚感也存在差异,非正式约会的青年认为自己或伴侣有其他性伙伴的比例更高;各种类型亲密关系中都存在暴力行为,26%的青年经历过暴力事件,同居和已婚者经历了更多的暴力行为;各种类型的个体都体验到积极的亲密感;2/3 的人使用避孕措施,其中非正式约会者使用避孕措施的比例更高。

(一)择偶偏好

一般来说,个体所选择的终身伴侣都是与自己有某种程度相似的人,如,相似的教育背景、生活环境、成长经历、社会经济地位等。两个人相似度越高,对亲密关系的满意度越高,就越可能持久保持亲密关系。但是,男女在选择亲密伴侣时,重点考虑的因素还是有差异的。

1. 女性的择偶偏好

女性的择偶偏好主要体现在经济、社会地位、年龄以及与成功相关的品质上。女性对经济基础有着稳定的偏好,无论是选择约会对象、性伴侣,还是稳定配偶,对对方获取经济财富的能力都有较高的要求;女性往往偏好社会地位较高的男性;女性还偏好年长的男性,20 多岁的女性更愿嫁给比自己稍稍年长又差距不大的男性,不愿选择已经位居高职但无甚前途的年长许多的男性。一般而言,女性往往偏爱比自己年长约 3.5 岁的男性;此外,女性还偏爱具有成功品质的男性,如,勤奋而有抱负的男性。

2. 男性择偶偏好

男性的择偶偏好主要体现在年龄、外貌方面。男性对年龄有一定的偏好,平均而言,男性理想中的妻子要比自己小 2.5 岁。男性越大,所期望的配偶的年龄就相应越小;男性对外貌有极大的偏好,男性把性魅力视为重要的因素,性魅力和漂亮的容貌对男性起的作用都比女性大得多(巴斯,2007)。

(二)爱情理论

青年人的亲密关系表现出差异性和多样性。那么,个体如何建立亲密关系?亲密关系如何变化?在亲密关系发展中,个体怎样选择亲密的伴侣,是因为爱还是其他原因?哪些因素会影响亲密关系的质量?

1. 进化心理学观

众多研究发现,男女择偶标准存在巨大的差异,男性比女性更强调未来配偶的身体吸引力和年龄年轻,而女性更重视未来配偶的经济能力、雄心和勤奋等特征。那么,是什么原因导致了这种差异?

进化心理学从进化视角解释人类的择偶观和择偶行为。人类的择偶现象具有进化基础,在繁衍压力下,男性、女性进化出一系列与择偶相关的生理和心理机制,择偶策略的选择是为了解决进化过程中的适应性问题。特里弗斯(Trivers)提出了性选择的生殖理论。他认为个体选择伴侣首先考虑的是具有生殖优势的进化特征;其次是具有生存优势的进化特征,这些特征的出现,会影响异性个体的认知和行为。

巴斯(D. M. Buss)和施密特(D. P. Schmitt)(1993)提出了更具代表性的性策略理论(sexual strategy theory)。他指出为了赢得最终的生育成功而选择配偶的过程中,男性和女性分别面临着不同的适应性问题,择偶偏好及其性策略是为了解决各自的适应性问题。在考虑生殖效益成本基础上,男女分别进化出了短期求偶策略和长期求偶策略。由于两种策略的生殖机会和限制不同,男女要解决的适应性问题也不同。男性生育成功与否取决于与他们交往的能生育的女性的数量,这种限制使得男性在短期求偶策略中要考虑四个问题:伴侣的数量;其中可以得到的女性是谁;谁具有生育能力;对其付出最少的投资、风险和承诺的是谁。男性在长期求偶策略中也需要考虑四个问题:识别有生殖价值的女性;确信自己具有父权;识别擅长养育子女的女性;识别愿意且能够与自己保持长期关系的女性。女性生殖成功的限制在于外部资源的数量和质量及其男性的基因。这种限制使得女性在短期求偶策略中要考虑两个问题:短时间内获得的资源;是否能够发展为长期关系。女性在长期求偶策略中需要考虑六个问题:有资本的男性;愿意给自己投资的男性;能够保护自己的男性;具有抚养技能的男性;能承诺长期关系的男性;男性的基因(Buss, 1998)。

 阅读框 8-2　求偶动机对男性冒险行为倾向的影响(李宏利,张雷,2010)

李宏利,张雷(2010)以国内 127 名大学生为研究对象,采用内隐启动的方法探讨相对于奖赏线索(金钱等),男性大学生接触吸引力(漂亮等)这一求偶线索以后是否更有可能从事一些高风险的行为活动。实验材料是两套人物图片,一套是 15 张对男性而言具有吸引力的女性图片和 5 张吸引力一般的女性图片;另一套是 15 张对女性而言具有吸引力的男性图片和 5 张吸引力一般的男性图片。整个实验有两项任务:一项是认知启动任务,一项是冒险行为倾向问卷。认知启动任务程序如下:求偶线索条件下,计算机屏幕中心两侧会同时出现两张并列的图片,即两张高吸引力的异性图片,两张一般吸引力的异性图片或者两张不同吸引力水平的异性图片(图片混合出现的情况下,两张不同水平的吸引力图片出现在屏幕中心左边或右边的几率均为 50%),两张图片停留500ms 后,一张图片会被字母 P 或 Q 取代,另一张图片消失。被试需要根据屏幕上的字母来做出反应,出现字母 P 就按键盘 P 键,出现字母 Q 就按键盘 Q 键。奖赏线索条件下的反应过程与求偶线索条件类似。字母 P 或 Q 有 90% 的次数落在高吸引力图片上。认知启动任务完成后，被试开始冒险行为问卷。研究发现：求偶线索条件下，男性更有可能从事娱乐、健康与社会领域的风险行为；女生在奖赏条件下，更有可能进行社会领域的风险。根据性选择理论，男性的冒险行为是女性选择潜在配偶的标准之一。这项研究进一步证实了人类祖先在漫长的进化历史中形成的以保证生存与繁衍问题解决的心理行为机制仍在影响现代人。

2. 理查德·乌德里的配偶选择过滤模型

在众多理论中，理查德·乌德里（R. Udry）的配偶选择过滤模型最具代表性。他将选择亲密伴侣的过程比喻成过滤器的工作过程，伴侣的选择共存在六个"过滤器"。第一个是邻近性，即个体更可能与地理位置邻近的人建立亲密关系；第二个是吸引力，在选择伴侣的过程中，成年初期的个体对外貌更加关注。研究表明，男性比女性对伴侣的外貌更加在意，而女性则更看重配偶的抱负和能力；第三个是社会背景，个体倾向于选择与自己的教育、种族、民族、宗教信仰和经济地位相当的人做自己的伴侣；第四个是一致性，个体间的价值、态度和兴趣的相似性；第五个是互补性，一方的弱势是另一方的优势，双方体现出某方面的互补性；第六个是准备，双方为结婚做好准备。

3. 依恋理论

众多研究者（Ainsworth，1989；Weiss，1991）认为成年初期的恋爱关系类似于母婴依恋，但是又不同于母婴依恋。像婴儿依恋自己的母亲一样，处于恋爱期的个体对恋爱的另一方也会产生强烈的情感，希望接近对方，体验愉悦感。而且，由于争吵或工作关系，伴侣双方相互分离时，他们也会产生压抑、愤怒、痛苦，这一点类似于婴儿离开父母时的情感体验。

通过对成年初期个体的研究，哈杉（C. Hazan）和沙沃（P. Shaver）将伴侣间的情感关系分为安全型、抵抗型和回避型。他们认为成人的依恋关系与婚姻质量有一定的关系。安全型依恋的夫妻彼此信任，体验到更多的正性情感，婚姻更持久；抗拒型和回避型的依恋，夫妻间多嫉妒、情感极端、怀疑婚姻的持久性；而且，回避型依恋的个体对性生活比较恐惧；抗拒型依恋的个体对配偶过于依赖。

三、职业

成年初期的另一个重要发展主题是选择工作、确立和发展职业。成年初期，个体开始真正意义上思考自己未来的工作和职业发展。他们提出各种职业疑问，发展自己的能力，寻找与未来职业相关的学习和实践的机会，不断尝试职业领域内的相关工作。深入的职业思索使个体能够有针对性地为自己未来的职业发展做好各方面的准备。经过成年初期的探索和职业的发展，大多数人在成年中期事业达到顶峰，工作满意度也达到最高峰（Feldman，2006）。

（一）职业选择

工作对个人具有重要的意义，是一个重要的自我认同途径。它可以提供一种日常生活的结构,提供人际交往的背景,提供获得社会地位和自我实现的机会。

1. 金兹伯格的职业选择发展理论

金兹伯格(E. Ginzberg)认为个体的职业选择经历了三个阶段。阶段一是幻想阶段(11 岁以前)。在儿童期,个体认为未来的职业选择是无限制的。他们对未来职业的思考只是限于职业是否有趣,并不考虑自己的能力或者工作机会的获得性等现实问题。当问道"将来长大了,你想做什么?"时,儿童的回答是多种多样的,他们想当医生、教师、影星、运动明星、科学家等。阶段二是探索性阶段(11~17 岁)。个体开始从职业要求、自己的能力与兴趣角度思考未来职业的选择。他们首先从自己的兴趣角度思考职业,然后转向自己的能力,最后考虑自己的价值,对职业的思考处于探索阶段。阶段三是现实阶段(17、18 岁后)。个体对职业的思考具有更多的现实性,更少的主观性,开始广泛地探索各种可能的职业。成年初期个体会根据自己的实践经验或职业培训,明确自己的职业选择。通过不断学习和了解,个体逐渐缩小职业选择的范围,继而关注于一种特定的职业,并在这个职业领域内选择一种工作(Santrock,2003)。

2. 霍兰德的人格类型理论

霍兰德(J. Holland)从人格特征与职业匹配的角度提出了职业选择的观点。他认为对工作做出明智的选择,并且能够取得理想的工作效果,不仅要深知自己的兴趣和能力等人格特征,还要了解工作环境的特点与要求。如果人格与职业环境匹配度高,个体就会喜欢该职业,会在职业道路上稳定地走下去;如果人格与职业匹配度低,个体工作得会不愉快,更可能更换职业。他通过对特定职业、职业环境特点中成功个体的人格特征和兴趣的研究,提出了人格—环境适应性模型。

🔍 **阅读框 8-3　霍兰德的人格—职业匹配图(雷雳,2009)**

人格类型	行 为 倾 向	典型职业
现实型	喜爱实用性质的职业或情境,从事其所喜好的活动,避免社交性质的职业或情境;以具体实用的能力解决工作及其他方面的问题;认为自己拥有机械和动作的能力,而较缺乏人际关系方面的能力;重视具体的事物或个人明确的特性。	一般工人、农民、工匠、机械师、土木工程师
研究型	喜爱研究性质的职业或情境,避免进取型职业或情境的活动;以研究方面的能力解决工作及其他方面的问题;认为自己好学、有自信、拥有数学和科学方面的能力,但缺乏领导才能;重视科学。	工程师、化学家、数学家、科研人员
艺术型	喜爱艺术性质的职业或情境,避免传统性质的职业或情境;以艺术方面的能力解决工作或其他方面的问题;认为自己富有表达能力,具有直觉、独立、创意、不顺从、无秩序等特征,拥有艺术与音乐方面的能力;重视审美的特质。	诗人、小说家、音乐教师、舞台导演、艺术家

续表

人格类型	行 为 倾 向	典型职业
社会型	喜爱社交性的职业或情境,避免现实型的职业或情境;以社交方面的能力解决工作或其他方面的问题;认为自己喜欢帮助别人、了解别人、有教导别人的能力,但缺乏机械与科学能力;重视社会与伦理的活动与问题。	教师、传教士、辅导人员
企业型	喜欢进取性的职业或情境,避免研究性质的职业或情境;以进取方面的能力解决工作或其他方面的问题;认为自己冲动、自信、善社交、知名度高、有领导与语言能力;缺乏科学能力;重视政治与经济上的成就。	推销员、企业经理、政治家
常规型	喜欢常规性质的职业与情境,避免艺术性质的职业与情境;以传统方面的能力解决工作及其他方面的问题;认为自己顺从、有规律、数学和文字能力强;重视商业与经济上的成就。	出纳、会计员、银行职员、行政助理、秘书

（二）职业发展

舒帕(D. Super)以自我概念为基础提出了职业发展理论。他认为个体的自我概念在职业选择中具有重要的作用。职业发展的本质就是个体发展和贯彻其职业自我概念的过程。职业自我概念就是个体在社会活动中所形成的有关职业与自身关系的认识和观念。根据个体自我概念的变化以及自我概念对职业角色的适应性特征,从终身发展的视角,舒帕将个体一生的职业生涯划分为成长、探索、建立、维持和衰退五个阶段,而每个阶段又都要经历成长、探索、建立、维持和衰退的问题,进而形成一个循环(许淑莲,申继亮,2006)。前一阶段已经适应的一切开始慢慢衰退,下个阶段又将开始新的成长、探索、建立和衰退。表 8-1 列出了舒帕的职业循环式发展任务。

表 8-1　舒帕的职业循环式发展任务(转引自雷雳,2009)

	终身发展视角			
	青少年期 （探索阶段）	成年初期 （建立阶段）	成年中期 （维持阶段）	成年后期 （衰退阶段）
成长问题	发展适宜的自我概念	学习处理与他人的关系	接纳个人的局限	发展非职业性的角色
探索问题	获得更多的工作机会	寻找机会,做自己喜欢的事情	辨识新问题并设法解决	寻找合适的退休后的活动场所
建立问题	开始创业	安于现状	学习新的技能	从事向往已久的事
维持问题	验证当前的职业选择	设法保持工作安定	巩固自己、面对竞争	兴趣的保持
衰退问题	减少用于嗜好的时间	减少运动时间	集中于主要活动	减少工作时间

舒帕认为职业决策是一个持续终身的过程,个体需要不断使自己的职业目标与现实的工作环境相匹配。个人发展需要、社会力量如经济下滑、裁员、电算化以及新技术的出现或组织内部的新的职业道路都会让这些职业发展阶段循环往复。

(三)工作、家庭与健康

现代社会,很多家庭是双职工家庭,男女两性承担着多重角色,如夫妻、父母、子女和雇员等。研究者就卷入多重角色对个体心理健康的影响进行了广泛的研究。研究者提出"过剩效应"解释多重角色对心理健康的影响。过剩效应是指一种角色或生活的一个侧面(工作)的经验出现过剩,会影响个体其他方面(家庭)的经验。就工作和家庭而言,过剩的发生是双向的——从家庭溢向工作,或者从工作溢向家庭。科奈尔夫妇采用一系列问题考察从家庭溢向工作以及从工作溢向家庭的负向和正向效应。表8-2列出了科奈尔夫妇研究过剩效应所用的问题。研究发现:(1)职业地位和年龄层都与从工作溢向家庭的负向过剩相关,管理者和较年轻的年龄层有较高的负向过剩,说明一个人事业的开端可能是最难于经营的;时间要求高和低控制的工作导致了负向过剩效应以及工作疲劳。负面效应和精力的耗尽给抚养孩子的活动带来了压力,并减少了对孩子行动的监管。(2)年纪较大的年龄层和女性有较高的正向过剩,说明拥有一份有报酬的工作减轻了与孩子之间麻烦关系的影响,进而减轻了心理压力;那些从工作中获得成就感和能力感的女性更少体验到由于与子女之间冲突所导致的心理紧张。(3)女性报告了更多从家庭溢向工作的负向过剩,尤其是那些子女处于学龄前和学龄中的女性,而年龄较大的女性报告了最小的负向过剩。说明养育子女给女性的工作带来很大的困扰和压力。(4)各个年龄阶段的女性都报告较高的从家庭到工作的正向过剩。没有孩子的年轻夫妇报告较多的从家庭到工作的正向过剩。总之,科奈尔夫妇的研究表明从家庭到工作的过剩上,女性比男性更易受到影响,女性体验到更大的压力问题。

表8-2　科奈尔夫妇研究过剩效应所用的问题(引自 K. W. 夏埃,S. L. 威里斯,2002)

过 剩 效 应	问　　题
工作向家庭的负向过剩	工作让你觉得太累以至于在家里无法去做需要关注的事情; 工作担忧或工作问题让你在家里心烦意乱
工作向家庭的正向过剩	工作中的事情能够帮助你处理家中的私人问题和实际问题; 工作中所做的事情能够使你在家中变成一个更有趣的人
家庭向工作的负向过剩	当你在工作时,私人或家庭的忧虑和问题让你分心; 家里的活动和琐碎的事阻碍了你获得好工作所需的睡眠时间
家庭向工作的正向过剩	在家中,通过与家人的谈话来帮助你解决工作问题; 你在家里获得的爱和尊重让你在工作中感到自信

本 章 小 结

在成年初期,个体的生理发育和成熟得以完成。成年人的思维更加复杂和丰富,能够应对不确定的、不一致的、矛盾的情境;受情境、经验、情绪、身体等因素的影响,成人的认知发展在多领域内具有动态变化性,表现出灵活性、开放性、实用性和个人性。在现代社会,大学时代的青年应该说正处于"延缓偿付期",是探索自我和确立自我,形成人生观和价值观的重要时期。青年人的主要社会性任务是寻求友谊、开始恋爱、组建家庭、经营婚姻、开创并发展自己的职业与事业。

复习思考题

1. 什么是后形式思维?辛诺特提出的相对性后形式思维的标准是什么?
2. 男性和女性的择偶标准有何不同?
3. 阐述进化心理学的爱情理论?

第九章

成年中期的心理发展

【学习目标】

　　通过本章的学习,使学生对成年中期个体的感官系统的退化、更年期的症状有基本的了解,掌握中年人智力发展的特点、中年人的人格变化、家庭变化趋势。

【关键概念】

　　成年中期(middle adulthood),更年期(menopause),家庭生命周期(family life cycle),生活事件模型(life-events approach)

　　进入中年期,李某对自己的工作和生活非常满意。她已经是单位的处级干部了,子女也已经考上了理想的大学,夫妻也很恩爱。由于空闲时间比较多,她开始注重自己的业余生活。每周二和周六的晚上,她会和朋友一起去上瑜伽课。周日,她和老公一起去喝咖啡、看电影。这一切似乎都很完美。但是,李某最近总被身体的不适和情绪的反复无常所困扰,她担心自己正经历所谓的更年期。

　　成年中期是指35～60岁这段时期,也有研究者将成年中期的年龄范围界定为30～65岁。成年中期自青年期而来,向老年期奔去,是夹在这两个阶段之间的漫长发展阶段。

第一节　成年中期的生理发展

　　步入中年期以后,个体的所有感官都以大体相同的速度在退化,这种生理退化给中年人的生活造成一定的影响。更年期是成年中期的一个必经阶段,是一种正常的、自然的生理现象。

一、感官系统的退化

中年人的各种感官都以大体相同的速度在退化,其中变化最显著的是视觉和听觉。各感官的退化表现出不同的特点。

1. 视觉变化

成年期,视觉系统会发生一些生物学方面的变化。眼睛外部的变化主要发生于35岁至45岁之间。角膜开始失去光泽,表面出现浑浊的流质,外周有了灰圈,曲度变小、变厚,折射光线的能力变差,开始出现散光;瞳孔的直径逐渐变小,调节光线的能力减弱,导致老年人在光线弱的情境下很难看清楚物体;睫状肌萎缩衰老,收缩性减弱,使得老年人很难看清楚近处的物体,成为"远视眼";晶状体变黄、变浑浊、变硬、缺乏弹性,导致视觉能力下降(许淑莲,申继亮,2006)。研究表明,由于晶状体不透明性的极端发展,有20%至25%的75岁以上的老年人会患上白内障(夏埃,威里斯,2002)。视网膜和神经系统的变化则发生在55岁至65岁之间。血液循环降低导致视网膜细胞缺乏养分,使细胞遭到破坏或者功能损伤。另外,正常的衰老和疾病都可能引起视网膜和神经系统的功能损伤。

2. 听觉变化

进入成年期后,耳廓会变宽、变长、变厚、变硬,长出一些硬的细毛;外耳道中的耵聍腺分泌越来越多的耵聍;鼓膜的张力变得难以恢复;听小骨变得僵硬,这些变化使得成年人在50多岁时听力敏锐度开始下降(许淑莲,申继亮,2006)。听力减损首先表现为高频音听力困难。一般而言,老年人听女声比听男声困难;听女高音比听男高音困难;听高音喇叭放出的声音比听低音喇叭的困难(夏埃,威里斯,2002)。男性比女性听力下降得更快,大约是女性的两倍。

二、更年期

更年期是指个体由中年向老年过渡过程中生理变化和心理状态明显改变的时期。男、女两性都会出现更年期,一般发生在50岁左右。更年期是人生的一个必经阶段,是一种正常的、自然的生理现象。一般而言,大部分人会在半年到两年左右的时间内恢复正常的生理状况。因此,个体和家人应该科学、客观地看待这些现象,并且积极参与到这个过程中,帮助其顺利度过更年期。

(一)女性更年期

女性更年期是指女性"绝经"前后的一段时期,意味着由可以生育到不能生育的转变。更年期最显著的标志是绝经。女性月经变得没有规律并且频率下降,之后的一年左右没有出现月经,就已经进入绝经期。进入更年期的年龄存在很大差异,不能一概而论。

更年期女性的性激素分泌水平开始下降,这会导致一系列的症状。最普遍的体验便是"潮热",即女性腰部以上的部位会突然发热、流汗,随后,会感觉到寒冷。头痛、头晕眼花、心悸、关节疼痛、腰背痛、肌肉痛和生殖系统的不适都是症状的体现。更年期女性还会出现一系列的心理体验,如压抑、紧张、间歇性哭泣、注意力不集中、烦躁等。

更年期女性的生理变化是真切存在的,但是,其心理体验与更年期没有必然的因果关系。研究发现,更年期症状的性质和程度受到对待更年期的态度及其预期、家庭、社会地位、生活地域、种族和文化背景等因素的影响。研究表明,能够顺利度过更年期的重要影响因素是个体对待更年期的态度和预期,那些预期更年期会很困难的女性更倾向于认为更年期会引起不良的身体症状和情绪问题;相反,对更年期持有积极态度的个体很少将身体不适归罪于更年期(费尔德曼,2007)。临床观察发现,由于亲子关系紧张、夫妻关系不和、工作不顺等因素的影响,更年期的女性容易出现严重的精神症状。研究发现,非西方文化和西方文化女性在更年期体验方面存在差异。表 9-1 列出了绝经年龄和症状体验的地域差异。

表 9-1　绝经年龄和症状体验的地域差异

地　　域	绝经年龄(岁)	症状体验(百分比)
欧洲	50.1～52.8	74
北美洲	50.5～51.4	36～50
拉丁美洲	43.8～49.5	45～69
亚洲	42.1～49.5	22～63

(引自 Palacios, Henderson, Siseles, Tan, & Villaseca, 2010)

(二)男性更年期

1939 年,维尔纳(Werner)首次提出男性更年期的概念,他指出 50 岁以上的部分男性会出现与女性更年期综合征相似的临床症状,例如,神经功能紊乱、抑郁、记忆力减退、注意力不集中、容易疲劳、失眠、潮热、出汗和性功能减退等。自从男性更年期的概念问世以来,对于这个名词及其含义的争论就从来没有停止过,争论的关键问题在于:男性是否如同女性那样存在更年期,随着年龄老化所引发的雄激素缺乏是否对男性有不良影响。争论了半个多世纪以后,学者们普遍接受了男性存在更年期这个现实。

研究者认为男性更年期是一种临床症候群,主要特征表现如下:

第一,性欲和勃起功能减退,尤其是夜间勃起;

第二,情绪改变并伴有脑力和空间定向能力下降,容易疲乏、易怒和抑郁;

第三,瘦体重(非脂肪成分)减少,伴有肌肉体积和肌力下降;

第四,体毛减少和皮肤改变;

第五,骨密度下降,可引起骨量减少和骨质疏松;

第六,内脏脂肪沉积。

上述症状不一定全部出现,其中可能以某一种或某几种症状更为明显,可伴有或不伴有血清睾酮水平减低。目前,普遍认为男性更年期综合征是指男性由中年期过渡到老年期的一个特定的年龄阶段,一般发生于 40～55 岁年龄段,也可以早至 35 岁或延迟到 65 岁,是以男性体内的激素水平和心理状态由盛而衰的转变为基础的过渡时期,如果这个变化过程比较缓和平坦,可以没有任何明显的临床异常;如果表现得过于激烈,并表现出一定程度的身心异常的症状或体征时,则称之为男性更年期综合征(郭应禄,李宏军,2004)。

夏磊、张贤生、叶元平和郝宗耀等人(2012)对 1 026 例 45 岁以上接受检查的男性进行问卷调查,结果表明,中老年男性更年期综合征样症状总发生率为 64.7%,其中轻度 58.1%,中度 30.9%,重度 11.0%,且与年龄具有明显相关性;性功能症状随年龄增加而显著增加;年龄、整体健康状况及生活方式是影响男性更年期综合征样症状的重要因素。

年龄的老化使更多的男性将有机会经历更年期阶段,这会给他们的身体和生活带来诸多烦恼和不适,男性更年期教育在西方国家已经有了一定的基础。我国的更年期教育尚属刚起步阶段。目前,只有少数几个发达的大中城市开展了更年期教育,大众对于男性更年期的认识更是明显落后。陆曙民和唐文娟(2002)对长江中下游 3 个城市的 2 574 名 40～70 岁中老年男性进行了男性更年期情况的知识、态度和实践能力及其可能出现的有关生殖保健方面的 24 个问题的综合调查,结果显示:男性更年期症状出现最多的是关节痛;其次是健忘、兴趣减少、失眠、多汗、全身乏力、注意力不集中、烦躁、心悸、潮热、性交时不能勃起、对性感的事物无动于衷、无晨间勃起、无缘无故的恐慌,绝大多数症状都随年龄的增加而增加。听说过有"中老年男性部分雄激素缺乏症"的仅有 38.67%;知道治疗男性性功能障碍药物万艾可(伟哥)的男性有 63.68%;而知道有一种叫安特尔的补充雄激素药物(可以治疗男性雄激素不足)的仅有 17.10%。

第二节　成年中期的智力发展

成年人的智力变化趋势一直是心理学研究者关注的问题之一。为此,研究者开展了大量的研究,得出了丰富的结论。

一、成年人智力发展的趋势

耶克斯(R. M. Yerkes,1923)所进行的横断研究表明,个体的智力在 18 岁达到高峰,然后进入稳定发展时期,大约 25 岁以后,智力水平开始缓慢下降。贝利(N. Bayley)和奥登(M. Oden)(1955)的纵向研究表明,成年人直到 35 岁以前,智力测验的成绩依然不断提高,35 岁以后,个体智力测验的成绩开始下降。智力的心理测量学理论表明,人的智力是由不同的成分构成的,而且各成分的发展轨迹互不相同。为了精确研究智力发展的特点,霍恩(J. Horn,1980)等人采用横断研究方法考察老年人的智力发展特点,他们认为有些老年人的智力下降,而有些老年人并没有下降;晶体智力随着年龄的增长而提高,而流体智力从中年期开始稳定降低(Feldman,2006)。夏埃等人(K. W. Schaie,1994)做了一项成人智力发展的大型研究。他们在1956年对5 000多名22岁至70岁的个体进行了测验,然后,分别在1963年、1970年、1977年、1984年、1991年和1998年再次对这些被试进行测验,搜集了42年间的纵向数据,结果发现,直到60岁,个体的言语能力、推理能力、数字能力、词语流畅性和空间视觉等能力基本没有下降;在某些样本中,智力在成年期还有所提高;即便超过60岁,在74岁或81岁以前智力下降都很轻微。他们总结出成年人智力变化的几点特征:第一,成年期各种智力能力随年龄增长而变化并不存在统一的模式。从25岁开始,成年人的某些智力持续下降而某些能力则相对稳定;第二,对大多数人而言,67岁之前,个体的某些能力会小幅度地下降,80岁以后,才会很明显地下降;第三,智力随年龄增长而变化的趋势存在明显的个体差异,有人下降得早,有人下降得晚;第四,环境和文化是影响智力下降程度的重要因素。以下因素能够降低个体记忆下降的风险:没有罹患心血管系统等方面的慢性疾病;良好的居住环境;参加激发智力的活动;人格具有灵活性;配偶具有高认知能力;保持良好的知觉加工速度;对自己早年的成就感到满意。

二、成年人创造力的发展

(一)成年人创造力特点

在青年期创造力发展的基础上,成年人的创造力获得了进一步的发展和完善,并且在较长时间内保持很高的水平。成年人的创造力具有以下几个特点:第一,"早成性"与持久性。早成性是指个体在比创造高峰年龄要小很多的时候便开始作出创造性的贡献。持久性指的是个体在很长时间内一直保持较高的创造水平,甚至到了晚年仍作出不少有创造性的成果。研究表明,表现出早成性的个体更易表现出创造的持久性。第二,创造的社会化因素更强。成人期是整个年龄阶段中最长的一个阶段,所经历的过程也极为复杂,在这一过程中社会的各种因素对成人创造力的影响是不容忽视的。文化资源富足、容许个体独立自由的环境是个体创造力展现的温床;相反,贫乏而多方限制的环境会使创造动力严重受挫。第三,创造的高峰期。大量研究结果表明,成人期是人的一生当中最富于创造力的时期。创造力的高峰从青年开始一直持续到成人期很晚的时候,即使在老年期,仍然有人会做出重要的发明创造。在大多数领域中,从20~30岁后期以及40岁早期,创造性成果急剧增加。之后,呈现稳步下降趋势,但是仍没有达到成年早期时的低水平。出现创造性成果的高峰期随领域的不同而不同。人类学者的创造性成果,直到老年期还在产出,但在60多岁时达到巅峰;艺术领域的创造性成果在30~40岁时到达顶峰,然后相当迅速地下降;科学家们在40多岁时达到顶峰,70多岁时才下降;甚至在相同的一般领域内,达到顶峰的时期也会有差异。尽管如此,很多领域的创造性成果多在30岁后期或者40岁早期增至顶峰(卡拉·西格曼,尹丽莎白·瑞德尔,2009)。第四,创造力发展的差异性。由于遗传素质、社会环境的差异以及个体的认知过程和非智力因素发展的不均衡性,创造力的发展也表现出性别差异、发展程度差异、年龄差异、领域和学科差异等(满玲玲,宋广文,2010)。

(二)中国大学生创造力特点

罗晓路(2006)运用问卷法对我国八大行政区 10 所不同类型学校的 1 008 名大学生进行调查研究,研究发现:第一我国大学生有较强的创造潜能,突出表现为创造性个性富有挑战性;创造性思维的核心品质新颖性表现突出;创造性思维能力的典型表现中投射未来、评估力和通感特点较为明显。第二专业类别对大学生的创造力有显著影响,艺术类大学生的创造力较为突出;社科类大学生的创造力较差;管理、经济和理工类大学生的创造力没有显著差异;其发展水平介于两者之间。第三大学生创造性人格和创造性思维的年级差异明显,大学二年级和三年级学生优于一年级学生。

三、夏埃的智力理论

夏埃(K. W. Schaie, 1989,1993)对成年期智力发展的相关研究进行总结,提出了智力发展的阶段性理论。他认为个体的认知变化贯穿整个成年早期及其以后的岁月,认知发展具有阶段性,每个阶段对应着不同的认知任务,各阶段任务的解决都涉及认知能力在社会背景和情绪背景中的应用,所以,他的理论更加关注知识信息的应用。与形式运算阶段的少年相比,成年期个体在获取知识的有效性方面没有更大的发展,但成年人的智力特点更多表现在对知识的应用上,这一特点从成年初期便明显地表现出来。成年初期的个体对知识的获得和应用形成了良好的结合,这使得他们的智力在保持稳定的同时,仍向高一级水平发展。

夏埃的智力发展 7 阶段:

(1)获取阶段:儿童和青春期个体的思维处于获得新知识的阶段。个体主要的认知任务是获取信息,这些信息的获得是为了未来的使用。

(2)实现阶段:出现在成年早期。个体的主要认知任务是运用所学的知识完成与未来职业目标、家庭以及社会相关的问题。个体必须面对和解决各种与未来发展有关的问题以及做出重要的决策。

(3)责任阶段:出现在成年中期。个体认知技能的运用主要体现在社会责任方面,主要任务是履行义务和承担责任,具体表现在家庭、团体、工作和社会事务中。

(4)执行阶段:处于执行阶段的个体主要是组织机构中的领导者,如,公司的 CEO、学术机构的带头人、政府领导人、教会负责人等。他们将个人能量用于组织机构的维持和发展上,承担更重的责任,不仅要关注组织的过去、现状和未来,还要了解组织的人员构成;不仅要规划组织未来的发展,还要关注组织决策的执行情况。

(5)重组阶段:出现在成年后期。老年人需要承担的社会责任渐渐减少,获取知识的需要减弱。他们的主要任务是获得个人意义,知识获得和应用主要集中于兴趣、态度、价值方面。他们不再关注用于解决问题的知识获得,不会将宝贵的时间浪费在对他们来说没有意义的事情上。

(6)重整阶段:受认知功能的限制,老年人仍然会参加一些社会活动,但是,他们的选择通常集中于对自己最有意义的事件上。如回顾自己的一生,思索所作所为的人生意义;未来几十年,积蓄如何花费;不得不依靠别人生活时,如何保持高质量的生活;如何获得家人和他人的支持。此阶段,灵活的认知能力是必需的。

(7)遗赠创造阶段:即将步入生命尽头的老年人会评价自己的一生;人生辉煌的老人会自己或请他人撰写自传;交代财产分配、葬礼、捐赠等事宜。这些任务的完成需要一定的长时记忆、言语表达、判断等认知能力(Schaie & Willis,2000)。

四、成年人智力发展的主要影响因素

教育水平、社会历史、职业和身体健康因素是影响成年人智力发展的主要因素(满玲玲,宋广文,2010)。

(一)教育因素

教育因素对成年人智力发展具有怎样的影响,一直是心理学家极为关注的问题。美国宾夕法尼亚大学索尔特豪斯(Salthouse)以受教育水平为中介,从受教育年限、与正规教育脱离时间的长短这两个方面阐述了教育与智力的相关关系。有研究确切表明,受教育水平高的老年人不仅在能力测试上表现出更高的成绩,而且智力随年老下降的幅度更小,受教育水平会影响到老年人能力发展的稳定性。亦有研究指出,受教育水平与成人所能达到的智力发展阶段有显著关系。受教育水平越高的人达到后形式运算水平的可能性也越大。

(二)社会历史因素

成人期是一个历程较长的时期,成人实际经历的社会历史事件也比较多,社会历史因素在成人身上产生的烙印也相对深刻。不同历史时期的背景总会存在差异,这些差异很可能影响到成人的智力活动。夏埃研究发现,处于不同历史时期的同龄人的心理能力存在显著差异,这种差异是历史发展影响的结果。吉尔里(Geary,1996)和申继亮(2001)对中美成人智力的研究表明社会文化历史因素是造成两国成人智力差异的一个重要影响因素。

（三）职业因素

个体的日常生活经验会影响其智力测验成绩,对成人而言,这些经验中相当大的部分是从职业活动中获得的。工作岗位对从业者的能力有一些基本的要求,而长期从事某种职业会促进相关能力的发展。职业需要个体参与某些认知活动的频率越高,则个体会在与该活动密切相关的方面,保持更高的智力水平。随着职业声望的提高,成人 IQ 的平均值会不断增加。

（四）健康因素

步入中年后期,心脑血管疾病的发病率开始明显升高。心脑血管疾病会直接影响到大脑的血液供应,导致供血不足,从而减少大脑的营养供应,进而影响脑功能的发挥,继而损害个体的智力。已有研究表明,即使是轻微的心脑血管疾病也与记忆的衰退和智力测验的低分数有关(崔光成,2007)。

第三节　成年中期的人格发展

步入成年中期,个体的人格发展已经相当成熟,表现出相当大的稳定性和不同于其他发展阶段的特征。自我是人格的重要组成部分,人格的发展和变化与自我的发展有着密切的关系。

一、自我的发展

心理学者特别重视和关注自我的发展,进行了大量的研究,形成了完整的自我发展理论。荣格和卢文格分别从自我发展的角度对成人的人格发展进行了理论阐述。

（一）自我发展理论

1. 荣格

荣格是精神分析学派的重要代表人物,提出个性发展中与年龄发展有关的两种特性:一种是内倾—外倾的区分。外倾者将自己的关注点指向外部,内倾者将关注点指向自己的内心世界。从发展的角度看,个体前半生的发展更多地表现为外倾性,个体要学习文化知识;发展友谊;寻找爱情;建立家庭;发展职业,以便胜任各种角色和承担各种责任。这就要求个体将自己的精力投放到外部世界去。然而这种完全的外倾会造成个体的不平衡,个体在发展的过程中会遇到各种变化,也需要倾听内心的声音,进行反思和内省。随着年龄的增加,外倾需要逐渐让位于内倾,着重理解年龄、年老变化和生活意义等方面。人格表现出内倾的特点,即内省日趋明显,个体会根据实际情况评价和调节目标。另一种与年龄相关的特性是男性化和女性化的问题。他认为每个人都有男性化和女性化的性别角色成分。大部分年轻人表现出来的是与自己的性别一致的方面,而压抑了另一方面。随着年龄的增加,受压抑的方面开始表现出来。中年男性在男性人格的基础上表现出温柔、体贴等女性化特征;中年女性逐渐表现出主动、果断等男性特征,即男性趋向女性化,女性趋向男性化。荣格的理论强调了成年中期个体的人格发展转向自己的内心世界,关注内心世界的变化。

2. 拉文格

拉文格的理论强调自我调节对人格发展的重要作用。认为自我是人格的核心,在人格发展的过程中,自我是主要的组织者,调节着个体的思想、价值、目的和道德发展,自我的这种调节很复杂,而且受个人经验和环境的影响。拉文格提出了自我发展的八个阶段。成年期自我发展主要经历以下几个阶段:

阶段1:遵循水平,个体性格的发展完全服从社会规则,按照社会规则行事。如果个体的行为违反了社会规则,就会感到内疚和羞耻。

阶段2:公正水平,个体将外在的规则内化成自己内在的标准,个体开始考虑世界的复杂性,自我反省也开始发展起来,这一阶段对个体未来目标的实现有重要的作用。

阶段3:自主水平,这阶段的突出特点就是个体发展起良好的容忍性。自我需要与他人需要、自我标准与社会规范之间总是存在冲突和矛盾的,个体能够承认和接纳这些矛盾和冲突,表现出容忍性。

阶段4:整合水平,这是个体自我发展的最高水平,个体不但能够面对内部的冲突和矛盾,而且能够对其进行积极的调节,解决这些冲突,随时放弃那些不现实的目标,致力于目标的实现。

二、人格的发展

在漫长的成人期,个体的人格是怎样发展、变化的?是保持稳定还是变化的?如果发生了变化,发生了怎样的变化?成年期的不同阶段,人格具有怎样的特征?发展心理学家对此进行了大量研究,提出了各自不同的观点。到目前为止,研究成果层出不穷,却存在着巨大的争论和质疑。阶段理论探讨随着年龄的增长,个性的变化模式,强调成年期的人格是不断变化的,表现出一定的阶段性特点;特质理论强调人格的稳定性。近年来,研究者比较关注个性形成和变化的影响因素,通过双生子及其领养研究考察遗传和环境因素对人格变化性和稳定性的影响。

(一) 变化的人格

传统人格发展理论认为人格发展具有一定的阶段性,每个阶段都与年龄发展相对应,阶段之间的顺序是固定不变的。而且每个阶段都存在特殊的生活危机或心理危机。这种传统观点特别强调年龄对人格发展的影响,即人格发展是一个与年龄危机紧密相连的阶段性的发展,这种理论观点被称为规范—危机模型(Feldman,2006)。古尔德(R. Gould)的理论、莱文森(D. Levinson)的理论是比较有影响力的规范—危机模型,而生活事件模型则强调个体经历的生活事件对人格的影响。

1. 古尔德的理论

古尔德同样认为个体人格发展经历了不同的阶段,存在着潜在的危机。他认为成人人格发展分为七个阶段,一个内部时钟决定了七个阶段需要完成的任务。

阶段1:16~18岁,个体期望脱离父母的控制。

阶段2:18~22岁,个体有可能离开家庭居住,结成同伴联盟,同伴成为此阶段的主要社会关系。

阶段3:22~28岁,个体处于完全自主的时期,开始自己的职业生涯,建立家庭,养育子女,发展自己的各种角色。

阶段4:28~34岁,个体对自我提出质疑,感觉社会角色混乱,对婚姻和职业不满意。

阶段5:34~43岁,个体感到用于养育子女和从事社会生活的时间越来越少,迫切地希望实现人生目标,并对目标进行调整。

阶段6:43~53岁,此阶段个体感觉到生活不会再有什么大的改变,开始安定下来,接受目前的生活状态。

阶段七:53~60岁,个体情感和心态变得积极起来,容易满足,容忍他人,接受过去(Santrock,2003)。

古尔德指出积极地处理中年危机并且意识到紧迫感是这个阶段的自然反应,而且有助于中年人的人格成熟发展。古尔德的人格发展阶段理论受到研究者的批评。首先,理论数据来自于524名16~60岁的美国白人中产阶级,这个数据样本过少。其次,理论过分地依赖于自己的临床判断,极大地受到心理分析观点的影响,缺乏信度验证。最后,他并没有进行数据统计分析。

2. 莱文森的观点

莱文森的理论来自于对40位中年男性的访谈。理论描述了17~65岁个体人格的发展变化,其主要关注点是中年人的人格变化。他认为成人的发展是由一系列交替出现的稳定期和转折期构成的,稳定期与转折期的区别在于生活结构是否发生了变化。提出了成年早期和中期个体人格发展的阶段,特别强调个体必须掌握每一个阶段的发展任务。

阶段1:17~22岁,此阶段是成年早期的转折期,个体为进入成年早期做好准备。

阶段2:22~28岁,此阶段,个体离开家庭,进入成人社会,开始设计自己的未来,形成有关职业和婚姻的梦想,并进行不断的探索,尝试各种职业和社会角色,不断地检验自己的梦想。

阶段3:28~33岁,此阶段,个体必须面对的一个严重问题是决定自己的目标。30岁左右个体安顿下来,更加关注家庭和职业的发展,履行家庭和职业的义务。

阶段 4:33～40 岁,个体找到并实现着自己的生活,职业发展比较稳定,并且达到一定的职业地位,形成良好的成人角色。

阶段 5:40～45 岁,此阶段是个体的中年转折期,个体开始关注生命的本质,并对日常的、基本的假设进行质疑,体验着衰老的过程。

阶段 6:45 岁后,重新稳定下来,开始成年中期的生活。

莱文森认为在稳定期,个体建立自己的价值观、信念、角色和优势;在转折期,个体会改变已经建立起来的状态。每个人都必然经历稳定期和转折期,实现人格的逐步发展。然而,严重的、明显的混乱并不是转折期必然发生的现象。他特别强调中年转折期,认为在中年转折期内,个体所产生的评价可能会导致中年危机。中年危机是指这样一段时期,即意识到生命有限性所引发的对未来的非确定性和无决断能力,个体感受到极大的心理混乱。面对身体的衰老,个体会发现即使是完成了令自己最骄傲的事情,也不会如预期的那样感到满意。回顾过去,个体会找寻自己所犯的错误,并且想方设法地纠正所犯的错误。总之,中年危机是一个由质疑所引发的痛苦的、混乱的时期。研究表明,大多数人会平稳地度过中年转折期,而且中年期根本不会有太大的变化(Feldman,2006;Santrock,2003)。

莱文森更加关注导致人格变化的过程,他认为进入老年期,个体经历一个重要的转折期。在转折期,个体渐渐意识到自己变老了,进入了老年人的行列。非常清楚地了解社会对老年人的刻板印象以及自己会变得多么糟糕,并且不断地与这些观念作斗争,希望自己不是这样的。老年人认识到此时自己不再处于生命的中心时期,权力、威望和能力的丧失使得老年人很难适应对今后生活的控制。同时,老年人也能成为年轻人的宝贵财富,他们发现自己的建议是受欢迎的和值得信赖的,而且老年人能更加自由地从事娱乐和消遣活动(Feldman,2006)。

3. 生活事件模型

早期的生活事件模型(life-event approach)认为生活事件压力促使个体改变他们的人格,诸如结婚、配偶死亡、离婚等生活事件带给个体不同程度的压力,这些压力影响了个体人格的发展。当代生活事件模型认为生活事件本身、中介因素(如身体健康、家庭支持)、个体对生活事件的适应(如对威胁的评价、应对策略)、生命阶段、社会历史条件共同影响个体人格的发展(Santrock,2003)。图 9-1 列出了当代生活事件模型。

(二) 相对稳定的人格

随着年龄的增长,人格在多大程度上保持稳定性是中年人格发展的一个重要研究课题。大量横断研究和纵向研究表明成年人的人格具有很高的稳定性。特质理论认为中年人的人格是相对稳定的。科斯塔(P. Costa)和麦克瑞(R. McCrae)(1989,1997,2000)进

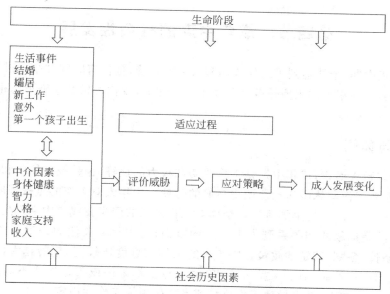

图 9-1   当代生活事件模型

(转引自 Santrock,2003)

行了横断研究和纵向研究,研究发现,在很多特定的特质上,人格是相当稳定的;随着年龄的增长,个体的人格会变得根深蒂固(Feldman,2006)。如,青春期自信的个体,到了 50 岁时更加自信。

(三)双生子及其领养研究

研究者通常采用双生子及其领养研究对成年人人格发展的影响因素进行考察。一般是通过自我报告和他人评定的方式对人格特质进行评定。

佩德森(N. L. Pedersen)和雷诺兹(C. A. Reynolds,1998)对遗传和环境在成年人人格发展变化中所起的作用进行了研究。研究对象是出生于 1886—1958 年间的 2 209 对双胞胎,其中有效被试是 821 人。这些双胞胎有的 10 岁之前被收养,有的 2 岁之前被收养;有的是一起被收养,有的是分别被收养。研究者通过邮件方式分别于 1984 年、1987 年、1990 年和 1993 年对他们进行问卷调查。所采用的问卷有艾森克人格问卷和 NEO-PI 开放性量表,主要考察外倾性、神经质和开放性三种人格特质。结果表明,外倾性、神经质和开放性具有跨时间、年龄和组群的稳定性。这个研究结果说明基因是导致特质和家庭相似性的主要因素,特殊环境导致了人格的变化。研究者对 80 岁以上的 149 对同卵双胞胎和 202 对异卵双胞胎的研究亦证实了人格的稳定性(Vogler,Pedersen & Johansson,2006)。

第四节　成年中期的社会性发展

进入成年中期,个体达到了工作成功和权力的顶峰,他们有时间和精力进行休闲和娱乐活动。大多数中年人的主要任务是养育子女。然而,现代的婚姻家庭形态很复杂,表现出多样性。

一、工作与休闲

对于大多数人而言,成年中期是工作成功和权力的顶峰,也是投身休闲和娱乐活动的有利时期,亦是工作与休闲活动协调得最好的时期。中年人对工作的重视程度有所下降,对家庭和工作以外的兴趣更加重视。个体对工作满意的因素在成年中期发生了改变。年轻人感兴趣的是抽象的和关系到未来发展的方面;而中年人关注的是当前的工作质量,如,工作的条件、薪酬、特定的政策。中年人的工作满意度比较高,年龄越大,体验到的工作满意度也越高。然而,对于某些人而言,由于对工作条件或工作性质不满意的逐渐积累,工作压力越来越大,结果导致工作倦怠或者产生更换工作的决定。

与青年人相比,中年人的休闲机会更多,并且表现出一定的特点。我国学者仇立平(2001)对城市职工的休闲活动进行了调查,结果发现,不同类型的休闲活动所占的人数比例以及参与的人员成分有较大的差异。娱乐型(看电视、打牌、搓麻将)占38.7%,参与人员以工人、农民、服务性人员以及商业人员的职业群体为主;休闲型(看电影、看报纸杂志、看休闲类书籍、上公园、跳舞唱歌等)占31.8%,参与人员以专业技术人员、领导干部、办事员以及职员的职业群体为主;聊天型(会亲友聊天)占10.8%;逛街或其他型占7.7%;学习型(看专业书籍、在业余学校学习、上网等)占7.4%,以专业技术人员为主的职业群体所占的比率最高;健身型(体育锻炼)占3.6%,以领导干部为主的职业群体所占的比率最高。年龄也会对休闲活动方式产生影响。随着年龄的增长,成人考虑更多的是需要身体运动量少的活动,而对需要较强烈身体运动量的活动考虑的越来越少(许淑莲,申继亮,2006)。

二、婚姻与家庭

一般而言,大多数人的婚姻发展轨迹和婚姻形态大体相同,在成年早期完成结婚、生子;成年中期养育子女;成年后期孩子离开家庭,夫妻两人共同度过晚年。然而,现代的婚姻家庭形态很复杂,到了成年中期依然很多人过着单身生活,有的人婚姻破裂、离婚或者分居,有的人再婚,有的人过着同性恋生活。在成年中期,个体对婚姻的满意度也发生了一定的变化。研究表明,随着婚龄的增长,婚姻满意度也会出现上升和下降的变化,这种变化呈 U 曲线(Figley,1973)。结婚后,满意度便开始下降,这种下降一直持续着,直到第一个孩子出生后,满意度降到最低点,然后,满意度开始上升,渐渐达到婚前的满意度水平(Noller, Feeney, & Ward, 1997),大多数人在成年中期婚姻满意度达到最高峰。

(一)家庭生命周期

布朗芬布伦纳(U. Bronfenbrenner,1979,1989)提出应该从生态学视角审视家庭。家庭是更加广阔的社会系统下的一个动态系统,家庭这个动态系统也有一个产生、发展和消亡的过程,表现出一定的周期性特点。家庭系统内的动态变化包括新成员的加入(孩子的出生)、老成员的离开(子女升学、独立生活)、成员关系的变化、成员个人的变化。

在家庭动态系统的思想基础上,杜瓦尔提出家庭生命周期模式。他将生命周期分为8个阶段,每一个阶段都有不同的发展主题,家庭成员扮演着不同的角色,承担着不同的任务。如何面对和发展这些主题,关系到家庭成员的心理发展和生活质量。

阶段1:新婚期。这一阶段恋爱的双方结为夫妻,但是尚无孩子。男女双方的角色仅仅是丈夫和妻子,面临的主要问题是婚后的适应问题,包括性生活、家庭人际关系、饮食习惯、作息习惯、个人习惯、家务劳动等。同时,他们为生育做着心理、生理和经济的计划和准备。

阶段2:生育期。第一个孩子出生到30个月这段时期。家庭角色发生一定的变化,女性既是妻子,又是母亲;男性既是丈夫,又是父亲。主要的家庭问题是父母角色的转变、适应问题以及经济问题。此时,父母承受的巨大压力来自于照顾孩子的压力。

阶段3:孩子处于学龄前的家庭时期,第一个孩子2.5~6岁这段时期。主要的家庭问题是围绕孩子所产生的一系列问题,如,养育、入托、经济问题。夫妻间经常因为这些问题发生争吵。

阶段4:孩子处于学龄期的家庭时期,指孩子6~12岁这段时期。主要的家庭问题依然来自于孩子,如,入学择校、学习、青春期心理和生理教育等问题。家长最关注的就是孩子的学业质量问题,以及由此带来的精力困难问题。

阶段5:孩子处于青少年期的家庭时期,指孩子13~20岁左右的时期。主要的家庭问题依然是孩子问题。如,孩子的异性交往问题、社会化问题、与孩子的沟通问题、性教育问题等。最令家长头疼的是青春期孩子的逆反和早恋问题,以及由此而产生的冲突问题。

阶段6:子女离巢期,主要是指孩子纷纷离家、求学、创业的阶段。此时,家庭角色再次发生改变,女性主要是妻子、母亲、祖母;男性的角色主要是丈夫、父亲、祖父。主要的家庭问题是父母情感上的孤独感、子女的工作和成家的压力。

阶段7:空巢期,所有的子女离家到退休这段时期。此时,所有的子女离开家庭,夫妻两人重新适应婚姻生活,并且在经济和物质上支持子女。最可能面临的问题是家庭成员健康问题。

阶段8:老年成员期,从退休到死亡这段时间。主要的家庭问题是退休适应、老人的疾病、配偶死亡等问题(许淑莲,申继亮,2006)。

(二)家庭变化趋势

研究者(1992)依据美国人口调查局的数据总结出 10 种家庭变化趋势。

第一,独身。当今社会,独身的人越来越多,虽然他们只占一小部分,但是却经历着不同的生活遭遇,承受着不同的心理压力。尤其是到了结婚的年龄依然独身的女性承受着来自家庭和社会的巨大心理压力。但是,独身者依然期待着将来的某一时刻会结婚。

第二,晚婚。为了学业和事业的发展,很多青年人选择晚婚。

第三,低出生率。出于多方面的考虑,有些夫妻选择丁克式生活方式,他们不要孩子。

第四,女性职业者增多。随着社会生活压力的增加,生完孩子后,越来越多的母亲选择出去工作。

第五,高离婚率。现代社会,离婚率呈显著上升趋势。研究表明,40 岁以后,8 个女性中就有 1 个女性离婚(Stewart,1997)。结婚 1～4 年的夫妻离婚的可能性最大(Eshleman,1994)。60%的新婚夫妇认为自己可能离婚。中年离婚对女性是不利的,对那些一直专职相夫教子、从未工作过的女性更加不利。离婚后,她们找不到工作,即使是找到了工作,也处于被动的、受支配的工作地位,承受着心理和生活的双重压力。

第六,单亲家庭增多。未婚生子以及高离婚率导致单亲家庭不断增多。与母亲独自养育子女相比,父亲独自养育子女的情况增长速度更快。

第七,生活在贫穷家庭的儿童增多。单亲家庭面临着巨大的经济压力,他们的经济状况普遍不理想,这使得生活在贫穷家庭的儿童数量不断增加。

第八,再婚率增加。即使是第一次婚姻出了问题,很多离婚的个体会选择再婚。研究表明 75%～80%的离婚者在 2～5 年期间会选择再婚,而且再婚的对象多半是离婚者(DeWitt,1992)。虽然再婚率很高,但是女性特别是年老的女性再婚很困难。研究发现,25 岁以前,90%的离婚女性会再婚;40 岁以后,女性再婚率低于 33%(Bumpass,Sweet,& Martin,1990)。再婚后,重组家庭的成员关系亦比较复杂。

第九,子女和父母不在一起生活的时间延长。由于求学和工作的需要,很多子女会离开父母,这使得父母有更多的机会独自相处。

第十,几代人一起生活的家庭增加。现代社会双职工家庭越来越多,夫妻双方都面临着事业的竞争及其压力,他们有了子女之后,很难有过多的精力兼顾事业和家庭,因此,很多人选择与父母一起生活;随着生活水平的提高和医疗条件的进步、改善,长寿的人越来越多,这些年龄更老的老年人也需要人照顾,这些原因导致几代人一起生活的家庭越来越多。

本 章 小 结

　　步入中年期以后,个体的所有感官都以大体相同的速度在退化,其中变化最显著的是视觉和听觉。男性和女性不同程度地体验着更年期带来的种种困扰。在青年期创造力发展的基础上,成年人的创造力获得了进一步的发展和完善,并且在较长时间内保持很高的水平。成年中期是工作成功和权力的顶峰,也是投身休闲和娱乐活动的有利时期。大多数人的婚姻发展轨迹和婚姻形态大体相同,在成年早期完成结婚、生子;成年中期养育子女;成年后期孩子离开家庭,夫妻两人共同度过晚年。

复习思考题

1. 什么是更年期?男性、女性更年期各有什么表现?
2. 阐述夏埃的智力理论。
3. 阐述杜瓦尔的家庭生命周期模式。

第十章

成年后期的心理发展

【学习目标】

通过本章的学习,使学生对老年人的脑老化和慢性疾病有所了解。掌握老年人的记忆特点、老年人的人格变化特点、退休适应和临终体验。

【关键概念】

成年后期(late adulthood),自传体记忆(autobiographical memory),前瞻记忆(prospective memory),工作记忆(working memory)

王某六十多岁了,刚刚适应了退休的生活。每天早上5点半,他都会准时出现在小区广场,情绪愉悦地开始他的舞剑晨练。因此,大家都戏称他为"舞剑男"。最近,他觉得自己的身体似乎出了问题,去医院就诊,被诊断为糖尿病,这给他的生活带来了诸多的不便,也影响了他的精神状态。疾病的困扰总是让他想到与死亡有关的话题,他担心某一天自己会离开人世,于是,他开始思考如何处理自己的身后事宜,还写了遗嘱。

成年后期,即老年期,是指60岁至死亡这段时期。

第一节　成年后期的生理变化

步入成年后期,老年人的生理出现衰老迹象,主要体现在身体外形和机体功能方面,其中,脑老化的影响最广泛。成年后期也是慢性疾病的多发期。

一、脑老化

进入成年后期,个体的生理出现逐渐衰老的迹象,这种衰老的外部迹象表现在身体外形的变化,如,头发变灰、变白,皮肤出现皱纹,身高变矮等;内部衰老则表现在神经系统、消化系统、呼吸系统、循环系统、泌尿系统、生殖系统、内分泌和运动系统等方面的老化。其中,脑老化是影响最广泛的老化。

脑老化是指随着年龄的增长,大脑组织结构、功能、形态逐渐出现的衰退老化现象,并表现为一定程度的脑高级功能障碍,其中认知功能减退是其重要特征之一。脑老化是一种正常生理现象,它与病理性大脑变性有着本质的区别(杨艺,隋建峰,2012)。脑老化的主要生理病理学改变表现在以下方面:

第一,脑重量减轻和脑萎缩。成年男性的脑平均重量在 1 400～1 500 克之间,成年女性则在 1 200～1 250 克之间。随着年龄的增长,脑重也开始减轻。20～90 岁之间,脑重和体积下降了 5%～10%。50 岁以后,脑重量减轻的速率加剧。生命终结时,脑重平均减轻 100～150 克(许淑莲,申继亮,2006)。除了脑重减轻外,大脑的沟回变平、裂缝变宽;脑室空间增大,这些变化主要发生在脑皮质的额叶,其次是顶叶和颞叶。

第二,神经元和神经胶质细胞的变化。随着年龄增长,神经元数量减少,而神经胶质细胞数量增加,这是脑老化的基础性改变。研究发现大脑皮层神经元数量的减少以颞上回、额上回、中央前回以及纹状体最明显,其次为中央后回和颞下回。神经胶质细胞的增生与活化则是脑老化的一种代偿机制。

第三,老年斑形成。老年斑主要分布于大脑皮层(特别是枕颞回),还可见于杏仁核、海马、间脑、脑干和脊髓内,但不在白质内出现。随着年龄的增长,老年斑逐渐增多。

第四,神经元纤维缠结。随着年龄的增长,一些脑区锥体细胞的细胞质内的原纤维易形成纤维丝缠结(赵雪,牛广明,2010,Naftali Raz, Rodrigue,2006)。

第五,树突和突触的变化。在脑老化的过程中,神经细胞分为正在凋亡和持续生长的两类细胞。正常老化的过程中,树突的长度逐渐增长,突触一方面随着凋亡的神经细胞而减少;同时,又随着生长的神经细胞而增加,导致由突触相连而形成的神经网络几乎没发生变化,只是单个突触的结构发生一些变化,持续生长的神经细胞占主导地位,因此,年龄并不一定会导致神经元总数的改变,正常老化对大脑功能的影响微乎其微;非正常老化过程中,树突的长度逐渐缩短,正在凋亡的神经细胞占主导地位。神经细胞的凋亡在细胞类型和脑区上是有选择性的,并不是平均分布在脑的各个区域,小脑和海马部分凋亡的数目较多(Rutten, Schmitz, Gerlach, Oyen, Mesquita, Steinbusch, & Hubert Korr,2007)。同时,人的大脑具有可塑性,有些神经细胞凋亡后,具有可塑性的神经细胞会取代他们,继而形成新的树突和新的突触连结,执行被取代的凋亡神经细胞的功能(许淑莲,申继亮,2006)。

　　中枢神经系统退变性病变是以原发性神经元变性为主的一组严重危害健康的疾病，包括阿尔茨海默病、帕金森病、脊髓小脑共济失调、运动神经元病以及多发性硬化等各种类型（李晔，刘贤宇，王晓民，2002）。大量证据表明正常脑老化并不一定导致脑功能障碍。脑功能障碍与神经元和突触数量的减少、神经纤维结和老年斑的出现有一定的关系，但不是必然的关系。研究发现阿尔茨海默病患者的新大脑皮质和海马细胞均有损伤，且存在大量的神经纤维结和老年斑。亦有研究发现，55 岁以后，很多人的嗅皮层中出现一些神经纤维结，但是这些人并没有出现任何的记忆缺失（Morrison，Hof. 1997）。

阅读框 10-1　大脑与神经系统障碍（引自许淑莲，申继亮，2006）

　　阿尔茨海默病是一种进行性老年痴呆，年龄越大，发病越多。研究者认为阿尔茨海默病与人类大脑里的胆碱类物质有关，在患者的大脑里，乙酰胆碱水平显著降低；也可能与血清类物质和多巴胺类物质有关；或者与遗传基因有关，在直系亲属中有人患阿尔茨海默病，那么这个人患此病的概率是那些直系亲属中没有人患此病的人的概率的 3 倍。阿尔茨海默病发展较为缓慢，第一阶段，病人表现为缺乏精力和动力，学习和反应变慢，会忘记一些常用的词，心情烦躁，易发脾气。第二阶段，患者说话能力和理解力明显下降，对他人情感的知觉变得迟钝。第三阶段，患者出现严重的记忆障碍，会忘记最近发生的事、时间、季节和亲人。第四阶段，患者需要别人的帮助才能完成日常行为。

　　帕金森综合征是一种慢性疾病，主要是由于脑内的神经递质多巴胺急剧减少而引起的。脑内产生多巴胺的主要部位是中脑黑质的黑色素细胞。帕金森综合征的患者，黑质的黑色素细胞大部分或几乎完全消失，黑色素颗粒崩解。帕金森综合征最典型的症状就是双手颤抖。病情轻微时，双手会不停地抖动或像搓药丸似的搓捻。严重时，全身颤抖，头部、舌头、手脚都表现出有节奏的抖动。情绪激动时，抖动明显加剧，但入睡后，抖动则完全消失。帕金森综合征病人的全身肌肉僵硬，动作起来特别困难，起床、翻身、站立都非常缓慢。他们走路的姿势也很特别，身体向前屈伸，步距小，速度快，两手紧贴身体，没有自然的摆动，迈第一步特别困难，几步后就比较容易，但是不会停步、转弯，只会笔直向前。病情发展到晚期，智能也会衰退，直至卧床不起，吞咽困难，饮食不进，最后全身衰竭而死。

二、慢性疾病

　　老年人常见的疾病既可在中老年期（老年前期）发生，也可能在老年期发生，但以老年期更为常见，或变得更为严重。由于机体形态改变、功能降低和反应性减弱，老年人对于病痛以及疾病的反应不像年轻人那样敏感，症状不典型、不明显（张雷，高竹林，廖小菁，刘倩晗，2006）。老年人常见的慢性疾病有以下几种：

1. 循环系统疾病

循环系统疾病,一般称为心血管疾病,可以细分为急性和慢性。心血管疾病的死亡率远高于包括癌症、艾滋病在内的其他疾病,成为人类健康的"第一杀手"。近年来,老年人心血管疾病的患病率、发病率和死亡率都呈逐年上升的趋势,城市老年居民患心血管疾病的几率高达 62%,且男性心血管疾病的发生率明显高于女性(王玉霞,2012,林玉川,2008)。研究表明老年人超重或肥胖、高血糖、高血压、高血脂、高尿酸血症和吸烟等是心血管疾病的主要危险因素(张雷、崔红月、刘爱萍、胡东生等,2010,刘兵,张本,唐新,杨洋等,2008)。禁烟、健康饮食和增加体力活动等策略对于降低心血管疾病发病风险非常必要。

2. 神经系统疾病

在老年人群中神经系统疾病主要表现为脑血管栓塞及脑出血两种,由脑部血管病变所致。一般可导致局灶神经功能的缺失(如偏瘫、失语、视觉缺损、甚至意识丧失),是当前严重威胁人类生命健康的疾病之一(张立柱,池元英,2007)。据统计,我国脑血管疾病的自然人口发病率为每年 114~187 人/10 万,患病率为 253~620 人/10 万,病死率为每年 79~89 人/10 万,60 岁以上老年人脑血管疾病的平均发病率和病死率更高。目前,我国脑血管疾病占人群死亡原因的第 2 位(王新德,2002)。研究表明,高血压、心脏病、糖尿病、高脂血症、家族史、不良生活习惯(吸烟、饮酒、高盐高脂饮食、活动过少等)是危险因素(石俊峰,孙卉玲,2012)。

3. 消化系统疾病

近年来,老年人消化系统疾病的发生率逐年增高。据统计发现,老年人消化系统疾病的发生率较中年人增高 17%,而且老年人的胃肠病变多不典型、常易误诊(王美红,2007)。常见的消化系统疾病有胃炎、溃疡、胆囊炎、胆石症、阑尾炎、酒精肝、脂肪肝、胃下垂等。老年人消化系统的变化有许多的原因,包括轻度的脱水、胃肠蠕动减慢、慢性的神经肌肉疾病,甚至由于骨关节炎引起的运动量减少。

4. 呼吸系统疾病

呼吸系统疾病是老年人容易发生的一组疾病,最常见的是慢性支气管炎缓慢发展为老年肺气肿。对老年人生命最有威胁的呼吸系统疾病是肺癌、肺源性心脏病和肺炎以及由呼吸道本身及全身情况不佳所致的呼吸衰竭(张小丽,2006)。

5. 感染

感染率随着年龄的增长而增长,老年人病死率比同样疾病的年轻人高 2~3 倍。以下为老年人常出现的感染情况和相应的症状:第一,肺部感染,出现呼吸困难,咳嗽,咳痰;第二,尿道感染,表现为尿频,尿急,尿闭痛等;第三,皮肤感染。

第二节   成年后期的认知发展

成年人记忆变化的总趋势是随着年龄的增长而不断衰退和老化。自传体记忆、工作记忆、前瞻记忆对老年人的生活有重要的影响。智力变化在老年期表现出独特的特点。

一、成年后期的记忆

总体而言,成年人记忆变化的总趋势是随着年龄的增长而不断衰退和老化。然而,随着年龄的增长,是不是所有的老年人都存在记忆困难?是不是在所有类型的记忆任务上,老年人都表现出这种困难?答案是否定的。研究发现,老年人在需要大量认知资源的任务中存在困难,具体表现在限时任务、不熟悉的任务、使用日常较少应用的学习和记忆技巧任务、外显记忆任务和情境记忆等方面。但是,在熟悉任务、自动化的熟练技巧性任务上、语义记忆和内隐记忆方面,老年人的表现与青年人的一样,甚至优于青年人(西格曼,瑞德尔,2009)。

(一)自传体记忆

自传体记忆是个体对发生在过去某一特定时间和地点的事件的外显记忆,是与自我有关的、有个人意义的、有组织的生活故事的一部分。自传体记忆是能够清楚地陈述出来并且对个人有重要意义的内容,那些关于生活里发生的常规事件的记忆不属于自传体记忆。

研究者通常采用自传体记忆测验来考察成人的自传体记忆。测验中,给被试提供一些线索词,要求被试在规定的时间内,根据线索词的提示,回忆在具体时间和地点个体所经历的事件。线索词分为三种:积极线索词,如,有趣、幸运、高兴、希望等;消极线索词,如,失败、不高兴、难过、被抛弃等;中性线索词,如,工作、城市、家、鞋子等。自传体记忆分为具体记忆和一般记忆。具体记忆是指在具体的时间、地点,个体经历的事件,事件持续的时间不会超过一天,一般不会重复发生;不符合这些特征的事件被认为属于一般记忆。具体测验过程中向被试提出以下问题考察积极和消极线索词激发的自传体记忆:请努力回忆过去曾令你感到_____(此处是线索词)的某一天或某件事情;中性线索词激发的自传体记忆的问题是:努力回忆与_____(此处是线索词)有关的某一天(Serrano,Latorre,Gatz,2007)。主试除了记录被试所报告的事件外,还要记录被试的回忆潜伏期,即从主试发问完毕到被试说出第一个词之间的时间。

发展心理学家以生命历程视角研究自传体记忆的发生、发展,将自传体记忆的形成和发展分为童年期遗忘、回忆高峰和自传体记忆近因期(秦金亮,2004)。童年期遗忘是这样一种现象,即成人很少能回忆起从出生到2~3岁之间所经历的事件,却可以回忆此后发生的事件(张志杰,黄希庭,1999)。自传体记忆的高峰期只有在 35 岁以上的成人身上可以观察到,他们对自己 10～30 岁之间所经历的事情记忆得更加深刻、生动。研究发现,50 岁个体对 10～20 多岁之间的记忆更多,70 岁人回忆更多的是 20～30 多岁之间的内容,即他们对早年的回忆要好于对近几十年的回忆,但是完整程度欠佳(费尔德曼,2007)。

研究表明成年人的自传体记忆与一些心理问题有关。与非抑郁症患者相比,抑郁症患者回忆起更多的消极事件,其回忆潜伏期也更长(Serrano,Latorre,Gatz,2007)。与正常成年人相比,有自闭症状的成年人回忆的具体事件更少,其回忆潜伏期也更长(Crane,Pring,Jukes & Goddard,2012)。

(二) 工作记忆

工作记忆系统包含一个中央执行控制机制,以及至少两个从属的子系统:负责言语材料暂时存储、处理的语音环路和负责视觉材料暂时存储、处理的视空间缓冲区。工作记忆为复杂的认知任务(如学习、理解和推理等)提供临时的存储空间和加工信息,被心理学家视为认知功能的枢纽。工作记忆被认为是认知老化的重要中介变量,是人类高级认知活动的核心,在智力、推理、问题解决、学习等认知活动中起关键的作用(陈天勇,韩布新,王金凤,2003)。我国学者刘昌等以 172 名 20～79 岁成人为研究对象,探讨了工作记忆在心算加工年老化过程中的作用。研究结果表明,工作记忆能力的高低对心算加工效率存在明显的影响,高工作记忆能力组的心算效率约是低工作记忆能力组心算效率的 1.32 倍,工作记忆对心算年老化的作用量为 30%～50%(赵鑫,周仁来,刘睿哲,2012)。

伯瑞拉等人对 304 名 20～86 岁的成人工作记忆进行了研究,发现,工作记忆随着年龄增长有持续下降的趋势,下降的速率在整个成年期是持续的,在成年后期并无加速下降的现象;无论是言语工作记忆任务还是视空间工作记忆任务对下降的速率均无影响(Borella,Carretti & De Beni,2008)。

(三) 前瞻记忆

前瞻记忆是对未来打算做的行动的一种记忆,如,记得明天订机票、记得周日参加同事的婚礼。如果第二天订了机票,就可以说前瞻记忆实现了,若忘记订机票了,则前瞻记忆失败了。日常生活中的 50%～70% 的记忆失败都发生在前瞻记忆中。前瞻记忆对老年人尤其重要,如,要记得按时接孙子放学,锁门后记得拔下钥匙等。因此,前瞻记忆的失败状况在老年人身上的体现更为社会所广泛关注。

前瞻记忆的老化现象是指相对于年轻人而言,老年人的前瞻记忆水平有所下降。研究者提出基于事件的前瞻记忆实验室研究范式和基于时间的实验室研究范式研究前瞻记忆的老化现象。基于事件的前瞻记忆是指在一些特定外部事件发生时去执行一个行动,如:当你见到某人时给他捎个物品。基于事件的前瞻记忆实验室研究范式的基本程序是：首先告诉被试将要完成一个任务，使被试认为此任务是实验的基本任务，即进行中任务。前瞻记忆任务则安插在进行中任务过程中。主试先给出进行中任务的指导语，然后给出前瞻记忆任务的指导语，一般要求被试在进行中任务过程中，当看到某一目标事件（如特定的词）后执行某一任务（如按某键）。进行中任务开始前要求被试先完成一些干扰任务，以避免前瞻记忆任务保存在工作记忆中，使被试产生一定程度的遗忘；最后呈现进行中任务，被试在完成进行中任务的过程中完成前瞻记忆任务。基于时间的前瞻记忆是指在一个特定的时间或在一段时间过后去执行一个行动，如：在约定的时间去看望某人，十分钟后从微波炉中取出食物。基于时间的前瞻记忆与基于事件的前瞻记忆实验室范式相似，不同的是：要求被试在进行中任务过程中，经过某段时间（如：10 分钟后）后执行某一任务（杨靖，郭秀艳，孙里宁，2006）。

目前，对于前瞻记忆的老化效应比较一致的观点是，基于时间的前瞻记忆存在明显的老化；而基于事件的前瞻记忆的老化则受到许多因素的影响，如目标事件、进行中任务、延迟执行意向、个体差异等。

（四）记忆老化的理论解释

一般而言，研究者分别从三种记忆概念对记忆老化现象进行解释。第一种概念强调记忆是利用认知资源对要记忆的事物进行一系列操作，持这种观点的人认为记忆中存在年龄效应的原因在于老年人与青年人认知资源存在差异。老年人在记忆任务中能够利用的认知资源受到限制。基于此，研究者们从环境支持、精细加工、目标与背景整合、抑制机制、工作记忆及知觉速度等概念出发，提出了资源假设。他们认为老年人知觉速度下降致使他们工作记忆过程中加工效率降低以及对无刺激的抑制机能受损。这些加工困难影响有意识加工，但并不影响自动加工。有意识加工出现问题进而造成老年人难以将背景与将要记住的信息进行积极整合，而记忆任务本身所提供的环境支持可以弥补加工困难造成的消极影响。第二种概念强调记忆是由多种结构或系统组成的，持这种观点的人认为年龄差异是针对各种具体的记忆系统而言的。在这种思想指导下的研究主要是探讨老化对不同记忆系统的影响是否存在差异。目前，已有大量研究发现年龄分离，即在某个记忆系统中存在年龄差异，而在另一个记忆系统中则无年龄差异。第三种概念强调记忆是由编码、存贮和提取三个加工阶段构成的，持这种观点的人主张从不同的加工阶段来研究记忆老化，并假定老年人在编码阶段可利用的有意识加工成分较少；在存贮方式上不存在年龄差异；记忆任务对提取的要求不同造成了年龄差异，在提取要求高的任务中，老年人操作更差（李娟，林仲贤，韩布新，1999）。

二、老年人智力的变化

贝尔茨（P. Baltes，1993，1996）区分出两种智力，随着年龄增长而下降且出现老化的信息加工智力和随着年龄增长而稳定甚至提高的文化知识智力。用计算机语言来讲,信息加工智力相当于心理的硬件,反映了进化过程中脑发育的神经生理结构。涉及感觉输入、视觉记忆、区分、比较、分类等信息加工过程的速度和准确性。由于受到生理的、遗传的和健康的影响,随着年龄的增长,信息加工智力呈现下降趋势。相反,文化知识智力是基于文化的心理软件程序,包括阅读和写作技能、言语理解、教育水平、专业技能、自我知识和生活技能,由于受到文化的影响,即使到了老年期,智力的提升也是可能的。因此,老年期信息加工智力可能降低,而文化知识智力却可能提高(Santrock,2003)。

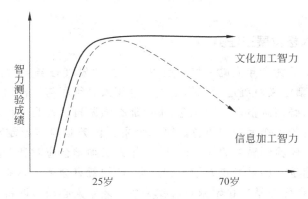

图 10-1　Baltes 的智力发展模式图

(引自 Santrock,2003)

对于老年人的智力发展可以得到这样的基本结论：老年人的智力有所衰退,而且,衰退的多是非言语性的、要求一定速度的动作性智力操作;并非所有的智力因素均衰退,有的因素到了老年不但不衰退,还有所增长;各智力因素衰退的表现也不同,有快有慢。

第三节　成年后期的人格和社会性发展

由于身体机能的下降、生活方式的转变,老年人面临着巨大的挑战,人格亦表现出新的特点。心理学家从各自的理论视角解读了老年人人格的变化。友谊在成年后期的生活中占据重要的地位,友谊对老年人至关重要。退休和死亡是老年人必然面对的重要事件。

一、老年人的人格

尽管基本特质具有一般稳定性,但它仍可能随着时间而发生变化。发展心理学家埃里克森、派克、纽嘉顿考察了成年后期的新挑战所带来的人格改变(罗伯特·费尔德曼,2007)。

（一）埃里克森的自我完善对失望

埃里克森（E. H. Erikson）认为成年后期是一个自我完善对失望的阶段,老年人开始回顾和评价过去的经历,并和生活达成协议或进行妥协。成功经历这个阶段的人会体验到满意感和成就感,他们觉得自己已经实现和完成了关于生活的设想,没有留下遗憾。相反,有些老年人在回顾过去时并不满意,他们可能觉得自己错过了一些重要的机会,没能实现自己的愿望,对自己做过的事情或失败的事情,以及自己的生活感到不开心、抑郁、生气、沮丧、失望。

（二）派克的人格发展三任务

派克（R. Peck）认为老年人的人格发展由三个主要发展任务或挑战组成。第一个主要任务是自我的重新定义对沉迷于工作角色。老年人必须用与工作角色或职业无关的方式来重新定义自己,必须调整自己的观念,不要那么强调自己作为工作者或职业人士的角色,而是更注重那些与工作无关的角色。第二个主要任务是身体超越对身体关注。随着年龄增大,个体将会体验到显著的体能改变,老年人必须学会应对和看淡那些由衰老带来的体能变化,实现超越。如果老年人做不到这点,他们就只会关注体能衰退和人格发展上的缺陷。第三个主要任务是自我超越对自我关注。老年人必须对即将来临的死亡有所认识,他们需要知道虽然死亡是不可避免的,甚至有可能已经为期不远,但是他们已经为社会做出了贡献。如果老年人视这些贡献将超越自己的生命而延续下去,他们将会体验到自我超越。否则,他们会受到生命是否对社会有意义和有价值等问题的困扰。

（三）纽嘉顿的四类型人格

纽嘉顿（B. Neugarten）考察了人们应对衰老的不同方式,发现了 4 种人格类型。第一类:不完整和瓦解型人格。一些人不能接受衰老的事实,当他们越来越年老时,他们感到绝望,或者对外界充满敌意。这些人通常是生活在疗养院或住院治疗的老人。第二类:被动—依赖型人格:有些人惧怕变老,惧怕患病,惧怕未来,惧怕无能为力。他们太过恐惧,以致他们可能在并不需要帮助的时候从家人和护理者方面寻求帮助和支持。第三类:防御型人格。有些人会采用一些特别的方式表达对变老的恐惧。他们试图阻止衰老的步伐,如表现得很年轻、参与年轻人的活动。然而,他们可能最终对自己产生了不现实的期望,因而不得不承担失望的风险。第四类:整合型人格。他们接受变老的现实,和谐地应对衰老,并保持自尊（罗伯特·费尔德曼,2007）。

二、老年人的友谊

友谊在成年后期的生活中占据重要的地位,老年人与朋友在一起的时间远远多于与家人在一起的时间。友谊在成年后期之所以重要的原因体现在以下三方面：第一，社会支持。随着年龄的增长，人们更可能失去婚姻伴侣。此时，人们多数会寻求朋友的陪伴，以帮助自己应对丧偶的痛苦，弥补配偶去世后伙伴关系的缺失。此时，朋友可以提供情绪支持；提供物质上的支持；对个体所关心的问题提供建议。第二，控制感。友谊关系与家庭关系不同，个体能够在自己喜欢和不喜欢的人之间做出选择，这意味着个体具有很大的控制权。成年后期，个体在其他很多方面的控制感逐步丧失，因此，维持友谊的能力，在成年后期比其他任何生命时期都重要。第三，灵活性。友谊（尤其是新建立的友谊）可能比家庭关系更灵活。新建立的友谊没有遗留的责任和过往的冲突，因此，能够更大限度地提供支持（罗伯特·费尔德曼，2007）。

三、老年人的退休生活

退休是人们从中年期过渡到老年期的标志，是生命历程中的一个重要转折点。随着人口老龄化进程的加剧，退休人口将成为一支庞大的群体。通常情况下，国家对于退休的年龄有一定的规定。中国女性的退休年龄是 50～55 岁；男性的退休年龄是 55～60 岁（许淑莲，申继亮，2006）。但是，退休年龄并不是绝对的。研究者（1986）提出了退休行为的综合模型，指出个人因素和环境因素是影响退休行为的两大因素。个人因素包括健康和经济条件，环境因素区分为与工作有关（工作特性）和与工作无关（娱乐兴趣）的两类因素。这些因素中的任何一个因素都可能使个体不得不继续工作或者是离开工作岗位。因此，退休并不是个体完全自愿的行为，而是受到众多现实条件的限制（Taylor，Shore，1995）。

（一）退休与健康

在退休这种正常的角色变迁中，无论男女都会产生一些心理上的困扰或生理上的不适。研究者就提前退休对个体生理和心理的影响进行了探索（Maes & Stammen，2011）。研究要求 120 名比利时医生评价他们的患者，结果发现，提前退休可能是心理健康问题，特别是抑郁和认知能力恶化的重要影响因素。另一项调查结果表明，与 50 岁仍然工作的个体相比，50 岁之前退休的个体报告更多的健康问题、更多的抑郁情绪、更多的烦恼、更多的无助感和无望感。但是，研究并没有证实是退休导致了身心健康的下降还是身心健康差的人更容易退休（许淑莲，申继亮，2006）。

（二）退休体验

退休角色转换对个体产生的效应是复杂多样的，不同特征与背景的个体间存在着相当大的差异。研究表明，性别、社会地位、受教育水平、经济收入、目标导向等均对退休体验有一定的影响。与女性相比，男性对退休生活的接受更加困难；社会地位很高或者很低、受教育水平较高或较低、收入很高或者很低的个体退休体验十分消极；个体对各种目标重要性的认识对退休体验有直接的影响,如果退休给个体看重的人生目标带来影响,要求个体对人生目标重新进行调整,则退休给个体造成较大的影响,否则,个体较少受到退休的影响。

(三)退休适应

虽然退休可能给个体带来消极反应,但是研究表明,相当多的人对退休的生活感到满意和快乐,产生积极反应。研究者认为虽然退休给个体带来不同的身体和心理反应,但是,大部分个体在退休适应中的心理变化具有普遍性的特点。艾茨雷(Atchley,2000)在大量研究结果基础上,提出了退休的六阶段理论。他认为个体在适应退休的过程中,会做出一系列的调适,经历不同的变化过程。由于退休事件存在很大的个体差异,因此,并不是每个人都必然经历这六个阶段。艾茨雷的六阶段理论对于人们理解个体退休过程中可能出现的反应提供了一定的理论支持。

阶段1:前退休期。这是真正退休之前的一段时期,个体脱离实际的具体工作场所,为退休做精细的计划和准备。

阶段2:退休期。此时,个体已经不再参与付报酬的工作,可能会选择以下三种方式中的一种度过此阶段。方式一是"蜜月期":个体的行为和感受类似于度蜜月。个体觉得自己在享受无限制的休假,男性和女性都忙于他们之前无暇顾及的休闲活动,特别是旅游。方式二是"有计划的即刻退休":除了工作之外,有充分时间规划的个体更可能选择这种方式。他们在退休之后,很容易就制定出轻松且繁忙的活动日程。方式三是"休息和放松":曾经工作非常繁忙,几乎没有私人时间的个体很可能选择这种方式。退休之后的前几年,他们的活动非常少,几乎不做什么,尽情地休息和放松。退休几年后,他们的活动又会多起来。

阶段3:幻灭期。这是一段并不轻松的时期。个体休息、放松一段时间后,有人会感到失望、迷茫、痛苦和沮丧。成就感的缺失、丧偶、被迫迁移等创伤性事件都可能引发这些消极的情绪。

阶段4:重新定向期。这阶段的目标是为个体设计一个满意的、愉快的退休生活。此阶段个体开始审视之前的退休经历和体验,提出改善退休生活的新构想。个体往往积极参与社区活动、形成新的爱好、搬到适合自己消费水平的居住地等。

阶段5:常规的退休生活期。这个时期是形成退休生活的最终目标的时期,即形成舒适且具有激励性的常规退休生活方式。这种生活方式一旦形成,就会持续多年。常规退休生活期实现的时间存在个体差异,有些人退休后不久就能完成,有些人则需要很长的时间才能完成。

阶段6:退休终结期。此时,退休角色和个体的生活变得没有太大关系了。老年人由于疾病和瘫痪等因素而无法独立生活时,无法独立生活的角色成为老人们的主要关注点,退休事件对个体不再造成困扰。

四、生命的终结——死亡

由于疾病和意外事故等原因,死亡随时可能发生在任何年龄阶段的个体身上,然而,只有老年期的死亡被视为生物上的生命自然终结。死亡不仅仅是个人生命的终止,也是影响家人、朋友、甚至其他社会成员的社会事件。

(一)生命终结的判定

科学界对于什么是死亡的判定经历了一个发展的过程,即功能性死亡、完全脑死亡、道德和哲学层面的死亡。过去,如果一个人没有呼吸、心跳,也没有反应的迹象,这个人就被判定死亡了,这是一种功能性死亡判定。然而,随着技术的进步和突破,刚刚经历功能性死亡的人可能死而复生而且毫发无损。1968 年,哈佛医学院将生物学上的死亡定义为完全的脑死亡,即负责思维的大脑皮层的高级神经中枢和控制着基本生命过程的脑的低级神经中枢发生的不可恢复的功能丧失。然而,一些特殊"死亡"案例却引起有关死亡判定的再思考。1975 年,一位名叫 Quinlan 的著名年轻女子在一次聚会上昏迷过去。她完全没有意识,但是在呼吸机和其他生命保障系统的帮助下她仍能维持生命。当法院按照法律条文,允许她的父母(她的代理人)可以拿掉她的呼吸口罩时,出乎意料,Quinlan 在没有口罩的情况下能够继续呼吸(西格曼,瑞德尔,2009)。她以一种植物性的状态活着,植物性状态是指大脑半球受到广泛性损害而脑干损害极轻时,所出现的觉醒但意识活动丧失的状态(许淑莲,申继亮,2006)。根据哈佛的标准,Quinlan 没有死亡,因为她大脑的低级部分仍在运转并足以维持呼吸和其他基本的身体功能。法律或者社会不应该让这样的人活着吗? 然而,一些人却持另一种更开放的立场。他们认为如果个体缺少意识,并且没有任何希望使其恢复,丧失意识的人还能算是真正的人吗? 病人的家庭难道一定要为此徒劳地坚持若干年吗? 政府难道一定要白白地花费大量资金和资源医治她吗? 因此,一些医学专家建议,将死亡仅仅定义为脑死亡未免太狭隘了,他们主张丧失了思考、推理、感觉和体验世界的能力足以宣布一个人死亡(费尔德曼,2007)。这种观点夹杂了许多心理学因素,将人们关于死亡的判定从严格意义的医学标准转移到道德和哲学层面。

(二)个体对死亡的理解

死亡研究的早期,研究者采用故事续编练习、对死亡图片的描述、绘画和表演研究个体对死亡的理解(Mdleleni-Bookholane, Schoeman, Merwe, 2004)。后期,研究者开始关注死亡的成分,并指出个体对死亡的理解应该包含若干个成分:第一是不可逆转性,即一旦活着的有机体死亡,其肉体就不可能重新获得生命;第二是无功能性,即一旦死亡发生,身体机能就停止运转;第三是普遍性,即所有活着的有机体最终都会死亡;第四是因果性,即死亡是有机体内在的自然过程的结果,由身体机能的衰竭引起。

研究者主要是根据死亡成分来研究个体对死亡的认知和理解。一般采用临床访谈法对死亡的不可逆性、无功能性、普遍性和因果性进行考察,并根据被试的回答,进行追问。表10-1列出了死亡的概念成分及其研究时所用到的问题。如,朱莉琪,方富熹(2006)采取临床访谈法研究幼儿对死亡的认知。要求幼儿回答三类问题:自由提取任务、分类任务和对死亡不可逆性、普遍性的认知。自由提取任务要求被试从长时记忆中提取能够"死亡"的东西,考察儿童是否能够以此为指标将动物和植物同时提取出来,作为一个有别于非生物的类别。分类任务中实验刺激物以实物照片形式呈现,分为生物和非生物,生物分为动物和植物,非生物分为人造物和自然物。请被试将这些卡片上会死的东西和不会死的东西分为两堆。在以上所用刺激物的生物种类中选择有代表性的3种,然后问被试两个问题:第一个是不可逆问题,如,×死了以后会不会再活过来?第二个是普遍性问题,如,是不是所有的×都会死?

研究发现个体对死亡的认知和理解存在一个发展过程:

0~2岁儿童看不到物体时,就认为物体不存在了,六个月婴儿进行的藏猫猫游戏表明儿童知道物体即使是看不见也是存在的,儿童获得了客体永久性。此年龄段个体对死亡的理解是:死亡是生命的延续,生与死只是不同的状态,就像睡觉和醒来一样。

3~5岁儿童认为死亡是暂时的、可逆的。他们确信只要提供适当的医疗保健、食物或者魔力,死亡的人可以活过来。他们认为死亡是由一个具体的、外部的因素导致的,如,死亡是由于吃了食物的包装纸。

6~11岁儿童理解死亡具有无功能性、普遍性和不可逆性。他们开始理解死亡是真实的、永久的,不太接受死亡会发生在自己或所熟悉的人身上。他们对死亡的细节性问题很好奇,认为死亡亦是对不良想法和行为的惩罚,所以,开始隐藏那些自认为能引起他人死亡的奇怪想法。此阶段,他们体验到一生中最高的死亡焦虑。

12岁以上的青少年认为死亡是一个自然的过程,死亡会发生在自己和家人身上。他们开始关注死亡和生命的问题,并认为人是可以战胜死亡的。青年人很少想与死亡有关的事情。

到了中年,个体对自己的死亡有了模糊的概念。老年人则更加频繁地谈论死亡的话题。

表 10-1　死亡的概念成分及其问题(引自 Speece,Brent,1984)

不可逆性	死人会复活吗?怎样才能使死去的人活过来?人死后会发生什么?
无功能性	死人能行走吗?成长吗?吃东西吗?能看?听?说?思考?做梦吗?能呼吸吗?
普遍性	每个人都会死吗?你会死吗?动物会死吗?植物会死吗?你知道什么人不会死吗?

（三）死亡焦虑

人们对死亡会感到忧虑。死亡焦虑（death anxiety）是关于死亡的态度集合，包括恐惧、威胁、不安、不舒服以及其他的负性情绪反应，是一种无特定对象的弥散性恐惧。大约90％的青少年经历过家人或朋友的死亡。青少年的死亡焦虑是最高的，因为学校很少进行有关死亡的教育。对于年轻人来说，即使想一想死亡也很令人烦恼，老年人虽然更常想到死亡，但却不像年轻人那样恐惧，可能是因为他们对自己的一生感到充实而满意，从而降低了死亡焦虑；但这一点却增加了青少年人和中年人的死亡恐惧（夏埃，威里斯，2002）。

研究发现，影响老年人死亡焦虑的因素主要有：（1）住在疗养院中的老人有更高的死亡焦虑，即使他们身体相对健康，但由于暴露在失能、濒死和死亡的环境中，增加了他们的焦虑。（2）老年女性比老年男性死亡焦虑高。（3）受教育程度高的老年人死亡焦虑低。（4）有虔诚宗教信仰的老人死亡焦虑低（Azaiza，Ron，Shoham，& Gigini，2010）。

（四）临终体验

突然死亡和自然死亡是幸运的，因为这些人不必面对死亡这一残酷的事实。然而，很多人并没有这样的幸运，他们必须更早地面对自己的死亡。多数情况下，临终阶段之前总会出现某种严重的急性病或长期的慢性疾病，人们有时间来考虑如何度过这个临终阶段。研究者对临终者的临终体验比较感兴趣，其中，芝加哥大学的精神病学家库布勒·罗斯（E. Kübler-Ross）更为关注临终者的情感需要，对临终者的心理体验进行了开创性的研究。她组成了一个研习班，对临终者及其看护者进行访谈，发展出一套关于死亡和濒死体验的理论。她认为人们在面临死亡的过程中要先后经历五个基本的阶段：

第一阶段是否认。当得知自己身患绝症时，人们的第一反应通常是否认。他们认为自己感觉很好，这种事情不可能发生在自己身上。有人甚至认为是医生诊断错误，或者是与别人的结果弄混淆了。否认通常是一种临时性的防御，可以缓冲由不幸事件导致的不良后果，将焦虑情绪排除掉，使人能够以自己的节奏应对疾病。

第二阶段是愤怒。在确认即将死亡的事实之后，临终者的反应是："为什么是我？怎么能发生在我身上，老天太不公平。"他们会产生气愤、愤怒、嫉妒、抱怨和憎恨等不良情绪，这些情绪会发泄在身边的任何人身上，包括家人、朋友、医生和护士。

第三个阶段是讨价还价。获知死亡不可避免之后，临终者会通过和死亡讨价还价来赢得更多的时间。他们会与家人、朋友、医生、疾病，甚至神、命运进行交易，请求再多给自己一点时间，完成重要的事情。如，"再给我7年时间，我儿子考上大学，我就可以死了"。

第四个阶段是抑郁。由于长期的治疗和病情的折磨，临终者对自己病情的恶化无能为力，更为无力承担家庭和社会责任而失落不已，出现抑郁状态。此时，他们很沉默，拒绝朋友的探访，经常悲伤、哭泣。

第五阶段是接受。死亡即将来临,临终者接受这种现状,表现出平和而宁静的状态。典型的反应是:"就快结束了,我再也抗争不动了,我要好好准备准备。"

库布勒·罗斯的五阶段最初只是基于对饱受疾病困扰的临终病人而提出的。后期,扩展到一切与灾难性的个人丧失有关的事件,包括经济损失、自由的剥夺、亲人的死亡、离婚、药物成瘾、不孕不育等。库布勒·罗斯指出并不是每个人都以相同的顺序经历这些阶段,存在个体差异,有人只经历了其中的几个阶段;有人一直在某些阶段之间反复;有人一直与疾病作斗争,直到死亡。

阅读框 10-2 死亡教育

死亡教育是探讨死亡的本质以及各种濒死、丧恸的主题与现象,促使人们深切省思自己与他人、社会、自然乃至宇宙的关系,从而能够认识生命的终极意义与价值的教育;是使人们能面对死亡、克服对死亡的恐惧与焦虑、超越死亡、省思生命,体会谦卑与珍爱,展现人性光辉,活出生命意义的教育。

根据有关资料介绍,从 20 世纪 60 年代起,死亡教育成为美国基础教育和高等教育中的一项重要课程内容,从幼儿园一直到大学都开设了死亡教育课程。80 年代中期,"预防自杀"的课程开始盛行。全美国,有 15% 的学区开设预防自杀的课程。这种课程通常为期 1~7 周,老师给学生介绍自杀人数的统计数字,训练学生了解自杀前的一些特征,告诉学生当朋友或自己处于不佳状态时,应该及时告诉成人。课程的内容包括如何提高自尊、控制冲动和沟通技巧、避免公开谈及自杀问题。

死亡教育课程对学生有怎样的影响?研究者展开了研究,研究取得了两种结果。一方面支持开设死亡教育课程,因为这种课程的开设可以预防学生自杀,使自杀率下降;另一方面是不支持死亡教育,因为这种课程开设的效果适得其反。根据不同的研究结果,能否在儿童中开展"死亡教育"课程,在美国也存在争议。

(引自杨慧勤,2011;韩映虹,王银铃,2003)

(五)居丧

死亡是每个人、每个家庭必然面对的课题。所挚爱的家人和朋友的离世会引发个体一系列的丧失体验,这种现象称为居丧。居丧涉及三种关键的成分:第一是依恋,即满足个体某种需要的特殊关系,如对个体有重要意义的人物(家庭成员、配偶、朋友、重要他人);第二是丧失,即依恋关系的终止或者与有价值的人的分离,家人和重要他人的死亡是最困难的丧失。丧失的程度如何取决于众多因素,如亲人的死亡方式,居丧者面临的环境、应对策略、未来需要面对的问题、获得支持的质量等;第三是居丧者(Corr, Coolican, 2010)。目前,研究者对居丧的含义是有争议的。有研究者认为居丧是由于失去挚爱的人而产生的一种特殊类型的悲痛;亦有研究者认为居丧是一段时期,在这段时期内,个体体验到悲痛,并应对亲人离世的事实。研究者认为虽然居丧的含义因人而异,但居丧的共同特点是一种悲痛的过程。

1. 悲痛的过程

（1）霍洛维茨的丧失模型

霍洛维茨(Horowitz)将正常的悲痛分为 4 个阶段,他指出这些阶段的表现很典型,但是,并不是所有的人都会体验到这些阶段,这些阶段也不是按照固定的先后顺序发生的。

第一阶段,懊恼阶段。当获知对自己具有重要意义的人死亡时,个体经常会感到很懊恼,他们可能会在公开的场合尖叫、呼喊、哭泣;也可能将自己的情绪压抑起来。

第二阶段,否定和侵扰阶段。经过懊恼阶段,个体经常会进入一种否定和侵扰之间的摇摆阶段,即个体会将自己的全部精力投入到其他活动中,使自己没有精力和体力去想与丧失有关的事情,个体亦会产生同懊恼阶段一样强烈的丧失体验,这两种状态经常反复出现。当个体意识到自己能够进行其他的事情,不再被丧失困扰时,他们会感到内疚。

第三阶段,恢复阶段。随着时间的流逝,个体对丧失的关注越来越少,丧失对个体的影响也渐渐减少。个体开始思考如何建立新的关系,如约会、结交新朋友、培养爱好等。

第四阶段,完成阶段。经过一段时间,个体不再感到悲痛,重新开始正常的生活。

（2）Rando 的悲痛"6R"模型

心理学家 Rando 提出悲痛的"6R"模型解释居丧者的悲痛过程。第一是"承认丧失",居丧者经历了亲人的离世,承认这一现实;第二是"反应",将体验到的情绪表达出来;第三是"重温过去",回顾与离世亲人共同经历的事件和时光;第四是"放弃",不再纠结于亲人的离世,意识到现实已经发生了转变,不可能回到过去,并接受这种现状;第五是"重新调整",个体开始回归日常生活,丧失对个体的影响减弱;第六是"重新建立关系",个体开始建立新的关系,做出承诺,继续未来的生活。

2. 居丧的个体差异

在居丧期,个体可能表现出各种躯体的、心理的症状。躯体反应主要有头痛、异常疼痛、视力模糊、便秘、尿频、呼吸困难、痛经等。真正的病理性反应出现得并不多,也不频繁。出现频率较高的都是一些普通的、非病理性的反应。除了普遍的反应外,居丧反应存在很大的个体差异。居丧者的性别、年龄、社会经济地位、居丧前的身体状况和心理状态会影响居丧反应。研究发现,面对配偶或者子女的死亡,男性比女性的反应更加严重;年轻人群,尤其是儿童、青少年和青年人的居丧反应更强烈;经济上的问题、不良的身体和心理状况会导致更糟的居丧反应。另外,与去世者的关系、死者死亡的原因、居丧初期的行为和态度都会影响居丧反应。研究发现,与死去配偶关系不良的人居丧反应更糟;自杀导致的死亡会使居丧者体验到强烈的悲痛,还可能导致居丧者产生自杀倾向,突然的死亡不会导致更多的不良反应;亲人去世后,更多酒精和药物的使用,会置居丧者于患病的危险之中,自杀念头和病态哀痛预示居丧者的不良心理状况,而社会支持对居丧者的健康具有保护性作用(许淑莲,申继亮,2006)。

本 章 小 结

　　进入老年期,个体的生理发生了重大的变化,出现老化现象。老年人面临着脑老化和慢性疾病的威胁。老年人的自传体记忆、工作记忆和前瞻记忆也表现出独特的特点。老年人的智力虽有所衰退,但并非所有的智力因素均衰退。老年人的人格也表现出一定的变化性,面临着一定的挑战。友谊在老年人的生活中具有重要的作用。退休和死亡是每个老年人必然经历的生活事件。

复习思考题

1. 什么自传体记忆? 老年人的自传体记忆表现出怎样的特点?
2. 派克认为老年人的人格发展有哪些任务?
3. 阐述艾茨雷提出的退休适应的六阶段理论?

附 A 录

发展心理学实验项目

一、婴儿动作发展实验

（一）实验目的

通过观察婴儿手的动作和行走动作的发展，了解婴儿动作发展的特点和规律。

（二）实验对象和材料

1. 实验对象：2、4、6、8、10 个月和 1.0、1.5、2.0、2.5、3.0 岁婴儿。（1 岁以内的月龄以 ±3 天计；1 岁后的年龄以 ±1 个月计）

2. 实验材料：大小、粗细不同的几种物品：大小积木若干块、娃娃、铅笔、细绳。

（三）实验方法

1. 观察婴儿手的动作

（1）依次在婴儿面前呈现各种物品让婴儿拿取，如太小的婴儿不会拿，可将物品放入手中。

（2）在婴儿面前放两个物品，让婴儿拿取，让婴儿将一个物体从一只手递到另一只手。

（3）要求婴儿用笔模仿画直线和圆。

2. 观察婴儿行走动作

观察婴儿的俯卧抬头、翻身、自行坐起、爬行、扶站、独立站、扶走、独立走、跑、跳行为。

（四）实验结果

1. 婴儿手的动作观察结果记录表

（1）物体接触掌心：①抓握反射；②抓得不牢；③抓得牢

（2）玩具放在面前：①只注视，无拿取意图；②注视并试图拿取，但拿不到；③注视并随意拿取

（3）拿取大小物品：①一把抓；②五指分化，拇指与四指相对；③指尖拿取

表 A-1　婴儿手的动作观察记录表

编号	年龄	性别	婴儿手的动作									
			物体接触手心	玩具放在面前	拿取物品				拿取两个物品	传递	画直线	画圆
					娃娃	积木	铅笔	细绳				

注：表 1 中每项可按下列几种可能情况填写数字编码。

（4）拿取两样物品：①只拿一个，不管另一个；②先拿一个，拿第二个时丢掉第一个；③两手同时拿，一只手拿一个

（5）传递：①不能传递；②传递不灵活；③灵活传递

（6）画直线：①乱画不成直线；②画成一条线，但不直；③画成一条较直的线

（7）画圆：①乱画不成形；②画成不闭合的圆；③画成闭合的圆

2. 婴儿行走动作观察结果记录表

表 A-2　婴儿行走动作观察记录表（行为出现时，在表格内打√）

编号	年龄	性别	俯卧抬头	翻身	自行坐起	爬行	扶站	独立站	扶走	独立走	跑	跳

（五）分析与讨论

1. 从实验结果是否能总结出婴儿动作发展的规律？

2. 婴儿手的动作与行走动作的发展有何关系？

3. 婴儿动作发展是否有性别差异？

二、婴儿言语发展实验

（一）实验目的

观察婴儿发音或言语行为，以及对成人言语的反应，了解婴儿言语发展特点。

（二）实验对象和材料

1. 实验对象：2、4、6、8、10 个月和 1.0、1.5、2.0、2.5、3.0 岁婴儿。

2. 实验材料：

（1）适用于 1.5 岁前婴儿：婴儿玩具、婴儿熟悉的物品和人物（如灯、妈妈）。

（2）适用于 1.5～3.0 岁的婴儿：婴儿看图说话图片 1 张，积木一盒。

（三）实验方法

实验内容因婴儿年龄而异，故实验时注意婴儿年龄，使用不同材料。

1. 2 个月至 1 岁婴儿

（1）在婴儿面前摆弄玩具，实验者与婴儿说话，引导婴儿发音行为，观察婴儿是否有发音、语音行为，是否模仿成人语音（适用于 2 个月至 1 岁婴儿）。

（2）实验者说出婴儿熟悉的附近物品名称，观察婴儿是否有注视、指向行为（适用于 6 个月至 1 岁婴儿）。

（3）实验者说出动作，观察婴儿是否有相应动作出现，如拍手和再见（适用于 9 个月至 1 岁婴儿）。

（4）实验者指婴儿熟悉的物品，并问"这是什么？"观察婴儿是否说出物品名称（适用于 9 个月至 1 岁婴儿）。

2. 1.5 至 3.0 岁婴儿

（1）看图说话。将图片给婴儿看，问："图片上有什么？""他们在做什么？"记录婴儿的回答，看婴儿能否说清楚。如婴儿不能回答，则进一步启发，或让婴儿模仿成人的回答，并记录婴儿回答。行为反应分为：①不能回答，不能模仿；②不能回答，但能模仿；③能回答，但不很清楚；④回答很清楚。

（2）执行指令。

① 命令婴儿拿一块积木给熟悉的人，记录婴儿是否完成。

② 命令婴儿用积木搭桥、搭房子，搭完后问婴儿他搭的是什么。

记录婴儿对言语指令的反应。一般有 4 种反应：①不按言语指令行为；②按指令开始动作，但任意进行；③按指令进行，但完成得不好；④按指令进行，完成得好。

（四）实验结果

1. 2 个月至 1 岁婴儿言语发展记录表

表 A-3　**2 个月至 1 岁婴儿言语发展记录表**（行为出现时，在表格内打√）

编号	年龄	性别	发音		语音反应		说出动作	指物品
			发语音	模仿成人	注视	指向	做出动作	说出名称

2. 1.5 岁至 3 岁婴儿言语发展记录表

表 A-4　1.5 岁至 3 岁婴儿言语发展记录表（按行为反应的数字编码填入表格）

编号	年龄	性别	看图说话		执行指令	
			有什么	做什么	拿积木给人	用积木搭桥

（五）分析与讨论

1. 从实验中能否总结婴儿语言发展特点及规律？

2. 婴儿在发音、词汇、句子掌握、言语模仿、言语理解和执行言语指示方面的发展特点是什么？

3. 婴儿言语发展是否有性别差异？

三、幼儿无意识记和有意识记实验

（一）实验目的

通过实验了解幼儿和学龄儿童的无意记忆和有意记忆的特点和发展规律。

（二）实验对象和材料

1. 对象：幼儿园大、中、小班儿童和小学一、三、五年级学生。

2. 材料：娃娃、手枪、小车、积木、玩具熊、玩具猴、香蕉（模型）、苹果（模型），共八个实物。

（三）实验方法

将小、中、大班幼儿和一、三、五年级小学生随机分成三组 A、B、C，分别进行以下实验内容：

A 组：普通情境下的无意记忆。随机向儿童呈现八种实物，将最后一件实物拿走后立即问儿童："你看到了哪些东西？"记录儿童的回答是否正确。

B 组：游戏情境下的无意记忆。主试与儿童玩到商店买东西的游戏，主试扮演售货员，儿童为顾客。售货员随机取出八种实物给儿童看，儿童看完后，售货员将最后一件拿走,问儿童:"你要买什么东西?"待儿童回答后,再问儿童:"刚才售货员给你看了哪些东西?"记录儿童回答是否正确。

C组:有意记忆。指导语"小朋友,现在请你看几样东西,你要设法记住它们。看完后,我要问你,你看到了什么?"余下的与 A 组实验内容相同。

(四)实验结果

表 A-5　幼儿对实物的无意记忆和有意记忆

年　　龄	无意记忆		有意记忆
	普通情境	游戏情境	
小班 中班 大班			

表 A-6　小学生对实物的无意记忆和有意记忆

年　　龄	无意记忆		有意记忆
	普通情境	游戏情境	
一年级 三年级 五年级			

(五)分析与讨论

1. 在各年龄段,比较幼儿的无意记忆和有意记忆的结果,有意记忆是否优于无意记忆?

2. 无意记忆中的两种记忆情境对记忆结果有何影响?

3. 无意记忆和有意记忆随年龄发展的规律是什么?

四、幼儿记忆恢复现象的实验

(一)实验目的

了解幼儿记忆恢复现象出现的年龄及规律。

(二)实验对象和材料

1. 实验对象:幼儿园小、中、大班幼儿。

2. 实验材料:一个适合幼儿水平的故事。故事如下:

让 苹 果

　　小明是一年级小学生，他有一个妹妹，名字叫芳芳。芳芳才四岁，大大的眼睛，
　　1　　　　2　　3　　　　　4　5　　　　6　　　　7　　　　8

红红的脸蛋儿，梳着两条辫子，走起路来一蹦一跳。小明喜欢妹妹，妹妹也喜欢小明。
　9　　　　　10　11　　　12　　13　　　14　15　　17　　　17

　　星期天下午，妈妈买了三个苹果给小明和芳芳。小明分给芳芳两个大苹果，自己
　　18　19　　20　　　　21　　　22　　　　23　　　24　　25

拿一个小苹果。芳芳见了，发了急，她不要那两个大苹果，而去拿那个小苹果。妈妈
26　　　27　　　　28　　　29　　30　　　31　　　32　33

高兴地说："你们都是好孩子。"
　34　　　　　　35

（三）实验方法

　　1. 实验开始时告诉幼儿："小朋友，现在我给你讲一个故事，你要仔细听，要把它记住，现在我就讲给你听。"

　　2. 给幼儿讲故事。

　　3. 讲完后，分四次让幼儿回忆，即刻、第 4 天、第 8 天、第 15 天回忆。

　　4. 根据故事的意义单位记分。

表 A-7　幼儿故事复述的意义单位记分表

幼儿姓名	即刻	第 4 天	第 8 天	第 15 天

（四）实验结果

　　1. 以幼儿即刻回忆的意义单位为 100%，把第 4 天、第 8 天、第 15 天复述故事的意义单位量转化为百分数。

　　2. 统计各班级幼儿的复述量，填入表 A-8。

表 A-8　幼儿复述量比较

班　级	即　刻	第 4 天	第 8 天	第 15 天
小班				
中班				
大班				

　　3. 把表 A-8 的数据转化成线图。

（五）分析与讨论

1. 根据实验结果分析幼儿记忆恢复现象的年龄特点,比较不同时间间隔幼儿记忆恢复现象。

2. 讨论幼儿记忆恢复现象的机制。

五、幼儿数概念发展实验

（一）实验目的

了解幼儿数概念的发展特点。

（二）实验对象和材料

1. 实验对象：3～6 岁幼儿,每半岁为一年龄组,且年龄为±1 个月。

2. 实验材料：4 个玩具娃娃,一盒围棋子。

（三）实验方法

采用一对一方式,要求儿童进行以下活动。

1. 对数的感知：拿出 1～4 个娃娃,问儿童："这是几个娃娃?"

2. 口头数数,要求数到 20。

3. 按物点数：拿出 15 个围棋子,要求儿童用手指点数,主试要示范点数的方法。

4. 儿童点数后,问儿童："一共有多少个围棋子?"

5. 主试拿出 8 个围棋子,要求幼儿拿出同样数量的围棋子。

6. 用围棋子做计算工具,要求幼儿进行 5 以内的加减法运算,从 1+1 和 2-1 依次进行。

7. 要求幼儿进行 5 以内的口头加减法。

（1～5 项以幼儿作对两遍为通过标准,6～7 项以半数正确为通过标准）

将结果记入下表,√为通过,×为未通过。

班级	幼儿姓名	数的感知	口头数数	按物点数	物体总数	按物取物	实物计算	口头计算

（四）实验结果

将小、中、大班儿童在各项目上通过的人数整理成表 A-9。

表 A-9   小、中、大班儿童在各项目上通过的人数

班级	人数	数的感知		口头数数		按物点数		物体总数		按物取物		实物计算		口头计算	
		√	×	√	×	√	×	√	×	√	×	√	×	√	×
小															
中															
大															

（五）分析与讨论

1. 分析幼儿数概念发展的特点和规律。

2. 分析幼儿数概念发展的顺序。

六、儿童守恒实验

（一）实验目的

了解儿童守恒发展特点。

（二）实验对象和材料

1. 实验对象：小、中、大班幼儿和小学一、二年级学生。

2. 实验材料：两支等长的铅笔、两个同样形状和大小的杯子、一个比这两个杯子高且细的杯子、一个比这两个杯子矮且粗的杯子、一瓶红墨水、一盆水、一盒橡皮泥。

（三）实验方法

1. 长度守恒实验

先给幼儿观看两支等长的铅笔 A 和 B,它们两头对齐并平行摆放(如图 1 中 I),问儿童两支铅笔是否等长。当儿童确认等长后,把 B 铅笔向左或向右移动,使两支铅笔平行但两头不对齐(如图 1 中 II)。然后问:"这两支铅笔是否一样长?哪个更长?为什么?"将结果记入表 A-10。

表 A-10   儿童长度守恒记录表

班级	出生日期	性别	判断(√或×)	理由	结论

图 A-1　长度守恒示意图

2. 液体守恒实验

将两个同样大小的杯子 A 和 B 内倒入同样多的水,再滴几滴红墨水,问幼儿这两个杯子中的水是否一样多。当儿童确认一样多后,把 B 杯中的水倒入细而高的杯子中(如图 1 中Ⅱ)。然后问:"这两个杯子中的水是否一样多? 哪个更多? 为什么?"将结果记入表 A-11。

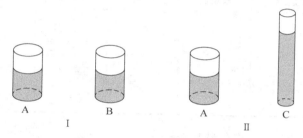

图 A-2　液体守恒实验示意图

表 A-11　儿童液体守恒记录表

班级	出生日期	性别	判断(√或×)	理由	结论

3. 体积守恒实验

做两个大小、颜色相同的橡皮泥球 A 和 B(如图 A-3 中Ⅰ),问幼儿这两个球是否一样大。当儿童确认一样大后,将 B 球改为泥饼(如图 A-3 中Ⅱ),然后问:"这两块橡皮泥是否一样大? 哪个更大? 为什么?"将结果记入表 A-12。

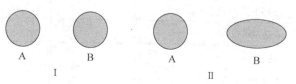

图 A-3　体积守恒示意图

表 A-12　儿童长度守恒记录表

班级	出生日期	性别	判断(√或×)	理由	结论

（四）实验结果

1. 守恒与年龄的关系

班级	人数	长度守恒		液体守恒		体积守恒	
		达到	未达到	达到	未达到	达到	未达到
小							
中							
大							
小一							
小二							
χ^2							

2. 守恒者与未达到守恒者年龄比较

	达到守恒组	未达到守恒组	t	p
长度守恒				
液体守恒				
体积守恒				

3. 守恒与性别的关系

	守恒	男	女	χ^2	p
长度守恒	达到				
	未达到				
液体守恒	达到				
	未达到				
体积守恒	达到				
	未达到				

（五）分析与讨论

1. 在三种守恒实验中,幼儿在什么年龄达到守恒?
2. 守恒与性别有关系吗?
3. 达到守恒者和未达到守恒者的理由各是怎样的?
4. 你对皮亚杰关于守恒的结论有何新的理解?

七、儿童记忆策略实验

（一）实验目的

了解儿童记忆储存策略中的复述策略的发展特点和规律。

（二）实验对象和材料

1. 实验对象：幼儿园中班幼儿、小学二年级学生、小学五年级学生各 20 名。
2. 实验材料：7 张儿童熟悉的图片、1 顶有帽舌的帽子。

（三）实验方法

1. 儿童戴好帽子,主试把 7 张图片呈现在儿童面前,依次指出 3 张图片要求儿童记住,并告诉儿童间隔一段时间后要依次指出这 3 张图片。
2. 在 15 秒的间隔时间,主试要把儿童戴的帽子的帽舌拉下挡住儿童的视线,使儿童看不到图片和主试。
3. 主试观察儿童在间隔时间内的唇动情况,以判断儿童是否使用复述策略。

（四）实验结果

表 A-13　儿童记忆中唇动情况

被　　试	人　　数	有　唇　动	无　唇　动
中班			
小二			
小五			

（五）分析与讨论

1. 各组被试使用复述策略的比例。
2. 各组被试复述策略使用率的比较。

八、儿童类比推理能力实验

（一）实验目的

了解儿童类比推理能力的发展水平和特点。

（二）实验对象和材料

1. 实验对象：小学一、三、五年级学生和初中二年级学生若干名。

2. 实验材料：

（1）类比实验材料表和练习题（见附录 B），包含原因与结果、工具与作用、物体与空间、特定环境与专门人员、整体与部分、同一类属下的两个相互并列的概念、同一事物的两个不同称谓、事物与出处、工具与作用对象、物品与制作材料、专业人员与其面对的对象、特殊与一般 12 种类比推理项目，每种类比推理类型有 2 道题。

（2）秒表 1 个。

（三）实验方法

1. 把附录 B 中的类比推理实验材料打乱顺序，制作成实验材料和答案。

2. 组织学生进行实验。对于小学一、三年级学生，可采用一对一个别实验的方法，以保证被试理解指导语。对于被试不认识的词，主试可读给被试。

3. 指导语：先看题干，理解这两个词语之间的关系，然后从四个答案中选出恰当的一组。每题中有且只有一个正确答案。

4. 先让被试做 3 道练习题，以确保被试掌握了做题的要领，然后再开始正式实验。

5. 实验后依据答案记分，每题 1 分。

（四）实验结果

表 A-14　各年级被试的类比推理成绩比较

类比推理	小一	小三	小五	初二
原因与结果				
工具与作用				
物体与空间				
环境与人员				
整体与部分				
并列的概念				
事物的称谓				
事物与出处				

续表

类比推理	小一	小三	小五	初二
工具与对象 物品与材料 专业人员与对象 特殊与一般				

（五）分析与讨论

1. 类比推理成绩随年龄发展的特点。
2. 分析类比推理的难易。
3. 从类比推理结果中分析中小学生的思维发展水平及特点。

类此推理实验材料及练习参见附录 B。

九、青少年道德两难推理实验

（一）实验目的

了解青少年品德发展水平及规律。

（二）实验对象和材料

1. 实验对象：初中 1～3（或 1～4）年级和高中 1～3 年级学生。
2. 实验材料

柯尔伯格的道德两难故事"海因兹偷药"（见资料）和记录单（见资料）。

（三）实验方法

1. 向被试呈现"海因兹偷药"的故事，要求被试朗读，以确保被试读懂故事。朗读结束后，主试按记录单问被试有关问题并记录。
2. 记录被试的回答。

（四）实验结果

表 A-15　青少年道德推理能力发展阶段比较

道德推理能力 发展阶段		初中				高中		
		一	二	三	四	一	二	三
水平 1	阶段 1							
	阶段 2							

续表

道德推理能力发展阶段		初中					高中		
		一	二	三	四		一	二	三
水平2	阶段3								
	阶段4								
水平3	阶段5								
	阶段6								

（五）分析与讨论

1. 初中和高中各年级学生所处的柯尔伯格道德推理发展阶段。

2. 随着年龄的增长，青少年的道德推理有何变化。

资料

1. "海因兹偷药"的故事

在欧洲，一名妇女得了一种特殊的癌症，快要死了。医生说只有一种药或许能挽救她的生命。这种药就是本城药剂师最近刚发现的一种镭。每一剂药的成本是 400 美元，药剂师要价 4000 美元。患病妇女的丈夫名叫海因兹，他找到他所认识的每一个人去借钱并尝试了每一种合法的手段，但他最终也只能筹到总共 2000 美元，仅够药价的一半。他告诉药剂师说他的妻子快死了，求药剂师将药便宜些卖给他或者让他以后再付钱。但是药剂师说："不行，我发明这种药就是要用它赚钱。"所以，在走投无路的情况下，海因兹感到绝望并考虑砸开药店为他妻子偷药。

2. 记录单

> 年级：初一□ 初二□ 初三□ 初四□ 高一□ 高二□ 高三□
> 性别：男□ 女□
> 1. 海因兹应该偷药吗？ 应该□ 不应该□ 不能确定□
> 为什么？

2. 他偷药是对的还是错的？　正确□　错误□　不能确定□

为什么？

3. 海因兹有责任或义务去偷药吗？　有责任□　无责任□　不能确定□

为什么？

4. 人们竭尽所能去挽救另一个人的生命是不是很重要？　重要□　不重要□　不能确定□

为什么？

5. 海因兹偷药是违法的。他偷药在道义上是否错误？　正确□　错误　不能确定□

为什么？

6. 仔细回想故事中的困境,你认为海因兹最负责任的行为应该是做什么？为什么？

十、青少年假设检验实验

（一）实验目的

了解青少年的假设演绎推理能力的发展特点。

（二）实验对象和材料

1. 实验对象：初中 1～3(初中 1～4)年级学生若干名。
2. 实验材料：钟摆、不同长度的细绳、不同重量的摆锤。

（三）实验方法

1. 主试向被试演示钟摆运动,并向被试介绍各种实验材料。
2. 告诉被试的任务是确定是什么因素或因素的结合影响钟摆摆动的速率。
3. 在被试进行实验时,主试观察和记录他们解决问题的过程和实验结果。

（四）实验结果

表 A-16　钟摆实验结果

年级	影响摆动速率的因素				实验过程	
	摆绳的长度	钟摆的重量	钟摆下落的高度	最初推动钟摆的力	计划	系统
1						
2						
3						
4						

（五）分析与讨论

1. 比较各年级青少年的实验结论的正确性、实验过程的计划性和系统性。
2. 假设演绎推理能力随年龄发展的特点。

一、类比推理实验材料（主试用）

（一）原因与结果

1. 努力：成功
   　A 生根：发芽　　　　B 耕耘：收获　　　　C 城市：乡村　　　　D 原告：被告
2. 地湿：下雨
   　A 明亮：开灯　　　　B 劳动：农民　　　　C 骄傲：敌人　　　　D 打仗：战士

（二）工具与作用

1. 汽车：运输
   　A 渔网：编织　　　　B 编织：渔网　　　　C 捕鱼：渔网　　　　D 渔网：捕鱼
2. 写字：钢笔
   　A 饭碗：筷子　　　　B 锄头：镰刀　　　　C 洗脸：毛巾　　　　D 线：针

（三）物体与空间

1. 轮船：海洋
   　A 飞机：海洋　　　　B 海洋：鲸鱼　　　　C 海鸥：天空　　　　D 河流：芦苇
2. 自行车：公路
   　A 河流：芦苇　　　　B 飞机：天空　　　　C 城市：农村　　　　D 家具：灯具

（四）特定环境与专门人员

1. 山野：猎手
   　A 生猪：工厂　　　　B 教师：学生　　　　C 农民：田地　　　　D 野兽：旷野
2. 职员：办公室
   　A 演员：剧院　　　　B 运动员：教练　　　　C 教授：论文　　　　D 工人：产品

（五）整体与部分

1. 水果：苹果
   A 香梨：黄梨　　　　B 树木：树枝　　　　C 家具：桌子　　　　D 天山：高山
2. 手：手指
   A 树：松数　　　　　B 衣服：袖子　　　　C 房间：墙壁　　　　D 学校：学习

（六）同一类属下的两个相互并列的概念

1. 绿豆：豌豆
   A 家具：灯具　　　　B 猴子：树木　　　　C. 鲨鱼：鲸鱼　　　　D 香瓜：西瓜
2. 白菜：菠菜
   A 鸡蛋：蛋黄　　　　B 水稻：庄稼　　　　C 镰刀：锄头　　　　D 学生：作业

（七）同一事物的两个不同称谓

1. 莲花：荷花
   A 兔子：月亮　　　　B 番茄：西红柿　　　C 耳机：话筒　　　　D 巧克力：糖果
2. 老鼠：耗子
   A 铁器：石器　　　　B 土豆：马铃薯　　　C 芒果：水果　　　　D 西瓜：香瓜

（八）事物与出处

1. 稻谷：大米
   A 核桃：桃仁　　　　B 棉花：棉子　　　　C 西瓜：瓜子　　　　D 枪：子弹
2. 面粉：小麦
   A 师傅：徒弟　　　　B 鸟：蛋　　　　　　C 狮子：母狮　　　　D 机枪：子弹

（九）工具与作用对象

1. 剪刀：布匹
   A 玻璃：门窗　　　　B 锯子：木头　　　　C 衣服：缝纫机　　　D 门窗：玻璃
2. 邮箱：信件
   A 音箱：歌曲　　　　B 灌溉：田地　　　　C 水壶：开水　　　　D 房屋：游戏

（十）物品与制作材料

1. 书籍：纸张
   A 毛笔：宣纸　　　　B 文具：文具盒　　　C 菜肴：萝卜　　　　D 飞机：大炮

2. 面粉：馒头
    A 鱼：池塘   B 鸡蛋：母鸡   C 米：米饭   D 茶叶：茶水

（十一）专业人员与其面对的对象

1. 作家：读者
    A 售货员：顾客   B 校长：教师   C 官员：改革   D 经理：营业员
2. 老师：学生
    A 小偷：警察   B 医生：患者   C 读者：作者   D 病人：护士

（十二）特殊与一般

1. 馒头：食物
    A 食品：饼开   B 头：身体   C 手：食指   D 钢铁：金属
2. 蛋：鸡蛋
    A 颜色：图画   B 树：花   C 球：球拍   D 粮食：米

以上各题答案依次为 BADCCBACBDCBBBBCCCABDD

二、类比推理练习题

1. 售货员：顾客
    A 学校：学生   B 奶奶：孙子   C 医生：病人   D 工人：机器
2. 森林：树林
    A 头：身体   B 花：菊花   C 山脉：山   D 身体：身躯
3. 中国：北京
    A 日本：东京   B 美国：纽约   C 泰国：老挝   D 西班牙：海牙

参 考 文 献

[1]　[美]巴斯著,熊哲宏,张勇,晏倩译.进化心理学:心理的新科学(第二版).上海:华东师范大学出版社,2007

[2]　Bryant Furlow 著,石左虎译.儿童的玩与脑发育.世界科学,2002,(2):37-39

[3]　毕有余,张向葵.二年级小学生"记""忆"策略的微观发生研究.心理发展与教育,2008(1):25-30

[4]　陈建文,黄希庭.友谊关系与人格适应.心理学动态,2000,8(3):61-66

[5]　陈天勇,韩布新,王金凤.工作记忆年老化研究进展.心理科学,2003,26(1):127-129

[6]　陈霭,南云.音乐与个体发展.心理科学进展,2010,18(8):1231-1235

[7]　陈英和,姚端维,郭向和.儿童心理理论的发展及其影响因素的研究进展.心理发展与教育,2001(3):56-59

[8]　陈英和,崔艳丽,王雨晴.幼儿心理理论与情绪理解发展及关系的研究.心理科学,2005,28(3):527-532

[9]　池丽萍,辛自强.小学儿童问题行为、同伴关系与孤独感的特点及其关系.心理科学,2003,26(5):790-794

[10]　David R. Shaffer 著,邹泓等译.发展心理学-儿童与青少年.北京:中国轻工业出版社,2005

[11]　戴安娜·帕帕拉,萨莉·奥尔兹,蕾丝·费尔德曼.发展心理学.北京:人民邮电出版社,2005

[12]　董奇,淘沙.动作与心理发展.北京:北京师范大学出版社,2004

[13]　丁峻,陈巍.儿童心理理论解释模型的新范式——具身模仿论述评.心理研究,2008,1(4):46

[14]　方富熹,方格.儿童发展心理学.北京:人民教育出版社,2005

[15]　[美]费尔德曼著.发展心理学:一生的发展.北京:北京大学出版社,2006

[16]　[美]弗拉维尔 J. H.,米勒 P. H.,米勒 S. A. 著,邓赐平、刘明译.认知发展(第四版).上海:华东师范大学出版社,2002

[17]　黄雄英,邓希泉.中国青少年自杀现象的宏观态势与辩证分析——基于 2002—2009 年中国青少年自杀统计数据的研究.中国青年研究,2011,(11):5-10

[18]　卡拉·西格曼,伊丽莎白·瑞德尔著,陈英和审译.生命全程发展心理学.北京:北京师范大学出版社,2009

[19]　[美]劳拉.E. 贝克著,桑标等译.婴儿、儿童和青少年(第 5 版).上海:上海人民出版社,2008

[20]　雷雳.发展心理学.北京:中国人民大学出版社,2009

[21]　雷雳,张雷.青少年心理发展.北京:北京大学出版社,2003

[22]　李蓓蕾,陶沙,董奇等.8～10 个月婴儿社会情绪行为特点的研究.心理发展与教育,2001,(1):18-23

[23]　李海垒,张文新,于凤杰.青少年受欺负与抑郁的关系.心理发展与教育,2012,(1):77-82

[24]　李虹.胎教音乐对胎儿影响的实验研究.心理学报,1994,26(1):51-58

[25]　李红,何磊.儿童早期的动作发展对认知发展的作用.心理科学进展,2003,11(3):315-320

[26]　李宏利,张雷.求偶动机对男性冒险行为倾向的影响.心理学报,2010,4(5):618-624

[27] 李娟,林仲贤,韩布新.记忆老化研究述评.心理科学,1999,22(6):533-536

[28] 李艺敏,孔克勤.大、中、小学生自卑感结构及发展特点.心理科学,2010,33(1):36-40

[29] 林崇德.学习与发展——中小学生心理能力发展与培养.北京:北京师范大学出版社,2003

[30] 林崇德主编.发展心理学(第2版).北京:人民教育出版社,2009

[31] 刘峰,蔡迎春.大学生心理健康——心灵成长之旅.北京:清华大学出版社,2011

[32] 刘海娇,田录梅,王姝琼,张文新.青少年的父子关系、母子关系及其对抑郁的影响.心理科学,2011,34(6):1403-1408

[33] 刘浩强,张庆林.婴儿视觉注意的发展.辽宁师范大学学报(社会科学版),2005,28(2):45-49

[34] 龙长权,吴睿明,李红等.3.5~5.5岁儿童在知觉相似与概念冲突情形下的归纳推理.心理学报,2006,38(1):47-55

[35] 陆芳,陈国鹏.学龄前儿童情绪调节策略的发展研究.心理科学,2007,30(5):1202-1204

[36] 罗晓路.大学生创造力特点的研究.心理科学,2006,29(1):168-172

[37] 孟万金,刘玉娟.再论如何激发特殊儿童学习动机:特殊儿童学与教的心理学研究.中国特殊教育,2007(8):91-96

[38] 庞维国.自主学习:学与教的原理和策略.上海:华东师范大学出版社,2003

[39] 方富熹,方格著.儿童发展心理学.北京:人民教育出版社,2005

[40] 秦金亮.自传记忆线索提取发展的实验研究.心理科学,2004,27(4):847-849

[41] 桑标,缪小春,邓赐平.超常与普通儿童元记忆知识发展的实验研究.心理科学,2002,25(4):406-424

[42] 宋新燕,孟祥芝.婴儿语音感知发展及其机制.心理科学进展,2012,20(6):843-852

[43] 王红姣,卢家楣.中学生自我控制能力问卷的编制及其调查.心理科学,2004,27(6):1477-1482

[44] 王茜,苏彦捷,刘立惠.心理理论——一个发展广阔而充满挑战的研究领域.北京大学学报(自然科学版),2000,36(5):732-734

[45] 王文丽,周明洁,张建新.亚健康的心理危险因素:模型与进展.心理科学进展,2010,1(11):1722-1733

[46] 王益文,张文新,纪林芹,侯逾璋.母亲行为与儿童行为问题的探讨.中国心理卫生杂志,2002,(4):277-279

[47] 王益文,张文新.3~6岁儿童"心理理论"的发展.心理发展与教育,2002(1):11-15

[48] 王昱文,王振宏,刘建君.小学儿童自我意识情绪理解发展及其与亲社会行为、同伴接纳的关系.心理发展与教育,2011(1):65-70

[49] William Damon Richard M. Lerner.儿童心理学手册(第六版).上海:华东师范大学出版社,2006

[50] 沃建中,曹河圻,潘昱,林崇德.6~12岁儿童脑电α波的发展特点.心理发展与教育,2000(4):1-7

[51] 沃建中,林崇德.中学生人际关系发展特点的研究.心理发展与教育,2001(3):9-15

[52] 夏埃,威里斯著,乐国安,韩威,周静等译.成人发展与老龄化.上海:华东师范大学出版社,2002

[53] 许政援等.儿童发展心理学.长春:吉林教育出版社,2002

[54] 许淑莲,申继亮.成人发展心理学.北京:人民教育出版社,2006

[55] 杨靖,郭秀艳,孙里宁.前瞻记忆老化研究综述.心理科学,2006,29(4):901-904

[56] 杨丽珠等.毕生发展心理学.北京:高等教育出版社,2006

[57] 杨丽珠,刘凌.婴儿视觉自我认知的微观发生研究.心理科学,2008,31(1):16-19

[58] 杨丽珠,吴文菊主编.幼儿社会性发展与教育.大连:辽宁师范大学出版社,2000

[59] 杨丽珠.不同线索下 3～9 岁儿童的情绪认知、助人意向和助人行为.心理科学,2003,26(6):988-991

[60] 杨英伟,星一.农村中小学生校园欺侮现状分析.中国学校卫生,2012,33(8):963-966

[61] 姚本先,何元庆.大学生人生观研究.心理科学,2008,31(1):97-99

[62] 俞国良,辛自强.社会性发展心理学.合肥:安徽教育出版社,2004

[63] 俞国良,张雅明.学习不良儿童元记忆监测特点的研究.心理发展与教育,2006(3):1-5

[64] 张雷.进化心理学.广州:广东高等教育出版社,2007

[65] 张婷,张仲明,李红.3～7 岁儿童不同类型的传递性推理的发展研究.心理科学,2012,35(2):321-327

[66] 张文娟,程玉洁,邹泓,杨颖.中学生的情绪智力、社会问题解决技能对其师生关系的影响.心理科学,2012,35(3):624-630

[67] 张文新,王益文,鞠玉翠等.儿童欺负行为的类型及其相关因素.心理发展与教育,2001(1):12-17

[68] Grotuss, J., Bjorklund, D. F., Csinady, A.. 进化发展心理学:进化发展中的人类本性(英文).心理学报,2007,39(3):439-453